21世纪高职高专规划教材
国际经济与贸易系列

International Trade Basics

国际贸易概论

（第2版）

主　编／李　富
副主编／陶　莉
参　编／华　阳　杨　慧　盖琦琪
钟小强　魏金华
主　审／章安平

中国人民大学出版社
·北京·

第2版前言

PREFACE TO THE SECOND EDITION

《国际贸易概论》第 1 版在 2014 年出版后得到了各位同仁的支持和鼓励，销量不错，选用学校比较多，在此表示感谢！教材出版后的两年多时间里，我们一直在与同行交流、探讨如何把本教材编写得更好，在此过程中得到了很多同仁的支持和鼓励，收集了很多宝贵的建议，再次表示感谢！

国际贸易课程是国际经济与贸易专业、报关与国际货运专业等财经类专业的核心课程，也是学习其他专业核心课程的基础，因此其地位非常重要。首先，为了切实夯实学生对国际贸易知识的学习，我们在第 2 版中对第 1 版的相关内容进行了修改，使整个教材更成体系；其次，第 1 版单元后练习只有实训项目，考虑到题型稍显单一，故在第 2 版的每个项目后增加了单项选择题、多项选择题以及计算题等题型，有助于增强学生对基础知识的理解和把握；最后，原有的一些案例在第 1 版时可以使用，但时间已过去两年多，现在看来有些案例显得过时，第 2 版教材对这些案例进行了替换。

此外，国际贸易形势在发生变化，一些新的事物出现，比如上海自由贸易区成立，天津、广东自由贸易区获批等，本教材紧跟时代发展的步伐，在内容和单元项目中对此有所涉及并进行了介绍，拓展了学生的知识视野。

即使如此，本教材在修订中可能还有一些没有考虑周全的地方，不足之处敬请各位同仁在使用时提出宝贵意见，不胜感激！

编　者

2016 年 5 月

第1版前言

PREFACE TO THE FIRST EDITION

国际贸易是研究国家及地区间各种商品交换活动规律的一门科学，主要研究国际贸易产生、发展和贸易利益及分配问题，以揭示其中的特点和规律。传统的国际贸易理论书籍多为纯粹的文字描述，对学生来说比较枯燥和乏味，本书采用全新的编写思路，以案例导入的方式开头，力求以生动的案例、翔实的资料增加学生学习的兴趣，同时使教师不再因资料的不齐全而苦恼。本书涉及的主要内容包括：国际贸易商品交换的依据，国际贸易的基础和交易的内容，国际贸易的理论、政策和措施，世界贸易体制的产生与作用。

本书有如下特点：

第一，适用于应用型人才的培养。本书坚持理论为实践服务的原则，理论以够用为度，体现精练、务实的特色，适用于高职高专国际经济与贸易及相关专业应用型人才的培养。

第二，更加注重实际工作能力的培养。本着以提高学生的基本知识、基本技能、基本能力为重点，以提高学生解决实际问题的能力为主线的思路，本书设计了大量案例分析，有助于学生加深对理论知识的理解。

第三，内容难度适中。本书围绕培养高职高专国际经济与贸易及相关专业应用型人才的需要，减少了深奥的经济学理论分析的内容，对国际贸易学科的内容重新进行编排，不属于本学科的内容一概不列入本书的编写范围。

由于本书体系较为完善，因此除可以作为教材使用以外，还可以作为有志于了解国际贸易的人士的自学资料，或作为国际贸易行业、企业人士的手头书籍。

本书第一、二单元由盖琦琪编写，第三、四单元由李富编写，第五、六单元由杨慧编写，第七单元由华阳编写，第八、九单元由陶莉编写。由于编者水平有限，编写过程中难免会出现一些错误或不当之处，敬请读者谅解。

在本书的编写过程中，我们得到了中国人民大学出版社有关工作人员的大力支持，在此表示衷心的感谢！

编　者

2014年1月

目　录
CONTENTS

第一单元

国际贸易绪论

学习目标

【知识目标】

- 理解国际贸易的基本概念、特征及作用
- 掌握国际贸易的统计指标及分类
- 了解当代国际贸易发展的趋势与特征

【能力目标】

- 能正确认识国际贸易的作用
- 能运用所学知识对国际贸易现象进行分析
- 能正确分析国际贸易的发展趋势

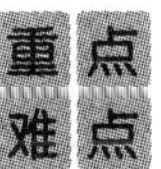

【重点】

- 国际贸易的概念
- 国际贸易的统计指标
- 国际贸易的分类

【难点】

- 国际贸易的作用
- 当代国际贸易发展的趋势

案例导入　皮尔瑞纳先生的一天

以下是住在美国东部的皮尔瑞纳先生一天的生活。早晨，他是被日本生产的（其中一些零部件是韩国和泰国生产的）索尼牌半导体闹钟叫醒的。半导体广播的内容是关于中东危机的。考虑到这也许会引起汽油涨价，他开始考虑：是应该买辆德国的梅赛德斯-奔驰轿车呢，还是买辆日本的本田轿车。进入浴室时，他有些犹豫：是用荷兰生产的飞利浦电动剃须刀，还是用英国生产的吉列牌剃须刀刮胡子。皮尔瑞纳太太建议他别再购买新车，而将房子扩大，增加房间，但问题是木材的价格在上涨。因为美国政府迫使加拿大提高出口到美国的木材的价格。当他下楼喝橘子汁（巴西生产的）时，门铃响了，保姆米瑞纳（墨西哥人）来打扫卫生。在皮尔瑞纳先生家里，使用的是法国制造的咖啡壶、加拿大输送至美国的天然气，烧煮的是来自印度尼西亚、巴西、哥伦比亚的混合咖啡。此外，早餐还有瑞士生产的饼和面包，夹着比利时生产的草莓酱。这一天早上，皮尔瑞纳先生有一点点忧虑，玉米的价格在下跌，这是因为欧洲国家减少了从美国进口的谷物和肉类，这使得他所在的城市的经济不如以前好。

资料来源：http：//wenku.baidu.com/view/9550720eba1aa8114431d98d.html.

【思考】皮尔瑞纳先生一天的生活说明了什么？学习完本单元的知识，你就有答案了。本单元作为全书的导论，其主要目的是让读者在学习国际贸易课程之前，从总体上把握国际贸易的历史发展脉络，介绍常用的国际贸易基本概念，阐述国际贸易的统计指标和分类，以及当代国际贸易发展的特征与趋势，并对国际贸易课程的教学任务与内容作出说明。这些将为读者更好地掌握全书内容和相关理论打下必要的基础。

单元知识一　国际贸易的产生与地位

阅读材料

美国次贷危机

美国次贷危机又称次级房贷危机，也译为次债危机。它是指一场发生在美国，因次级抵押贷款机构破产、投资基金被迫关闭、股市剧烈震荡引起的金融风暴。它致使全球主要金融市场出现流动性不足危机。美国次贷危机是从2006年春季开始逐步显现的。2007年8月开始席卷美国、欧洲联盟（简称欧盟）和日本等世界主要金融市场。

在美国，贷款是非常普遍的现象。当地人很少全款买房，通常都是长时间贷款。由于失业和再就业是很常见的现象，这些收入并不稳定甚至根本没有收入的人，买房因为信用等级达不到标准，就被定义为次级信用贷款者，简称次级贷款者。

在2006年之前的5年里，由于美国住房市场持续繁荣，加上前几年美国利率水平较低，美国的次级抵押贷款市场迅速发展。

随着美国住房市场的降温尤其是短期利率的提高，次贷还款利率也大幅上升，购房者的还贷负担大为加重。同时，住房市场的持续降温也使购房者出售住房或者通过抵押住房再融资变得困难。这种局面直接导致大批次级贷款者不能按期偿还贷款，银行收回房屋，却卖不到高价，亏损严重，引发了次贷危机。

美国次贷危机是一场新型的金融危机，其产生的内在机理是金融产品透明度不足、信息不对称，金融风险被逐步转移并放大至投资者。这些风险从住房市场蔓延到信贷市场和资本市场，从金融领域扩展到经济领域，并通过投资渠道和资本渠道从美国波及全球。美国次贷危机对全球经济的影响体现了各国经济对国际贸易的依赖。

任务引领

试问：国际贸易的特征与作用是什么？

国际贸易是世界各国在国际分工基础上相互联系的主要形式，反映了它们在经济上的相互依赖，它像一条无形的纽带将世界上越来越多的国家、民族紧密地联系在一起。促进对外贸易发展日益成为各国发展经济的重要手段。在探讨国际贸易的具体运作和政策、措施之前，有必要就国际贸易的产生和发展作一个简单介绍。

一、国际贸易的产生

国际贸易是一个历史的范畴，是在一定的历史条件下产生的，是社会生产力发展到一定阶段的产物。国际贸易的产生必须具备两个基本条件：1）社会生产力的发展；2）国家的形成。社会生产力的发展产生了可用于交换的剩余商品，这些剩余商品在国与国之间交换，就产生了国际贸易。而人类历史上的三次大分工使国际贸易产生的必要条件一步步得以满足。因此从根本上说，社会生产力的发展和社会分工的扩大，是国际贸易产生和发展的基础。

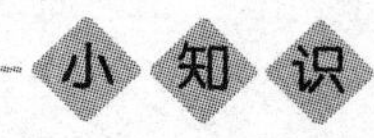

人类历史上的三次社会大分工

第一次大分工：畜牧业与农业的分工。出现了偶然的物物交换。

第二次大分工：手工业从农业中分离出来。出现了直接以交换为目的的生产，即商品生产。

第三次大分工：商业从手工业和农牧业中分离出来。出现了商品和专门从事贸易的商人。原始社会末期出现了阶级和国家。商品交换一旦超出国家界限，就出现了对外商品交换的萌芽。

奴隶社会时期，国际贸易发展比较缓慢，交易的商品主要是奢侈品。进入封建社会，奢侈品仍然是交易的主要商品；但封建社会后期，随着城市手工业的发展，商品经济与对外贸易获得了较快的发展，开始孕育资本主义因素。进入资本主义社会，真正的国际贸易开始产生，国际贸易迅速发展。

二、国际贸易的发展历程

（一）原始社会

在原始社会初期，人类处于自然分工状态，生产力水平很低，人们在共同劳动的基础上获取有限的生活资料，仅能维持本身生存的需要，无剩余产品的生产能力和交换需求。到了原始社会中期，第一次社会大分工开始出现，原始畜牧业从原始农业中分离出来，氏族、部落之间开始有剩余品物物交换。在此之前，由于生产条件的不同，各氏族、部落之间，只有个别的、偶然的交换，以获取必要的产品。自从畜牧业成为独立的生产部门后，生产效率提高了，产品有了剩余，便出现了经常性的交换。伴随第一次社会大分工而来的农业和畜牧业的发展，使人们能够生产出超过维持劳动力所必需的产品，也使剥削成为可能。第一次社会大分工使社会出现了奴隶主和奴隶、剥削者和被剥削者，出现了私有制。

随着生产力的继续发展，手工业从农业中分离出来，出现了人类社会的第二次大分工。手工业的出现，便产生了直接以交换为目的、有货币媒介的商品生产和流通。第二次社会大分工促进了生产规模的扩大和劳动生产率的提高。剩余产品增多，奴隶制得到进一步发展，奴隶制已经不是零散的现象，而成为社会制度的一个组成部分。奴隶成为主要劳动力，他们被成批地赶到田野和作坊去劳动。这时，除了自由人和奴隶之间的差别外，又出现了穷人与富人之间的差别。私有制有了进一步发展。

随着商品货币关系的发展，商业从手工业和农牧业中分离出来，出现了专门从事贸易的商人阶层，于是出现了第三次社会大分工。第三次社会大分工发生在原始社会瓦解、奴隶社会形成时期。生产力的发展，交换关系的扩大，加速了私有制的形成，从而使原始社会日趋瓦解，这就为过渡到奴隶社会打下了基础。在奴隶社会初期，由于阶级矛盾形成了国家。国家出现后，商品交换超出国界，便产生了对外贸易。

（二）奴隶社会

奴隶社会是以奴隶主占有生产资料和奴隶为基础的社会。在这种社会中，自然经济占统治地位，生产的目的主要是消费，商品生产在整个生产中微不足道，进入流通领域的商品数量很少。同时，由于生产技术落后，交通工具简陋，使对外贸易的范围受到很大的限制。

在奴隶社会，对外贸易中的主要商品：一是奴隶，当时希腊的雅典是奴隶贩卖的中心之一；二是奴隶主阶级所追求的奢侈品，如宝石、装饰品、各种织物、香料等。在奴隶社会，对外贸易促进了手工业的发展，促进了商品经济的扩大。

（三）封建社会

封建社会时期的对外贸易有了较大的发展。

在封建社会初期，封建地租采取劳役和实物形式，进入流通领域的商品不多。到封建社会中期，随着商品生产的发展，封建地租由劳役和实物形式转变为货币地租，商品经济得到进一步发展。到封建社会晚期，随着城市手工业的发展，商品经济和对外贸易都有了较大的发展，资本主义因素已孕育生长。

在封建社会，奢侈品仍然是对外贸易中的主要商品。西方国家以呢绒、酒等换取东方国家的丝绸、香料和珠宝等。

（四）资本主义社会

西欧封建社会末期，在资本主义因素不断扩大的情况下，对外贸易促进了资本主义生产方式的诞生，促进了资本的原始积累。对外贸易对资本原始积累的作用，具体表现在它为资本主义生产提供了劳动力、资本与市场。

15 世纪末 16 世纪初，随着资本主义生产关系的发展、地理上的大发现，以及海外殖民地的开拓，对外贸易得到发展，国际交换扩大，逐渐形成了区域性的国际商品市场。

18 世纪 60 年代到 19 世纪 60 年代，科技获得了惊人的发展。英国及其他欧洲先进国家和美国，相继完成了产业革命。

一种同机器大工业中心相适应的国际分工体系形成，它转化成巨大的世界范围的社会生产力。世界市场的形成，大大促进了国际贸易的发展。

黑奴贸易

近代殖民主义的入侵打乱了非洲正常的社会发展进程。随着资本主义的兴起，非洲成为商业性猎获黑人的场所。黑奴贸易发展成为一个专门的行业，成为一种特殊的历史现象。数以千万计的非洲黑人背井离乡，漂洋过海，被贩卖到美洲以及印度洋、亚洲由殖民者开办的种植园和矿井中工作，另一些黑人在捕奴、掠奴战争及贩运途中死去。非洲人民及其社会经济生活遭受空前浩劫。生产力遭到严重破坏。而殖民主义、资本主义制度却随着贩卖和奴役非洲黑人而兴盛起来。马克思曾指出，非洲变成商业性猎获黑人的场所，是资本原始积累的主要因素之一，标志着资本主义生产时代的曙光。后来，黑奴贸易以及美洲的黑人奴隶制又为工业革命积累了资本。因此可以说，资本主义从头到脚沾满了非洲人民的鲜血。

（五）第二次世界大战后

第二次世界大战后，世界经济又一次发生了巨大变化，国际贸易再次出现了飞速增长，其速度和规模都远远超过了19世纪工业革命以后的贸易增长。从1950年到2011年的60多年中，全世界的商品出口总值从约610亿美元增加到17.968 8万亿美元，增长了将近295倍。即使排除通货膨胀因素，实际商品出口也增长迅速，远远超过了工业革命后乃至历史上任何一个时期国际贸易的增长速度。而且，世界贸易实际价值的增长速度（年平均增长6%左右）超过了同期世界实际国内生产总值（GDP）增长的速度（年平均增长3.8%左右）。这意味着国际贸易在各国的GDP中的比重在不断上升，国际贸易在现代经济中的地位越来越重要。

第二次世界大战后，国际贸易领域出现了两个不同于以前的特征：服务贸易的快速发展和电子商务的广泛应用。第二次世界大战后，伴随着第三次科学技术革命的发生，各国尤其是发达国家的产业结构不断优化，第三产业急剧发展，加上资本国际化和国际分工的扩大与深化，国际服务贸易得到迅速发展。发达国家服务业占其GDP的比重达2/3，其中美国已达3/4，发展中国家服务业所占的比重也达1/2。发达国家服务业就业人数占其总就业人数的比重达2/3，发展中国家的这一比重达1/3。随着服务业的发展，其专业化程度日益提高，经济规模不断扩大，从而效率不断提高，为国际服务贸易打下了坚实的基础。

在国际贸易商品结构不断软化的过程中，国际贸易的交易手段也发生着变化。特别是20世纪90年代，随着信息技术的发展，信息、计算机等高科技手段在国际贸易上的应用，出现了电子商务这种新型的贸易手段，无纸贸易和网上贸易市场的发展方兴未艾，已经引起了全球范围的结构性商业革命。有人声称，没有电子数据交换（EDI），就没有订单。据统计，EDI使商务文件的传递速度提高81%，文件成本降低44%，文件处理成本降低38%，由于错误信息造成的商贸损失减少40%，市场竞争能力则提高34%。利用国际互联网的网上交易量也呈逐年上扬的势头。根据联合国贸易和发展会议（简称联合国贸发会议）的统计，全球电子商务交易总额在1994年达到12亿美元，2000年增加到3 000亿美元，2006年达到12.8万亿美元，占全球商品销售总额的18%，2011年全球电子商务交易达到40.6万亿美元，绝大部分的国际贸易额以网络贸易形式实现。

三、国际贸易的地位与作用

（一）国际贸易的地位

一国的国际贸易与其经济的发展是密切相关的。两者之间的关系实际上是交换与生产的关系。要了解国际贸易的地位，先要了解交换在社会再生产中的地位。社会生产是商品生产过程和流通过程的统一。商品流通不过是生产过程的延续。在这个统一和延续的过程中起决定作用的是生产。而作为再生产过程中的一个阶段的交换，不仅仅是一个消极的被决定的东西，它也能对生产发生反作用，有时甚至会对生产的发展起到巨大的推动或阻碍作用。不断扩大的生产需要一个不断扩大的市场；反过来，不断扩大的市场又能促进生产的不断扩大。

可见，交换是社会再生产过程中不可缺少的中间环节，是联系生产与消费的桥梁和纽带。国际贸易是对外商品交换的媒介，是国内商业向国外的延伸和贸易地区范围的扩大。因此，国际贸易在国民经济发展中处于客观的中介地位。在各国的竞争与合作中，国际贸易是当代世界各国经济联系的最重要的形式之一，国际贸易对一国经济发展的影响尤为重要。

（二）国际贸易的作用

国际贸易对参与贸易的国家乃至世界经济的发展具有重要作用，具体表现在以下几方面：

1. 调节各国市场的供求关系

调节各国市场的供求关系、互通有无始终是国际贸易的重要功能。世界各国由于受生产水平、科学技术和生产要素分布状况等因素的影响，生产能力和市场供求状况存在一定程度的差异。各国国内既存在产品供不应求的状况，又存在各种形式的产品过剩的状况。通过国际贸易不仅可以增加国内短缺产品的市场供给量，满足消费者的需求，还为各国国内市场的过剩产品提供了新的出路，在一定程度上缓解了市场供求的矛盾，从而调节了各国的市场供求关系。

2. 促进生产要素的充分利用

在当今世界上，劳动力、资本、土地、技术等生产要素在各个国家的分布往往是不均衡的，有的国家劳动力富余而资本短缺，有的国家资本丰裕而土地不足，有的国家土地广阔而耕作技术落后。如果没有国际贸易，这些国家国内生产规模和社会生产力的发展，都会受到其短缺的生产要素的制约，一部分生产要素将被闲置或浪费，生产潜力得不到发挥。通过国际贸易，这些国家就可以采取国际劳务贸易、资本转移、土地租赁、技术贸易等方式，将国内富余的生产要素与其他国家国内短缺的生产要素进行交换，使短缺生产要素的制约得以缓解或消除，富余生产要素得以充分利用，从而扩大生产规模，加速经济发展。

3. 发挥比较优势，提高生产效率

各国参与国际贸易的重要基础是比较利益和比较优势。利用比较利益和比较优势进行国际分工和国际贸易，可以扩大优势商品生产，缩小劣势商品生产，并在出口优势产品的同时从国外换回在本国居于劣势的商品，从而在社会生产力不变的前提下提高生产要素的效能，提高生产效率，获得更大的经济效益。

小思考

贸易是一件坏事吗？

1996年的情人节，恰好与关键的新罕布什尔州初选日期2月20日相隔不到一周。这一天，共和党候选人帕特里克·布坎南在花圃停留，为他的妻子购买一打玫瑰。他趁此机会作了一次演讲，谴责美国日益增长的鲜花进口将美国鲜花种植者挤出了该行业。确实，美国的冬季玫瑰有一部分是从南美进口的，且所占的市场份额逐渐上升。但，这是一件坏事吗？

4. 提高生产技术水平，优化国内产业结构

在当今世界，各国普遍通过国际贸易引进先进的科学技术和设备，以提高国内的生产力水平，加快经济发展。同时，通过国际贸易，使国内的产业结构逐步协调和完善，促使整个国民经济协调发展。

5. 增加财政收入，提高国民福利水平

国际贸易的发展，可为一国政府开辟财政收入的来源。政府可从对过往关境的货物征收关税、对进出口货物征收国内税、为过境货物提供各种服务等方面获得大量财政收入。在美国联邦政府成立初期，关税收入曾占联邦财政收入的 90%。至今，关税和涉外税收仍然是一些国家特别是一些发展中国家财政收入的重要来源。国际贸易还可以提高国民福利水平。它可以通过进口国内短缺而又是国内迫切需要的商品，或者进口比国内商品价格更低廉、质量更好、式样更新颖、特色更突出的商品，来使国内消费者获得更多的福利。此外，国际贸易的扩大，特别是劳动密集型产品出口的增长，将为国内提供更多的就业机会，间接提高国民福利水平。

6. 加强各国的经济联系，促进经济发展

在现代，世界各国广泛开展国际贸易活动，这不仅把生产力发展水平较高的发达国家互相联系起来，也把生产力发展水平较低的广大发展中国家卷入国际经济生活之中。国际市场的竞争活动，也促使世界总体的生产力发展速度进一步加快。这不仅促进了发达国家经济的进一步发展，也促进了不发达国家和地区的经济发展。

国际贸易是对外商品交换的媒介，是联结世界上越来越多的国家和地区进行贸易往来的纽带和桥梁。国际贸易对参与贸易的国家乃至世界经济的发展具有重要作用。

单元知识二　国际贸易的基本概念

阅读材料

2015 年世界主要国家和地区的货物贸易情况

表 1—1 为 2015 年世界主要国家和地区的货物贸易情况。

表 1—1　2015 年世界主要国家和地区的货物贸易情况

国家和地区	出口总额（亿美元）	进口总额（亿美元）	贸易总额（亿美元）	贸易总额占世界贸易的比重（%）
世界	332 480	332 480	332 480	100
中国（不含港澳台）	22 766	16 820	39 586	11.90
美国	15 049	22 410	37 460	11.47

续前表

国家和地区	出口总额（亿美元）	进口总额（亿美元）	贸易总额（亿美元）	贸易总额占世界贸易的比重（%）
德国	13 289	10 497	23 787	7.16
日本	6 251	6 486	12 736	3.83
英国	4 599	6 257	10 856	3.27
法国	5 057	5 724	10 781	3.24
荷兰	5 671	5 056	10 726	3.23
中国香港	5 106	5 594	10 700	3.22
韩国	9 634	5 269	4 365	2.90
意大利	4 586	4 088	8 674	2.61
加拿大	4 083	4 188	8 271	2.54

任务引领

试问：进出口总额、顺差、逆差各是什么意思？贸易地理方向的变化和发展趋势是怎样的？

在研究国际贸易的具体运作和政策、措施之前，有必要先对国际贸易的基本概念作一个简单的了解。

一、国际贸易与对外贸易

（一）国际贸易

国际贸易（International Trade），又称世界贸易，是指世界各国（地区）之间所进行的以货币为媒介的商品交换活动。它既包含有形产品（实物）的交换，也包含无形产品（劳务、技术、咨询等）的交换。国际贸易由各国（地区）的对外贸易构成，是世界各国对外贸易的总和。

（二）对外贸易

对外贸易（Foreign Trade），又称进出口贸易，是指国际贸易活动中的一国（地区）同其他国家（地区）所进行的产品、劳务、技术等的交换活动。这是立足于一个国家（地区）去看待它与其他国家（地区）的产品与劳务的贸易活动。某些海岛国家，如日本等国，或者某些海岛地区，如我国台湾地区等，其对外贸易则称为海外贸易（Overseas Trade）。

二、国际贸易的几个重要概念

（一）对外贸易值与对外贸易量

对外贸易值（Value of Foreign Trade）是以货币表示的贸易金额。一定时期内一国从国外进口的商品的全部价值，称为进口贸易总额或进口总额；一定时期内一国向国外出口的商品的全部价值，称为出口贸易总额或出口总额。两者相加为进出口贸易总额或进出口总额，是反映一个国家对外贸易规模的重要指标。一般用本国货币表示，也有用国际上习惯使用的货币表示。联合国编制和发表的世界各国对外贸易值的统计资料，是以美元表示的。

美国商务部2013年2月8日发布贸易统计，美国2012年的商品贸易总额比前一年增加了3.5%，达到38 628.59亿美元。而根据中国海关今年1月发布的数据，中国2012年的贸易总额为38 667亿美元，已经小幅超越了美国。

世界出口总额和进口总额

把世界上所有国家的进口总额或出口总额用同一种货币换算后加在一起，即得世界进口总额或世界出口总额。就国际贸易来看，一国的出口就是另一国的进口，如果把各国进出口值相加作为国际贸易总值就是重复计算。因此，一般是把各国进出口值相加，作为国际贸易值。由于各国一般都是按离岸价格（FOB，即起运港船上交货价，只计成本，不包括运费和保险费）计算出口额，按到岸价格（CIF，即成本、保险费加运费）计算进口额，因此，世界出口总额略小于世界进口总额。

对外贸易量（Quantum of Foreign Trade）是以货币所表示的对外贸易值。由于其经常受到价格变动的影响，因此无法准确地反映一国对外贸易的实际规模，更不能将不同时期的对外贸易值直接比较。为了反映进出口贸易的实际规模，通常以贸易指数表示，其办法是以一定时期内的不变价格为标准来计算各个时期的贸易值，用进出口价格指数除进出口值，得出按不变价格计算的贸易值，便剔除了价格变动因素，就是贸易量。然后，将以一定时期为基期的贸易量指数同各个时期的贸易量指数相比较，就可以得出比较准确的反映贸易实际规模变动的贸易量指数。

（二）贸易差额

贸易差额（Balance of Trade）是指一国在一定时期内（如一年、半年、一个季度、一个月）出口总值与进口总值之间的差额。当出口总值与进口总值相等时，称为贸易平衡（Balanced Trade）。纵观世界各国（地区）政府的外贸政策实践，这种现象并不多。当出口总值大于进口总值时，出现贸易盈余，称为贸易顺差（Trade Surplus）或出超。当进口总值大于出口总值时，出现贸易赤字，称为贸易逆差（Trade Deficit）或入超。通常，贸易顺差以正数表示，贸易逆差以负数表示。

顺差、逆差与经济增长

一般认为贸易顺差可以推进经济增长、增加就业，因此各国无不追求贸易顺差。但是，通常情况下，一国不宜长期大量出现对外贸易顺差，因为此举很容易引起与相关贸易伙伴国的摩擦。例如，美、日两国双边关系市场发生波动，主要原因之一就是日方长期处于巨额顺差状况。与此同时，大量外汇盈余通常会致使一国市场上本币投放量随之增长，进而很可能引起通货膨胀，不利于国民经济持续、健康发展。最新数据显示，美国 2013 年 5 月份的贸易逆差为 450 亿美元，环比增长 49 亿美元。其中，5 月份美国与中国的贸易逆差扩大至 222.8 亿美元，为 2012 年 10 月以来的最高水平，环比涨幅达 15%。有分析称，随着贸易活动日益广泛地展开，双边贸易摩擦的产生难以避免。

一国的进出口贸易收支是其国际收支中经常项目的重要组成部分，是影响一个国家国际收支的重要因素。一般来说，一国政府在对外贸易中应设法保持进出口基本平衡、略有盈余，此举有利于国民经济的健康发展。

小思考

如何减少中美贸易摩擦?

中美经济贸易的相互依赖和融合程度已经很高，彼此间的摩擦和争端对两国都是不利的，但中美贸易逆差导致两国间摩擦和争端络绎不绝且愈演愈烈。试分析该如何在发展中减少贸易逆差以解决贸易摩擦。

(三) 对外贸易依存度

对外贸易依存度（Degree of Dependence on Foreign Trade），简称外贸依存度，又称对外贸易系数（传统的对外贸易系数），是指一国的进出口总额占该国国民生产总值（GNP）或国内生产总值（GDP）的比重。其中，进口总额占 GNP 或 GDP 的比重称为进口依存度，出口总额占 GNP 或 GDP 的比重称为出口依存度。对外贸易依存度反映一国对国际市场的依赖程度，是衡量一国对外开放程度的重要指标。比重的变化意味着对外贸易在一国国民经济中所处地位的变化。

一般来说，对外贸易依存度越高，表明该国经济发展对对外贸易的依赖程度越大，同时表明对外贸易在该国国民经济中的地位越重要。伴随着经济的全球化，对外贸易在各国经济中的比重都在增加。1980—2000 年，世界货物贸易的年均增长速度达到 6.1%，而世界经济增长速度为 5.4%。据世界贸易组织（WTO）和国际货币基金组织（IMF）的数据测算，1960 年全球外贸依存度为 25.4%，1970 年为 27.9%，1990 年升至 38.7%，2000 年升至 41.7%，2010 年已达 60%。2001 年中国加入 WTO 后，中国的外贸依存度逐年上升，2006 年攀至 67%的高点，2012 年重回 50%以下，为 47%。中国作为转型中的发展中大国，对外贸易依存度也在逐年提高。

对外贸易对中国经济的影响

目前，美国、日本、印度和巴西 4 国的外贸依存度在 30%左右，法国、英国、意大利和俄罗斯 4 国低于 50%，而中国与加拿大、德国 3 国在 50%以上，处于较高水平。中国为全球出口第一大国和进口第二大国，50%左右的外贸依存度，表明中国深度地参与了国际竞争和国际分工，中国经济广泛而深入地融入了全球经济发展；同时，作为国民经济的重要组成部分，强劲增长的对外贸易促进了国民经济平稳快速发展，大幅提升了中国的综合实力，外贸在中国经济活动中的地位举足轻重。

（四）贸易条件

贸易条件（Terms of Trade）是指一个国家在一定时期内出口商品价格与进口商品价格之间的比例关系，又称进口比价或交换比价。它表示出口一单位商品能够换回多少单位的进口商品，反映该国的对外贸易状况，在双边贸易中尤其重要。其一般以贸易条件指数表示，假定基期贸易条件指数为100，则：

报告期贸易条件指数＝出口价格指数/进口价格指数×100

很显然，报告期贸易条件指数如果大于100，则说明出口一单位商品换回的进口商品越多，贸易条件较基期越有利；反之，则贸易条件较基期越恶化。

中国和意大利鞋产品的贸易条件

目前，中国是意大利鞋产品的第一进口大国，意大利从中国进口的鞋产品占其进口总量的40%。2004年1—7月，意大利从中国进口（包括第三国转口）的鞋产品增长了将近50%；意大利向中国出口的鞋产品减少了39.2%。意大利自中国进口鞋产品的平均单价为2.15欧元/双，而意大利向中国出口的鞋产品的平均单价为44.69欧元/双。

思考：

以上案例可以反映出我国和意大利鞋产品的贸易条件有什么变化趋势？简要分析原因。

（五）贸易的商品结构

贸易的商品结构分为对外贸易商品结构和国际贸易商品结构。

对外贸易商品结构（Composition of Foreign Trade）是指一个国家一定时期内各种类别的进出口商品占整个进出口贸易额的份额。一个国家对外贸易商品结构，主要是由该国的经济发展水平、产业结构状况、自然资源状况和贸易政策决定的。一国对外贸易商品结构可以反映出该国的经济发展水平、产业结构状况、科技发展水平等。发达国家对外贸易商品结构是以进口初级产品为主，出口工业制成品为主；发展中国家对外贸易商品结构则是以出口初级产品为主，进口工业制成品为主。

新中国成立初期到改革开放前，我国进口的货物很少，这一时期进口的商品主要有棉花、化纤、砂糖、动植物油脂还有一些工业制成品，如钟表、收音机等。改革开放至今尤其是我国加入世界贸易组织后，进口额大幅增长。机电产品、高新技术产品、原油棉花和机械设备成为主要进口对象，作为中间产品的电器及电子产品的进口幅度也在加大。整体来说，60多年来，我国由进口简单产品和工业制成品转向进口高新技术产品以及工业原材料。《中国统计年鉴（2015）》的数据显示（见表1—2），1980年我国出口商品中初级产品出口总额为91.14亿美元，2014年增加到1 126.92亿美元。而工业制成品的出口总额在1980年时仅90.05亿美元，2009年为11 384.83亿美元，2014年为22 296.01亿美元，其在出口贸易中所占的比重增长迅速。

表 1—2　　我国 1980—2014 年进出口货物分类金额　　单位：亿美元

年份	进口总额	初级产品	工业制成品	出口总额	初级产品	工业制成品
1980	200.17	69.59	130.58	181.19	91.14	90.05
1985	422.52	52.89	369.63	273.50	138.28	135.22
1990	533.45	98.53	434.92	620.91	158.86	462.05
1991	637.91	108.34	529.57	719.10	161.45	556.98
1992	805.85	132.55	673.30	849.40	170.04	679.36
1993	1 039.59	142.10	897.49	917.44	166.66	750.78
1994	1 156.14	164.86	991.28	1 210.06	197.08	1 012.98
1995	1 320.84	244.17	1 076.67	1 487.80	214.85	1 272.95
1996	1 388.33	254.41	1 133.92	1 510.48	219.25	1 291.23
1997	1 423.70	286.20	1 137.50	1 827.92	239.53	1 588.39
1998	1 402.37	229.49	1 172.88	1 837.09	204.89	1 632.20
1999	1 656.99	268.46	1 388.53	1 949.31	199.41	1 749.90
2000	2 250.94	467.39	1 783.55	2 492.03	254.60	2 237.43
2001	2 435.53	457.43	1 978.10	2 660.98	263.38	2 397.60
2002	2 951.70	492.71	2 458.99	3 255.96	285.40	2 970.56
2003	4 127.60	727.63	3 399.96	4 382.28	348.12	4 034.16
2004	5 612.29	1 172.67	4 439.62	5 933.26	405.49	5 527.77
2005	6 599.53	1 477.14	5 122.39	7 619.53	490.37	7 129.16
2006	7 914.61	1 871.29	6 043.32	9 689.78	529.19	9 160.17
2007	9 561.16	2 430.85	7 128.65	12 204.56	615.09	11 562.67
2008	11 325.67	3 623.95	7 701.67	14 306.93	779.57	13 527.36
2009	10 059.23	2 898.04	7 161.19	12 016.12	631.12	11 384.83
2010	13 962.44	4 338.50	9 623.94	15 777.54	816.86	14 960.69
2011	17 434.84	6 042.69	11 392.15	18 983.81	1 005.45	17 978.36
2012	18 184.1	6 349.34	11 834.71	20 487.1	1 005.58	19 481.56
2013	19 499.9	6 580.81	12 919.09	22 090.0	1 072.68	21 017.36
2014	19 592.3	6 469.40	13 122.95	23 422.9	1 126.92	22 296.01

国际贸易商品结构（Composition of International Trade）是指各种类别的商品在整个国际贸易额中所占的比重，通常以它们在世界出口总额或进口总额中的比重来表示。国际贸易商品结构可以反映出全世界的经济发展水平、产业结构状况和科技发展水平。研究国际贸易商品结构，通常是看初级产品和工业制成品两大类别占世界贸易总额的比重。第二次世界大战后，国际贸易商品结构中的工业制成品所占的比重逐渐上升，初级产品所占的比重日益减少。

联合国国际贸易标准分类法

联合国国际贸易标准分类法（SITC）把商品分为 10 类：0）食品及主要供食用的活

动物；1）饮料及烟类；2）燃料以外的非食用原料；3）矿物燃料、润滑油及有关原料；4）动植物油脂及腊；5）化学品及有关产品；6）主要按原料分类的制成品；7）机械及运输设备；8）各项制品；9）没有分类的其他产品。在国际贸易统计中，一般把0)～4）类商品称为初级产品，把5)～8）类商品称为制成品。

（六）贸易的地理方向

贸易的地理方向分为对外贸易地理方向和国际贸易地理方向。

对外贸易地理方向（Direction of Foreign Trade），又称对外贸易的地理分布，是指一定时期内世界上一些国家（地区）的商品在某一个国家（地区）对外贸易中所占有的地位，一般以这些国家（地区）的商品占该国（地区）进出口贸易总额的比重来表示。对外贸易地理方向既表明了一国（地区）出口商品的方向，也表明了该国（地区）进出口商品的来源，从而反映了该国（地区）进出口贸易的国别分布与地区分布，表明了它同世界各国（地区）经济贸易联系的程度。表1—3为2013年主要国家和地区货物进出口额及其增长速度。

表1—3　　2013年主要国家和地区货物进出口额及其增长速度　　单位：亿美元

国家和地区	出口额	比上年增长（%）	进口额	比上年增长（%）
欧洲联盟（欧盟）	3 390	1.1	2 200	3.7
美国	3 684	4.7	1 525	14.8
东南亚国家联盟（东盟）	2 441	19.5	1 996	1.9
中国香港	3 848	19.0	162	−9.3
日本	1 503	−0.9	1 623	−8.7
韩国	912	4.0	1 831	8.5
中国台湾	406	10.5	1 566	18.5
俄罗斯	496	12.6	396	−10.2
印度	484	1.6	170	−9.6

国际贸易地理方向（International Trade by Region），又称国际贸易的地理分布，是指一定时期内世界各洲、各国或各个国家经济集团的对外商品贸易在整个国际贸易中所占的比重。观察和研究不同时期的国际贸易地理方向，对于我们掌握市场行情的发展变化、认识世界各国间的经济交换及密切程度、开拓新的国外市场，均有重要的意义。第二次世界大战以前，国际贸易是以欧洲占统治地位为特征的；第二次世界大战之后，经过几十年的发展，美洲和亚洲飞速崛起，在国际贸易中占有越来越重要的地位。

对外贸易的研究方法

由于对外贸易是一国与别国之间发生的商品交换，因此，可以把对外贸易按商品分类和按国家分类结合起来分析研究，即把商品结构和地理方向的研究结合起来，这对查明一国出口中不同类别商品的去向和进口中不同类别商品的来源，具有重要意义。

单元知识三　国际贸易统计指标与分类

阅读材料

关境与国境

关境（Customs Frontier，Customs Boundary），又称税境或海关境域，是一国关税领域的界限。在关境之内，适用同一海关法或实行同一关税制度。

一般情况下，一国的关境与国境是一致的，即关境等同于国境；特殊情况下，关境可能大于或小于国境。国境是指一个国家行使全部国家主权的国家空间，包括领陆、领海、领空。第二次世界大战后，关税同盟和自由区、自由港大量出现，国境等于关境的原则被突破，国境和关境有时不完全一致。例如在几个国家结成关税同盟时，其关境是几个国境之和，关境便大于国境；而一国设立自由港、自由贸易区或其他特区，其关境便小于国境。

在我国，海关的关境是除单独关境以外的中华人民共和国全部领域。目前，我国法律已明确的单独关境有香港特别行政区、澳门特别行政区和台澎金马单独关税区。因此，我国关境是小于国境的。

任务引领

试问：一国对外贸易是如何统计的？对外贸易有哪些贸易形式？

国际贸易活动种类繁多，性质复杂。从不同的角度进行科学分类是认识和研究国际贸易非常重要的基础工作。

一、按商品（含各种劳动）的移动方向划分

（一）出口贸易

出口贸易（Export Trade），又称输出贸易，是指本国所生产或加工的商品（包括劳务）被输往国外市场进行销售的商品交换活动。

（二）进口贸易

进口贸易（Import Trade），又称输入贸易，是指外国商品（包括劳务）在被购买后，被输入本国市场进行销售的贸易活动。

（三）转口贸易

转口贸易（Entrepot Trade）是指商品生产国与商品消费国不直接买卖商品，而是通过第三国进行商品买卖。交易的货物可以由出口国运往第三国，在第三国经过加工或不经过加工再销往最终进口国；也可以不通过第三国，而由出口国直接将货物运送至最终进口国，但出口国与最终进口国之间并不直接发生买卖关系，交易是通过第三国的转口商进行

的。对第三国来说，这是转口贸易。

货物消费国和货物生产国通过第三国进行的贸易活动，对于第三国而言就是转口贸易。商品的生产国把商品卖给第三国的商人，然后第三国的商人再把商品卖给真正的商品消费国。这种贸易方式在生产国为间接出口，在消费国为间接进口，而对商品生产国和消费国来说是间接贸易，对第三国来说，则是转口贸易。

小知识

世界知名的转口贸易中转地

有些国家（地区）由于地理的、历史的、政治的或经济的因素，适合作为货物的销售中心。这些国家（地区）输入大量货物，除了部分供本国（地区）消费外，又将这些货物再出口到邻近的国家（地区）。如新加坡、香港、伦敦、鹿特丹等，都是国际著名的中转地，拥有数量很大的转口贸易。它们通过转口贸易除了可以得到可观的转口利润和仓储、运输、装卸、税收等收入外，同时推动了当地金融、交通、电信等行业的发展。

（四）过境贸易

商品生产国与商品消费国之间进行的商品买卖活动，其货物运输过程必须通过第三国的国境。第三国则对此批货物收取一定的费用，这对第三国来说就构成了该国的过境贸易（Transit Trade）。

过境贸易对第三国来说，虽然没有直接参与此项交易，但商品要进出该国的国境或关境，并要经过海关统计，从而构成了该国进出口贸易的一部分。早期，各国曾对过境贸易征收过境税，限制了过境贸易的发展。由于过境贸易对过境国家的市场和生产不仅不会带来冲击，反而会产生一定的积极作用，因此各国目前已经取消了过境税，并采取各种措施来吸引过境贸易。

转口贸易与过境贸易的差别

(1) 转口贸易中，第三国参与贸易过程，起媒介作用；过境贸易中，第三国不参与贸易过程。

(2) 转口贸易中，生产国与消费国之间的是间接贸易；过境贸易中，生产国与消费国之间的是直接贸易。

(3) 商品的所有权在转口贸易中先从生产国出口者那里转到第三国商人手中，再转到最终消费该商品的进口国商人手中；而在过境贸易中，商品所有权无须向第三国商人转移。

(4) 过境贸易只收取少量的手续费；而转口贸易有一个正常的商业加价，因为第三国以营利为目的。

（五）复出口贸易

复出口贸易（Re-Export Trade）是指从国外输入的商品，未在本国消费，又未经本国加工而再次输往国外。复出口贸易在很大程度上同经营转口贸易有关。

（六）复进口贸易

复进口贸易（Re-Import Trade）是指输往国外的商品未经消费和加工又输入本国。复进口贸易多因偶然原因（如出口退货）所造成。

二、按贸易政策划分

（一）自由贸易

自由贸易（Free Trade）是指国家取消对进出口贸易的限制和障碍，取消本国进出口商品各种优待和特权，对进出口商品不加干涉和限制，使商品自由进出口，在国内市场上自由竞争的贸易政策。这并不意味着完全放弃对进出口贸易的管理和关税制度，而是根据外贸法规即有关贸易条约与协定，使国内外产品在市场上处于平等地位，展开自由竞争与交易，在关税制度上，只是不采用保护关税，但为了增加财政收入，仍可征收财政关税。

（二）保护贸易

保护贸易（Protective Trade）是指国家广泛地使用各种措施去保护本国的国内市场免受外国企业和商品的冲击，主要是控制各种外国商品的进口；同时，对本国的出口商所从事的出口本国商品的活动给予各种优惠甚至补贴，鼓励其出口。第二次世界大战后，发达国家一直推行利用国家权力，制定高额关税以及各种限制进口的措施，以保护本国市场和产业的政策。发展中国家为了保护其幼弱的民族工业，也实行必要的保护贸易措施。

（三）统制贸易

统制贸易（Control Trade），又称外贸统制，是指对外贸易由国家统一管理、控制和调节，也称对外贸易国家垄断制。

统制贸易也就是由国家建立的集外贸经营与管理为一体、政企不分、统负盈亏的外贸管理体制，中央以指令性计划直接管理少数的专业性贸易公司进行进出口贸易。贸易目标主要是进出口贸易在总体上达到平衡。我国在 1978 年以前实行对外贸易的统制政策。

三、按国境与关境划分

（一）总贸易

总贸易（General Trade）统计法是指以国境为标准划分进口与出口的一种统计方法。总贸易可分为总进口和总出口。凡是进入一国国境的商品一律列入总进口，包括进口后供国内消费的部分和进口后成为转口或过境的部分；凡是离开一国国境的商品一律列入总出口，包括本国产品的出口、外国商品复出口及转口或过境的部分。总进口额加总出口额构成总贸易额。

目前，采用总贸易统计法的国家有美国、日本、英国、加拿大、澳大利亚、中国、俄罗斯等 90 多个国家（地区）。

（二）专门贸易

专门贸易（Special Trade）统计法是指以关境作为划分进口和出口标准的统计方法。

专门贸易又可分为专门进口和专门出口。外国商品进入关境、向海关缴纳关税并经海关放行后才能称为专门进口。专门出口是指从国内运出关境的本国产品及进口后经加工又运出关境的复出口商品。专门进口额加专门出口额构成一国的专门贸易总额。

目前，采用专门贸易统计法的国家主要有德国、意大利、瑞士、法国等80多个国家（地区）。

四、按交易对象的性质划分（按商品形式划分）

（一）有形贸易

有形贸易（Visible Trade）是指在进出口贸易中进行的实物商品的交易。因为这些实物商品看得见、摸得着，故称有形贸易。有形商品的进口和出口都要办理海关手续，并在海关的进出口统计中反映出来，从而构成一个国家一定时期内的对外贸易总额。联合国为了便于统计，把有形商品分为10类、63条、233组、786个分组和1 924个基本项目，几乎包括国际贸易所交易的所有商品。

（二）无形贸易

无形贸易（Invisible Trade）是指在国际贸易活动中所进行的所有非物质形态的商品贸易，主要是指劳务、技术、旅游、运输、金融、保险等。无形贸易通常不办理海关手续，在海关的进出口统计中反映不出来，而在国际收支中反映出来，是国际收支的重要组成部分。

小知识

有形贸易和无形贸易的区别

有形贸易因要结关，故其金额显示在一国的海关统计上；无形贸易不经过海关办理手续，其金额不反映在海关统计上，但显示在一国国际收支表上。

五、按贸易关系划分（是否有第三者参与）

（一）直接贸易

商品生产国与商品消费国不通过第三国而直接买卖商品的经营行为，称为直接贸易（Direct Trade）。直接贸易的双方直接谈判、直接签约、直接结算，货物直接运输。

（二）间接贸易

商品生产国与商品消费国通过第三国所进行的商品买卖行为，称为间接贸易（Indirect Trade），此类贸易因为各种原因，出口国与进口国之间不能直接进行洽谈、签约和结算，必须借助第三国。

间接贸易有些是出于政治方面的原因，有些是由于交易双方信息不通畅而促成的。

小资料

海峡两岸贸易的发展

我国大陆与台湾地区的两岸贸易从20世纪80年代的转口贸易起步，到20世纪90年代转运贸易的崛起，90 年代后期过境贸易的扩张，再到目前两岸“大三通”后直接贸易的兴起，显示了两岸的贸易形态已经由“间接”向“直接”转化的发展趋势。

两岸贸易在实现“大三通”后，出现快速发展的势头。据统计，2012 年大陆与台湾之间的贸易额达 1 689.6 亿美元，占同期大陆外贸总值的 4.4%，比 2011 年增长 5.6%。其中，大陆对台湾出口值为 367.8 亿美元，增长 4.8%；自台湾进口值为 1 321.8 亿美元，增长 5.8%。2012 年大陆从台湾进口海峡两岸经济合作框架协议（ECFA）项下商品的货值为 84.3 亿美元，增长 1.05 倍；关税优惠 39.7 亿美元，增长 3.3 倍。

六、按参与贸易国家的数量划分

（一）双边贸易

双边贸易（Bilateral Trade）是指由两国参加，双方贸易以相互出口和相互进口为基础进行，贸易支付在双边贸易的基础上进行结算，自行进行外汇平衡。这类方式多适用于外汇管制的国家。现在有时也泛指两国间的贸易关系。

有数据显示，2009—2015 各年，中国是澳大利亚第一贸易伙伴，2015 年双边贸易额达1 386亿澳元。

（二）三角贸易

三角贸易（Triangle Trade）是指在三个国家之间相互出口和相互进口并进行合理搭配，以实现外汇平衡的一种方式。此方式往往因为双方在交易时，出现商品不适销对路，或者是因为进出口不能平衡造成外汇支付困难，而把交易活动扩大到第三个国家。这类方式往往是以三国共同签订的相互贸易协定来保证其顺利进行的。

如中国社科院 2011 年 5 月 31 日发布的《日本经济蓝皮书》表示，中日贸易早已远远超出中日两国的范围。中国从日本进口技术含量较高的零部件，在中国完成组装后，再销往美国、欧洲等最终消费地区。这种“日本—中国—欧美”的三角形贸易结构，虽不合理，但短期内难以改变。

（三）多边贸易

多边贸易（Multilateral Trade）是指三个以上国家之间相互进行若干项目的商品交换，相互进行多边清算的贸易行为。此类方式，有助于国家相互贸易时，用对某些国家的出款支付对另一些国家的入款，从而寻求外汇的平衡。例如：有甲、乙、丙三国，甲对乙出超 1 000 万美元，乙对丙出超1 000万美元，丙对甲出超 1 000 万美元。在多边贸易情况下，由于每个国家都可以用对某些国家的出超支付对另一些国家的入超，因此各个国家的贸易总额都扩大了，但进出口仍然是平衡的。

当贸易项目的多边结算仍然不能使外汇平衡时，也可用非贸易项目的收支来进行多边结算。

七、按清偿方式划分

（一）现汇贸易

以现汇的结算方式进行交易的贸易，称为现汇贸易（Cash-Liquidation Trade）。由于现汇在运用上灵活、广泛，可以自由交换其他货币，因此，该方式是目前国际贸易活动中最普遍的一种。其特色是银行逐步支付货物款项，以结清债权、债务，结算方式以信用证为主，辅以托收和汇票等方式。

中国对西方国家及对香港、澳门地区的贸易，主要采用现汇贸易的方式，有时也适当采用其他收汇和付汇方式。

（二）记账贸易

记账贸易（Clearing Account Trade）是指两国政府同时签订贸易协定或贸易支付协定，按日记账的方式进行结算的贸易。其特点是在一定时期内（多为一年），两国间贸易往来不用现汇逐步清算，而是到期一次性结清。通过记账贸易获得的外汇称为记账外汇，一般仅用于协定国之间，不能用于同第三国的结算。

例如：孟加拉国和缅甸于 2003 年 3 月 19 日签署了谅解备忘录，引进“记账贸易协定”，以促进两国经贸关系的发展。

（三）易货贸易

易货贸易（Barter Transaction）是指商品交易的双方依据签订的易贸协定或易贸合同，以等值为基础，互相交换货物的一种交易行为。此种方式比较适用于那些外汇不足或因其他各种原因无法以自由的结汇方式进行相互交易的国家。易货贸易本来是一种古老的贸易方式，在货币出现以前被广泛使用。近些年易货贸易又有重新兴盛的趋势，其原因主要是：1）很多国家外汇短缺；2）出现国际性的债务危机；3）某些发达国家为了减少贸易逆差。

例如：2002 年上半年埃及政府提出，希望与俄罗斯、乌克兰、澳大利亚等国以易货贸易方式进口小麦，埃及则以柑橘、磷酸盐、冶金制品等作为易货物品；棉花进出口商协会、埃及广播电视联盟均表示，希望通过易货贸易方式（或以埃镑结算）进行贸易和项目合作。

八、按交易方式的性质划分

（一）商品贸易

商品贸易（Merchandise Trade）是指以商品买卖为目的，以纯商业方式进行的贸易活动。此种性质的交易方式又包含了一些具体的交易方式，如经销（总经销、独家经销、一般经销）、代理（总代理、独家代理、一般代理）、寄结、拍卖、投标及展卖等。商品贸易的发展水平与市场经济发展程度成正比。

（二）加工贸易

加工贸易（Processing Trade）是指利用本国的人力、物力或技术优势，从国外输入原材料、半成品样品或图纸，在本国加工制造或装配成成品后再向国外输出，从而获得以外汇体现的附加价值，以生产加工性质为主的一种贸易方式。加工贸易是以加工为特征的再出口业务，按照所承接业务特点的不同，常见的加工贸易方式包括：进料加工、来料加工、装配业务和协作生产。而通常所说的“三来一补”，是指来料加工、来件装配、来样加工和中小型补偿贸易。其中，来样加工不在加工贸易的范围内。

（三）补偿贸易

补偿贸易（Compensation Trade），又称产品返销，是指参与两国间贸易的双方，一方是以用对方提供的货物购进机器、设备或其他技术，或者是以用对方提供的机器、设备或技术进行生产和加工活动，待一定时期后，该方用该项目下的产品或其他产品，或者用产品销售后的收入去偿还对方的货物或设备技术款项的一种贸易方式。此种方式对解决买方的资金暂时不足的问题和对卖方推销商品均有一定的作用。

（四）租赁贸易

租赁贸易（Lease Trade）的本质是租，它是由租赁公司以租赁方式将商品出售给用户，用户无须交付商品货款而只需交付商品租金的一种交易方式。这种贸易方式的特点是：出租的商品一般都是价格较为昂贵的设备或交通工具等；租赁公司享有该商品的所有权，并可按期收回稳定的资金；租户可避免积压大量的设备资金，并可及时更新、使用更新的技术。

这种方式在国际贸易活动中发展迅速，并逐渐发展至租购结合，即先租，到一定时期后，该商品所有权即归租户所有，此时双方之间变成了买卖关系。

单元知识四　当前国际贸易发展的特征与趋势

阅读材料

阿里巴巴贸易平台

阿里巴巴是由马云在1999年一手创立的企业对企业的网上贸易平台。目前已经成为全球企业间（B2B）电子商务的著名品牌，是全球国际贸易领域内最大、最活跃的网上交易市场和商人社区，已融合了B2B、C2C、搜索引擎和门户，通过旗下的交易市场协助世界各地数以百万计的买家和供应商从事网上生意。此外，阿里巴巴也在国际交易市场上设有一个全球批发交易平台，为规模较小、需要小批量货物快速付运的买家提供服务。所有交易市场形成了一个拥有来自240多个国家和地区、超过6 100万名注册用户的网上社区。

任务引领

试问：现代国际贸易有怎样的特征？未来又呈现怎样的发展趋势？

进入21世纪以来，随着全球经济一体化的深入发展，世界经济格局正发生着巨大变化，经济外交已逐步成为国家间关系发展的主导因素。各国主要以经济利益的权衡为主导，推进国际贸易的合作与竞争，不仅为世界贸易的发展创造了一个更加开放和自由的环境，也为世界贸易的发展注入了新的活力，推动世界贸易全面、持续增长。纵观近一二十年来国际贸易的发展变化，呈现出一些新的特征与趋势。

一、当代国际贸易发展的特征

（一）国际贸易进入新一轮高速增长期，贸易对经济增长的拉动作用越发明显

伴随世界经济较快增长和经济全球化的纵深发展，当前国际贸易增长明显加速，已经进入新一轮高速增长期。2011，全球货物贸易额为182 170亿美元，名义增长19%。在世界经济强劲增长、国际市场对能源原材料商品需求旺盛以及美元贬值因素的影响下，全球货物和服务贸易呈现出高速增长的态势。全球贸易的高速增长既是科技进步、生产力提高、国际分工深化的共同结果，同时它又促进了全球化生产。20世纪90年代以来，国际贸易的增长率连续超过世界生产的增长率，导致世界各国的外贸依存度均有不同程度的上升。

（二）以发达国家为中心的贸易格局保持不变，中国成为国际贸易增长的新生力量

美、欧、日三大经济体既是世界经济的主要力量，在国际贸易中也居于主导地位。目前，发达国家已经占据世界货物出口70%以上的份额和服务贸易90%以上的份额。更为重要的是，发达国家通过开展区域贸易合作和控制多边贸易体制来主宰国际贸易秩序，并在国际交换中获得了大部分贸易利益。

中国是近年来国际贸易增长中显眼的“亮点”，表现为中国不仅在全球贸易总量中的份额和排名不断攀升，而且对全球贸易增量的贡献也更为显著。2004年，中国对外贸易额达到11 548亿美元，超过日本成为仅次于美国、德国的第三大贸易国，占全球货物贸易总额和增量的比重分别达到6.4%和20%。2009年，中国成为世界第一大出口国。2013年，中国外贸又跃上新的发展高度。根据世界贸易组织秘书处统计数据，2013年中国已成为世界第一货物贸易大国。2015年，在国际市场不景气、世界贸易深度下滑的背景下，中国货物贸易进出口额和出口额稳居世界第一，国际市场份额进一步扩大，贸易结构持续优化，质量效益继续提高。2015年，中国货物贸易进出口总值为24.59万亿元，其中出口总值为14.14万亿元，进口总值为10.45万亿元。

（三）多边贸易体制面临新的挑战，全球范围的区域经济合作势头高涨

多哈回合谈判（又称多哈发展议程，简称DDA）于2001年11月在WTO第四届部长级会议上启动，是WTO成立以来的第一轮多边贸易谈判，是迄今为止参加方最多、议题最广的一轮谈判，涉及农业、制造业、服务业、贸易规则、知识产权、发展、贸易与环境、贸易便利化等众多议题，涵盖95%以上的全球贸易。2009年7月29日，在美国、印度、中国三方无法达成共识，愤而放弃之后，WTO总干事宣布历时7年之久的多哈回合谈判终以失败告终。值得注意的是，由于各种区域贸易协定纷繁多样、成员交叉重叠，一些贸易协定已超出传统的减小贸易和投资壁垒的范围，这给多边贸易体系带来了一定程度

的影响。

同时，以区域贸易安排为主要形式的区域经济合作加速发展，并呈现出不少新的趋势：一是区域贸易安排迅猛发展；二是主要贸易大国都在追求区域贸易安排的主导权；三是区域贸易安排成员间的贸易比重进一步上升，2004 年，区域内贸易总量占国际贸易总量的比重已超过 50%；四是国家之间的竞争正在向区域经济集团之间的竞争转变。区域贸易安排已经成为各国争取市场资源、扩大发展空间、提升国际地位的战略手段。

（四）国际贸易结构走向高级化，服务贸易和技术贸易的发展方兴未艾

国际贸易结构的高级化与产业结构的升级互为依托，其变化趋势有以下两个突出特点：一是伴随着各国产业结构的优化升级，全球服务贸易发展迅猛。在行业结构上，服务贸易日益向金融、保险、电信、信息、咨询等新兴服务业倾斜，传统的运输业、旅游业所占份额持续下降；在地区分布上，发展中国家服务贸易所占的份额继续扩大，东亚地区的增长尤其显著。二是高技术产品在制成品贸易中的地位大大提高，尤以信息通信技术产品的出口增长最快。同时，由于跨国公司纷纷把以信息技术为代表的高新技术产业向发展中国家转移，近年来发展中国家技术密集型产品的出口占全球的比重快速上升。

（五）贸易投资一体化趋势明显，跨国公司对全球贸易的主导作用日益增强

在经济全球化的推动下，生产要素特别是资本在全球范围内更加自由地流动，跨国公司通过在全球范围内建立生产和营销网络，推动了贸易投资日益一体化，并对国际经济贸易格局产生了深刻影响。一是跨国公司已成为全球范围内资源配置的核心力量。目前，世界上的跨国公司已达 6.2 万家，它们不仅掌握着全球 13%的生产和 70%的技术转让，更掌握着全球 23%的国际贸易和 90%的外国直接投资。二是国际贸易竞争从以比较优势为主，转变为以跨国公司数量和在国际范围内整合资源的能力为主。这就意味着，一个国家具备国际竞争优势的企业越多，在国际分工中就越能更多地整合别国的资源。三是国际贸易格局由产业间贸易转向以产业内贸易、公司内贸易为主，主要表现为中间产品、零部件贸易在国际贸易中的比重增加。四是跨国公司产业转移不断加快，加工贸易在整个国际贸易中的比重持续上升，已成为发展中国家对外贸易的增长点。

（六）贸易自由化和保护主义的斗争愈演愈烈，各种贸易壁垒花样迭出

在经济全球化的推动下，世界各国经济交往愈加频繁，贸易自由化已是不可逆转的潮流。但是随着国际贸易规模的不断扩大，贸易摩擦产生的可能性也越大。当前，各国经济发展的不均衡性、区域贸易集团的排他性、贸易分配利益的两极化等都是造成贸易保护主义层出不穷的重要原因。

当前，世界已进入贸易争端的高发期，并呈现出以下特点：一是基于战略利益考虑而引发的贸易摩擦增多；二是贸易保护的手段不断翻新，各种技术壁垒成为贸易保护的新式武器，知识产权纠纷成为国际贸易争端的重要方面；三是摩擦从单纯的贸易问题转向更为综合的领域，社会保障问题、汇率制度问题等已成为摩擦的新领域，资源摩擦与贸易摩擦交互作用的趋势越来越明显；四是中国已成为国际贸易保护的最大受害国。

二、当代国际贸易发展的趋势

（一）国际贸易商品结构日趋高级化

在国际贸易的商品结构中，技术密集型特别是高技术密集型商品占有越来越重要的地位。与传统的商品相比，利用高技术生产的商品具有类型多样、实用性强、操作方便、价格相对便宜等许多传统商品不可比拟的优点。在未来国际贸易的商品结构中，世界技术贸易将以更大的幅度迅速增长。其发展趋势有三：一是随着全球产业结构和发展战略调整的深化，世界技术贸易特别是高技术贸易继续扩大。二是世界技术贸易市场的竞争将会愈演愈烈。虽然目前全球技术贸易的85%仍在美、英、德、法、日等少数发达国家之间进行，但是新兴工业国家、石油输出国以及俄罗斯及原东欧国家、中国等，既是重要的买方，又是实力逐渐强大的卖方，日益成为美、日、欧技术贸易的重要伙伴和竞争对手。三是亚太地区将成为国际技术贸易的重要市场。

知识（技术）密集型国际服务贸易迅猛发展，其出口增长速度明显快于有形商品的出口。世界货物贸易额从1980年的20 341亿美元，增至2014年的159 850亿美元，有形商品出口增长了6.86倍，而同期服务贸易出口增长了11.71倍，快于有形商品的出口。根据WTO提供的数据，1980年世界服务贸易额为3 643亿美元，2014年全球服务贸易总额为98 006.9亿美元，是1980年的12.71倍，其中服务贸易出口额为49 404亿美元，服务贸易进口额为48 602.9亿美元。服务贸易占世界贸易的比重由1980年的15.2 %上升到2014年的22.8%。在国际金融和经济危机中，世界服务贸易经历了大跌大涨，但危机只是暂时减缓了服务贸易发展的速度。全球产业升级、国际产业结构由制造业向服务业转移的总体趋势不会改变，世界服务贸易蓬勃发展的趋势不会改变，今后世界服务贸易仍有巨大的发展空间。可以预计，随着国际产业结构的深入调整，服务业国际转移加速，跨国公司在全球范围内构建全球服务价值链，服务业和服务贸易在各国经济中的地位还会不断上升，世界服务贸易规模还将不断扩大，服务贸易仍是全球经济增长的重要动力。

（二）国际贸易格局日趋全球化

全球化使人类经济活动的流动性大大加快，货物、劳务、资本和技术等在全球范围内的流动更加容易，其规模不断扩大。个人电脑、各种现代通信手段及互联网迅速在全球普及，把各国、各地区越来越密切地联系在一起，各国经济和社会生活互相依赖的程度将大大加深，任何国家都免不了受其他国家和地区发生的事件和变动的影响，特别是随着关税和非关税壁垒的降低或减少，国内外市场融为一体，市场竞争已成为世界性竞争，这些都将大大加快全球范围内经济一体化和贸易全球化进程。

（三）国际贸易主体日趋集团化

区域贸易协定（RTA）是贸易集团化的一个重要形式，特别是双边自由贸易协定（FTA）具有签署快、方式灵活、可以同时与多个不同对象国或地区签订等特点，发展尤为迅速，几乎所有的WTO成员都至少参加了1个双边自由贸易协定。各区域内的贸易集团纷纷把贸易自由化的目标定在20年之内，如欧盟21世纪20年代将实行完全的统一，亚太经合组织制定了2020年前实现投资和贸易自由化的长期目标。在21世纪的前20年，几乎所有国家都参加了区域性集团，世界进入了经济上广泛的聚合和经济联盟时代。

跨国公司是贸易集团化的另一种表现形式。跨国公司掌握和控制着全球生产总值的40%、国际货物贸易总量的60%、国际技术贸易的80%、全球研究和开发投资的90%、全球高技术的95%以及全球跨国投资的85%。跨国公司的内部贸易目前占世界贸易的大部分，随着新兴跨国公司的不断涌现，未来这一比重可能进一步扩大。

（四）国际贸易内涵日趋环保化

近年来，在全球范围内，以保护环境为主题的绿色浪潮声势高涨，绿色贸易也应运而生。绿色贸易的表现：一是绿色消费构成了绿色贸易的基础。20世纪90年代以来，随着社会经济的发展，人们的价值观念、行为方式以及消费心理都发生了深刻的变化，环保因素已开始渗透于人们的日常消费之中，重视环保、崇尚自然、追求健康的绿色消费之风蔚然兴起。二是绿色产品优化了国际贸易的商品结构。随着绿色消费、绿色产业、绿色市场的兴起，国际贸易的商品结构得以进一步的优化：绿色产品在国际贸易商品结构中所占的比重日益增大；初级产品在国际贸易商品结构中所占的比重进一步下降；环保新技术和新工艺将被日益广泛地采用，产品的技术知识含量将不断提高，国际贸易的商品结构由劳动密集型、资源密集型向技术（知识）密集型转变。三是绿色壁垒构成了新的国际贸易保护网。在关税水平不断降低，传统非关税壁垒不断减少的条件下，以保护人类健康和生态环境为主的绿色壁垒随之兴起。一些国家为了维护自己的经济利益，利用消费者和国际社会对环保的广泛关注，凭借自身先进的环保技术，通过提高环境标准阻碍他国产品进入本国市场，从而筑起绿色贸易壁垒。四是环保法律、法规融入国际贸易的规则中。环境保护问题日益受到各国的高度重视，各国纷纷制定出各种各样的环境保护法律、法规，国际贸易中也纳入了大量国际和国内环境保护法律、法规。

（五）国际贸易手段日趋网络化

近年来，由于信息技术的飞速发展，一种新兴的贸易方式——网络贸易应运而生。同传统的贸易方式相比，网络贸易具有全天候交易、商品交易虚拟化、透明化、快捷化、成本低、竞争激烈等优点。联合国贸发会议的一份报告表明：2002年，全球电子商务交易额达到2.3万亿美元，约占全球GDP总值的7.2%；2004年底，全球电子商务交易额达到3.88万亿美元。全球经济网络化、一体化的趋势给传统贸易的改造与创新提供了动力和机会，突破了传统贸易活动中物质、时间、空间对交易双方的限制，它的产生与发展必将对世界经济贸易产生巨大的推动作用，将成为21世纪主导性的贸易方式。

（六）国际贸易保护日趋隐蔽化

贸易自由化是国际贸易发展的必然选择，推动着世界各国、各地区逐步取消贸易壁垒，建立起更广阔、更自由的国际贸易环境。然而，由于世界经济发展和贸易结构不平衡等因素的长期存在，贸易保护主义并不会消失，在自由贸易与保护贸易此消彼长的斗争中，一种新的折中的贸易政策——管理贸易政策登上了国际贸易的舞台。管理贸易以协调为轴心，以政府干预为主导，以磋商谈判为形式，综合运用经济和政治手段，对本国进出口贸易和全球贸易关系进行协调和管理。在一定程度上，它遵循自由贸易的原则，同时又利用一个国家的国内法规、法令，或者通过一国政府和贸易集团同另一国政府和贸易集团达成协议等形式，来约束贸易伙伴的行为。管理贸易满足了各类型国家或地区的需要，正在成为各国外贸政策的最佳选择。与此同时，技术壁垒成为当代贸易保护主义的新策略，其具有形式上的灵活性、名义上的合法性、内容上的广泛性以及对发展中国家的不公平性等特点。这些特点使技术壁垒成为一种比关税和直接非关税壁垒更高明的手段，成为21世纪影响国际贸易发展的最重要因素。

单元小结

国际贸易是指世界各国（地区）之间所进行的以货币为媒介的商品交换活动。它既包含有形产品（实物）交换，也包含无形产品（劳务、技术、咨询等）的交换。国际贸易是一个历史的范畴，是在一定的历史条件下产生的，是社会生产力发展到一定阶段的产物。国际贸易的产生必须具备两个基本条件：一是社会生产力的发展，二是国家的形成。

一国的国际贸易与其经济的发展是密切相关的。国际贸易是对外商品交换的媒介，是国内商业向国外的延伸和贸易地区范围的扩大。国际贸易对参与贸易的国家乃至世界经济的发展具有重要作用：1）调节各国市场的供求关系；2）促进生产要素的充分利用；3）发挥比较优势，提高生产效率；4）提高生产技术水平，优化国内产业结构；5）增加财政收入，提高国民福利水平；6）加强各国的经济联系，促进经济发展。

要对国际贸易进行分析，离不开国际贸易的基本概念。常用的基本概念主要有对外贸易值与对外贸易量、贸易差额、对外贸易依存度、贸易条件、贸易的商品结构、贸易的地理方向等，掌握这些概念有助于我们更好地把握与理解国内外的经济形势。

国际贸易活动种类繁多，性质复杂。从不同角度进行科学分类是认识和研究国际贸易非常重要的基础工作。按商品（含各种劳动）的移动方向可将国际贸易分为出口贸易、进口贸易、转口贸易、过境贸易、复出口贸易和复进口贸易；按贸易政策可分为自由贸易、保护贸易和统制贸易；按国境与关境可分为总贸易和专门贸易；按交易对象的性质可分为有形贸易和无形贸易；按贸易关系可分为直接贸易和间接贸易；按参与贸易国家的数量可分为双边贸易、三角贸易和多边贸易；按清偿方式可分为现汇贸易、记账贸易和易货贸易；按交易方式的性质可分为商品贸易、加工贸易、补偿贸易和租赁贸易。

进入21世纪以来，随着全球经济一体化的深入发展，世界经济格局正发生着巨大变化，呈现出一些新的特征与趋势。国际贸易进入新一轮高速增长期，贸易对经济增长的拉动作用越发明显；以发达国家为中心的贸易格局保持不变，中国成为国际贸易增长的新生力量；多边贸易体制面临新的挑战，全球范围的区域经济合作势头高涨；国际贸易结构走向高级化，服务贸易和技术贸易的发展方兴未艾；贸易投资一体化趋势明显，跨国公司对全球贸易的主导作用日益增强；贸易自由化和保护主义的斗争愈演愈烈，各种贸易壁垒花样迭出。伴随着国际贸易新特征的出现，国际贸易也开始呈现商品结构日趋高级化、贸易格局日趋全球化、贸易主体日趋集团化、贸易内涵日趋环保化、贸易手段日趋网络化和贸易保护日趋隐蔽化等新的发展趋势。

思考练习

一、单项选择题

1. 以一定时期不变的价格为标准计算的国际贸易额可以反映国际贸易的实际流量，是因为（　　）。

A. 它以商品计量单位表示　　B. 它以货币金额表示

C. 它只计算有形贸易　　D. 它剔除了价格变动的影响

2. 通常所说的国际贸易额是指（　　）。

A. 世界出口总额　　B. 世界进口总额

C. 一国进出口总额　　D. 国际贸易量

3. 某年世界货物出口贸易额为 3.1 万亿美元，进口贸易额为 3.2 万亿美元，该年国际货物贸易额为（　　）万亿美元。

A. 6.3　　B. 0.1

C. 3.1　　D. 3.2

4. 贸易顺差是指（　　）。

A. 商品进口大于商品出口　　B. 商品出口大于商品进口

C. 国际收入大于国际支出　　D. 国际支出大于国际收入

5. 某国某年出口额为 200 亿美元，进口额为 130 亿美元，则该国该年的贸易差额为（　　）。

A. 净出口 70 亿美元　　B. 贸易顺差 70 亿美元

C. 贸易逆差 70 亿美元　　D. 入超 70 亿美元

6. 对外贸易依存度是指以一国（　　）同该国国民生产总值或国内生产总值的比值来表示，用以反映一国经济发展对对外贸易的依赖程度。

A. 对外贸易额　　B. 进口额

C. 出口额　　D. 净出口额

7. 对外贸易依存度反映的是（　　）。

A. 一国国民经济对进出口贸易的依赖程度

B. 一国国民经济对出口贸易的依赖程度

C. 一国国民经济对进口贸易的依赖程度

D. 一国对外贸易对国民经济的依赖程度

8. 某国的国民生产总值为2万亿美元，商品进口额为1 200亿美元，出口额为800亿美元，则该国对外贸易依存度为（　　）。

A. 10%　　B. 11%

C. 12%　　D. 9%

9. 一国关境与其国境相比（　　）。

A. 关境可以小于国境　　B. 关境可以大于国境

C. 关境可以等于国境　　D. 以上都对

二、名词解释

1. 国际贸易　对外贸易

2. 转口贸易

3. 对外贸易额　对外贸易量

4. 对外贸易依存度

5. 自由贸易　保护贸易

三、计算题

1. 已知：某年世界贸易额为45 000亿美元，该年A国的出口额为5 500亿美元，进口额为5 800亿美元，国民生产总值为85 000亿美元。请问：

(1) 该国在世界贸易额中所占的比重是多少？

(2) 该国对外贸易依存度是多少？

2. 某国2006年服务贸易总额为1 000亿美元，货物贸易总额为2 000亿美元，其中服务出口总额为600亿美元，进口总额为400亿美元，货物出口总额为800亿美元，进口总额为1 200亿美元，该国国内生产总值为3 600亿美元。试计算该国贸易差额和对外贸易依存度。

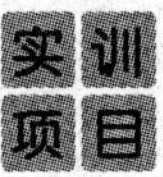

出口价格竞争

近年来，我国出口保持高速增长，贸易顺差持续扩大，逐步树立起贸易大国的全新形象。尽管出口规模、结构和竞争力有了显著提高和改善，但随着市场竞争加剧，不少企业采取低价竞争的手段争夺国际市场，出口低价竞争已成为困扰我国对外贸易发展的顽疾，严重制约了出口的可持续增长。

随着外贸经营权逐步放开，外贸经营主体增多，出口低价竞争问题日益凸显，低价竞争的出口商品范围呈扩大的态势。

(1) 原材料及资源性产品出口低价竞争加剧。一些原材料、矿产品和传统工艺品等大宗商品出口一直是我国外贸的优势领域，我国出口的羊绒、兔毛、生丝、丝织品、淡水珍珠、铅、锌、钨及稀土等产品在国际市场上所占的份额达到了50%～90%。外贸体制改革过程中，我国大宗商品出口的统一经营被打破。在地方主义和企业利益的驱使下，出现了分散经营、多头对外、掠夺式开采、抬价收购、压价竞销的恶性竞争局面，“羊毛大战”、“蚕丝大战”此起彼伏。2004年，中国稀土产品出口量是1990年的9倍，而平均价格却下降了46%。中国淡水珍珠的年产量占全球95%，收入却不足10%。近年来，国家加强了对资源产品的出口限制，但并未根除这一领域低价出口的现象。目前，低价竞争开始向资源的初加工产品渗透，焦炭、粗钢等产品放量出口，价格走低，出口秩序混乱。

(2) 纺织品、服装等劳动密集型行业仍是出口低价竞争的主要领域。纺织品、服装等劳动密集型产品出口是我国贸易顺差的主要来源，但同时也是低价竞争最集中的领域。目前，我国出口服装单价仅为发达国家的1/3，毛纺产品是英国、意大利同类产品价格的1/8～1/5，印染产品是瑞士同类产品价格的1/4，丝绸产品是意大利同类产品价格的1/5，化纤产品是日本同类产品价格的1/3～1/2。2004年，我国羊毛衫出口的平均价格约为7美元，2005年下降到了3美元。纺织品出口大省浙江化纤染色布的出口均价为0.8～0.9美元/米，袜子均价为每双0.21美元，领带均价为每条1.6美元。另外，在过去10年间，我国皮鞋、布鞋、球类、伞、鬃刷、热水瓶这6种小商品的出口额增长了约五成，但平均价格的跌幅却超过了20%。尽管受原材料、劳动力、土地成本上升及人民币升值的影响，2006年以来部分纺织品、服装、玩具等产品的出口价格有所上涨，但价格竞争仍是我国劳动密集型产品出口的主要竞争手段。

讨论：

(1) 出口低价竞争原因何在?

(2) 中国政府和企业应采取怎样的措施避免陷入恶性低价竞争的泥沼?

香港的转口贸易

香港开展转口贸易的历史由来已久，在1949—1978年，香港是中国通向西方的重要桥梁，中国与某些国家本就不多的贸易往来，大部分是通过香港转口的。不过，这一时期的转口规模较小（1972年香港的转口规模仅有41亿港元)。改革开放后，中国通过香港的转口规模迅速增长，2004年达到了18 931亿港元，相当于香港当年GDP的149%。1980年以前，香港经济增长主要依靠劳动密集型产品如服务、纺织品、鞋类、玩具和日用电子产品等加工产品的生产与出口。在掌握了生产技术和营销渠道以及丧失了劳动密集型产品的比较优势以后，香港将其生产设施转移到了内地，开始成为全球贸易尤其是连接内地对外贸易的中间人，并在产品设计、生产管理、采购、订单获取、融资及营销等技术密集型的环节和服务领域从事研发和商业服务。香港中间人有两类：一类是集中间人与生产角色于一身的贸易商，他们首先从国外接受生产订单，然后从国际市场上购买原材料，在香港或其他地方对其进行初步加工，之后提供给位于内地的加工企业，并在加工产品出口到最终目的地之前先运往香港进行检验、验收或分类包装；香港的另一类中间人只为买卖双方达成交易提供服务，并不拥有生产设施。

讨论：

（1）开展转口贸易要具备什么条件？

（2）两类中间人开展转口贸易的方式有什么区别？

第二单元

国际价值与世界市场

学习目标

【知识目标】

- 了解国际价值及其影响因素
- 理解国际市场价格的种类及其影响因素
- 理解世界市场的形成和发展、世界市场的类型、竞争特点及主要交易方式
- 了解商品进入世界市场的渠道

【能力目标】

- 能运用所学知识分析商品的国际价值
- 能运用所学知识分析商品的国际市场价格
- 能正确认识世界市场、掌握进入世界市场的渠道

重点难点

【重点】

- 国际价值及其影响因素
- 世界市场上的交易方式、竞争特点
- 国际市场价格的种类及其影响因素

【难点】

- 国际价值及其影响因素
- 国际市场价格种类及其影响因素

案例导入

华为的欧洲战略

作为爱立信、诺基亚和西门子等老牌网络设备厂商的本土市场，欧洲市场一直是其重要的利润来源，直到华为开始在欧洲大规模攻城略地，设备市场格局开始发生了重大变化。

华为的所有出口产品均为高科技产品，均为华为的自主品牌。产品主要涉及通信网络中的交换网络、传输网络、无线及有线固定接入网络和数据通信网络及无线终端产品，为世界各地通信运营商及专业网络拥有者提供硬件设备、软件、服务和解决方案。华为的产品和解决方案已经应用于全球150多个国家，服务全球运营商50强中的45家及全球1/3的人口。华为模式的成功在某种程度上改变了世界对中国企业和中国产品的看法。

作为中国企业走出去的佼佼者，华为从1996年起开始拓展国际市场，并在过去的十几年中稳步取得了世界顶尖运营商的认可。目前，华为有很多大客户来自欧洲，包括英国电信、沃达丰、西班牙电信、法国电信和德国电信等。分析师称，由于这些公司都在努力建设下一代无线宽带网络，因此对华为设备的需求很大。正如华为发言人罗兰德·斯拉戴克（Roland Sladek）所说的："欧洲对我们来说就像是第二个本土市场。"

资料来源：http：//www. c114. net/news/22/c15584. html.

【思考】 华为为何要参与世界市场的竞争？华为的成功对中国企业有什么启示？带着这些疑问，我们来学习国际价值与世界市场的相关知识。

单元知识一　国际价值和国别价值

阅读材料

世界各国工资水平一览

人均月工资在20 000元（折算为人民币，下同）以上的国家（地区）是：列支敦士登46 520元，卢森堡46 123元，挪威37 435元，阿联酋31 137元，冰岛31 055元，爱尔兰29 479元，瑞士28 502元，丹麦27 806元，美国24 921元，卡塔尔23 539元，瑞典23 359元，芬兰22 283元，荷兰22 274元，奥地利21 827元，日本21 814元，英国21 410元，圣马利诺21 236元，比利时20 799元，澳大利亚20 377元，法国20 191元。

人均月工资在10 000～20 000元的国家（地区）是：加拿大19 930元，德国19 610元，科威特18 865元，意大利17 486元，西班牙16 370元，欧盟16 164元，新加坡15 828元，中国香港15 366元，新西兰15 358元，文莱14 235元，塞浦路斯12 509元，希腊12 449元，以色列12 109元，巴林11 796元，中国澳门10 924元，斯洛文尼亚10 016元。

人均月工资在5 000～10 000元的国家（地区）是：葡萄牙9 944元，韩国9 574元，中国台湾8 889元，捷克7 305元，沙特阿拉伯6 884元，匈牙利6 436元，阿曼5 989元，斯洛伐克5 257元，克罗地亚5 074元。

人均月工资在3 000～5 000元的国家（地区）是：墨西哥4 379元，智利4 221元，利比亚4 022元，波兰3 903元，俄罗斯3 868元，马来西亚3 344元，南非3 208元，委内瑞拉3 184元，土耳其3 069元。

人均月工资在2 000～3 000元的国家（地区）是：阿根廷2 796元，罗马尼亚2 665元，巴西2 464元，哈萨克斯坦2 264元，保加利亚2 182元。

人均月工资在1 500～2 000元的国家（地区）是：阿尔及利亚1 854元，秘鲁1 711元，安哥拉1 709元，哥伦比亚1 675元，伊朗1 666元，突尼斯1 660元，泰国1 591元，厄瓜多尔1 581元，塞尔维亚1 536元。

资料来源：编者根据相关资料改编，http：//club. china. com/data/thread/1011/2734/79/00/2 _ 1. html。

任务引领

试问：为什么各国的工资水平不同？什么是国际价值？

对世界经济的研究，必须从国际价值出发，才能对国际生产价格、国际垄断价格、国际不等价交换等一系列范畴进行科学的分析，才能深入揭示世界经济的本质及其运动规律。

一、国际价值和国别价值的概念及二者的差别性

（一）国别价值

国别价值（National Value），又称国民价值，是指一国范围内社会必要劳动时间决定的价值。在表现形式上，是以该国货币表现的。国别价值量是由该国生产该商品的社会必要劳动时间决定的。

（二）国际价值

国际价值（International Value）是指商品在国际市场上的价值量，其价值量是由世界劳动的平均单位决定的。国际价值是在国别价值的基础上形成的国际性一般社会劳动的凝结，是商品在国际交换中体现的生产的国际关系的经济范畴。

当世界市场形成后，社会劳动便获得全面的发展，它不仅成为个别国家的劳动，而且成为世界上一切国家的劳动。当商品交换变成世界性交换时，各国的社会劳动就转化为世界范围的社会必要劳动，商品的国别价值就转化为国际价值。

商品国际价值的形成

商品的国际价值是在国别价值的基础上形成的。任何国家所生产的商品的价值内容，都是由抽象的社会劳动决定的。当资本主义破坏了分散的自然经济，并把地方市场结合成全国市场，随后又结合成世界市场之后，社会劳动便获得了全面的发展，它不仅成为个别国家的劳动，而且成为世界上一切国家的劳动。当商品交换变成世界性交换的时候，社会劳动便具有普遍的国际性质。真正的价值性质，是因为国际贸易才发展的，原因在于国际贸易把它里面包含的劳动当作社会劳动来发展。因此，使国民劳动具有世界劳动的性质，最重要的条件就是以国际分工为联系的世界市场的形成和发展。

（三）国别价值和国际价值的差别性

商品的国别价值和国际价值作为一般人类劳动的凝结物，在本质上是完全相同的，而在量上则是不同的。国别价值量是由该国生产该商品的社会必要劳动时间所决定的。国际商品价值量是由世界劳动的平均单位决定的。马克思指出：在世界市场上，“国家不同，劳动的中等强度也就不同；有的国家高些，有的国家低些。于是各国的平均数形成一个阶梯，它的计量单位是世界劳动的平均单位”①。这个平均的劳动单位就是在世界经济的一般条件下生产某种商品时所需要的特殊的社会必要劳动时间。

两者在表现形式上是不同的。商品的国别价值是以该国货币表示的。而在世界市场上，社会劳动不仅体现为每个国家的国内劳动，还体现为世界市场上参与贸易的一切国家的共同劳动，商品的国内价值由此发展为国际价值，国际价值是伴随着世界市场的产生和

---

① 《马克思恩格斯全集》，第23卷，614页，北京，人民出版社，1972。

发展，以参与国际贸易各国的国内价值为基础而形成的，是参与国际贸易的各国国内价值的平均数。因此，商品的国际价值形态是直接以世界货币表示的。

（四）国际价值的形成和发展

国际价值是伴随着世界市场的产生和发展，并在参加世界市场各国的国内价值的基础上形成的。如果不同国家在同一劳动时间内所生产的同种商品的量不同，那么其国际价值也不同。

马克思明确地提出了“国际价值”这个范畴，并且提出各国在同一劳动时间内会创造出不等量的国际价值，原因在于各国“劳动的中等强度”不同。“劳动的中等强度”是指国内劳动的平均强度，代表在国内大多数生产者所具备的熟练程度和生产条件下，单位时间内劳动耗费量的平均水平，可以看成是创造国民价值的社会必要劳动。然而，怎样才能测定各国“劳动的中等强度”，从而把“各国的平均数”（各国的社会必要劳动）按大小排列成一个阶梯呢？需要有一把统一的尺子，这就是“世界劳动的平均单位”，各国国内社会必要劳动所创造的价值，唯有通过它才能还原为国际价值。由此可见，国际价值是在国民价值的基础上形成的，二者都是人类抽象劳动的凝结，其社会本质是相同的。

（五）国际价值的计量

国际价值的计量标准是“世界劳动的平均单位”，各国在同一时间内支出的劳动，凡是高于上述标准的，便算作强度较大的劳动，所形成的国际价值也就较大；反之，凡是低于上述标准的，在同一时间支出的劳动所形成的国际价值就要小些。由于马克思对“世界劳动的平均单位”没有进一步阐述，学术界对这个概念存在不同的解释。目前在学术界较为流行的解释是原民主德国学者科尔梅在《卡尔·马克思的国际价值论》中的阐述。

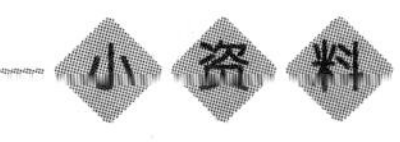

国际价值度量

科尔梅最重要的理论贡献之一就是在《卡尔·马克思的国际价值论》一文中为“世界劳动的平均单位”找到了一种计量方法，科尔梅认为国际价值量的近似值可以这样来计量：“一个‘世界劳动的平均单位’等于一个单位的国际价值，一种商品的国际价值就是各国生产该商品所需的国内社会必要劳动时间的加权算术平均数，权数是该商品的各国出口量，或者是各国可供出口的生产量。”科尔梅的观点表明：只有进入国际市场的那一部分商品才实现了国民价值向国际价值的转移，也就具有国际价值量；尚未进入国际市场的那一部分商品并没有实现国民价值向国际价值的转移，也就不具备国际价值量的属性。结合马克思原文中“投在对外贸易上的资本能提供较高的利润率”这一线索，科尔梅的观点是符合马克思的原意的，是正确的。

二、影响国际价值量变化的因素

商品的国际价值量是决定商品的国际价格的基础，影响商品国际价值量的因素主要有劳动生产率、劳动强度以及贸易参加国的贸易量等。

（一）劳动生产率

国际价值量随着国际社会必要劳动时间的变化而变动，因为商品的国际价值量是由生产这种商品的国际社会必要劳动时间决定的。生产商品的国际社会必要劳动时间变了，商品的国际价值量也要起变化。国际社会必要劳动时间是随着世界各国的社会必要劳动时间的变化而变动的。假如各国的社会必要劳动时间缩短了，则国际社会必要劳动时间也将随之缩短；反之，则扩大。各国生产商品的社会必要劳动时间是随着劳动生产率的改变而改变的。劳动生产率的高低，取决于多种因素。其中主要的有：劳动者的熟练程度，生产资料特别是生产工具的装备水平，劳动组织和生产组织的状况，科学技术发展和应用的程度，原料和零部件的优劣，以及各种自然条件等。在不同的部门和企业中，上述每一个因素对劳动生产率的影响程度都是不相同的。例如：在农业和采矿业中，劳动生产率受自然条件这一因素的影响比较大，而在一般的加工工业中受这一因素的影响就比较小。

劳动生产率的变化，必然会引起生产商品的社会必要劳动时间的变化，从而引起商品价值量的变化。劳动生产率越高，单位时间内生产的商品越多，则生产单位商品所需要的社会必要劳动时间便越少，单位商品的价值量便越小；反之，劳动生产率越低，单位时间内生产的商品越少，则生产单位商品所需要的社会必要劳动时间便越多，单位商品的价值量便越大。

（二）劳动强度

国际价值量还受各国劳动强度的影响。劳动强度是指劳动的紧张程度，也就是指同一时间内劳动力消耗的程度。单位时间消耗的劳动多，劳动强度就大；反之，则小。换句话说，劳动强度同时均等地增进了，新的较高的劳动强度就会成为普通的社会的劳动标准强度，从而也影响国际上的劳动标准强度，进而影响国际价值量。

（三）贸易参加国的贸易量

国际社会必要劳动时间的形成与参加国际贸易国家的贸易量有密切关系。

（1）如果绝大多数国际贸易商品是在大致相同的正常的各个国家的社会必要劳动时间下生产出来的，则国际社会必要劳动时间就是该商品在各个国家的社会必要劳动时间。在这种情况下，商品的国别价值与国际价值基本上是一致的。

（2）假定投到国际市场上的该商品的总量仍旧不变，然而在较坏条件下生产的商品的国别价值，不能由较好条件下生产的商品的国别价值来平衡，导致在较坏条件下生产的那部分商品，无论同中等生产条件生产的商品相比，还是同较好条件下生产的商品相比，都构成一个相当大的量，那么，国际价值就由在较坏条件下生产而出口的大量商品来调节。

（3）假定在高于中等条件下生产的商品的出口量，大大超过在较坏条件下生产的商品的出口量，甚至同中等条件下生产的商品出口量相比，也构成一个相当大的量，那么，国际价值就由在较好条件下生产的那部分商品来调节。

小知识

超额利润

各国劳动强度和劳动生产率的差别会使各国在同一时间内生产的同种产品具有不同的国际价值量。劳动强度是指劳动的紧张程度，即单位时间内劳动的耗费量，在其他因素不变时，劳动强度与价值量成正比。如果A国的劳动强度大于B国，则在同一时间内，A国会比B国生产更多的国际价值。劳动生产率与价值量成反比，故一国的劳动生产率若高于国际水平，则在同一时间内能生产更多的产品，每一单位产品的国民价值低于国际价值，但该国仍可按国际价值出售自己的产品，从而获得一个余额，即超额利润。

单元知识二　国际市场价格和中国的对外贸易价格

阅读材料

檀香扇价格的秘密

日本人一直青睐中国的扇子，结婚时也有馈赠扇子的习俗。苏州檀香扇早在民国时期就大量涌入日本市场。苏州檀香扇厂生产的檀香扇在日本更是高档礼品，松下、东京电力等大公司常以此为纪念品。20世纪八九十年代，苏州檀香扇厂一年要向日本出口2万～3万把，而且是成扇出口。但是，由于没有达到国家规定的可以独立经营进出口业务的规模，如今，苏州檀香扇厂只能依靠西川株式会社等日本经销商来进行销售。苏州檀香扇厂出口产品的生产，越来越受到日方的影响。精明的日本人在了解了中国国内市场的情况后，转而要求以低价购进裸扇，回国后用白果树的木料加工成古雅质朴的包装盒，再以高价卖出。如此一来，苏州檀香扇厂尽管得到了市场保证，却也让出了巨大的利润空间。

任务引领

试问：对外贸易价格是由什么决定的？

一、国际市场价格及其分类

（一）国际市场价格

一种商品在国际贸易中被广泛承认的具有代表性的成交价格即为国际市场价格，亦称世界市场价格。国际市场价格通常是指在国际贸易中用自由外汇进行支付的普通商业合同价格。

国际市场价格是商品国际价值的货币表现。国际价值是以“世界劳动的平均单位”计算，而不是以生产该商品的某一国家的社会必要劳动时间计算，它是国际市场价格变化的基础。同时，国际市场价格又因为商品供求关系的变化而上下波动，时涨时落，瞬息万变。影响商品供求和价格变化的因素很多，除西方经济危机周期的变化是基本的、起决定作用的因素外，世界政治局势、金融外汇市场变化、垄断与竞争、各国政府的措施、通货膨胀、东西方贸易、科学技术与工艺进步、代用品的出现与发展乃至世界气候的变化和投机活动的猖獗等，也都是重要的影响因素。

国际市场价格是一国（或企业）进出口商品作价的一项重要依据。一国（或企业）商品的进出口价格，通常是参照该商品或其同类商品的国际市场价格，并结合其发展趋势和其他一些有关的因素来加以权衡和制定的。国际市场价格的变动，对一国（或企业）对外贸易价格的高低，有着直接的重要影响。因此，了解并掌握国际市场价格及其发展趋势，研究其变化发展的规律，对一国（或企业）对外贸易的开展和做好商品进出口业务工作、提高经济效益，有着重要意义。

商品的价值量是决定商品的国际价格的基础，但是由于在国际市场上受供求等各种因素的影响，商品的国际价格并不总是与国际价值量相一致的，它随着供求等因素的变化围绕国际价值量而上下波动，通过国际价格对国际价值量的偏离，以平均数的规律实现国际价值量。

（二）国际市场价格的分类

1. 按国际市场的领域分

国际市场价格通常是商品在国际市场上一定时期内客观形成的具有代表性的成交价格，主要有以下类型：

（1）国际贸易重要集散地市场价格；

（2）主要出口国家（地区）的出口价格或主要进口国家（地区）的进口价格；

（3）在国际贸易中具有代表性的商品交易所价格；

（4）重要的拍卖市场价格；

（5）大宗商品的开标价格；

（6）国际商品协定或有关组织规定的价格；

（7）国际博览会或在国际贸易中有重要影响的商品交易会价格。

2. 按国际市场的价格形成状态分

国际市场价格按国际市场的价格形成状态可分为世界“自由市场”价格和世界“封闭市场”价格。世界“自由市场”价格是不受垄断等因素的干扰、独立经营的买卖双方进行交易所达成的价格。世界“封闭市场”价格是买卖双方在一定的特殊关系下形成的价格。它包括跨国公司为避税等原因制定的调拨价格、垄断组织采取的垄断价格、区域性经济贸易集团内部制定的价格和国际商品协定下的协定价格。

（1）世界“自由市场”价格。世界“自由市场”价格是指在国际上不受垄断或国家垄断力量干扰的条件下，由独立经营的买者和卖者之间进行交易的价格。国际供求关系是这种价格形成的客观基础。

“自由市场”是指由较多的买主和卖主集中在固定的地点，按一定的规则，在规定的时间进行交易。尽管这种市场也会受到国际垄断和国家干预的影响，但是由于商品价格在这里是通过买卖双方公开竞争而形成的，因此它常常较客观地反映了商品供求关系的变化。联合国贸发会议所发表的统计中，把美国谷物交易所的小麦价格、玉米（阿根廷）的英国到岸价格、大米（泰国）的曼谷离岸价格、咖啡的纽约港交货价格等 36 种初级产品的价格列为世界“自由市场”价格。

（2）世界“封闭市场”价格 。世界“封闭市场”价格是买卖双方在一定的约束关系下形成的价格。商品的国际供求关系，一般对它不会产生实质性的影响。世界“封闭市场”价格一般包括以下几种：

1）调拨价格。调拨价格又称转移价格，是指跨国公司为了最大限度地减轻税负，逃避东道国的外汇管制等目的，在公司内部规定的购买商品的价格。

2）垄断价格。垄断价格是指国际垄断组织利用其经济力量和市场控制力量决定的价格。在世界市场上，国际垄断价格有两种：一种是卖方垄断价格，另一种是买方垄断价格。前者是高于商品的国际价值的价格，后者是低于商品的国际价值的价格。

在两种垄断价格下，均可取得垄断超额利润。垄断价格的上限取决于世界市场对于国际垄断组织所销售的商品的需求量，下限取决于生产费用和国际垄断组织所在国的平均利润。由于垄断并不排除竞争，故垄断价格也有一个客观规定的界限。

此外，在世界市场上，由于各国政府通过各种途径对价格进行干预，因此出现了国家垄断价格或管理价格。

3）区域性经济贸易集团内的价格。第二次世界大战后，成立了许多区域性的经济贸易集团。在这些经济贸易集团内部，形成了区域性经济贸易集团内的价格，如欧盟的共同农业政策中的共同价格。

4）国际商品协定下的协定价格。商品协定通常采用最低价格和最高价格等办法来稳定商品价格。当有关商品价格降到最低价格以下时，就减少出口，或用缓冲基金收购商品；当市价超过最高价格时，则扩大出口或抛售缓冲存货。

二、国际市场价格的影响因素

在世界市场上，商品价格是经常发生变化的，影响国际市场价格变动的因素主要有以下六个：

1. 生产成本

生产成本的变动是影响国际市场价格的重要因素，特别是对加工工业产品的价格来说，生产成本更具有决定作用。

2. 供求因素

在通常情况下，假定世界市场的需求情况不变，增加商品的出口量，国际市场价格就会下降；反之，在供给不变的条件下，世界市场的需求增加，则国际市场价格就会上升。供求对国际市场价格的影响，取决于世界市场的竞争程度。竞争越激烈，供求对国际市场价格的影响越大。市场竞争通过供求变化对国际市场价格的影响是多方面的，如提高产品质量、改进产品款式、改变包装和装潢、扩大广告宣传等都会影响商品供求，从而影响国际市场价格。

3. 垄断因素

垄断和垄断价格的出现是造成国际市场价格背离国际价值的重要因素。在垄断的条件下，尽管生产技术有了很大改进，劳动生产率有了很大提高，商品的国际价值有所下降，但如果没有强大的竞争压力和发生严重的经济危机等因素的存在，商品的国际市场价格也很难下降。即使下降，其下降的程度也会远远低于国际价值量下降的程度。随着垄断组织经济实力的增强，它们对国际市场价格的影响也越来越大。

4. 通货膨胀因素

世界市场和国际贸易的发展，使各国经济的相互依赖和相互影响日益加深。各国的国内通货膨胀都会在不同程度上传递给其他国家，进而导致国际市场价格总水平的上升。一国如果发生通货膨胀，国内货币贬值，物价上涨，会提高该国出口商品的生产成本，从而削弱这些商品在世界市场上的竞争能力，导致出口减少、进口增加，进而影响世界市场的商品供求情况，影响国际市场价格。如果发生通货膨胀的国家，其出口商品在世界市场上占有很大的份额，就会直接造成国际市场价格的上涨。

5. 汇率因素

各国生产的商品都是按本国货币来计算成本的，要拿到世界市场上竞争，其商品成本一定会与汇率相关。汇率的高低直接影响该商品在世界市场上的成本和价格，以及国际竞争力。世界货币市场上汇率的变动会直接影响商品的国际价格。由于国际价格大多以美元计价，美元汇率的变动对国际市场价格的影响最为明显。

6. 各国政府采取的政策措施

第二次世界大战后，各国政府纷纷采取各种政策措施，如出口补贴政策、支持价格政策、进出口管制政策等，这些都不同程度地影响了商品的国际市场价格。

三、中国的对外贸易价格

（一）我国对外贸易价格政策的演变

我国对外贸易价格政策的演变过程是由政府管制向企业自主行为演变的过程。

在长期的计划经济时期，我国在进出口商品价格上实行国家垄断和国内市场价格同国际市场价格脱钩的方针——“内外有别、分别作价”的政策，对东西方贸易加以区分。

这种割断国内外市场价格的做法，从我国经济发展的历程来看，在当时是必要和正确的。这样做限制了进口，鼓励了出口，摆脱了资本主义周期性经济危机的影响，保持了国内市场和物价的稳定，促进了我国外贸事业的健康发展。但是，随着我国对外开放政策的实施和对外经济联系的扩大，这种价格管理办法出现了不少亟须解决的问题。

1973 年，我国开始根据国际市场的价格水平，本着平等互利精神，结合国别政策和销售意图作价。

1987—1993 年，我国开始在全国范围内全面推行外贸承包经营责任制和代理制，企业根据国内外市场行情和生产经营目的自主决策的定价原则。

1994 年，外贸体制改革根据现代企业制度的要求对国有外贸企业进行改革，颁布了《中华人民共和国对外贸易法》，汇率并轨以及配套改革为外贸企业逐步实现自负盈亏和放开经营创造了条件，对外贸易价格更加注重市场经济和国际惯例。

2001 年我国加入世界贸易组织后，对外贸易作价摆脱了政府行为，成为市场机制调节下的企业行为。

我国进出口商品国内价格政策的演变过程是由严格按计划价格执行向逐步放开、由市场定价演变的过程。

我国进口商品的国内作价政策演变，是从 1953—1963 年的作价办法不统一，发展到 1964 年按照国内同类产品价格作价，再到 1981—1984 年的贸易作价，从 1985 年至今，回归单一汇率，实行进口商品代理作价。

我国出口商品的国内价格政策演变，是从 1953 年的以国内同类商品国家规定价格为基础作价，发展为 1960—1978 年的仍以国内同类商品国家规定价格为基础，并贯彻按质论价、优质优价的原则，到 1990 年以后，逐步变为随行就市，由企业根据市场供求关系自主定价。

（二）我国对外贸易的作价原则

我国对外贸易的作价原则是：在贯彻平等互利的原则下根据国际市场的价格水平，结合国别（地区）政策，并按照我国的购销意图确定适当的价格。由于价格构成因素不同，影响价格变化的因素也多种多样。因此，在确定进出口商品价格时，必须充分考虑影响价格的种种因素，并注意同一商品在不同情况下应有合理的差价，防止出现不区分情况、采取全球同一价格的错误做法。

为了正确掌握我国进出口商品价格，除应遵循上述作价原则外，还必须考虑下列因素：

1. 商品的质量和档次

在世界市场上，一般都贯彻按质论价的原则，即好货好价、次货次价，品质的优劣、档次的高低、包装装潢的好坏、式样的新旧、商标和品牌的知名度，都会影响商品的价格。

2. 运输距离

国际货物买卖一般都要通过长途运输。运输距离的远近，影响运费和保险费的开支，从而影响商品的价格。因此，确定商品价格时，必须核算运输成本，做好比价工作，以体现地区差价。

3. 交货地点和交货条件

在国际贸易中，由于交货地点和交货条件不同，买卖双方承担的责任、费用的风险有别，在确定进出口商品的价格时，必须考虑这些因素。例如：同一运输距离内成交的同一商品，按 CIF（成本加保险费加运费）条件成交同按 EXW（工厂交货）条件成交，其价格应当不同。

4. 季节性需求的变化

在世界市场上，某些节令性商品，如赶在节令前到货，抢行应市，一般能卖个好价钱。过了节令的商品，其售价往往很低，甚至以低于成本价出售。因此，应充分利用季节性需求的变化，切实掌握好季节性差价，争取按对自己有利的价格成交。

5. 成交数量

按国际贸易的习惯做法，成交量的大小影响价格。成交量大时，在价格上应给予适当的优惠，或者采用数量折扣的办法；反之，成交量过少，甚至低于起订量时，也可以适当提高出售价格。那种不论成交量多少，都采取同一个价格成交的做法是不当的，我们应当掌握好数量方面的差价。

6. 支付条件和汇率变动的风险

支付条件是否有利和汇率变动风险的大小，都影响商品的价格。例如：同一商品在其他交易条件相同的情况下，采取预付货款和凭信用证付款的方式下，其价格应当有所区别。同时，确定商品价格时，一般应争取采用对自身有利的货币成交，如采用不利的货币成交，应当把汇率变动的风险考虑进去，即适当提高出售价格或压低购买价格。

此外，交货期的远近、市场销售习惯和消费者的爱好等因素，对确定价格也有不同程度的影响，我们必须在调查研究的基础上通盘考虑，权衡得失，然后确定适当的价格。

（三）我国对外贸易的定价注意事项

国际市场价格因受供求变化的影响而上下波动，有时甚至出现瞬息万变的情况，因此，在确定成交价格时，必须考虑供求状况和价格变动的趋势。当市场商品供不应求时，国际市场价格就会呈上涨趋势；反之，当市场商品供过于求时，国际市场价格就会呈下降趋势。由此可见，切实了解国际市场供求变化状况，有利于对国际市场价格的走势作出正确判断，也有利于合理地确定进出口商品的成交价格，该涨则涨，该落则落，避免在价格掌握上的盲目性。

另外，确定商品的成交价格应有客观依据，应从纵向和横向两个角度进行比价，不能主观臆断、盲目定价，尤其在进口方面，更要注意做好比价工作。我们要将成交商品的历史价和现价进行比较，将成交商品与其在不同市场上的价格进行比较，将同一市场上不同客户的同类商品的价格进行比较，真正做到“货比三家”，防止确定的成交价格偏离市场价格的实际水平。

为了合理确定成交价格，以提高经济效益，在价格掌握上，要防止不计成本、不管盈亏和单纯追求成交量的偏向，尤其在出口商品价格的掌握上，更要注意这方面的问题。过去，我们在出口业务中，发生过盲目坚持高价或随意削价竞销的偏向，给我们带来了不应有的损失。出口商品作价过高不仅会削弱我国出口商品的竞争能力，而且会刺激其他国家加速生产该项商品的代用品来同我国产品竞销，从而产生对我国不利的被动局面；反之，不计成本，在国内高价抢购，到国外削价竞销，盲目扩大出口，这不仅在外销价格方面造成混乱，导致“肥水流入外人田”，使国家蒙受经济损失，而且会使一些国家借此对我国出口的产品采取限制措施，并导致反倾销投诉案件增多。2012年11月商务部的一份报告指出，我国已连续17年成为全球遭受反倾销调查最多的国家，连续6年成为全球遭受反补贴调查最多的国家。当前，我们主要应当防止这种偏向。

单元知识三　世界市场的概念与发展

阅读材料

世界家具贸易

对家具贸易而言，2008年是最好的年份，家具贸易额达到1 159亿美元；2009年受到金融危机的冲击，下降为920亿美元，但很快就开始回升；2010年为940亿美元；2011年达到980亿美元。同时，全球2009年920亿美元中，中国占200多亿美元，约占全球家具贸易额的1/3。世界主要家具出口大国包括中国、意大利、德国和波兰；进口家具的四大国分别是德国、美国、英国和法国。关于世界上家具消费的一些国家，超过100亿美元的主要有美国、中国、德国、英国、意大利。中国已成为仅次于美国的家具消费大国。不过从人均家具消费来看，发达国家的人均家具消费每年为252美元，欠发达国家每年为32美元，全球人均家具消费为77美元，而中国则为54美元，略高于欠发达国家，但是远低于发达国家人均家具消费水平。

任务引领

试问：世界市场由哪几部分构成？

一、世界市场的概念和构成

（一）世界市场的概念

市场，既是一个地理概念，也是一个经济概念。市场是社会分工和商品交换的必然产物，也是商品经济顺利发展的重要条件。从狭义上说，市场是指从事商品和劳务交换的场所或领域。从广义上说，市场则是指超出单纯商品买卖场所范围，在流通领域内各种交换关系的总和。因此，市场是一个经济的范畴。

世界市场是世界各国进行商品和劳务交换的场所，是世界范围内通过国际分工联系起来的各国市场以及各国之间市场的总和。具体而言，世界市场不仅包括一般的商品买卖活动，还包括与对外贸易有关的货币结算、货物运输、货物保险等内容。在世界市场，商品是交换的主体，其他活动都是为商品交换服务的。

世界市场是在各国国内市场的基础上形成的。但是，世界市场并不是各国国内市场的简单之和，两者之间既有不可分割的联系，又有十分明显的差别。世界市场这一概念，可以从其内涵与外延两个方面来理解。世界市场的内涵，是指国际商品经济关系的总和，包括商品交换背后的生产者之间的关系。世界市场的外延，是指它的地理范围，其地理范围要比一国的市场范围大，前者包括世界各国之间的商品交换，后者只包括一国疆域之内的商品交换。在世界市场的内涵和外延两个方面中，其内涵决定世界市场的经济本质。

世界市场的含义还体现在以下三个方面：第一，各国国内市场的形成是世界市场形成的前提，只有各国国内市场发展到一定程度，商品交换突破国家界限而扩大到世界范围，世界市场才能真正形成；第二，世界市场是以国家为媒介并超越国家界限而形成的商品交换关系的反映；第三，世界市场受各国经济和政治关系的制约和影响。

（二）世界市场的构成

世界市场由订约人、信息网络、运销渠道、市场调节机制四个要素构成。

1. 订约人

世界市场上买卖商品或提供各种劳务契约关系的双方称为订约人。世界市场上的订约人按照活动的目的与性质可分为公司、企业主联合会、国家机关和国家机构三类。公司是指以营利为目的而进行经济活动的企业。企业主联合会是某些资本家、企业家集团的联合组织。它们与公司的不同之处主要在于，它们的活动目的不是获取利润，而是促进企业主扩大出口。国家机关和国家机构包括政府各部和各主管部门以及机构，只有在得到本国政府授权后才能进入世界市场进行外贸业务活动，它们与国有公司不同，通常不追求商业目的。国家机构和主管部门作为订约人也参与其他外贸业务活动，如科技交流、租赁业务等。

美国总务管理局

美国总务管理局（General Service Administration，GSA）享有参加国外市场活动的权利。它采购战略物资、在国外市场出售美国政府库存的白银。在英国享有这种权利的是贸易部。在许多发展中国家，有很多国家机构有权到国外市场上活动。在阿根廷，谷物的出口通过全国谷物委员会，肉类的出口通过全国肉类委员会。

2. 信息网络

世界市场的信息网络是世界市场的重要组成部分，它是世界市场活动的中枢。世界市场的信息网络手段不断多样化与现代化，信息网络机构不断增加与专业化，世界市场信息系统不断向国际化发展。

3. 运销渠道

世界市场的运销渠道是指世界市场上的国际贸易中心、运输和销售渠道。它是世界市场运行的重要环节。

（1）国际贸易中心是集结着国际商品和国际贸易机构的地方。它一般包括两种类型：一种是以交通枢纽、地理位置等条件而形成的国际商品集散中心，通常是外贸港口和国际铁路枢纽；另一种是为开展国际贸易提供交易场所的中心城市，设有国际商品交易会、商品交易所、国际博览会和国际贸易中心。

(2) 世界市场的商品运输网是由海运航线、港口、铁路干线、航空线、公路网、河道和管道运输构成的。

(3) 在世界市场，订约人之间形成了比较稳定、畅通的销售渠道。世界市场上的销售渠道通常由三个部分构成：第一个部分是出口国的销售渠道，包括生产企业和贸易企业本身；第二个部分是出口国与进口国之间的销售渠道，包括贸易双方的中间商；第三个部分是进口国国内的销售渠道，包括经销商、批发商和零售商。运销渠道促进了市场的有机组成，节约了本企业推销商品所需的人力与时间，为贸易双方提供了各种便利，也使销售风险得以分担。

4. 市场调节机制

市场调节机制是指通过市场竞争配置资源的方式，即资源在市场上通过自由竞争与自由交换来实现配置的机制，也是价值规律的实现形式。具体来说，它是指市场机制体内的供求、价格、竞争、风险等要素之间的互相联系及作用机理。

二、世界市场的形成与发展

世界市场是与资本主义生产方式密切联系在一起的，随着资本主义生产方式的演变而经历着不同的发展阶段。

（一）萌芽时期（16 世纪初至 18 世纪 60 年代）

国际贸易虽然在公元前就已经出现，但在相当长的历史时期内，由于社会生产力水平低下，商品经济落后，交通不发达，因此并不存在世界性的市场。15 世纪末至 16 世纪初的地理大发现，对西欧经济的发展产生了巨大的影响，为世界市场的形成准备了条件。地理大发现之前，世界上只存在若干区域性的市场。地理大发现之后，区域性市场逐渐扩大为世界市场。新的世界市场不仅包括欧洲原有的区域性市场，而且包括亚洲、美洲、大洋洲和非洲的许多国家和地区。这一阶段，世界市场中处于支配地位的是前资本主义的商业资本。这是萌芽时期世界市场的主要特点。

（二）发展时期（18 世纪 60 年代至 19 世纪 70 年代）

18 世纪中叶以后，英国和欧洲其他的国家先后进行了产业革命，建立起机器大工业。在机器大工业的推动下，国际贸易发生了根本性的变化，世界市场迅速发展。这一阶段，世界市场的范围不断扩大，中欧、东欧、中东以及印度洋沿岸的广大地区都成为世界市场的组成部分，南太平洋和远东的澳大利亚、日本和中国等也开始进入世界市场。同时，国际商品流通的基础已不再是小商品生产者的工场手工业品，而是发达资本主义国家（主要是英国）的工业制成品与经济落后国家的食品、原料的交换。世界市场上主要的经济联系发生在工业国家和农业国家之间，而各工业发达国家之间的贸易联系也大大加强。这一时期世界市场的主要特点是：产业资本取代商业资本而占据了统治地位。

（三）形成时期（19 世纪 70 年代至第二次世界大战前）

19 世纪 70 年代，发生了第二次科技革命。一方面，这次科技革命促进了社会生产力的极大提高，使工农业生产迅速增长，并使交通运输业发生了革命性的变革，大大改变了欧洲经济的面貌，也改变了世界的经济面貌。尤其是交通运输业的变革，成为19世纪末世界经济、世界市场发展的主要推动力。另一方面，第二次科技革命也推动了资本主义生产关系由自由竞争向垄断阶段过渡，资本输出急剧扩大并具有特别重要的意义。资本输出使生产社会化和国际化逐步实现，并与商品输出相结合，从而加强和扩大了世界各国间的商品流通。在这一阶段，国际贸易把越来越密的经济网铺到了世界的各个角落，世界各国从经济上互相联结起来了。这样，在世界历史上第一次实现了一个统一的世界市场。统一的世界市场的主要特点是：垄断资本在世界市场上占据了统治地位。

统一的无所不包的世界市场形成的标志有：

（1）多边贸易和支付体系的形成。由于国际分工的发展和世界城市与农村的出现，西欧大陆和北美一些经济发达的国家从经济不发达的初级产品生产国购买了越来越多的原料和食物，出现了大量的贸易逆差。与此同时，英国继续实行自由贸易政策，从西欧大陆和北美的新兴工业国输入的工业品持续增长，经常呈现大量的贸易逆差。但英国又是经济不发达国家工业品的主要供应国，呈现大量的贸易顺差。这样，英国就用它对经济不发达国家的贸易顺差所取得的收入来支付对其他经济发达国家的贸易逆差。而经济不发达国家又用对西欧大陆和北美的贸易顺差来弥补对英国的贸易逆差。英国此时成为多边支付体系的中心。这个体系为所有贸易参加国提供购买货物的支付手段；同时，使国际之间债权债务的清偿和利息、红利的支付能够顺利完成，有助于资本输出和国际短期资金的流动。

（2）国际金本位制度的建立与世界货币的形成。世界市场的发展与世界货币的形成是紧密联系在一起的。只有在世界市场充分发展以后，黄金作为世界货币的职能，才能充分地展开。在这一时期，建立了国际金本位制度。它也是世界多边贸易和支付体系发挥作用的货币制度。这个制度的作用主要表现在两个方面：一是给世界市场上各种货币的价值提供一个互相比较的尺度，并能使各国货币间的比价（汇率）保持稳定；二是给世界市场上各国的商品价格提供一个互相比较的尺度，从而使各国的同一种商品的价格保持一致，把各国的价格结构联系在一起。

（3）比较健全和固定的销售渠道的形成。大型的、固定的商品交易所、国际拍卖市场、博览会形成了，航运、保险、银行和各种专业机构健全了，比较固定的航线、港口、码头建立了。这一切都使世界市场有机地结合在一起。

三、世界市场的形式

世界市场是一个广泛的概念，人们根据不同的标准，可以把它划分为不同的类型。

（1）以参加国的经济发展水平为标准，可以划分为发达国家市场、发展中国家市场和欠发达国家市场。联合国在有关的统计中常把世界各国划分为发达国家市场、发展中国家市场和中央计划经济国家市场三大类。

（2）以参加国的地理分布为标准，可以划分为北美市场、欧洲市场、亚洲市场、拉美市场、非洲市场、大洋洲市场等。也有人把地理位置划分得更细一些，划分为西欧市场、中东市场、东南亚市场等；或干脆按国别划为美国市场、日本市场、德国市场等。

(3) 按市场对象划分，可以划分为商品市场、货币市场和劳务市场。其中，商品市场是主体。也可按大类划分为纺织品市场、粮油市场、机械市场、化工市场等。还可按品种细分为小麦市场、咖啡市场、茶叶市场、汽车市场等。

(4) 按消费者划分，如可按性别、年龄、收入和职业等划分，分为妇女用品市场、儿童用品市场、劳保用品市场等。

(5) 按垄断程度划分，可以划分为垄断市场、寡头市场、垄断竞争市场和完全竞争市场。

(6) 以市场的重要程度为标准，可以划分为主要商品市场、次要商品市场。

总的来看，按照地理位置或国别来划分，以及按照产品种类来划分这两种方法比较常见。

单元知识四　世界市场上的交易方式

阅读材料

纽约商品交易所

纽约商品交易所地处纽约曼哈顿金融中心，与纽约证券交易所相邻。它的交易主要涉及能源和稀有金属两大类产品，但能源产品交易大大超过其他产品的交易。交易所的交易方式主要是期货和期权交易，到目前为止，期货交易量远远超过期权交易量。

纽约商品交易所在纽约的商业、城市和文化生活中扮演着重要的角色。它为金融服务业以及工业联盟提供了成千上万的工作岗位，并且通过其自身成立的慈善基金会支援市内社区的文化和社会服务项目，拓展其为大都市的慈善事业所作出的努力。

任务引领

试问：商品交易所是市场吗？世界市场有哪些类型？

世界市场上的交易方式多种多样，按照世界市场上的商品流通渠道即商品由各国生产领域进入他国消费领域所采取的购销形式的不同，可分为有固定组织形式的市场和没有固定组织形式的市场。

一、有固定组织形式的市场

有固定组织形式的市场是指在特定地点按照一定组织规章进行交易的场所。主要有商品交易所、国际商品拍卖、工商业博览会和展览会。

(一) 商品交易所

商品交易所是指根据货样进行大宗批发交易的场所。交易所中通常没有商品，买卖时无须出示和验看商品，而是根据规定的标准和货样进行交易。成交是在交易所制定的标准合同的基础上进行的。

商品交易所一般具有以下特点：1）必须在规定的时间和地点进行交易；2）必须通过交易所内特定的交易人员进行交易；3）通常是根据商品的品级标准或样品进行交易。成交后，无须交割实物，卖方只是将代表商品所有权的凭证转让给买方。

商品交易所可以进行大宗商品的实物与期货交易。在商品交易所买卖的商品大多是初级产品，主要有有色金属、谷物、纺织原料、食品和油料等。各种商品交易所贸易的主要中心：有色金属是伦敦、纽约、新加坡，天然橡胶是新加坡、纽约、伦敦、吉隆坡，可可豆是纽约、伦敦、巴黎、阿姆斯特丹。

（二）国际商品拍卖

国际商品拍卖是指经过专门组织的、在一定地点定期举行的现货交易。在这种市场上，通过公开竞购的方式，在事先规定的时间和专门指定的地点销售商品。主要适合品质不易标准化、易腐不耐储存以及试销商品，如原毛、毛皮、鬃毛、茶叶、烟草、香料、花卉、蔬菜、水果、观赏鱼类、牲畜、热带木材等。

在实际交易中，拍卖具有以下特点：1）在拍卖中，买卖双方并不直接商洽，而是通过专营拍卖业务的拍卖行来进行的；2）拍卖是一种单批、实物的现货交易，具有当场公开竞购、一次确定成交的性质。

小知识

阿斯米尔鲜花拍卖市场

荷兰最大的鲜花拍卖市场——阿斯米尔鲜花拍卖市场（Flower Auction Aalsmeer），也是世界上最大的鲜花交易市场。世界上有80%的花卉产品来自阿斯米尔鲜花拍卖市场，对许多花商而言，阿斯米尔可以说是花卉王国的“首都”城市。这里每天平均拍卖1 400万支的鲜花与100万株的盆栽植物，相当于8 000个苗圃每年共生产约30兆支的鲜花与4亿株的盆栽植物。

先进的拍卖过程、先进的高科技和有效率的拍卖方式，是使得荷兰鲜花交易如此蓬勃的原因。除了荷兰本身的花农外，国外超过1 500家的花农现在也将他们的产品通过荷兰销售到世界各地。因此，在荷兰交易的鲜花与盆栽植物，有超过75%都是出口到其他国家的。

（三）工商业博览会和展览会

工商业博览会和展览会是定期地聚集在同一地点、在一年中的一定时期和规定期限内举行的有众多国家、厂商参加的展销结合的市场。

从商品范围来看，博览会和展览会大致可分为以下几种：1）综合性国际博览会；2）样品国际博览会；3）主要工业部门产品国际博览会；4）一般工业部门产品展销会和集市；5）专业性国际博览会；6）国别展览、展销会；7）独家公司展览、展销会。

中国进出口交易会

中国进出口交易会即著名的广交会，就是典型的综合性展览会。广交会创办于1957

年春季，每年春秋两季在广州举办，迄今已有五十余年的历史，是中国目前历史最长、层次最高、规模最大、商品种类最全、到会客商最多、成交效果最好的综合性国际贸易盛会。广交会现分为三期举办，每期布展时间为三天，展览时间为五天，连续进行。其中，第一期展览范围包括电子及家电类、照明类、车辆及配件类、机械类、五金工具类、建材类和化工产品类；第二期展览范围包括日用消费品类、礼品类和家居装饰品类；第三期展览范围包括纺织服装类、鞋类、办公用品类、箱包及休闲用品类、医药及医疗保健类和食品类。在第一期和第三期还设有进口产品展区。

通过举办大型会议、展览活动，带来源源不断的商流、物流、人流、资金流、信息流，能直接推动商贸、旅游业的发展，不断创造商机，吸引投资，进而拉动其他产业的发展。迅速崛起的会展经济已成为国民经济发展的助推器和新亮点。从20世纪80年代以来，中国会展经济每年以平均20%的速度递增，但与发达国家相比，中国还处在初级阶段。世界已形成诸如巴黎、伦敦、芝加哥、新加坡等著名的展览城，中国会展经济还需进一步加快发展。

二、没有固定组织形式的市场

没有固定组织形式的市场是指不通过固定场所进行的各种交易，这种市场大致可分为两大类：一类是单纯的商品购销形式；另一类则是与其他因素结合的商品购销形式，如加工贸易、补偿贸易、租赁贸易、招投标和电子商务等。

（一）单纯的商品购销形式

商品购销形式是指买卖双方自由选择交易对象，通过函电往来或当面谈判，达成协议并签订合同，进行交易活动，这是国际贸易最普遍的一种交易方式。

（二）加工贸易

加工贸易是把加工与扩大出口或收取劳务报酬相结合的一种购销方式。企业开展加工贸易的目的在于通过加工使进口料件增值，从而从中赚取差价或工缴费。加工增值是加工贸易得以发生的企业方面的根本动因。

加工贸易方式的类型

常见的加工贸易方式包括：进料加工、来料加工、装配业务和协作生产。

进料加工是指用外汇购入国外的原材料、辅料，利用本国的技术、设备和劳力，加工成成品后，销往国外市场。进料加工要承担价格风险和成品的销售风险。

来料加工是指由国外另一方提供原料、辅料和包装材料，加工一方按照双方商定的质量、规格、款式加工为成品，交给对方，收取加工费。

装配业务是指由一方提供装配所需的设备、技术和有关元件、零件，由另一方装配为成品后交货。加工一方赚取的是劳务费，因此这类贸易属于劳务贸易的范畴。

协作生产是指一方提供部分配件或主要部件，而由另一方利用本国生产的其他配件组装成一件产品出口。生产的产品一般规定由对方销售全部或一部分，也可规定由第三方销售。

加工贸易的发展对促进我国的经济增长、就业、税收、创汇等方面及推进我国工业化进程作出了巨大贡献。进入21世纪以来，加工贸易仍然占据我国对外贸易的“半壁江山”。据统计，我国加工贸易进出口额由2000年的2 302亿美元逐步上升到2014年的1.39万亿美元，增加了5.04倍，年均增幅达36%。与此同时，我国加工贸易的国内地区分布却很不平衡。东部沿海地区加工贸易基础好、发展快、规模大，而中西部地区加工贸易无论从发展规模还是从发展速度上看都与东部沿海地区存在较大差距。我国加工贸易的对象国主要集中于西方发达国家并积累了大量的贸易顺差，这使得人民币升值的压力进一步加大，也使我国与西方国家的贸易摩擦日益增多。鉴于此，我国政府制定了许多促进加工贸易转型升级的政策。

（三）补偿贸易

补偿贸易又称产品返销，是与信贷相结合的一种商品购销方式，是指买方用进口设备开发和生产的产品，或者用其他产品或劳务去偿还进口设备的贷款。它既是一种贸易方式，也是一种利用外资的形式，同时扩大了商品的销售渠道。对买方来说，可以解决资金、外汇的不足，并可利用机会开拓海外市场创汇；对卖方来说，可扩大产品销路，增加出口，并可获得稳定的供货源。补偿贸易的缺点是形式不太灵活，达成协议的难度较大，手续较烦琐，风险较大。

（四）租赁贸易

租赁贸易是把商品购销与一定时期内出让使用权相联系的一种购销方式。出租人把商品租给承租人在一定时期内专用。承租人根据租赁时间的长短付出一定的资金。租赁贸易是信贷和贸易相结合的一种贸易方式。租赁对象主要是资本货物，包括机电设备、运输设备、建筑机械、医疗器械、飞机船舶，直至各种大型成套设备和设施等。

（五）招投标

招投标，是招标和投标的简称。招标和投标是一种商品交易行为，是交易过程的两个方面。招投标是一种国际惯例，是商品经济高度发展的产物，是通过应用技术、经济的方法和市场经济的竞争机制的作用，有组织地开展的一种择优成交的方式。这种方式主要运用在货物、工程和服务的采购行为中，其实质是以较低的价格获得最优的货物、工程和服务。

（六）电子商务

电子商务是指在全球各地广泛的商业贸易活动中，在国际互联网开放的网络环境下，基于浏览器/服务器应用方式，买卖双方在不谋面的情况下进行各种商贸活动，实现消费者的网上购物、商户之间的网上交易和在线电子支付以及各种商务活动、交易活动、金融活动和相关的综合服务活动的一种新型的商业运营模式。电子商务作为一种新型的交易方式，将生产企业、流通企业以及消费者和政府带入了一个网络经济、数字化生存的新天地。

在信息化、网络化浪潮的推动下，世界范围内的产业结构调整与升级换代正在加速进行。电子商务代表着未来贸易的发展方向，市场潜力巨大，发展前景广阔。

单元知识五　当代世界市场的特点

阅读材料

中国打火机的出口

中国是世界上最大的打火机制造基地，产品出口量占据了国际市场70%的份额。温州地区是我国生产打火机的重要生产基地，有500多家打火机企业，但还没有一个产品称得上是国际品牌。其国际市场的竞争力主要在于价格方面的优势，由此招致欧盟、美国等的抵制。2002年，我国打火机出口受到国际市场的严峻挑战。美国、欧盟等以“安全性能”为由，极力抵制中国打火机的出口，使我国打火机出口贸易遭到了前所未有的冲击，生产企业面对国际市场不断提高的安全标准和设置的种种技术壁垒，采取各项有效措施，严格加强标准化管理，不断提升产业化水平，努力提高产品质量，促使产品更多地进入国际市场。“标准照亮了中国打火机进入国际市场的坦途”，我国打火机行业取得了喜人的业绩，亮点频闪。在中国五金制品协会组织的国内首次“中国打火机知名品牌”评审活动中，“虎牌”、“新海”、“东方”、“超灵”、“日丰”、“正大”6个打火机品牌，首次成为中国打火机进军国际市场的名牌产品。

任务引领

试问：当代世界市场竞争有哪些特点？

一、当代世界市场发展的特点

世界市场形成以来，其格局一直随着各个国家经济实力的消长而发生变化，参加主体明显增多；参与程度进一步加深；国际贸易额、国际贸易量、国际贸易商品种类迅猛增加；商品贸易、服务贸易、与贸易有关的投资等迅速发展。世界市场发展至今，已经不断地完善与改进，必将成为联系世界各国经济、政治、文化等各方面交流合作的纽带。

（一）世界市场的规模大大增加

第二次世界大战后，一系列殖民地国家独立，它们不再由宗主国来安排进入世界市场，而以独立主权国家的身份进入世界市场，世界市场的参加主体大大增加了。另外，各国卷入世界市场的深度也在增加，表现为各国对外贸易额占其国民生产总值的比重，即外贸依存度有提高的趋势。国际贸易的方式也呈现出多样化的特点。第二次世界大战后的各国间贸易除了传统的商品贸易之外，还在国际上开展多种形式的资金、技术、服务等合作和联合投资，共同开发和生产各种新产品，开发的新市场已屡见不鲜。国际经济合作形式的多样化促进了国际贸易方式的多样化。

（二）国际贸易的商品结构发生了重大变化

由于第二次世界大战后国际分工格局的变化，国际贸易商品结构也发生了相应的变化。第二次世界大战前初级产品与工业制成品在世界贸易中所占的比重大约是60%与40%，战后二者所占的比重开始倒了过来。

（三）国际服务贸易发展迅速

第二次世界大战后科技革命的发生和经济的高速增长，在加深国际分工的同时，也使各种生产要素在国家间的流动加强。于是国际服务贸易迅速发展起来，不但传统的服务贸易项目，如银行、保险、运输等随着国际贸易发展而发展，其他的服务项目，如国际租赁、提供国际咨询和管理服务、技术贸易、国际旅游等也得到快速发展，服务贸易的增长速度大于同期商品贸易的增长速度。目前，世界服务贸易总额已相当于世界商品贸易总额的四分之一左右。

（四）区域经济一体化和跨国公司对世界市场影响巨大

世界各国经济联系日益加强，有一部分国家通过结成地区性经济集团，在一个区域的范围内追求更加紧密的国际经济联系。于是在世界市场的范围内，存在许多跨国家的区域性市场。这些地区性经济集团，对内实行程度较高的自由贸易，对外则实行一定程度的歧视或排斥，如欧盟、北美自由贸易区等就是这样的区域经济一体化组织。看起来这似乎使世界市场被分割为一些板块，使世界市场变小，但世界上众多国家在参与世界市场的时候，原本就实行内外有别的政策。因此，世界上有多少国家和地区就可以认为世界市场被分割为多少板块。现在，区域经济一体化只是使一些较小的板块合并为大一些的板块而已，并大大促进了集团内的国际分工和国际贸易。第二次世界大战后的贸易自由化大大打破了国际关税和非关税壁垒，使国与国之间或板块与板块之间的经济联系进一步加强。因此，战后的区域经济一体化并没有使世界市场变小，而是在世界自由贸易程度提高的同时，在某一区域内实行更高程度的自由贸易，可以说区域经济一体化起着促进世界市场发展的作用。

小资料

经济区域化发展

经济区域化是指在一定的区域范围内，地理相邻的国家建立经贸合作组织，通过契约或协定，促使资本、技术、信息、劳务和商品的自由流动和有效配置，维护共同的经济利益的动态过程。同时，也是国家间在经济上进行不同程度的联合或合作，在特定领域内实现跨国性统一的过程。

区域经济集团化在20世纪50年代初创，60年代至70年代是发展时期，80年代是较高层次时期，90年代出现北美、欧盟、亚太三足鼎立的局面。

经济区域化推动了国际经济技术合作的发展，进一步推动了贸易自由化，有利于形成以各个区域经济组织为主体的世界经济格局的多极化和世界政治格局的多极化，从整体上看，也促进了世界经济中的依赖关系。

但是，经济区域化具有排他性，不利于商品、资金、技术和服务在区域集团间的流动，加剧了地区间经济发展的不平衡，世界经济生活将面临严峻的挑战，也使国家主权概念受到冲击。

（五）不同社会制度的国家在世界市场上的联系在加强

第二次世界大战前，作为唯一社会主义国家的苏联对参与世界市场是持警惕态度的。战后初期，出现了十几个社会主义国家，东西方处于“冷战”状态，社会主义国家与资本主义国家的经济关系受到严重影响。我国在结束“文化大革命”以后，在邓小平理论的指导下实行改革开放，与其他国家、地区建立和发展多层次的经贸关系，恢复了在世界银行、国际货币基金组织的合法席位，2001 年又加入了 WTO。自从党的十四大确立了我国建设社会主义市场经济体制的目标之后，我国在世界市场上的竞争力不断增强，与世界市场的联系也更加紧密。作为最大的发展中国家，我国与广大发展中国家一起，积极要求改变原来不合理的国际经济秩序，建立新的国际经济秩序，以便更有利于世界各国的发展。

二、当代世界市场竞争的特点

随着经济的全球化和信息化发展，当代世界市场竞争也在不断变化，垄断与竞争更为剧烈，出现了一系列的新特点：竞争主体在改变，竞争范围在扩大，竞争内容在提升，竞争手段在创新，竞争方式在转变。

（一）竞争主体多样化

第二次世界大战后，在世界市场上参与竞争的主要有三种类型的国家，即发达市场经济国家、发展中国家（地区）和社会主义国家。在国际贸易中，发达市场经济国家约占 70%，发展中国家（地区）约占 20%，而社会主义国家和苏联、东欧国家约占 10%。而目前，世界市场上的竞争由国家间的竞争发展为国家间、国家和集团间以及集团间的竞争交错并存。集团间的竞争与国家间的竞争相比，交锋更多、范围更广、内容更复杂。

（二）竞争范围空前广阔

20 世纪 70 年代末，尤其是“冷战”结束后，原先实行计划经济体制的社会主义国家先后向市场经济体制转轨，同时，越来越多的发展中国家也开始向市场化的经济运行机制过渡。这样，世界市场的范围第一次在市场经济体制的基础上扩大到了全世界。由于当代世界市场是一个真正具有世界意义的市场，因此其竞争的范围也就空前广阔。

（三）竞争内容不断升级

随着世界信息技术、航天技术、基因技术以及新材料、新能源技术等高科技的迅猛发展，世界市场竞争激烈。当代世界市场的竞争已经由传统的有形贸易范畴扩展至技术、服务及知识产权等无形贸易范畴，特别是高科技领域的国际竞争日益激化。可以说，在当代世界市场的竞争中，谁在发展高新科技的竞争中占据领先地位，谁就能在世界市场的竞争中取胜，在国际经济关系中拥有更大的优势。因此，世界各国都在竞相投入巨大的力量促进科技研究与开发，特别是推动重大高新科技项目的突破。

（四）竞争手段创新不断

传统的世界市场竞争较多地依赖于单一的价格竞争手段，如利用低价倾销，打击和排挤竞争对手；而当今世界市场的竞争强调的是对产品、服务、价格、分销与促销等多种竞争手段的优化组合与创新运用，竞争的主要手段转向提高产品质量、性能，改进产品设计，做好售前和售后服务等非价格竞争手段。

（五）竞争方式日趋多样化

第二次世界大战后，世界市场由卖方市场转向买方市场，垄断进一步加强，使得市场上的竞争更为激烈。为了争夺市场，世界市场上各类竞争主体采取了各种各样的方式参与竞争：采用复杂多样的贸易方式，如商品交易所、国际拍卖、博览会、展览会、招标、补偿贸易、加工贸易、租赁贸易、寄售和包销等方式；组织经济贸易集团控制市场，如欧盟、北美自由贸易区、亚太经济合作组织；通过跨国公司打入他国市场；国家积极参与世界市场的争夺；开拓新市场；使市场多元化；等等。

单元知识六　世界市场的进入渠道

阅读材料

肯德基在中国

肯德基是来自美国的著名连锁快餐厅，由哈兰·山德士上校于1952年创建。主要出售炸鸡、汉堡、薯条、汽水等西式快餐食品。而肯德基作为“特许经营”成功的典范，正被许多企业所模仿。肯德基于1987年进入具有悠久饮食文化的古都北京，从而开始了其在这个拥有世界最多人口的国家的发展史。1987年11月12日肯德基在中国的第一家餐厅在北京前门的繁华地带正式开业，以此为起点，肯德基开始摸索并不断了解和适应中国社会和市场，逐步形成了具有中国特色的管理模式。1992年，肯德基在全中国的餐厅总数只有10家；到1995年，发展到71家；1996年6月25日，肯德基中国第100家店在北京成立。随着管理经验的逐渐丰富、员工的不断壮大和经营体系的日趋完善，肯德基在进入21世纪后大大加快了发展速度。2000年11月，肯德基在中国连锁餐饮企业中率先突破400家餐厅的规模，截至2013年年底，肯德基已在全中国200多个城市开设了4 200多家餐厅，在中国餐饮业遥遥领先。不仅如此，肯德基在中国还一直保持着良好的经济业绩，肯德基的中国总部“中国百胜餐饮集团”连续3年居中国餐饮百强之首。

任务引领

试问：进入世界市场的渠道有哪些？肯德基主要采用哪种渠道？

随着全球经济一体化趋势的深入发展，企业面临着竞争国际化的新形势。越来越多的企业开始进入世界市场，归纳起来，企业进入世界市场主要有三种渠道：一是出口，二是许可贸易，三是国外生产。

一、出口

出口可以分为间接出口和直接出口两种形式。

（一）间接出口

间接出口是指企业将生产出来的产品卖给国内出口商或委托国内的代理机构，由其负责经营出口业务。间接出口包括以下两种具体形式。

1. 出口卖断

企业将产品卖断给有该产品出口经营权的公司，由其对外销售。这里涉及国内贸易和国际贸易两种合同关系：企业与出口公司之间属于国内贸易合同关系，而出口公司与国外的购买商之间属于涉外贸易合同关系。

2. 出口代理

企业以自己的名义对外签约，同时委托专业的出口管理公司代理服务，如与国外客户的联络、租船订舱、制单结汇、报关检验等。这种方式涉及企业与国外客户之间的外销合同和企业与出口管理公司之间的出口代理合同。出口管理公司以佣金的形式获取报酬，不承担外销合同中的商主体的责任。

间接出口的优点是：在企业尚未获得对外贸易经营权时，利用出口公司的外贸经营权出口；利用出口公司的销售渠道和市场经验，迅速打开国际市场；可利用出口公司的融资能力摆脱出口资金方面的负担，避免外汇风险及各种信贷风险；利用出口公司在外贸知识、外贸程序和单据方面的专长，减少可能发生的纰漏和延误；不必增设专门办理出口业务的机构和人员，节省了费用开支。

当然，间接出口也有局限性：企业对国外市场的控制程度很低或根本不能控制；没有国外营销的直接经验，不能迅速掌握国际市场信息；由于缺乏与客户和市场的直接沟通，售后服务和信息反馈方面存在不便。因此，间接出口主要适用于中小型企业。资源雄厚、经验丰富的大企业，往往同时采用几种方式进入国际市场，间接出口只是其中之一，而且主要用于那些潜力不大的市场。

（二）直接出口

直接出口是指企业把产品直接卖给国外客户，而不通过国内的中介机构。直接出口有下面几种形式：

1. 直接卖给最终用户

这是直接出口形式中最直接的一种，不经过任何中间环节。这种形式常用于：1）价格高或技术性很强的产品，如飞机、轮船、高技术产品、大型机械设备等；2）最终用户是国外政府、地方当局及其他官方机构；3）以邮售方式直接卖给国外最终客户。

2. 合作出口

合作出口又称互补出口营销，是指两个生产企业在出口方面的合作：一个生产企业利用自己的出口力量和国外渠道为另一个生产企业出口产品。两个企业之间的关系可以是买卖关系，也可以是委托代理关系。这种合作形式要求两家的产品具有互补性，如生产电脑主机的企业与生产软件的企业合作出口。最起码是两家的产品不存在直接的竞争或可替代性。

3. 利用国内外的经销商

经销商是指在特定地区或市场上，在购买及转售本企业某种产品或劳务方面获得独家权或优先权的中间商。经销商同一般批发商的区别在于其被授予独家权或优先权。经销商与代理商的区别在于前者与供货方是买卖关系，后者与供货方只是委托代理关系。

4. 建立国外营销子公司

国外营销子公司的职能与驻外办事处相似，而且其优缺点也相差不多。所不同的是，子公司是作为一个独立的当地公司建立的，在法律和赋税方面都有其独立性。

此外，为了促进出口，企业可以直接在国外设立办事机构，其主要职能是搜集市场情报，联络客户，推销产品，提供服务、零部件、维修等。设立驻外办事处可以更直接地接触市场，掌握需求动态，提高服务水平。

以上直接出口的几种形式，企业可根据具体的情况采用。

与间接出口相比，直接出口具有以下优点：直接参与国际市场竞争；更直接地接触国外客户，能深入了解国际市场需求动态；独立完成各项出口业务，增加了企业对国外营销的控制权。

直接出口的缺点是：企业独立完成各道出口程序，要承担更高的费用，占用更多的资金；需要增加外贸方面的专门人才；脱离外贸公司，需要自己建立国外分销渠道。

二、许可贸易

许可贸易是指企业（许可方）授权国外另一企业（被许签订许可协议）在一定期间和范围内使用本企业的专利权、版权、工艺方面的诀窍等从事生产和销售，以向对方收取许可费用作为回报的贸易方式。企业采用许可贸易方式进入国际市场的优点是：可以避开关税、配额、高运费竞争等不利因素，较容易进入国外市场。由于向目标市场国提供了先进技术，因此更容易得到东道国政府的批准；没有进行对外直接投资，风险较小。但主要缺点是：在收取许可费方面，对国外被许可方的依赖性较大；被许可方生产的产品的质量难以保证；许可协议终止后，对方可能成为竞争对手，因此企业必须具备持续的创新能力。从事许可贸易，应在许可协议中明确许可权的使用范围，以免造成在同一市场上与许可方发生竞争。

三、国外生产

国外生产是指具有某种生产能力的企业把生产转移到他国领土上就地生产和销售。国外生产已成为企业进入国际市场的一种非常重要的渠道。国外生产形式有许多，这里只简单介绍几种重要的：

（一）国外组装业务

国外组装业务是指生产企业在国内生产出某种产品的全部或大部分零部件，运到国外市场上就地组装，完成整个生产过程，然后将成品就地销售或再出口。国外组装业务的主要优点是运费低、关税（特别是从价税）低、投资少、工资低（如组装工人工资低或当地零部件便宜），而且能够为目标市场国家提供一定的就业机会，容易为当地政府接受。

（二）合同制

企业与国外某家生产企业签订合同，规定由对方按照本企业的要求生产某种产品，然后，由本企业负责产品的营销。如果本企业的资源优势在于工艺过程和营销而不在于生产制造，那么采用这种方式进入海外市场是比较合适的。这种方式的优点是投资少、风险小，产品销售和市场的控制权掌握在自己手中。但其局限性是：在国外不容易找到合适的生产企业；一旦合同终止，对方可能成为本企业的竞争对手；产品质量难以控制；企业只能从销售中取得利润，而生产利润则归当地厂家所有。

（三）建立海外合营企业

建立海外合营企业是指本国企业与国外某一个或某几个企业共同投资在国外联合建立新企业，共同管理、共负盈亏、共担风险。与许可贸易、合同制相比，建立海外合营企业的优点是：利用合作伙伴在当地的优势，做到优势互补；对生产、营销的控制程度更高一些；能更多、更快地获得当地的市场信息；更直接地获得国际营销经验。但缺点是需要投入较多的资金和管理资源，风险较大。此外，合营的各方有可能在合作目标、管理和经营方式等方面发生冲突。

（四）国外独资生产

国外独资生产是企业进行国外生产的最高阶段，意味着企业在国外市场上单独控制着一个企业的生产和营销。其做法有两种：一是在市场上收购一个现成的企业；二是在当地投资，建立一个新企业。其主要优点是可以掌握全部所有权和利润，不存在与合作者的冲突问题。但主要缺点是：投资额大，风险大，只有实力强的企业才能采取这种方式；东道国政府可能不欢迎独资企业；不能得到当地合作者的帮助，应变能力较差。

单元小结

国际价值是在国别价值的基础上形成的国际性一般社会劳动的凝结。国际价值是伴随着世界市场的产生和发展，并在参加世界市场各国的国内价值的基础上形成的。不同的国家在同一劳动时间内所生产的同种商品的量不同，其国际价值也不同。

国际市场价格通常是商品在国际市场上一定时期内客观形成的具有代表性的成交价格。国际市场价格是商品国际价值的货币表现。国际市场价格是一国（或企业）进出口商品作价的一项重要依据。商品的价值量是决定商品的国际价格的基础，但是由于其在国际市场上受供求等各种因素的影响，商品的国际价格并不总是与国际价值量相一致，它随着供求等因素的变化，围绕国际价值量而上下波动，通过国际价格对国际价值量的偏离，以平均数的规律来实现国际价值量。

国际市场价格按国际市场的价格形成状态可分为世界“自由市场”价格和世界“封闭市场”价格。国际供求关系是世界“自由市场”价格形成的客观基础。世界“封闭市场”

价格是买卖双方在一定的约束关系下形成的价格，商品的国际供求关系一般对它不会产生实质性的影响。世界“封闭市场”价格一般包括以下几种：调拨价格、垄断价格、区域性经济贸易集团内的价格和国际商品协定下的协定价格。

影响国际市场价格变动的主要因素包括六个：一是生产成本，二是供求因素，三是垄断因素，四是通货膨胀因素，五是汇率因素，六是各国政府采取的政策措施。我国对外贸易价格政策的演变过程是由政府管制向企业自主行为演变的过程。

我国对外贸易的作价原则是：在贯彻平等互利的原则下根据国际市场价格水平，结合国别（地区）政策，并按照我国的购销意图确定适当的价格。由于价格构成因素不同，影响价格变化的因素也多种多样。在确定进出口商品价格时，必须充分考虑商品的品质和档次、运输距离、交货地点和交货条件、季节性需求的变化、成交数量、支付条件和汇率变动的风险等因素。

世界市场是世界各国进行商品和劳务交换的场所，是世界范围内通过国际分工联系起来的各国市场以及各国之间市场的总和。世界市场由订约人、信息网络、运销渠道、市场调节机制四个要素构成。世界市场随着资本主义生产方式的演变而经历着不同的发展阶段：萌芽时期、发展时期、形成时期。统一的无所不包的世界市场形成的标志有：1）多边贸易和支付体系的形成；2）国际金本位制度的建立与世界货币的形成；3）比较健全和固定的销售渠道的形成。

世界市场是一个广泛的概念，人们根据不同的标准，可以把它划分为不同的类型。比较常见的分类方法是按照地理位置或国别以及按照产品种类来划分。

按照世界市场上的商品流通渠道即商品由各国生产领域进入他国消费领域所采取的购销形式的不同，世界市场可分为有固定组织形式的市场和无固定组织形式的市场。有固定组织形式的市场是指在特定地点按照一定的组织规章进行交易的场所，主要有商品交易所、国际商品拍卖、工商业博览会和展览会。没有固定组织形式的市场是指不通过固定场所进行的各种交易，这种市场大致可分为两大类：一类是单纯的商品购销形式；另一类则是与其他因素结合的商品购销形式，如加工贸易、补偿贸易、租赁贸易、招投标和电子商务等。

一、单项选择题

1. 商品国际价值的基础是(　　)。

A. 市场价格　　B. 社会分工　　C. 国际贸易　　D. 国别价值

2. 商品国际价值的表示形态是(　　)。

A. 劳动时间　　B. 劳动强度　　C. 世界货币　　D. 经济发展水平

3. 代理业务的两个基本当事人之间的关系是(　　)。

A. 买卖关系　　B. 委托代理关系　　C. 委托寄售关系　　D. 代销关系

二、多项选择题

1. 世界封闭市场价格主要包括（　　）。

A. 调拨价格　　B. 垄断价格

C. 区域性经济贸易集团内的价格　　D. 国际商品协定下的协定价格

E. 商品交易所的价格

2. 贸易条件改善是指（　　）。

A. 出口价格指数不变，进口价格指数上升

B. 进口价格指数不变，出口价格指数上升

C. 出口价格指数下降，进口价格指数上升

D. 进口价格指数下降，出口价格指数上升

E. 进出口价格指数同时上升

3. 来料加工与进料加工的相似之处有（　　）。

A. 都是利用我国技术设备和劳动力

B. 都属于“两头在外”的加工贸易

C. 都是赚取由原料到成品的附加价值

D. 原料运进和成品运出都发生了所有权转移

4. 下列贸易方式中，原材料运进与成品运出，实际并未发生所有权转移的是（　　）。

A. 传统的商品买卖　　B. 进料加工

C. 补偿贸易　　D. 加工装配业务

5. 关于补偿贸易的特征，下列说法错误的是（　　）。

A. 在信贷基础之上进行

B. 设备供应方必须履行回购产品或劳务的义务

C. 设备供应方是直接投资方

D. 当事人双方存在买卖关系

三、简答题

1. 简述国际价值与国别价值的关系。

2. 影响国际价值量的因素有哪些？

3. 商品的国际市场价格是由什么决定的？它受哪些因素的影响？

4. 当代世界市场的竞争主要呈现出哪些特点？

四、论述题

论述价值规律在国际贸易中的作用。

奥康的国际化模式

25 年前，奥康还只是一个靠 3 万元起家、只有 8 个人的家庭作坊，而今它已成为中国

最大的民营制鞋企业之一。在中国制鞋企业走向国际化的过程中，很多企业选择单一的为国外品牌做代加工，弊端是无法打造出自己的品牌；也有很多企业到国外去开专卖店，高额成本让企业如吃鸡肋，弃之可惜，食之无味。奥康集团董事长王振滔结合奥康集团的实际情况，选择了“双向借道”——一种全新的国际化模式。

早在2002年10月，奥康与意大利鞋业第一品牌GEOX就已牵手，GEOX总裁迪亚戈第一次中国之行，就选定了奥康作为他们的合作伙伴。中国“入世”后，GEOX公司一心想进入全世界人口最多的中国市场，而奥康也早把目光瞄向了更为广阔的国际市场。2004年10月10日，迪亚戈专程来到温州为奥康瓯北国际品牌产业园——GEOX公司在亚洲最大的鞋业生产基地开业授牌。

通过合作，奥康不仅为GEOX加工全球市场产品，参与其在亚洲市场销售产品的设计开发，还利用自己在国内强大的网络优势，帮助GEOX品牌在中国生根。“可以这样说，从生产到销售，奥康是GEOX在国内的全权代理。”王振滔概括道。而在国际市场上，GEOX则通过其全球68个国家的网络推荐奥康品牌，销售奥康的产品。“我们争取来的何止是销售代理权，更重要的是国际顶级名牌的管理、技术和最新的信息。”王振滔的真正意图显而易见：找一艘大船，借船出海，通过这艘大船尽快实现自己企业的国际化。

奥康和GEOX的强强合作成为近几年中外鞋企合作的经典案例，尤其是“双向借道”的合作模式备受业界推崇。它体现了完全意义上的对等合作、平等合作，它是保持、尊重彼此品牌国际化发展资格的合作。这个模式，在TCL没有实现，在海尔没有实现，最终在奥康这个带有较强“乡土”气息的浙商企业中率先实现了。

讨论：

（1）奥康的国际化模式体现了企业进入世界市场的哪些渠道？

（2）奥康的成功对中国企业有何启示？

××产品区域性市场分析

分组收集资料，分析某种产品在不同区域性市场（如欧洲、美洲、非洲等）的市场状况，分析其存在的问题、面临的困境，讨论该如何提高该产品的国际市场竞争力，并以PPT汇报分组讨论的成果。

第三单元

对外贸易理论及政策

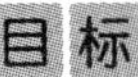

【知识目标】

- 了解贸易政策的类型、贸易政策的影响因素
- 熟悉贸易政策的演变
- 掌握自由贸易理论、保护贸易理论

【能力目标】

- 能运用所学知识对世界各国的贸易政策进行评判
- 能运用所学知识对国际贸易动态进行评析
- 能正确理解保护贸易的发展趋势

重点难点

【重点】

- 自由贸易理论
- 保护贸易理论

【难点】

- 新贸易保护主义的特征
- 战略性贸易政策的理解

案例导入

英国的自由贸易与美国的贸易保护

英国在工业生产上的世界第一地位在19世纪末被美国取代。美国在1776年独立时还是一个落后的农业国，但在19世纪上半期就广泛发展了使用机器的工业化生产。从19世纪60年代的美国内战到第一次世界大战期间，美国工业取得了惊人的发展。到了19世纪80年代初，美国的工业生产已经跃居世界首位。到了1913年，美国的工业产量已经占整个世界工业生产的36%。在这样高速的工业发展过程中，美国一直实行高额的保护关税。

值得注意的是，正是在英国转向自由贸易政策的19世纪20年代，美国开始真正实行培植本国制造业的保护关税政策。到19世纪60年代，英国已经实行了进口关税接近于0的自由贸易政策，美国却在1857年的经济大恐慌之后转而不断提高保护性的关税。在19世纪后半期到20世纪前期，美国都是以高关税保护本国产业的代表。

资料来源：http：//zhidao. baidu. com/question/18242975. html.

【思考】什么是自由贸易和保护贸易？本单元将会对古典保护贸易理论、自由贸易理论、现代贸易保护理论及国际贸易政策的演变进行介绍，解决上述疑问。

单元知识一 古典保护贸易理论

阅读材料

恶意并购不能自由发展

2006年“两会”上，时任国家统计局局长预警：如果任跨国公司恶意并购自由发展，中国民族工业的自主品牌将逐渐消失，一大批骨干企业也将不复存在，到最后在国际产业分工的总体格局中，中国就永远是打工仔。

2006年6月，国务院《关于加快振兴装备制造业的若干意见》正式颁布，规范了装备制造业外资并购的方向，提出大型重点骨干装备制造企业控股权向外资转让时，应征求国务院有关部门的意见，通过行政手段来保护我国的民族工业。

任务引领

试问：我国的民族工业为何需要保护？有什么理论基础？

在过去数百年的世界贸易发展中，现实的贸易政策演进呈现出两个倾向的冲突：一个倾向是减少贸易壁垒，朝着自由贸易的方向发展；另一个倾向是维持乃至加强贸易保护，与自由贸易的目标背道而驰。相应地，作为贸易政策基础的贸易理论也呈现出两个发展方向：自由贸易理论强调不干预贸易，鼓励贸易自由；而保护贸易主义则通过提高关税或技术壁垒等各种形式对本国产业进行保护。世界贸易和各国政策就在这两种理论的干预下蓬勃发展。

一、重商主义贸易理论

最早的国际贸易理论应属重商主义，它产生于15世纪。重商主义认为，贵金属或货币都是财富。从一个国家的角度来看，要增加一国的财富总量，就必须开展对外贸易。因此，重商主义贸易政策的理论是，国际贸易的一方得益必定使另一方受损，要增加一国的财富总量就必须在国际贸易中多出口、少进口，实现贸易收支的顺差，形成外国对本国的贵金属支付。为此，国家需要采取的政策措施是奖励出口、限制进口，使贵金属或财富在本国积累起来，从而增加本国的财富总量。

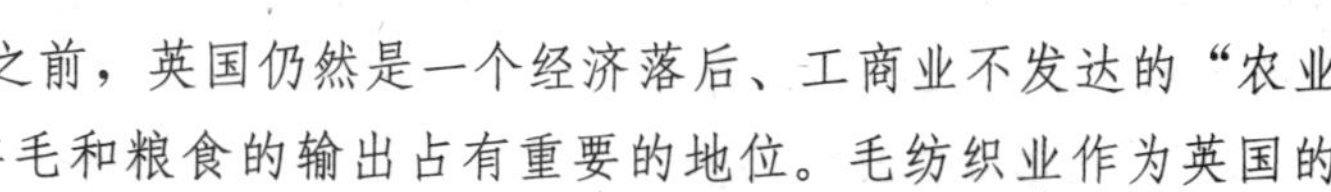

都铎王朝的重商主义

在都铎王朝（1485—1603）之前，英国仍然是一个经济落后、工商业不发达的“农业附庸国”。在整个国民经济中，羊毛和粮食的输出占有重要的地位。毛纺织业作为英国的支柱工业，虽然有所发展，但也远远落后于佛兰德尔、尼德兰、佛罗伦萨。英国早期重商主义的代表人物威廉·斯塔福（William Stafford）认为：从外国输入商品是有害的，从外国输入本国能够制造的商品则害处更大。他反对英国输出羊毛和输入外国羊毛制成品。重商主义者还认为，货币是衡量国家富裕程度的标准。因此，积累更多的货币成了当时社会一种强烈的追求。都铎王朝的统治者也意识到，要使国家富强，使自己显赫，必要条件就是迅速发展工商业。为此，都铎王朝的历代君主都实行重商主义政策。

首先，都铎王朝扶植、鼓励发展呢绒制造业，以出口呢绒换取货币。都铎王朝的建立者亨利七世（1485—1509）三番五次通过国家法令，禁止羊毛特别是优质羊毛的出口，甚至还禁止半制成品的呢绒出口。其次，大力发展海外商业，鼓励发展造船业。亨利七世为了扩大远洋贸易，奖励船主建造大船，规定凡是建造出百吨以上的新船者，每吨奖励五先令的津贴。重商主义政策揭开了英国农业资本主义革命的序幕，推动了英国封建农奴制度的瓦解。

在具体贸易政策上，不同时代重商主义者的主张是不同的，由此，重商主义的发展可以分为早期与晚期两个阶段。

（一）早期重商主义

早期重商主义产生于15世纪至16世纪中叶，以货币差额论为中心（即重金主义），强调少买。该时期的代表人物为英国的威廉·斯塔福。早期重商主义者主张采取行政手段，禁止货币输出，反对商品输入，以贮藏尽量多的货币。一些国家还要求外国人来本国进行交易时，必须将其销售货物的全部款项用于购买本国货物或在本国消费。在16世纪中叶之前的大约150年间，欧洲主要君主国的贸易政策都带有重金主义的特征，其中最典型的做法，莫过于严禁输出贵金属。例如：英国在爱德华四世统治期间（1461—1483），就将输出金银定为大罪，与叛国罪相提并论。而欧洲大陆的西班牙、葡萄牙、法国等国，亦有类似法规或政策。

（二）晚期重商主义

16世纪下半叶至17世纪是重商主义的第二阶段，即晚期重商主义，其中心思想是贸易差额论，强调多卖，代表人物为托马斯·孟（Thomas Mun）。他认为对外贸易必须做到商品的输出总值大于输入总值（即卖给外国人的商品总值应大于购买他们商品的总值），以增加货币流入量。只要在贸易中始终保持顺差，即出口大于进口，就会增加一国的货币存量，从而增加一国的财富。16世纪下半叶，西欧各国力图通过实施奖励出口、限制进口的政策和措施，保证对外贸易出超，以达到金银流入的目的。

重商主义认为国际社会处于一种彼此争夺权力与财富的无政府状态。国家间的关系是一种零和博弈。一个国家要改变或改善自己的国际地位，就只有掠夺别国的财富。主张政治决定经济是该学派的基本特征。晚期重商主义盛行于17世纪，奉行重商主义的国家竭力进行海外扩张，掠夺人口和财富，把金银的多少作为评价国力的标准之一，其代表人物有柯尔柏（J. B. Colbert）等。

（三）对重商主义的评价

国际上，重商主义鼓励了许多这一时期的欧洲战争，助长了欧洲的帝国主义倾向。随着亚当·斯密（Adam Smith）和其他古典经济学家论点的胜出，重商主义的信仰在 18 世纪后期开始衰弱。如今，重商主义作为一个整体被所有“严肃经济学家”拒绝。

在历史上重商主义曾起过进步作用，促进了资本的原始积累，推动了资本主义生产方式的建立和发展，但它们只是简单地描述社会的表面现象，对社会经济现象的探索只局限于流通领域，而未深入生产领域，因此其理论是幼稚的、不科学的。总之，重商主义既是商业资本统治时代的国家政权实行的经济政策，又是封建社会末期新兴资产阶级的经济理论体系。商业资本的历史任务，就是促进资本主义工业的发展、工场手工业的成长，替工业资本扫清障碍。当商业资本的任务完成以后，重商主义便从促进经济发展的因素变成了经济发展的桎梏。于是，重商主义便被产业资本的经济政策——古典政治经济学代替了。

托马斯·孟的经典名言

托马斯·孟在 1641 年出版的一本小册子中写道：“对外贸易是增加我们的财富和现金的常用手段，在这一点上，我们必须时时谨守这一原则：在价值上，每年卖给外国人的货物，必须比我们消费他们的多。”对于出于扩大贸易的金银输出，托马斯·孟打了个形象的比喻：“这就像农民把玉米撒在土地上，初看起来有点疯，但到了收获季节，便可以看到他们的远见与智慧。”

二、保护幼稚工业理论

（一）保护幼稚工业理论简介

随着第一次工业革命，英国等先进的工业国打着亚当·斯密自由贸易的大旗，杀气腾腾地涌入德国经济领域，强烈地冲击其脆弱的民族工业。保护幼稚工业理论最初于 18 世纪后半期由美国独立后的第一任财政部长亚历山大·汉密尔顿（Alexander Hamilton）提出。

1776 年，美国宣告独立，当时摆在美国面前的有两条路：一条路是实行自由贸易政策，继续向英、法等国出口农产品，换回工业品，这种贸易格局有利于美国南方种植园主，但不利于美国北方工业制造业的发展；另一条路是实行保护关税政策，独立自主地发展自己的工业，减少对外国工业品的依赖，这是美国北方工业资本家的要求。结合当时的情况，美国是后起的资本主义国家，产业革命进行得比较晚，工业基础薄弱，其产品无法与英国竞争，因此，新兴的工业资产阶级要求实行保护贸易政策。1791 年，美国当时的财政部长汉密尔顿代表工业资产阶级的利益，向国会提交了《关于制造业的报告》，明确表达了他的保护贸易理论的观点。

汉密尔顿认为，亚当·斯密的自由贸易理论不适用于美国。因为美国的经济情况不能同英国的相提并论，工业基础薄弱、技术落后、生产成本高使得当时的美国无法在平等的基础上进行对外贸易。如果实行自由贸易政策，只会使美国的产业被限制在农业范畴，而使制造业受到极大的损失，使美国的经济陷入困境。所以，他强调，在一国工业化的早期阶段，应当排除外来竞争，保护国内市场，以促使本国新的幼稚工业顺利发展。汉密尔顿学说的提出，标志着从重商主义分离出来的国际贸易学说的两大体系已经基本形成，同时对美国工业制造业的发展有较深的推动作用。

19世纪中叶，德国的史学派先驱弗里德里希·李斯特（Friedrich List）对保护幼稚工业学说加以系统化。李斯特非常清楚亚当·斯密提倡的自由贸易理论反映的是英国作为先发国的利益；而德国需要贸易保护，因为它处在后发的位置上。如果按部就班跟着走，只能永远为英国伐木或者牧羊，成为被掠夺的对象。对此，他有一个精彩的比方：当一个人已登上了高峰以后，就会把他登高时所使用的那个梯子一脚踢开，免得别人跟着他爬上来。

为此，1841年，李斯特提出了影响深远的“幼稚工业保护论”。李斯特强调每个国家都有其发展的特殊道路，并且从历史学的观点，把各国的经济发展分为五个阶段：原始未开化时期、畜牧时期、农业时期、农工业时期、农工商业时期。他认为，各国在不同的发展阶段，应采取不同的贸易政策，在经济发展的前三个阶段必须实行自由贸易；当处于农工业时期，必须将贸易政策转变为保护主义；而经济进入发展的最高阶段，即农工商业时期，则应再次实行自由贸易政策。只有这样才可能有利于经济的发展，否则将不利于相对落后国家的经济发展。

李斯特认为，一个国家所具有的一切生产力中，没有一种比得上工业。但在自由竞争的条件下，一个落后国家如果没有保护，要想成为新兴的工业国家是不可能的，因此主张要实施贸易保护主义。他认为幼稚工业需要保护，保护的是工业而不是农业，并且不是对所有工业都加以保护，只有那些经过保护可以成长起来的，能够获得国际竞争力的产业，才对其加以保护。保护的主要措施是对与国内幼稚工业相竞争的进口产品征收高关税；保护期限为30年，超过了规定的限期，该产业即便没有成长起来，也要解除对它的保护。

李斯特认为，由于英国已进入农工商业时期，它实行自由贸易政策是正确的，但绝不能否认保护贸易政策在英国经济发展史上所起的重要作用。至于德国，由于它还处在农工业时期，因此必须采取保护贸易政策。

日本的幼稚工业保护

日本政府从20世纪50年代到70年代，用保护性关税限制国外汽车、精密机械、电器、电子计算机等产品大量涌入日本，从而使高关税在限制进口上发挥了巨大作用。1963年，日本机电产品的进口关税高达36.7%，其中以汽车为主的运输机械高达61.5%。即使到了1969年，日本的汽车进口关税仍高达35%，其中小轿车在60年代中期以前的进口关税一直高达40%。肯尼迪回合谈判使日本不得不降低关税，但力度不大，中小轿车的进口关税从1968年的36%降到1972年的30%，大轿车的进口关税从28%降低到17.5%。而同期的美国，1960年的汽车进口关税为8.5%，1968年为5.5%；欧共体中法、德、意、英四国1968年的汽车进口关税为17.6%。日本从1955年开始，由于其汽车工业受益于较高的关税壁垒的保护，没有受到欧美大公司的威胁。

第二次世界大战后的一段时间内，日本由通产省根据计划批准进口项目，分配外汇资金。如对进口外国商品分配的外汇总额，1953 年为 1 374 万美元，1955 年仅为 92 万美元，一直到 1959 年进口汽车始终被抑制在 1 000 辆以下的水平。

此外，对本国幼稚工业的同类进口产品进行必要的限制。以汽车为例，首先是销售体制限制。在日本，进口汽车需办理进口许可证，且手续特别复杂，先要用 4～5 个月的时间仔细研究汽车设计文件，在专门的科研中心对三辆样车进行安全和排放试验，获得正式许可证后，还要每隔 6 个月对汽车制造工艺进行检查，发现与试验的样车不符时立即退货。其次是技术限制。日本对汽车的安全性、污染排放、燃油经济性等方面制定了严格的技术标准和法规。如日本主要生产小排量轿车，而对国外的大排量轿车征收高额的商品税。

（二）对保护幼稚工业理论的评价

李斯特的保护贸易理论不仅对德国工业资本主义的发展起了很大的促进作用，而且为经济较落后的国家指明了一条比较切合实际的国际贸易发展道路，至今仍具有一定的现实意义。他把对生产力的研究放在首位，以生产力理论同古典学派的绝对成本说和比较成本说分庭抗礼，用保护贸易理论来抨击自由贸易理论，用历史发展阶段论和民族主义来反对英国古典学派的世界主义；强调保护的过渡性和有选择性，且最终目的是实行自由贸易，具有一定的进步性。

当然，保护幼稚工业理论也存在许多缺陷：对生产力的理解比较含糊，对影响生产力的因素的分析也很混乱；对经济发展阶段的僵硬划分歪曲了社会经济发展的真实过程；保护对象的选择缺乏客观而具体的标准等。

保护幼稚工业理论影响了 19 世纪的德国和美国，影响了 20 世纪的日本，使它们都能在保护主义的篱笆后面成长，强大之后又转而推行自由贸易。这一点对今天的许多发展中国家来说依然有着积极意义。

保护下我国汽车行业的崛起

1953 年，我国诞生了第一辆汽车——红旗。在多年的保护下，我国的汽车产业已形成体系，本土品牌具有较强的竞争力。目前，我国汽车市场初步形成了以四大（一汽集团、上汽集团、东风集团、长安集团）为第一梯队、十小（广汽集团、北汽集团、奇瑞汽车、比亚迪、华晨集团、江淮集团、吉利汽车、中国重汽、福汽集团、陕汽集团）为第二梯队的产业格局。据中国汽车工业协会统计，2011 年销量排名前十位的汽车生产企业依次是上汽、东风、一汽、长安、北汽、广汽、奇瑞、华晨、江淮和长城，分别销售了 396.60 万辆、305.86 万辆、260.14 万辆、200.85 万辆、152.63 万辆、74.04 万辆、64.17 万辆、56.68 万辆、49.48 万辆和 48.68 万辆。

单元知识二　自由贸易理论

阅读材料

巴斯底特的法国蜡烛工人请愿

在重商主义哲学盛行时期，保护主义蔓延，被激怒的法国经济学家弗雷德里克·巴斯底特（Frederic Bastiat），通过以子之矛攻子之盾的方法压倒了保护主义者，代表了学者对自由贸易的渴望。

巴斯底特在1845年虚构的法国蜡烛工人请愿的故事中，成功地打击了贸易保护主义。现摘录如下：

我们正在经受无法容忍的外来竞争，它看来有一个比我们优越得多的生产条件来生产光线，因此可以用一个荒谬的低价位占领我们整个国内市场。我们的顾客全都涌向了它，当它出现时，我们的贸易不再与我们有关，许多有无数分支机构的国内工业一下子停滞不前了。这个竞争对手不是别人，就是太阳。

我们所请求的是，请你们通过一条法令，命令关上所有窗户、天窗，拉上帘子、百叶窗和船上的舷窗。一句话，所有使光线进入房屋的口子、边沿和缝隙，都应当为了受损害的工厂而关掉。这些值得称赞的工厂使我们以为已使我们的国家满意了，作为感激，我们的国家不应当将我们置于一个如此不平等的竞争之中……仅仅因为或部分因为进口的煤、钢铁、奶酪和外国的制成品的价格接近于零，你们对这些商品的进口就设置了很多限制，但为什么，当太阳光的价格整天都处于零时，你们却不加任何限制，任它蔓延？如果你们尽可能减少自然光，从而创造对人造光的需求，哪个法国制造商会不欢欣鼓舞？如果我们制造更多的蜡烛，那就需要更多的动物脂，这样就会有更多的牛羊，相应地，我们会见到更多人造草场，肉、毛、皮和作为植物生产基础的肥料。

任务引领

试问：这个案例说明了什么问题？为什么要进行自由贸易？

一、绝对优势理论

（一）绝对优势理论简介

绝对优势理论（Theory of Absolute Advantage），又称绝对成本说（Theory of Absolute Cost）、劳动地域分工说（Theory of Territorial Division of Labor）。该理论将一国内部不同职业之间、不同工种之间的分工原则推及各国之间的分工，从而形成其国际分工理论。绝对优势理论是最早的主张自由贸易的理论，由英国古典经济学派主要代表人物亚当·斯密创立。斯密首先从劳动分工开始论述国际贸易问题，他认为，国民财富的增长有两条途径：一是提高劳动生产率，二是增加劳动数量。其中，前者的作用尤其大，而劳动生产率的提高则主要取决于分工。以制针为例，每个工人单独劳动时，一日绝对制不成20枚，说不定连1枚也造不出来。但经过较精细的分工后，一人一日竟可制成4 800枚针，劳动效率提高了百余倍。这表明，劳动生产率的极大提高得益于分工所起的作用。同样，一国内部的劳动分工原则也应适用于各国之间。据此，他得出结论，国际贸易应该遵循国际分工的原则，使各国都能从中获得更大的好处。

一国内部的劳动分工原则也适用于各国之间，那么，国际分工如何进行呢？他强调，国际分工的基础是各自占有优势的自然禀赋和后天获得的有利条件。前者是指大自然赋予的有关气候、土壤、矿产、地理环境等方面的优势。一个国家在生产某些特定商品时，或许有非常巨大的自然优势，使得其他国家无法与之竞争。后者是指通过自身努力而掌握的特殊技艺，或称之为技术。各国应当按照各自的优势进行分工，然后交换各自的商品，从而使得各国的资源、劳动力、资本都得到最有效的利用。

“绝对优势理论”的核心是更多地增加国民财富，一国应该专业化地生产和出口那些本国具有绝对优势的商品，进口那些本国具有绝对劣势，即外国具有绝对优势的商品。这样对所有贸易国家都有利。

绝对优势理论的背景

1776年正是英国资本主义的成长时期，英国手工制造业开始向大工业过渡，英国产业的发展在很大程度上受到了残余的封建制度和流行一时的重商主义的限制政策的束缚。处在青年时期的英国资产阶级，为了清除其前进道路上的障碍，迫切需要一个自由的经济学说体系为它鸣锣开道。《国富论》就是在这个历史时期，因负有这样的阶级历史任务而问世的，此书出版以后，不但对英国资本主义的发展直接产生了巨大的促进作用，而且对世界资本主义的发展也产生了重要影响。没有任何其他一部资产阶级的经济著作曾产生那么广泛的影响，有些资产阶级学者把它奉为至宝。可是，历史很快就把它的局限性、缺点和错误显示出来。在这部书出版后将近一百年的19世纪七八十年代，资本主义经济已开始逐渐由自由竞争阶段进入垄断阶段，自此，亚当·斯密强调的自由而又自然的体制失灵了。再往后不到半个世纪，第一个社会主义国家登上了历史舞台，被斯密所强调的资本主义的永恒性遭到了彻底的否定。

（二）绝对优势理论举例

为了进一步理解绝对优势理论，我们用一个例子来说明。

假设有两个国家——意大利和英国，两国都生产两种产品——玉米和鞋子，但生产技术不同，劳动力是唯一的生产要素。在国际分工发生前，意、英两国各自生产玉米和鞋子两种产品，所消耗的劳动力数量如表3—1所示。

表3—1　　国际分工前意、英两国各自的生产情况

国家	玉米		鞋子	
	劳动力（人）	产量（吨）	劳动力（人）	产量（双）
意大利	100	50	100	20
英国	150	50	50	20
合计	250	100	150	40

意大利每人生产玉米的数量是0.5吨，生产1吨玉米所需投入的劳动力数量是2人；英国每人生产玉米的数量是0.33吨，生产1吨玉米所需投入的劳动力数量是3人。在玉米的生产上，意大利的劳动生产率高于英国，在成本上低于英国，所以意大利在玉米的生产上具有绝对优势。意大利每人生产的鞋子是0.2双，生产1双鞋子所需投入的劳动力数量是5人；英国每人生产的鞋子是0.4双，生产1双鞋子所需投入的劳动力数量是2.5人。英国生产鞋子的劳动生产率高于意大利，成本低于意大利，英国在鞋子的生产上具有绝对优势。

按照绝对优势贸易理论，意大利在玉米的生产上具有绝对优势，应该专业化生产玉米；英国在鞋子的生产上具有绝对优势，应该专业化生产鞋子。进行国际分工后，两国各自生产的商品和数量如表3—2所示。

表3—2　　国际分工后意、英两国各自的生产情况

国家	玉米		鞋子	
	劳动力（人）	产量（吨）	劳动力（人）	产量（双）
意大利	200	100		
英国			200	80
合计	200	100	200	80

两国进行专业化分工后，意大利专门生产玉米，英国专门生产鞋子，意大利将其所有的劳动力资源200人用于生产玉米，可生产100吨玉米；英国将其所有的劳动力资源200人用于生产鞋子，可生产80双鞋子。在同样的劳动投入情况下，玉米的生产总量并没有变化，但鞋子的生产总量由原来的40双增加到80双。因此，从世界范围来看，虽然技术条件等并没有变化，而仅仅是由于开展了国际分工，两国都专业化生产其具有绝对优势的产品，使世界范围内的总产量增加了。现假定国际市场上按照1吨玉米换1双鞋子的交换比例开展国际贸易，则交换后两国各自可供消费的两种商品的数量如表3—3所示。虽然两国玉米的消费数量没有发生变化，但鞋子的消费数量都增加了。这说明，意、英两国按照绝对优势理论进行专业化生产并开展国际贸易，对两国都有好处，使两国可供消费的商品数量都增加了。

表3—3　　开展国际贸易后意、英两国可供消费的商品数量

国家	玉米（吨）	鞋子（双）
意大利	50	50
英国	50	30
合计	100	80

（三）对绝对优势理论的评价

绝对优势贸易理论的局限性很大，因为在现实社会中，有些国家比较发达，有可能在各种产品的生产上都具有绝对优势，而另一些国家可能不具有任何生产技术上的绝对优势，但是贸易仍然在两类国家之间发生，而斯密的理论无法适用于这种绝对先进和绝对落后国家之间的贸易，从而暴露出他的理论具有明显的缺陷和不足。例如：发达国家和发展中国家之间，按照绝对优势理论贸易就没法开展，而实际上这两类国家之间的贸易量还相当可观。

二、比较优势理论

斯密之后的另一位著名的古典经济学家是大卫·李嘉图（David Ricardo）。其贸易学说是他整个经济理论中的一个重要组成部分。作为英国古典经济学的完成者，李嘉图考察国际贸易产生的原因同亚当·斯密一样，也是从论述个人的分工和专业化开始的，而且也明确指出，国际分工和国际交换活动应该根据各国的自然优势和后天获得的优势来进行。所不同的是，斯密讲的优势是指绝对优势，即生产成本绝对低于别国；而李嘉图心目中的优势则是一种相对的优势，即比较优势。李嘉图反对把国际贸易产生的原因和基础建立在各国绝对优势的差别上，认为这种理论无法解释所有产品都不具有绝对优势的国家同样要参与国际交换的现实。

比较优势理论认为，国际贸易的基础是生产技术的相对差别（而非绝对差别），以及由此产生的相对成本的差别。每个国家都应根据“两优取其重，两劣取其轻”的原则，集中生产并出口其具有比较优势的产品，进口其具有比较劣势的产品。这样对所有贸易国家都有利。比较优势贸易理论在更普遍的基础上解释了贸易产生的基础和贸易利得，大大发展了绝对优势贸易理论。

小资料

中国和美国的比较优势贸易

据美国商务部统计，2012 年美国与中国的双边贸易额为 5 362.3 亿美元，增长 6.5%。其中，美国对中国的出口总额为 1 105.9 亿美元，增长 6.4%；自中国的进口总额为 4 256.4亿美元，增长 6.6%。中国成为美国第二大贸易伙伴、第三大出口目的地和首要进口来源地。美国对中国出口的主要商品为机电产品、植物产品和运输设备，2012 年的出口额分别为 212.2 亿美元、174.4 亿美元和 155.5 亿美元，占美国对中国出口总额的 19.2%、15.8%和 14.1%。美国自中国进口的商品以机电产品为主，2012 年的进口额为 2 098.3亿美元，家具玩具、纺织品及原料和贱金属及制品分别居美国自中国进口的第二、第三和第四位大类商品，进口额分别为 468.0 亿美元、392.9 亿美元和 211.3 亿美元，占美国自中国进口总额的 11.0%、9.2%和 5.0%。

“劳动力成本优势”被视为对外贸易中的“比较优势”，并相应地大力发展起了诸如纺织企业等众多以出口为导向的劳动密集型企业，因此我国向美出口的主要是劳动密集型产品，而从美国进口的往往是技术先进或具有其他优势的产品。

（一）比较优势理论举例

假设葡萄牙和英国都生产毛呢和葡萄酒，但两国生产两种产品的劳动生产率不同，每单位产品所耗费的劳动量如表3—4所示。

表3—4　　国际分工前葡、英两国的生产情况

国家	一单位毛呢	一单位酒
葡萄牙	50人/年	40人/年
英国	70人/年	80人/年

如果按照斯密的绝对优势理论，两国似乎没有进行国际贸易的可能性。现在，让我们按照比较优势理论来确定两国各自具有比较优势的商品。

葡萄牙相对英国的毛呢的相对劳动生产率是1.40，葡萄牙相对英国的酒的相对劳动生产率是2.0；英国相对葡萄牙毛呢的相对劳动生产率是0.70，英国相对葡萄牙酒的相对劳动生产率是0.50。由此可见，葡萄牙酒的相对劳动生产率较高，所以葡萄牙在酒的生产上具有比较优势；英国毛呢的相对劳动生产率较高，所以英国在毛呢的生产上具有比较优势。

两国各自确定具有比较优势的产品。然后，两国开展国际分工，专门生产其具有比较优势的产品，即葡萄牙专门生产酒，英国专门生产毛呢，其结果如表3—5所示。

表3—5　　国际分工后葡、英两国的生产情况

国家	毛呢	酒
葡萄牙	—	（40＋50）÷40＝2.25
英国	（70＋80）÷70＝2.14	—

假设人数不变，葡萄牙专门酿酒而英国专门生产毛呢的情况下，两国就能生产比分工前更多的商品。具体来说，葡萄牙生产出2.25单位的酒，比原先总共的2单位多出0.25（＝2.25－2）单位的酒；英国生产出2.14单位的毛呢，比原先的2单位增加0.14（＝2.14－2）单位的毛呢。显然，按照比较优势理论进行国际分工，两国能创造出更多的财富。现在假定国际市场上1单位毛呢换1单位酒，则交换后两国各自消费的两种商品的数量如表3—6所示。

表3—6　　国际分工后的贸易利益

国家	毛呢	酒
葡萄牙	1单位	1.25单位
英国	1单位	1.14单位

通过交换，假设两国拥有的毛呢仍然是1单位，与交换之前相比，葡萄牙增加0.25（＝1.25－1）单位的酒，英国增加0.14（＝1.14－1）单位的酒。

（二）对比较优势理论的评价

可以看到，李嘉图的比较优势理论不仅论述了国际贸易能够互惠互利，而且阐明这种国际贸易利益具有适用于所有国家的普遍意义。更重要的是，他指明了取得国际贸易利益

的关键所在，那就是在自由贸易的条件下扬长避短、发挥自己的相对优势。这是其国际贸易理论的核心思想，它准确地概括出国际贸易的基本原则，极具启迪意义。

小 知 识

中国古人对比较优势理论的运用

事实上，中国的田忌赛马的故事也反映了比较优势原理。田忌所代表的一方的上、中、下三匹马，每个层次的质量都劣于齐王的马。但是，田忌用完全没有优势的下马对齐王有完全优势的上马，再用拥有相对比较优势的上、中马对付齐王的中、下马，结果赢了比赛。

三、要素禀赋理论

（一）要素禀赋理论简介

李嘉图的比较优势理论在其诞生一个世纪以后，遭遇到严重的理论挑战。著名的瑞典经济学家贝蒂尔·戈特哈得·俄林（Bertil Gotthard Ohlin）首先创立了区域贸易学说。他认为，地区是进行贸易的最初的基本单位，地区间贸易的发展才演化成国际贸易。这里地区的划分不是人为的，其划分标准是生产要素的天然禀赋。生产要素禀赋是指生产要素的供给状况。例如：有的地区劳动力充裕，有的地区资本量雄厚，有的地区土地资源丰富。同样是自然资源丰富或自然条件良好，矿藏、水源、气温、湿度、日照、降雨等方面又会有诸多差别。总之，不同地区的生产要素的供给状况或生产要素的比例有着明显的差别，地区间贸易就是在这种基础上展开的。就全世界而言，一个大地区可以包括若干个国家，一个小地区又可以只是一个国家的一部分。因此，国际贸易实际上是区域贸易的组成部分。依据上述分析，俄林较严密地阐发了要素禀赋理论。

要素禀赋理论是指赫克歇尔—俄林理论（Heckscher-Ohlin theory），又称要素比例学说。该学说由赫克歇尔首先提出基本论点，由俄林系统创立。要素禀赋是指一国拥有各种生产要素，包括劳动力、资本、土地、技术、管理等生产要素的数量。如果在一国的生产要素禀赋中某种要素的供给比例大于别国同种要素的供给比例而价格相对低于别国同种要素的价格，则该国的这种要素相对丰裕；反之，如果在一国的生产要素禀赋中某种要素的供给比例小于别国同种要素的供给比例而价格相对高于别国同种要素的价格，则该国的这种要素相对稀缺。

俄林以要素禀赋代替大卫·李嘉图的劳动成本，用生产要素的丰缺来解释国际贸易的产生和一国的进出口贸易类型。俄林认为，同种商品在不同国家的相对价格差异是国际贸易产生的直接原因，而价格差异则是由各国生产要素禀赋的不同所导致的要素相对价格的不同决定的。因此，要素禀赋不同是国际贸易产生的根本原因。

由此，俄林得出结论：一国的比较优势产品，即应出口的产品，是其需要在生产上密集使用该国相对充裕而便宜的生产要素生产的产品；一国的比较劣势产品，即应进口的产品，是其需要在生产上密集使用该国相对稀缺而昂贵的生产要素生产的产品。这样对各个贸易国家都有利。例如：劳动力丰裕的国家出口劳动密集型产品，而进口资本密集型产品；相反，资本丰裕的国家出口资本密集型产品，而进口劳动密集型产品。

小资料

南非的要素禀赋

南非是世界五大矿产国之一。2009年的人均GDP为5 824美元。矿业、制造业和农业是经济三大支柱，深矿开采技术在世界处于领先地位。国民经济各部门的发展水平、地区分布不平衡，收入分配不均。南非以丰富的矿物资源驰名世界，现已探明储量并开采的矿产有70余种，黄金、铂族金属、锰、钒、铬、硅铝酸盐的储量居世界第一位。其中：黄金的储量占全球的60%，蛭石、锆、钛、氟石居第二位，磷酸盐、锑居第四位，铀、铅居第五位，煤、锌居第八位，铁矿石居第九位，铜居第十四位。钻石、石棉、铜、钒、铀以及煤、铁、钛、云母、铅等的蕴藏量极为丰富，黄金、钻石、钒、锰、铬、锑、铀、石棉等的产量均居世界前列。丰富的资源、廉价的劳动力、先进的管理，使南非成为当今非洲经济最发达的国家。矿产品出口约占出口总额的50%，全国约有12%的劳动力从事矿业。南非也是世界最大的黄金生产国和出口国，黄金出口占南非出口总额的11%；南非还是世界主要的钻石生产国，产量约占世界产量的8.7%。

（二）对要素禀赋理论的评价

要素禀赋理论对比较优势理论无论是在理论上还是在实践中的应用范围上，都是一个极大的扩展。要素禀赋理论把商品生产由一种要素的投入扩展为两种要素的投入，认为单一的劳动是无法生产商品的，更加符合经济现实，对后人从更广阔的角度研究国际贸易问题具有极大的启迪作用。要素禀赋理论提供了一个直观判断比较优势的方法。一个国家要素禀赋的状况是现实的客观存在，要素禀赋理论给人们提供了一个直观判断一国比较优势的方法，对一国制定产业政策、贸易政策都有指导意义。

要素禀赋理论为资源小国积极参与国际分工和国际贸易提供了理论依据。其关于“国际贸易可以代替生产要素流动，弥补要素禀赋差异”的观点，对于各个国家特别是资源小国参与国际分工和国际贸易、实现经济发展具有重要的指导意义。这也被国际经济发展的现实所证实。

但要素禀赋理论也有缺陷，其忽视了技术因素的重要作用。要素禀赋理论关于技术水平相同的假定，忽视了技术因素在国际贸易中的作用，与经济现实也不相符合。事实上，技术进步因素对一国贸易结构和比较优势格局的影响是巨大的，技术进步能够改变一国在自然资源禀赋方面的劣势地位。

另外，要素禀赋理论将一种生产要素视为同质的假定与经济事实不相符合。在实际生产过程中同样的要素并非具有同等的生产能力，如熟练工人与非熟练工人是不能相提并论的。要素禀赋理论主要是从供给方面来分析的，忽视了来自需求方面的因素对国际贸易结构的影响。

单元知识三　现代贸易保护理论

阅读材料

美国对华贸易保护主义的发展

2008 年金融危机之后，美国对华的贸易保护主义势头日益加强。从普遍用于反映贸易保护主义程度的贸易救济措施来看，2006 年，美国只对我国采取了 4 轮贸易救济措施；而 2009 年，美国则对我国采取了 13 轮贸易救济措施，包括 2 起反倾销调查、10 起反倾销和反补贴合并调查（简称“双反”调查），1 起特殊保障措施。2010 年，由于美国经济整体走势比较良好，加之全球反对贸易保护主义的呼声日益高涨，美国对华贸易保护主义势头有所收敛，仅对我国实施了 4 轮贸易救济措施。2011 年，随着美国经济增速再度下滑，美国对华贸易救济措施又有上升趋势，对华发起了 6 起“双反”调查。

长期以来，美国对华贸易保护主义针对的主要是我国依靠劳动力、土地等比较优势出口劳动密集型产品的民营企业。近年来这一趋势有明显的改变：国有企业和外资企业，甚至包括美资企业等逐渐成为美国对华贸易保护主义的主要对象。美国商务部自 2008 年以来最终裁定存在反倾销或反补贴行为的企业有 33 家。这 33 家企业有 1 家港资企业，1 家美资企业，11 家国有企业，20 家民营企业。其中，国有企业的比重呈明显上升趋势。

在保护范围上，近年来美国技术性贸易壁垒标准日益提高，内容日益复杂，对我国出口的商品特别是技术密集型商品的阻碍日益加强，并且美国政府在中美战略经济对话等常设机制中不断对我国的汇率、产业、知识产权保护等政策施加压力。同时，美国还积极研究“碳关税”等新的贸易壁垒形式，计划到 2020 年，如果美国进口商进口了没有满足碳标准的产品，将予以惩罚。

任务引领

试问：美国对华贸易保护主义的动机何在？其理论基础是什么？

一、超保护贸易理论

（一）超保护贸易理论简介

超保护贸易理论建立在 20 世纪 30 年代凯恩斯提出的国际贸易理论的基础上，它试图把对外贸易和就业理论联系起来。约翰·梅纳德·凯恩斯（John Maynard Keynes）是英国资产阶级经济学家，凯恩斯主义的创始人，他的代表作是 1936 年出版的《就业、利息和货币通论》。凯恩斯在 20 世纪 30 年代以前是一个自由贸易论者，但 1929—1933 年的经济大危机彻底改变了他的立场，他转而推崇重商主义。他认为重商主义保护贸易的政策确实能够保证经济繁荣，扩大就业。

凯恩斯主义认为，净出口属于总需求的一部分，可以刺激国民经济的发展，而进口则会收缩国民经济。一国外贸顺差或逆差对于该国的经济盛衰起着重要的作用。贸易顺差能增加国民收入，扩大就业；贸易逆差则会减少国民收入，加大失业。因此，凯恩斯主义提倡国家干预国际贸易，大力推动出口，抑制进口，保持外贸顺差，并主张将贸易顺差与就业理论联系在一起，主张以包括财政政策、货币金融政策、收入分配政策以及对外经济政策在内的一系列宏观经济管理和调节措施作为主要干预手段，以增加有效需求，扩大就业。

凯恩斯的追随者们在凯恩斯著名的投资乘数理论的基础上，引申出对外贸易的乘数理论。他们认为，一国的出口和国内投资一样，有增加国民收入的作用；而进口则和储蓄一样，有减少国民收入的作用。这是因为当一国的商品、劳务出口时，从国外收入外汇，出口部门的人的收入增加，且会扩大国内出口部门的投资，进而导致国内其他产业生产部门增加、就业增多、收入增加的连锁反应。如此反复，国民收入的增加量也将成为出口增加量的若干倍。因此，只有当贸易出超或国际收支为顺差时，对外贸易才会增加一国的就业机会，提高一国的国民收入。此时，国民收入的增加量将超出贸易顺差的增加量若干倍。因此，国家应该鼓励出口，限制进口。

（二）对超保护贸易理论的评价

1929—1933年的经济大危机之后，各国相继放弃了自由贸易政策，转而奉行保护政策，强化了国家政权对经济的干预作用。在这种情况下，凯恩斯赞同超保护贸易政策，并积极为其提供理论依据。随着20世纪30年代经济大萧条波及的层面越来越广，许多人开始寻找“治疗”经济危机的“药方”，在宏观政策上，美国人找到了一剂良药——罗斯福新政。罗斯福顺应了广大人民群众的意志，大刀阔斧地实施了一系列旨在克服危机的政策措施；而在经济理论界则诞生了凯恩斯主义。凯恩斯主义不仅被一些学者称为解决经济危机的一针“强心剂”，还带动了经济学理论的大变革。

1929—1933年世界经济大危机

1929年10月24日被称为“黑色星期四”。这一天，纽约股票市场抛出1 300万股，超出正常标准的100万股以下，开盘第一个小时内，股市就猛烈下跌。灾难性的市场崩溃形势已经不可阻挡。10月29日，抛出的股票多达1 650万股，这一天成了最糟糕的一天，标志着经济大危机时期的开始。

从10月24日到12月底，纽约市场股票价值总共下跌了450亿美元左右。美国钢铁股票1929年的最高点是261，到了1932年跌到21。1928年美国发行的有价证券共13亿美元，到1933年只有160万美元。1929—1933年美国破产的银行共10 500家，占银行总数的49%。

个别大资本家也难逃破产的厄运。芝加哥的英萨尔当时身兼85家公司的董事、65家公司的董事长、11家公司的经理，拥有150家公用事业企业，雇员达5万人，掌握的证券市值高达30亿美元，破产后逃亡法国、意大利、希腊、土耳其等国。

经济大危机使失业人数达到历史新高，失业率高达24.9%。1932年美国的工业生产总值与1929年的相比，下降了46.2%。经济大危机期间，美国的机床制造业下降了80%，生铁下降了79.4%（倒退了37年），钢铁下降了75.8%（倒退了28年），汽车下降了74.6%，采煤量下降了40.9%。最严重时，汽车的开工率只有5%。企业倒闭数在13万家以上。

经济大危机迅速蔓延成为世界规模的农业危机，它涉及谷物、畜牧、林业等技术作业部门。经济大危机期间，美国的农产品价格指数下降了56%，农民的总收入下降了57%。在经济大危机的打击下，美国国民收入大幅度下降，减少了54.69%。

就全世界来说，这是一场史无前例的经济和政治大危机，它很快向欧洲、北美、日本等主要资本主义国家和地区蔓延，并波及许多殖民地、半殖民地国家和地区。这次经济大危机前后持续4年，使整个资本主义世界损失了2 500亿美元，比第一次世界大战的物质损失还多800亿美元，资本主义世界的贸易额缩小到1919年前的水平，成为到目前为止资本主义世界最为严重的一次经济危机。

二、新贸易保护主义

（一）新贸易保护主义理论简介

新贸易保护主义理论较多，主要有以下几种：

其一，新福利经济学。以庇古（Pigou）为代表的旧福利经济学家认为，单靠自由竞争不能达到最大的国民收入量，需要国家干预。此后，希克斯（Hicks）、西托夫斯基（Tibor Scitovsky）等人对福利标准和补偿性原则问题继续进行探讨，指出增加一部分人福利的同时可能意味着另一部分人的利益受损。为此，新福利经济学提出补偿性原则，即增加社会福利允许损害一部分人的利益，只要增加的福利在补偿损失之后还有剩余，政府在其中应采取适当的政策以使受损者得到补偿，如对受益者征收特别税、对受损者给予补偿金，使受损者保持原有地位。补偿原理在美国贸易政策上的实际运用便是在立法授权总统或贸易代表降低关税的同时，又设立了某些保护条款或免责条款。

其二，地区主义新贸易保护理论。该理论以蒂姆·朗（Tim Lang）和科林·海兹（Colin Hines）为代表。他们认为自由政策存在自身固有的缺陷。例如：自由贸易政策本想提高经济效益，但带来的却是过度竞争，导致全球失业人数增加和世界经济增长缓慢。又如：自由贸易政策本想在市场机制的作用下，缩小世界的不平等现象，但带来的却是一些发展中国家为短期利益掠夺性开采资源、廉价出口、以削减社会开支来鼓励出口的现实，从而造成相对贫困的扩大。世界环境的急剧恶化与自由贸易没有能力把环境损失计入贸易成本有着重要的关系。因此，自由贸易政策存在缺陷，要实现经济、公平和环境的持续协调发展，就必须放弃自由贸易政策。他们认为，实行地区性贸易保护主义后，既可以利用本地资源，促进经济发展、增加福利，又可以改变发展中国家在国际贸易结构中的不利地位，同时可以保护环境、促进人类可持续发展。

其三，环境优先新贸易保护论。由于近20年来全球工业化加速，致使生态平衡遭到破坏，人类的生存环境日趋恶化。在此背景下产生了环境优先新贸易保护论，它主要表现为借保护环境为名来限制商品的进口。其主要论点是：由于生态系统面临巨大威胁，在国际贸易中应该优先考虑保护环境，减少污染产品的生产与销售。为了保护环境，任何国家都可以采取保护措施，限制对环境产生威胁的产品的进口。同时，企业要将保护环境所耗费的成本计入产品价格之内，这就是环境成本内在化。事实上，进口国还主要采用以技术壁垒和环境壁垒为核心的非关税壁垒措施，以保护环境、人类、动植物的生命健康安全为名，行贸易保护之实。

（二）对新贸易保护主义理论的评价

在20世纪70年代直至90年代，非关税壁垒代替关税壁垒成为各资本主义国家贸易保护的主要手段，这与新贸易保护主义主张强化贸易限制是密切相关的。但是，归根结底，它是为发达国家摆脱“滞胀”困境、转嫁经济危机服务的，它使发展中国家的贸易条件进一步恶化，使南北矛盾更加突出，为世界各国实施贸易保护提供了合理的借口。

三、战略贸易理论

战略贸易理论是保罗·克鲁格曼（P. R. Krugman）等提出来的。1984年，克鲁格曼在《美国经济学评论》上发表了论文《工业国家间贸易新理论》，认为传统的国际贸易理论都是建立在完全竞争市场结构的分析框架基础上的，因而不能解释全部的国际贸易现象，尤其难以解释国家工业制成品之间的贸易，从而运用垄断竞争理论对产业内贸易问题进行了系统的分析和阐释，并建立了以规模经济和产品差别化为基础的不完全竞争贸易理论模型，即战略贸易理论。

战略贸易理论认为，在不完全竞争的现实社会中，在规模收益递增的情况下，要提高产业或企业在国际市场上的竞争力，必须首先扩大生产规模，取得规模效益。而要扩大生产规模，仅靠企业自身的积累一般非常困难，对于经济落后的国家来说更是如此。对此，最有效的办法就是政府选择发展前途好且外部效应大的产业，通过补贴等方式加以保护和扶持，使其迅速扩大生产规模、降低生产成本、凸显贸易优势、提高竞争力。

战略贸易理论建立在不完全竞争贸易理论的基础上，核心是强调政府通过干预对外贸易来扶持战略性产业的发展，为国家进一步干预贸易活动提供了理论依据。随着产业内贸易取代产业间贸易并成为国际贸易的主流形态，国与国之间的贸易越来越不仅仅来源于各自的比较优势，相反，贸易优势更多的则是来源于各国之间在市场形态、经济规模等方面的差异。由于以比较优势原理为核心的传统贸易理论，是建立在非现实的假定条件下的，因此其所揭示的理想化的贸易形式与现实也就相去甚远，但贸易政策的制定必须从现实出发，其目标只有通过对竞争优势的发挥才能实现。作为传统贸易理论的补充和发展，战略贸易理论不仅在很大程度上解决了被传统贸易理论忽略或不能很好解决的问题，从而使贸易理论更加贴近现实，而且改变了贸易政策选择的思维方式，使政策选择走出了比较优势的误区，创造性地探讨了在不完全竞争和规模经济的条件下，适当的干预政策对一国产业发展和贸易发展的积极影响，具有现实的重要意义。

单元知识四　对国际贸易进行解释的其他理论

阅读材料

日本该不该加入泛太平洋伙伴关系？

美国汽车产业的一份研究报告指出，如果日本加入泛太平洋伙伴关系（Trans-Pacific-Partnership），有可能导致美国损失 26 500 个就业机会。

这份研究报告由美国三大汽车制造商的游说机构——美国汽车贸易政策委员会（American Automotive Policy Council，AAPC）发布。该委员会一直反对日本加入自由贸易协定的谈判。

AAPC 主席马特·布朗特（Matt Blunt）在一份声明中说："这项研究报告强调了 AAPC 的立场，如果日本加入泛太平洋伙伴关系，将损害美国的经济。"

该报告称，如果对日本汽车征收 2.5%的关税被取消，那么从日本出口到美国的汽车将增加约 105 000 辆，价值为 22 亿美元。日本出口到美国的汽车数量的增加可能直接导致美国汽车制造商损失约 2 600 个就业机会、9 000 份汽车经销商工作以及 14 900 份与汽车产业相关的工作。

如果关税被取消的同时再加上美元兑日元的有效汇率上升至 1 美元兑 100 日元，那么美国损失的总工作数量将达到 91 500 个。

目前，美国汽车产业的反对是日本加入泛太平洋伙伴关系谈判的一个主要障碍。这项调查研究由汽车研究中心（Center for Automotive Research）进行，并得到了福特汽车公司的赞助。

任务引领

试问：美国和日本都生产汽车，为何美国和日本之间会存在汽车贸易？

一、技术差距理论

技术差距论认为，工业化国家之间的工业品贸易，有很大一部分实际上是以技术差距的存在为基础进行的。通过引入"模仿时滞"的概念来解释国家之间发生贸易的可能性。在创新国和模仿国的两国模型中，创新国某种新产品成功后，在模仿国掌握这一技术之前，具有技术领先优势，可以向模仿国出口这种技术领先的产品。随着专利权的转让、技术合作、对外投资或国际贸易的发展，创新国的领先技术流传到国外，模仿国开始利用自己的低劳动成本优势，自行生产这种商品并减少进口。创新国逐渐失去该产品的出口市场，因技术差距而产生的国际贸易量逐渐缩小，技术最终被模仿国掌握，技术差距消失，以技术差距为基础的贸易也随之消失。

二、需求偏好相似理论

瑞典经济学家斯戴芬·伯伦斯基·林德（Staffan B. Linder）提出了需求偏好相似理论。需求偏好相似理论认为，国家之间的需求格局相同在工业品国际贸易上起着重要作用。该理论认为，工业生产初期是为了满足国内市场的需要，一旦该工业在国际市场上具有竞争能力，便可以出口。由于该产品是为了满足国内市场的喜好和收入水平而生产的，故该产品较多的是出口到那些收入水平、喜好和本国相似的国家。这些国家的需求偏好越相似，它们之间的贸易可能性就越大。例如：美国生产的电冰箱、汽车等产品主要用于满足本国的市场需要，在设计产品的规格时考虑的是本国的收入水平、家庭结构和消费习惯，因此美国产品通常出口到那些需求偏好和美国相似的国家。

三、规模经济理论

该理论认为，大规模的生产可以充分利用自然资源、交通运输及通信设施等，提高厂房、设备的利用率和劳动生产率，从而达到降低成本的目的。

20世纪70年代，格雷（Gray）和戴维斯（Davies）等人对发达国家之间的产业内贸易进行了实证研究，从中发现，产业内贸易主要发生在要素禀赋相似的国家，产生的原因是规模经济和产品差异之间的相互作用。

这是因为，一方面，规模经济导致了各国产业内专业化的产生，从而使得以产业内专业化为基础的产业内贸易得以迅速发展；另一方面，规模经济和产品差异之间有着密切的联系。正是由于规模经济的作用，生产同类产品的众多企业优胜劣汰，最后由一个或少数几个大型企业垄断了某种产品的生产，这些企业逐渐成为出口商。

四、差异产品论

资料表明，大多数的产业内贸易发生在差异化产品之间。国际产品差异性是产业内贸易发生的基础，这体现在产品的水平差异、技术差异和垂直差异三方面。

水平差异是指产品特征组合方式的差异。在一组产品中，所有的产品都具有某些共同的本质性特征，即核心特征，这些特征的不同组合方式决定了产品的差异性，如烟草、香水、化妆品、服装等。这类产品的产业内贸易大多与消费者偏好的差异有关。

技术差异是指新产品的出现所带来的差异，处于产品生命周期不同阶段的同类产品（如不同档次的家用电器）在不同类型的国家进行生产，继而进行进出口贸易，便会产生产业内贸易。例如：欧洲开始生产新产品，与美国生产的该产品形成差异，那么在整个周期过程中可能会出现欧美之间的产业内贸易或是欧洲从美国进口的同时向发展中国家出口的贸易现象。

垂直差异是指产品质量方面的差异，为了占领市场，企业需要不断提高产品质量，而一个国家的消费者，不会全部都追求昂贵的高质量产品，因此，在出口高质量产品的同时往往也会从其他国家进口一些中低质量的同类产品，从而产生产业内贸易。

以上这些理论对不同国家间产业内贸易进行了很好的阐述和解释。

单元知识五　对外贸易政策

阅读材料

奥巴马的贸易政策

2008 年金融危机以来，奥巴马政府的贸易政策大致分为以下三个方面。

首先，颁布带有鲜明贸易保护主义色彩的条款——“购买美国货”条款。“购买美国货”条款是指美国经济刺激计划中的第 1 640 条款。该条款规定，在不违背美国对国际协定承诺的前提下，经济刺激计划支持的工程项目必须使用国产钢铁和其他制成品，除非联邦政府认定购买美国钢铁产品或其他制成品成本过高，会损害公众利益。

其次，重新审视美国与其他国家和地区之间的自由贸易协定，包括北美自由贸易协定、美国—哥伦比亚自由贸易协定、美国—韩国自由贸易协定等。例如：奥巴马修改了北美自贸协定，加入有关保护劳工和环境的条款；在美国国会就美国—哥伦比亚自贸协定投票前，奥巴马认为哥方必须加大力度打击针对贸易工会成员的暴力；他还要求重新谈判美国—韩国自贸协定，确保韩方向美方开放更多农业和制造业方面的市场，他甚至表示反对美国—韩国自贸协定，认为两国应就美国车商进入亚洲市场问题进行重新谈判。

最后，加大对其他国家的贸易制裁，挑起贸易事端。这很大一部分体现在与中国的贸易冲突上。2008 年下半年，美国国际贸易委员会（ITC）宣布从 12 月 1 日起每两周将发布中国纺织品和服装进口的统计报告，开始对从中国进口的产品进行检测。这份报告涵盖 2005 年中美两国纺织品贸易备忘录涉及的全部产品类别的进口数量、进口金额、单价以及市场份额报告。显然，美国计划在 2008 年年底取消对中国纺织品和服装进口配额之前建立起一套监视中国贸易的体系，并且开始对中国的多项产品发起反倾销和特保调查。

资料来源：姚姣姣：《金融危机下的新贸易保护主义——以美国为例》，载《世界经济情况》，2009 (10)。

任务引领

试问：金融危机后美国采取上述政策的目的是什么？

对外贸易政策是指一国政府根据本国的政治经济利益和发展目标而制定的在一定时期内的进出口贸易活动的准则。它集中体现为一国在一定时期内对进出口贸易所实行的法律、规章、条例及措施等。它既是一国总经济政策的一个重要组成部分，又是一国对外政策的一个重要组成部分。

一、对外贸易政策的目的

1. 保护本国的市场

一个国家的产业有竞争力强的，也有竞争力比较弱的；在竞争力比较弱的行业，有必要采取措施保护本国产业和本国市场。

2. 扩大本国产品的出口市场

出口对本国产业有很大的带动作用，很多国家都大力推进本国产品的出口，通过制定相关对外贸易政策，促进本国产品的出口。

3. 促进本国产业结构的改善

一个国家经济发展到一定阶段，有必要进行产业的升级和改善，对外贸易肯定会对产业结构的调整有所影响。合理的对外贸易政策，可以通过对进出口贸易的调节来达到改善本国产业结构的目的。

4. 维护本国对外的经济、政治关系

对外贸易政策是一国经济、政治对外的体现，为了维护本国的经济、政治原则，可以通过制定合理、妥善的对外贸易政策，促进经济的发展与对外关系的稳定。

二、对外贸易政策的构成

从内部构成来看，对外贸易政策应包含三个层次：

1. 对外贸易总政策

这是根据本国国民经济的总体情况、本国在世界舞台上所处的经济和政治地位、本国的经济发展战略和本国产品在世界市场上的竞争能力以及本国的资源、产业结构等情况，制定的在一个较长时期内实行的对外贸易基本政策。对外贸易总政策包括进口总政策和出口总政策。

2. 对外贸易国别（地区）政策

这是根据对外贸易总政策及世界经济、政治形势，以及本国与不同国别（地区）的经济和政治关系，分别制定的适应特定国家（地区）的对外贸易政策。

美国贸易领域的霸权主义

1917年俄国十月革命后，各资本主义国家不止一次地对苏维埃实行禁运。1920—1934年，美国数次禁止将木材、锰矿石、无烟煤、石棉等产品输往苏联；1933年英国也对苏联实行了多种产品的禁运。第二次世界大战后，禁运又成为资本主义国家进行“冷战”的一个工具，企图以禁运来窒息社会主义国家的经济。禁运还被用来压低国际市场上的原料和初级产品的价格，从而使资本主义国家控制这些产品出口国的经济命脉。1949年成立的巴黎统筹委员会，是一个以美国为首的在国际上推行封锁、禁运的国际组织。1950年朝鲜战争爆发后，美国等利用联合国大会于1951年通过的对中国、朝鲜的禁运法案，对中、朝两国实行封锁、禁运。1952年，巴黎统筹委员会成立了中国委员会，把400

多项物资列入对中国实行禁运的目录。

3. 对外贸易具体政策

对外贸易具体政策，又称进出口商品政策，这是在对外贸易总政策的基础上，根据不同产业的发展需要、不同商品在国内外的需求和供应情况以及在世界市场上的竞争能力，分别制定的适用于不同产业或不同类别商品的对外贸易政策。

三、对外贸易政策的主要类型

从国际贸易的历史来考察，以国家对对外贸易的干预与否为标准，可以把对外贸易政策归纳为三种基本类型：自由贸易政策、保护贸易政策和管理贸易政策。

1. 自由贸易政策

自由贸易政策是指国家对商品的进出口不加干预，对进口商品不加限制、不设障碍，对出口商品也不给予特权和优惠，使商品在国内外市场上自由竞争。自由贸易政策产生于资本主义自由竞争时期（18 世纪至 19 世纪），主要在英国、荷兰等首先进入资本主义，在经济上和竞争上居于优势的国家实行，其主要代表人物是英国的古典经济学家亚当·斯密和大卫·李嘉图。

2. 保护贸易政策

保护贸易政策是指国家对商品的进出口积极加以干预，利用各种措施限制商品进口，保护国内市场和国内生产，使之免受来自国外商品的竞争；对本国出口的商品给予优待和补贴，鼓励扩大出口。在不同的历史阶段，由于其保护的对象、目的和手段不同，保护贸易政策可以分为重商主义、幼稚工业保护、超保护贸易、新贸易保护主义、战略性贸易保护等。

3. 管理贸易政策

管理贸易政策，又称协调贸易政策，是指国家对内制定一系列的贸易政策、法规，加强对外贸易的管理，实现一国对外贸易的有序、健康发展；对外通过谈判签订双边、区域及多边贸易条约或协定，协调与其他贸易伙伴在经济贸易方面的权利与义务。管理贸易政策是 20 世纪 80 年代以来，在国际经济联系日益加强而新贸易保护主义重新抬头的双重背景下逐步形成的。在这种背景下，为了既保护本国市场，又不伤害国际贸易秩序，保证世界经济的正常发展，各国政府纷纷加强了对外贸易的管理和协调，从而逐步形成了管理贸易政策。管理贸易政策是介于自由贸易政策和保护贸易政策之间的一种对外贸易政策，是一种协调和管理兼顾的国际贸易体制，体现了各国对外贸易政策发展的方向。

四、对外贸易政策制定的影响因素

上述说明的对外贸易政策类型，实际上也是对对外贸易政策演变的历史总结。不同的贸易政策在各国经济发展的历史过程中曾有不同的作用。同一个国家在不同的历史阶段选择的可能是不同的贸易政策。一个国家在一定时期采取何种贸易政策，主要取决于以下因素：

1. 经济发展水平及其在世界市场上的地位和力量对比

这一点包含两个方面的含义。一方面是指一个国家在经济发展的不同阶段，其国内的生产力水平和发展目标的不同，制约着对外贸易政策。一般来说，处于工业经济发展初级阶段的国家，采取保护贸易政策；而处于工业经济发达阶段的国家，采取自由贸易政策。另一方面是指一个国家在世界市场上的地位和力量的对比制约着对外贸易政策。一般来说，处于劣势地位，商品竞争力弱的国家，采取保护贸易政策；而处于优势地位，商品竞争力强的国家，采取自由贸易政策。由于经济发展不平衡规律的作用，各国的对外贸易政策会随着各国的经济实力地位和力量对比的变化而调整变化。20世纪70年代，美国经济虽然处于发达阶段，且仍为世界头号经济强国，但由于面临日本和欧共体国家日益赶上的强有力的竞争，转而采取保护贸易政策就是证明。

2. 国内经济状况和经济政策

从资本主义经济发展的规律来看，资本主义各国的经济发展总是呈周期性变化、波浪式前进的态势。资本主义经济发展的周期性变化，在不同阶段其国内经济状况的不同，总经济政策的不同，必然引起对外贸易政策的调整。一般来说，在资本主义经济发展的繁荣阶段，各国经济普遍高涨，如19世纪中叶和20世纪中叶，贸易自由化倾向就占上风；在资本主义经济发展的危机、萧条阶段，如20世纪30年代和20世纪70年代，保护贸易倾向就会蔓延和加强。

3. 统治集团内部的矛盾和斗争

一个国家的对外贸易政策代表的是统治阶级中占上风的利益集团的利益。因此，统治集团内部的矛盾和斗争、政权的更迭，也会带来对外贸易政策的变化。一般说来，商品市场主要在国外的一些资产阶级利益集团，主张贸易自由化；相反，商品市场主要在国内并受到进口商品激烈竞争的资产阶级利益集团，则主张限制进口，实行保护贸易政策。

小资料

国际贸易政策的演变

一、产业革命后的贸易政策

18世纪末到19世纪中叶，欧洲各国和美国相继完成了产业革命，建立了机器大工业，改善了交通运输和通信工具，消灭了古老的民族工业，资本主义生产方式得以完全确立并占据统治地位。世界经济进入商品资本国际化阶段，产生了适应工业资产阶级利益的国际贸易政策。在这个时期，各国由于经济发展的水平不同，在世界市场上的竞争地位不同，因此也就采取了不同的对外贸易政策。英国推行自由贸易政策，美、德等国实行贸易保护政策。

在英国，1817年李嘉图“比较优势理论”的问世，给自由贸易政策的推行奠定了理论基础。19世纪20年代初，英国放宽了对对外贸易的管制，降低了进口税率。直到1846年废除代表土地贵族利益的《谷物法》，才标志着自由贸易在英国取得了决定性胜利。1860年，英国与法国签订科伯登条约，从此为欧洲开辟了一个经济自由主义的新时代，形成了国际贸易史上的第一次自由贸易趋势。在英国推行自由贸易政策的同时，美国和德国则开始实施严格的保护贸易政策。美国首任财政部长汉密尔顿于 1791 年提出了著名的《关于制造业的报告》，为美国实行保护贸易政策奠定了理论基础。他的保护幼稚工业的思想被德国历史学派先驱李斯特吸收并进一步发展，集中反映在后者于 1841 年出版的巨著《政治经济学的国民体系》之中。从此，国家主义、保护幼稚工业理论被后起资本主义国家所奉行。

二、19 世纪末 20 世纪初超保护贸易政策

超保护贸易政策是 19 世纪末至第二次世界大战期间资本主义垄断时期，各资本主义国家普遍实行的保护贸易政策。在这一时期，垄断代替了自由竞争，成为社会经济生活的基础。同时，资本主义社会的各种矛盾进一步暴露，世界市场的竞争开始变得激烈。于是，各国垄断资产阶级为了垄断国内市场和争夺国外市场，纷纷要求实行保护贸易政策。但是，这一时期的保护贸易政策与自由竞争时期的保护贸易政策有明显的区别，是一种侵略性的保护贸易政策，因此称为超保护贸易政策。与第一次世界大战前贸易保护主义相比，超保护贸易主义有以下特点：

(1) 保护的对象扩大了。超保护贸易不但保护幼稚工业，而且更多地保护国内高度发达或出现衰落的垄断工业。

(2) 保护的目的变了。超保护贸易不再是培养自由竞争的能力，而是巩固和加强对国内外市场的垄断。

(3) 保护转入进攻性。以前的保护贸易政策是防御性地限制进口，超保护贸易主义则是要在垄断国内市场的基础上对国内外市场进行进攻性的扩张。

(4) 保护的阶级利益从一般的工业资产阶级转向大垄断资产阶级。

(5) 保护的措施多样化。保护的措施不仅有关税，还有其他各种各样的奖出限入的措施，包括非关税措施如配额、许可证、外汇管制、外汇倾销、出口信贷、补贴等。

三、第二次世界大战后贸易自由化的发展

第二次世界大战后贸易自由化开始兴起，具体表现为：建立了关税与贸易总协定（简称关贸总协定)、欧洲经济共同体的一体化得到发展、普遍优惠制的实施，并且逐步放宽或逐步取消了进口限额、外汇管制等非关税壁垒措施。但战后的贸易自由化倾向是在国家垄断资本主义日益加强的条件下发展起来的，它主要反映了垄断资本的利益，是世界经济和生产力发展的内在要求。它在一定程度上和保护贸易政策相结合，是一种有选择的贸易自由化。它具有以下特点：

(1) 工业制成品的贸易自由化程度超过农产品。

(2) 机器设备一类资本品的贸易自由化程度超过工业消费品；区域性经济集团内部的贸易自由化程度超过其外部；发达国家之间的贸易自由化程度超过发展中国家。

因此，这种贸易自由化倾向的发展并不平衡，甚至是不稳定的。当本国的经济利益受到威胁时，保护贸易倾向必然重新抬头。

四、20 世纪 70 年代中期以来的新贸易保护主义浪潮

新贸易保护主义是对第二次世界大战后贸易自由化倾向的反省，形成于 20 世纪 70 年

代中期。期间，资本主义国家经历了两次经济危机，经济出现衰退，陷入滞胀的困境，就业压力增大，市场问题日趋严重。在这种情况下，美国率先采取贸易保护主义措施，引起了各国贸易政策的连锁反应，各国纷纷效仿，致使新贸易保护主义得以蔓延和扩张。新贸易保护主义不同于传统的贸易保护主义，其表现出以下鲜明的特点：

第一，贸易保护措施由过去以关税壁垒和直接贸易限制为主逐渐被间接的贸易限制所取代。发达国家求助于关贸总协定的免责条款，即为了保护本国暂时性的国际收支平衡或为了避免进口国国内工业受到大量进口的严重损害等，从本国的需要和目的出发，重新进行贸易立法的解释，设置进口限制，并且越来越倾向于滥用反补贴、反倾销这些所谓的维持“公平”贸易的武器，来削弱新兴工业化国家及其他出口国在劳动密集型产品成本方面的优势，阻挡对发展中国家的进口。

第二，贸易政策措施朝制度化、系统化和综合化的方向发展。贸易保护制度越来越转向于管理贸易制度，不少发达国家越来越把贸易领域的问题与其他经济领域的问题，甚至包括某些非经济领域的问题联系起来，进而推动许多国家的贸易政策明显向综合性方向发展。

第三，其重点从限制进口转向鼓励出口，双边和多边谈判与协调成为扩展贸易的重要手段。

第四，从国家贸易壁垒转向区域性贸易壁垒，实行区域内的共同开放和区域外的共同保护。

五、20世纪80年代以来的战略性贸易政策

20世纪80年代，基于国家介入的战略性贸易政策脱颖而出，对自由贸易主义的现实意义提出质疑。战略性贸易政策理论家们强调不完全竞争，认为市场的不完全竞争决定了政府在对外贸易政策上要根据市场结构的不同采取不同的贸易政策。这种战略性贸易政策就是，政府借助不同的政策行为改变或支持本国企业的战略行为，并影响外国不完全竞争企业的战略行为，使对外贸易朝着有利于本国获得最大限度利润的方向转变。

按战略性贸易政策的观点，只要市场是不完全竞争的，政府就要干预对外贸易，干预的目标不再是贸易收支的顺差，而是本国获取最大限度的经济利益或利润。在这种利润动机的支配下，政府可能支持少出口，甚至多进口。因此，战略性贸易政策不是一项单纯的贸易保护政策，而是一项使本国利益最大化的政策。

单元小结

在国际贸易的发展长河中，出现了自由贸易理论和保护贸易理论、自由贸易政策和保护贸易政策。经典的自由贸易理论包括绝对优势理论、比较优势理论、要素禀赋理论。

绝对优势理论强调一国应出口具有绝对优势的产品，进口具有绝对劣势的产品；比较优势理论指出绝对优势理论的弊端，认为一国即使在所有产品上不具有绝对优势，仍然可

参与国际贸易，出口具有相对优势的产品，进口具有相对劣势的产品；要素禀赋理论强调一国应出口具有要素禀赋的产品，进口要素禀赋稀缺的产品。

经典的保护贸易理论包括重商主义贸易理论、保护幼稚工业理论、超保护贸易理论、新贸易保护理论、战略贸易理论等。重商主义贸易理论主张奖出限入；保护幼稚工业理论主张一国应对幼稚工业进行保护；超保护贸易理论强调顺差能扩大国民收入，增加就业，逆差能减少国民收入，减少就业，鼓励增加出口，限制进口；新贸易保护理论强调贸易限制，为发达国家转移滞涨提供了借口；战略贸易理论认为利用关税和其他贸易政策对市场的保护，不但可以夺取垄断资金，还可以充分发挥国内企业的“边干边学效应”，促进产业发展和壮大。

相应的贸易政策也有所不同，有自由贸易政策、保护贸易政策和管理贸易政策，其中保护贸易政策有对幼稚工业保护的政策、新贸易保护政策等。在不同的历史发展阶段，世界经济的主流是不一样的，贸易的主流也是不一样的；对于同一国家来说，在不同的经济发展阶段，产业的竞争力不同，因此贸易政策也有所不同，不过自由贸易的言论贯穿始终。现在的世界贸易趋势虽然鼓励自由贸易，WTO也是世界各国朝着贸易自由化迈出的重大一步，但即便是再自由化的国家，也注重对本国产业的保护，也会采取各种措施提升本国产业的竞争力。因此，对自由化问题要合理对待，贸易政策既要顺应历史的潮流，又要注重产业的安全。

一、单项选择题

1. 绝对优势理论的主要代表人物是(　　)。

A. 亚当·斯密　　B. 大卫·李嘉图

C. 华西里·列昂惕夫　　D. 保罗·萨缪尔森

2. 亚当·斯密认为，国际分工的基础是(　　)。

A. 先天有利的自然禀赋　　B. 后天有利的生产条件

C. 要素的丰缺程度　　D. 产品的比较优势

E. 劳动力的技术熟练程度

3. 比较优势理论的主要代表人物是(　　)。

A. 亚当·斯密　　B. 大卫·李嘉图

C. 华西里·列昂惕夫　　D. 保罗·萨缪尔森

4. 晚期重商主义也称贸易差额论，主要政策主张是(　　)。

A. 禁止货币出口　　B. 禁止贵重金属外流

C. 奖出限入，对外贸易出超　　D. 由国家垄断全部货币贸易

5. 李斯特认为，处于农工阶段的国家应采取的贸易政策是(　　)。

A. 自由贸易政策　　B. 保护贸易政策
C. 管理贸易政策　　D. 超保护贸易政策

6. 根据比较优势理论假定A、B两国生产X产品的单位生产成本分别为100人和90人劳动一年，生产Y产品的单位生产成本分别为120人和80人劳动一年，则(　　)。

A. B国同时生产X、Y产品，A国不生产
B. A国生产Y产品，B国生产X产品
C. A国生产X产品，B国生产Y产品
D. A国同时生产X、Y产品，B国不生产

7. 亚当·斯密和大卫·李嘉图主张的国际贸易政策是(　　)。

A. 管理贸易政策　　B. 自由贸易政策
C. 保护贸易政策　　D. 超保护贸易政策

8. 一国拥有充裕的资本要素，所以该国应该专门生产资本密集型产品进行对外交换，这种说法来自(　　)。

A. 大卫·李嘉图的比较优势理论　　B. 俄林的生产要素禀赋理论
C. 亚当·斯密的绝对优势理论　　D. 林德的需求偏好相似理论

9. 介于自由贸易和保护贸易之间，属于有组织的自由贸易的是(　　)。

A. 新贸易保护主义　　B. 贸易自由化
C. 管理贸易　　D. 保护幼稚工业论

10. 对外贸易政策主体一般是指(　　)。

A. 企业　　B. 各国政府　　C. 个人　　D. 商业机构

二、多项选择题

1. 假设英国生产每单位酒需要劳动人数比美国少40人，生产每单位呢绒比美国少10人，则下列表述错误的是(　　)。

A. 英国在两种产品生产上都具有绝对优势
B. 英国在呢绒的生产上具有比较优势
C. 英国在酒的生产上具有比较优势
D. 美国在呢绒的生产上具有比较优势

2. 第二次世界大战后，贸易自由化发展不平衡，主要体现在(　　)。

A. 发达国家之间贸易自由化超过了他们对发展中国家和社会主义国家的贸易自由化
B. 区域经济贸易集团内部的自由化超过了集团对外的贸易自由化
C. 工业制成品的贸易自由化超了过农产品的贸易自由化
D. 机械设备的贸易自由化超过了工业消费品的贸易自由化
E. 发达资本主义国家对待社会主义国家的关税、非关税壁垒都高于对发展中国家的关税与非关税壁垒

三、简答题

1. 绝对优势理论的核心是什么？有什么缺陷？

2. 比较优势理论的核心是什么?

3. 要素禀赋理论的核心是什么?

4. 本国生产1吨钢需要10单位劳动和5单位土地，生产1吨小麦需要2单位劳动和4单位土地，同时，本国劳动和土地的总供给量均为100单位。外国生产1吨钢需要的劳动和土地投入量为本国的一半，生产1吨小麦的劳动与土地的投入量同本国一样，外国土地和劳动的供给量分别为100单位和110单位。请问：

(1) 本国钢和小麦各为什么密集型产品?

(2) 外国钢和食品各为什么密集型产品?

(3) 依据要素充裕度标准，本国与外国各为什么类型的国家?

(4) 依据赫克歇尔—俄林理论，本国与外国的生产优势分别是什么？它们可能进出口的商品是什么?

四、论述题

1. 当代贸易政策的特点和内容是怎样的?

2. 为何美国这么发达的国家也要实行贸易保护?

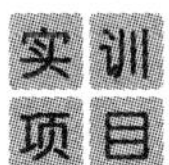

日本双边贸易协定的发展原因

日本在第二次世界大战后一直奉行多边主义的贸易政策，强调WTO的非歧视原则。日本认为，参加地区贸易协定违背了WTO的基本原则。

2000年10月，根据日本和新加坡首脑会议的协议，两国从2001年进入双边自由贸易谈判。2001年10月20日，两国完成了谈判议程；2002年1月14日，两国签署了有关协定；2002年11月30日，协定进入实施阶段；2003年1月1日，协定正式实施。这是日本缔结的第一个地区贸易协定。

这份名为"日本新加坡新时代伙伴协定"(JSEPA)的两国自由贸易协定，由基本协定和附件组成，基本协定共22章，7个附件。基本协定包含序言、一般条款、货物贸易、原产地规则、海关程序、无纸化贸易、相互承认、服务贸易、投资、自然人流动、知识产权、政府采购、竞争政策、金融服务合作、科学与技术、人力资源发展、贸易与投资促进、中小企业、媒体与广播事业、旅游、争端回避与解决和最后条款。

在关税方面，JSEPA规定将现有两国货物关税削减98.5%。新加坡承诺对日本所有的进口产品实行零关税，日本承诺将现有的、对新加坡进口产品关税税目的34%实行零关税这一比例提高到77%。在农产品方面，由于日本对农产品的敏感性，在这方面的减让并不大，但两国农产品贸易占整个贸易的比重很小，1999年日本从新加坡进口的农产品只占日本农产品全部进口的0.5%，新加坡从日本进口的农产品只占新加坡农产品全部进口的2%，因此，农产品贸易对两国的影响很小。

到 2012 年，日本已经与 14 个国家和地区签订了自由贸易协定，并且正与欧盟、美国等洽商，有望进一步签订更重量级的自由贸易协定。

讨论：

（1）日本在与新加坡签订自由贸易协定之前为何不与别的国家或地区开展双边自由贸易？

（2）2000 年之后日本大力发展双边自由贸易协定的原因是什么？

德国默克尔的市场开放

2013 年 1 月前来智利参加第七届欧盟—拉美国家首脑会议的德国总理默克尔于 1 月 26 日重申，德国主张在世界贸易体系中实行市场开放政策，反对贸易保护主义。在谈到欧盟与拉美国家的贸易往来时，默克尔说，贸易保护主义对任何一方都没有好处，因此欧盟希望与巴西就签订欧盟—南方共同市场自由贸易协定问题尽快重开谈判。她认为，双方的共同努力是解决这一难题的必要条件。

默克尔说，德国企业家对增加包括智利在内的拉美国家进行投资很感兴趣。她说，德国在智利的投资不断增长主要是因为这里不仅经济发展充满活力，而且有着良好的投资环境。默克尔认为，智利矿产品及各种原材料资源丰富，但电力供应对外依赖严重，两国合作有巨大潜力，德国可向智利提供清洁能源生产的新技术，帮助智利发展可再生能源电力工业。

默克尔强调，本届欧盟—拉美国家首脑会议将会促进双方谅解与交流，将两个地区的合作推向新的高度。她说，整个拉美地区的富有活力的经济发展在提示我们，欧洲不能落在后面。

由于欧盟对拉美产品的市场准入问题悬而未决，欧盟至今未能与拉美签订整体自由贸易协定。农产品补贴和市场准入问题一直是欧盟与以巴西为首的南方共同市场国家签订自贸协定的主要障碍之一。目前在拉美地区，欧盟仅与墨西哥、智利、秘鲁、哥伦比亚和中美洲签订了双边自贸协定。

讨论：

（1）为什么默克尔于 1 月 26 日重申，德国主张在世界贸易体系中实行市场开放政策，反对贸易保护主义？

（2）为什么欧盟至今未能与拉美签订整体自由贸易协定？请用本单元所学的知识加以解释。

第四单元

国际贸易措施

学习目标

【知识目标】

- 了解关税措施的含义、特征及其性质和作用
- 掌握非关税措施的含义、主要非关税措施的种类
- 掌握鼓励出口措施的基本概念及出口信贷的各种主要形式

【能力目标】

- 能运用所学知识分析我国产品遭遇进口附加税的原因
- 能运用所学知识对行业遭遇的非关税壁垒进行分析
- 能正确分析国家出口鼓励和管制措施

重点难点

【重点】

- 关税措施的含义
- 非关税措施的含义
- 出口信贷的含义及方式

【难点】

- 关税措施的作用
- 普遍优惠制的含义
- 技术性贸易壁垒的含义及表现

案例导入　美国的玩具标准

2012年6月，中华人民共和国国家质量监督检验检疫总局（简称国家质检总局）风险警示通告：美国消费品安全委员会（CPSC）通过了修订的玩具安全标准ASTM F963（2011版），该标准于2012年6月12日正式实施。

新版标准增加了玩具基材中8种可溶性金属（锑、砷、铅、钡、镉、铬、汞、硒）的限量，增加了重金属总量的筛选方法，进行了金属玩具或玩具中金属材料中镉含量的测试，增加了对洗浴玩具的要求等。

国家质检总局提醒国内对美国出口相关玩具的企业、贸易商以及相关行业协会高度关注美国新版玩具标准，尽快与美国进口商进行沟通，及早采取措施，避免不必要的贸易损失。涉及相关技术等问题，可向检验检疫机构咨询。

资料来源：http：//www.jh.ziq.gov.cn/dqj/jinhua/mycscon.asp？newsid=3310.

【思考】美国颁布玩具新标准的原因是什么？这个新玩具标准对我国玩具出口造成的影响属于何种贸易措施？本单元内容将对此给予回答。

单元知识一　关税措施

阅读材料

"入世"的承诺

2001年12月11日，经过15年的艰难谈判，中国正式加入了世界贸易组织。在过去的15年间，中国从"入世"之初的世界第九大经济体跃升至第二大经济体、第一大出口国和第二大进口国。15年前的中国在加入世界贸易组织的时候，在关税、服务贸易、法律法规等众多方面作出了庄严的承诺，15年来这些承诺都一一兑现。中国逐步降低进口产品的关税，关税总水平由2002年的15.3%降至2015年的9.8%。其中：农产品平均税率由2002年的18.1%下降到2015年的15.1%，工业品平均税率由2002年的11.7%降至2015年的8.9%（见图4—1）。目前，我国加入WTO的降税承诺已全部履行完毕，关税水平不仅在发展中国家中是最低的，还低于欧盟的平均水平，在部分细分行业也低于一些发达国家。

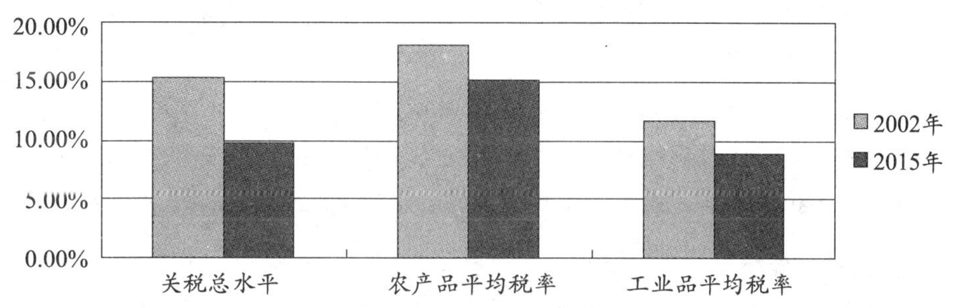

图4—1　中国2002年与2015年关税的变化

任务引领

上述材料直观地告诉我们中国加入WTO前后总关税水平、农产品平均税率和工业品平均税率的变化。正因为这15年，中国积极投身于世界经济活动，才使中国由"入世"前的世界第九大经济体跃升至世界第二大经济体，成为世界第一大出口国和第二大进口国，这与中国逐步削弱关税措施、推行市场经济有密切关系。正如时任国务院总理温家宝所说的一样："中国在'入世'的时候向世界作出的承诺已经一一完成，'入世'的15年是中国与世界双赢的15年！"

试问：什么是关税？它有哪些特点？平时我们从财经新闻中听到的"反倾销"、"反补贴"是关税壁垒，还是非关税壁垒？

一、关税概述

（一）关税的含义

关税（Tariff）是指进出口商品经过一国关境时，由海关代表国家向进出口商征收的一种赋税。一般而言，一国的关境与国境是一致的。但是，当一国境内设有自由港、自由贸易区、保税区和出口加工区时，该国的关境小于国境。当一些国家组成关税同盟时，关境大于国境。

关税的征收是通过海关执行的。海关是一国政府设在关境上的行政管理机构。它的任务是根据本国政府制定的进出口政策、法令和有关规定，对进出口商品、货币、金银、行李、邮件、运输工具等进行监督和管理，征收关税，查禁走私物，进行罚款，临时保管通关货物和统计进出口商品等。海关还有权对不符合国家规定的进出口货物不予放行、罚款，直到没收或销毁。

关税及其产生

关税是国际贸易中最古老的，也是当代各国使用最普遍的对外贸易政策措施。

在英文中，关税的名称是 Tariff。传说在地中海西口，距直布罗陀海峡 21 英里处，有一个海盗盘踞的港口，名叫塔利法（Tariffa）。当时，进出地中海的商船为了避免被抢劫，被迫向塔利法港口的海盗缴纳一笔买路费。以后 Tariff 就成为关税的另一通用名称，泛指关税、关税税则或关税制度等。

早在欧洲古希腊的雅典时代，关税就已经出现。我国在西周时开始设立“关卡”，对来自其他属地的产品征收内地关税。但统一国境关税是在经历了第一次产业革命、封建社会开始解体、资本主义生产方式建立以后产生的。这种关税制度一直沿用至今。

（二）关税的主要特点

关税与国家凭借政治权力规定的其他税负一样，具有强制性、无偿性和固定性的特点。同时，关税还有其特殊性和涉外性，如表 4—1 所示。

表 4—1　　关税的特点

特点类别	内容描述
强制性	关税是凭借法律的规定强制征收的，而不是自愿的。凡要缴税的，都要按照法律规定无条件地履行自己的义务。
无偿性	海关征收的关税都是国家向进出口商无偿取得的国库收入，国家无须付出任何代价，也不必把税款直接归还给纳税人。
固定性	国家事先规定一个关税的征收比例或征税数额，征、纳双方必须共同遵守执行，不得随意变化和减免。
特殊性	税收主体——关税的纳税人，是本国的进口商，但关税最终由国内外的消费者负担，是间接税；税收客体——进出口货物，是依法被征税的标的物，一般仅指有形货物。
涉外性	征收关税是对外贸易政策的重要手段。关税的种类与税率的高低直接影响国际贸易价格，因此关税经常被主权国家作为对外政治、经济斗争的手段。

交税的界限

有位网店女老板，是一位美籍华人，三年前在网上开了一家专卖进口奶粉的店铺，生意很好。一次，她特地从美国纽约购买了一些进口奶粉，刚下飞机，正准备办理入境手续时，机场入境检查员请她出示有效证件，并打开随身携带的五个大提包。之后该网店女老板由于携带的317罐奶粉的价值已经超过中国海关总署规定的价值，涉嫌走私，被带到了机场海关缉私科。在机场海关缉私科内，网店女老板极力辩解，称自己是名遵纪守法的公民。海关缉私科科员告诉她："根据中国海关总署2010年第54号公告，入境居民旅客只能携带价值人民币5 000元以内的个人自用物品，非居民旅客可携带价值人民币2 000元以内的个人自用物品。"

网店女老板携带的317罐奶粉涉及美赞臣、雅培、雀巢等多个品牌，估算其价值已经超过人民币2 000元。因此，她在入境前就应该向中国海关提交申报，并在物品放行前缴纳关税。她非但没有提交物品申报，反而利用旅检渠道走私入境，这是要受到法律制裁的。

思考：

为何不向海关提前申报物品和缴纳关税就构成了违法并要受到法律的制裁？这体现了关税的哪些特点？

（三）关税的作用

既然关税具有上述特点，那么它在一国的经济活动中起到了哪些作用呢？

一国征收关税既会产生积极作用，又会产生消极作用，如表4—2所示。一国在制定关税政策时要尽量发挥关税的积极作用，规避或减少其消极作用。

表4—2　　关税的作用

作用		表现
积极作用	维护国家政治和经济利益	关税是各国政府维护本国政治和经济权益，进行国际经济斗争的一个重要工具。
	保护本国产业	各国广泛利用高关税限制外国商品进口，保护国内生产和国内市场。保护关税的税率越高，保护作用就越强，这是因为提高进口关税税率的同时可以提高进口商品的成本，从而削弱其竞争力，使其进口数量减少，以达到保护国内工农业生产的目的。
	调节国民经济和产业结构	关税是国家的重要经济杠杆，通过税率的高低和关税的减免，可以影响进出口规模，调节国民经济活动。例如：调节出口产品和出口产品生产企业的利润水平，有意识地引导各类产品的生产，调节进出口商品的数量和结构，可促进国内市场商品的供需平衡，保证国内市场的物价稳定等。
	增加本国财政收入	这种作用称为关税的财政作用，以此为目的征收的关税称为财政关税。财政关税在资本主义发展初期发挥了重要的作用。第二次世界大战后，经过关贸总协定的八次谈判，世界范围内的关税水平大幅下降，关税的财政作用也在逐渐减弱。目前，发达国家的关税仅占其财政收入的2%～3%，而发展中国家关税收入一般约占其财政收入的13.2%，我国约为7%。

续前表

作用		表现
积极作用	体现一国的对外经济和外交关系	国别贸易政策可以通过关税税率的高低来反映。各国可以利用关税税率的高低和不同的减免手段对待来自不同国家的商品，以此开展对外经贸关系，通过提供优惠政策来改善国际关系，通过提高关税来限制某些国家商品的进口甚至实施报复等。因此，关税与一国的对外关系有密切的联系。
消极作用	提高了进口商品的价格并限制了进口国消费者的消费	长期采用过高的关税保护国内产业会使该产业养成“惰性”，不努力改进技术去提高生产效率与产品质量，从而阻碍生产力的发展。另外，过高的关税也是走私的客观根源，在造成财政收入减少的同时对国内市场也会造成冲击。过高的关税也人为地扭曲了通过国际分工进行的全球资源合理配置，不利于各国充分发挥本国的经济优势，导致了全球资源配置的不经济性。

二、关税措施的类型

普惠制的妙用

山东济南某制药企业有一种主要产品销往欧盟国家。前几年该厂产品的成本有所增加，但价格却上不去。当他们了解了普惠制的作用后，立即与客户联系，告知可以提供普惠制原产地证明书，凭此证书使欧盟进口商可减免6.6%的关税。客户很快接受了提高价格的要求，仅此一项该厂每年多创收50万美元。

一位加拿大旅游者到南京旅游，在金陵饭店购买了一批价值3 000美元的地毯，回到加拿大报关时要缴纳17%的进口关税。一位在海关工作的朋友告诉他，向中国检验检疫机构申请一份普惠制FORM A产地证书，就可获得11%（341美元）的关税减免。他得知后立即向江苏检验检疫局发信，并随信附上了购货发票。我国签证人员核实无误后，给他补签了FORM A产地证书。

思考：

一张普惠制证书为什么可以起到如此大的作用？除了普惠制证书之外，还有哪些关税措施会影响进出口？如何产生影响？各自适用于什么情况？

（一）按照征收的对象分类

1. 进口税

进口税（Import Duties）是指进口国海关对从外国进入本国的货物和物品征收的一种关税，是关税中最主要的一种。进口税在外国货物输入关境时征收，或者外国货物从自由港或自由贸易区进入关境时征收。根据税率的不同，进口税分为普通税和最惠国税两种，如表4—3所示。由于实际上大多数国家都加入了关贸总协定（含有多边最惠国待遇条约，现由世界贸易组织继承其协定），或者通过个别谈判签订了双边最惠国待遇条约，因此最惠国税税率实际上已成为正常的关税税率。

表 4—3　　进口税的分类

类型	内容描述
普通税	如果进口国未与该进口商品的来源国签订任何关税互惠贸易条约，则对该进口商品按普通税率征税。普通税率通常为一国税则中的最高税率，一般比优惠税率高 1～5 倍。目前，仅有极少数国家实行这种税率，大多数国家只是将其作为其他优惠税减税的基础。因此，普通税率并不是被普遍实施的税率。
最惠国税	最惠国税是一种优惠税率，适用于与该国签订有最惠国待遇条款的贸易协定的国家或地区所进口的商品。最惠国税率是互惠的且比普通税率低，有时甚至差别很大。例如：美国对进口玩具征税的普通税率为 70%，而最惠国税率仅为 6.8%。

2. 出口税

出口税（Export Duties）是指出口国家的海关在本国产品输往国外时，对出口商品所征收的关税。目前，大多数国家对绝大部分出口商品都不征收出口税，因为征收出口税会抬高出口商品的成本和国外售价，削弱其在国外市场上的竞争力，不利于扩大出口。许多国家纷纷削减或废除出口关税。少数发展中国家为增加财政收入，限制本国资源输出，仍普遍保留出口税。我国目前对约 47 个税目的少数几种出口商品征收出口税。

3. 过境税

过境税（Transit Duties），又称通过税或转口税，是指一国海关对通过其关境再转运至第三国的外国货物所征收的关税。其目的主要是增加国家财政收入。过境税在重商主义时期盛行于欧洲各国。随着资本主义的发展和交通运输事业的日渐发达，各国在货运方面的竞争日趋激烈，同时，过境货物对本国生产和市场没有影响。于是，到 19 世纪后半期，各国相继废除了过境税，代之以签证费、准许费、登记费、统计费、印花税等形式，鼓励增加过境货物，从而增加运费收入、保税仓库内加工费和仓储收入等。

（二）按照差别待遇和特定的实施情况分类

1. 进口附加税

进口附加税（Import Surtaxes）是指进口国海关对进口的外国商品在征收进口正税之外，出于某种特定的目的而额外加征的关税。进口附加税通常是一种临时性的特定措施，又称特别关税。其目的主要有：第一，应付国际收支危机，维持进出口平衡；第二，防止外国产品低价倾销；第三，对某个国家实行歧视或报复等。进口附加税主要有反倾销税、反补贴税、惩罚关税和报复关税四种，如表 4—4 所示。

表 4—4　　进口附加税的分类

类型	内容描述
反倾销税（Anti-dumping Duties）	是指对于实行商品倾销的进口商品所征收的一种进口附加税。倾销是指进口商品以低于正常价格甚至成本价格在进口国市场上销售的行为。由于商品价格低于正常价格，从而对进口国同类产品造成重大损害，出于保护本国工业和市场的需要，须对倾销商品征收反倾销税，以抵制不正当的销售行为。

续前表

类型	内容描述
反补贴税 (Countervailing Duties)	又称反津贴税、抵消税或补偿税，是指进口国为了抵消某种进口商品在生产、制造、加工、买卖、输出过程中所接受的直接或间接的任何奖金或补贴而征收的一种进口附加税。不得超过该商品接受补贴的净额，且征税期限不得超过5年。征收反补贴税的目的在于提高进口商品的价格，抵消其所享受的补贴金额，削弱其竞争能力。
惩罚关税 (Penalty Tariff)	是指出口国某商品违反了与进口国之间的协议，或者未按进口国海关规定办理进口手续时，由进口国海关向该进口商品征收的一种临时性的进口附加税。这种特别关税具有惩罚或罚款性质。若某进口商虚报成交价格，以低价假报进口手续，一经发现，进口国海关将对该进口商征收特别关税作为罚款。
报复关税 (Retaliatory Tariff)	是指一国为报复他国对本国商品、船舶、企业、投资或知识产权等方面的不公正待遇，对从该国进口的商品所征收的进口附加税。通常在对方取消不公正待遇时，报复关税也会相应取消。然而，报复关税也像惩罚关税一样容易引起他国的反报复，最终导致关税战。

（1）反倾销说明。反倾销税征收的关键是“正常价格”的确定。正常价格是指相同产品在出口国用于国内消费时在正常情况下的可比价格。

（2）反补贴说明。《补贴与反补贴税守则》规定，征收反补贴税必须证明补贴的存在及这种补贴与损害之间的因果关系。如果出口国对某种出口产品实施补贴的行为对进口国国内某项已建的工业造成重大损害或产生重大威胁，或严重阻碍国内某一工业的新建时，进口国可以对该种产品征收反补贴税。另外，对于接受补贴的倾销商品，不能既征反倾销税，又征反补贴税。

（3）我国遭遇国外进口附加税的情况。2012上半年，我国共遭遇来自18个国家、地区发起的贸易救济调查，反倾销、反补贴、特保等贸易救济调查40起，同比增长了38%，涉案金额达37亿美元，同比增长76%。从立案国别来看，巴西、印度等发展中大国对我国的立案数量占总案件数的70%。从涉案金额来看，欧洲、美国等发达经济体对我发起调查的涉案金额占总金额的60%。其中，欧盟对我国的产品发起2起反倾销调查和2起反补贴调查，美国总共对我国的产品发起5起贸易救济调查。

光伏双反之争

光伏双反之争事件始于2011年10月19日，德国SolarWorld美国分公司联合其他6家生产商向美国商务部正式提出针对中国光伏产品的“双反”（反倾销、反补贴）调查申请，于11月9日正式立案。此后，美国国际贸易委员会宣布中国光伏产品对美国的相关产业造成损害，该案正式进入美国商务部调查阶段。

美国东部时间2012年3月20日下午，美国商务部宣布针对中国光伏产业反补贴方面的初裁结果，认定中国涉案企业存在2.9%～4.73%不等的补贴幅度，并追溯90天征税。中国政府及相关业内人士对此表示，美国限制中国太阳能电池产品损害的是中美双方的利益。

2. 差价税

差价税又称差额税，是指当某种产品在国内外都能生产，且国内价格高于同类的进口商品价格时，为了保护国内生产和国内市场，削弱进口商品的竞争能力，按国内价格与进口价格之间的差额征收的关税。差价税没有固定税率，它随着商品的国内外价格差额的变动而变动，因此是一种滑动关税。征收差价税的目的是使该种进口商品的税后价格保持在一个预定的价格标准上，以稳定进口国国内该种商品的市场价格。欧盟是实行差价税的典型，为了实行其共同农业政策，建立农畜产品统一市场、统一价格，欧盟对进口的谷物、猪肉、食品、家禽、乳制品等农畜产品征收差价税，其目的在于排斥非成员国的农畜产品大量进入欧盟市场。

3. 特惠税

特惠税又称优惠税，是指对来自特定国家或地区的进口商品给予特别优惠的低关税或免税待遇。使用特惠税的目的是增进与受惠国之间的友好贸易往来。特惠税有的是互惠的，有的是非互惠的，税率一般低于最惠国税率和协定税率。目前在国际上实行的特惠税最主要的是《洛美协定》，它是欧盟向参加协定的非洲、加勒比海和太平洋地区的发展中国家单方面提供的特惠税。《洛美协定》在关税方面的优惠主要有三个方面：第一，欧盟对来自非加太国家或地区的工业品全部给予免税优惠；第二，农产品的 96%免税；第三，这些非加太发展中国家或地区无须给予反向优惠。《洛美协定》的特惠税是目前世界范围内商品享受范围最广、免税程度最大的一种特别优惠的关税。

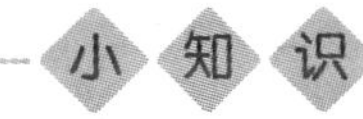

我国实行特惠税率的国家

我国对原产于柬埔寨、缅甸、老挝、孟加拉国、也门、马尔代夫、萨摩亚、瓦努阿图、阿富汗、非洲部分国家等 30 多个最不发达国家的部分商品实行特惠税率。

4. 普惠制

普惠制是普遍优惠制（Generalized System of Preferences，GSP）的简称，是发达国家给予发展中国家出口的制成品和半制成品（包括某些初级产品）普遍的、非歧视的和非互惠的一种关税优惠制度。它是在最惠国税率的基础上进行减税和免税，按最惠国税率一定的百分比征收。

普惠制的主要原则是普遍的、非歧视的和非互惠的。普遍的，是指发达国家应对发展中国家或地区的制成品和半制成品给予普遍的优惠待遇。非歧视的，是指应使所有发展中国家或地区都不受歧视、无例外地享受普惠制的待遇。非互惠的，是指发达国家应单方面给予发展中国家或地区关税优惠，而不要求发展中国家或地区提供反向优惠。1971 年 7 月，欧洲共同体率先制定普惠制方案。随后，29 个国家先后实行普惠制。目前，接受普惠制关税优惠的发展中国家或地区达 190 多个。

欧盟普惠制的变化

2012 年 10 月 31 日欧盟委员会公布了新的普惠制方案，将受惠国家和地区的数量由当时的 176 个减少到 89 个。根据新方案，这 89 个受惠国家和地区将包括 49 个最不发达国家、40 个低收入和中低收入贸易伙伴。方案将中国与印度列入低收入和中低收入贸易伙伴名单。

新方案规定的国家“毕业”条件没变，即某受惠国或地区连续三年被世界银行列为高收入国家，并且该国或地区出口至欧盟的最大五类受惠产品量占其出口至欧盟的全部受惠产品总量的比重低于 75%。

新方案规定产品的“毕业”条件是：根据 2007 年 9 月 1 日所能得到的数据，按平均值计，连续三年，某受惠国或地区出口至欧盟的某类受惠产品的值超过所有出口至欧盟的该类受惠产品总值的 15%，对于纺织类及其制品，这一限度是 12.5%。对于纺织制品的“毕业”还适用以下两项条款：一是与上个日历年相比，出口至欧盟的总量增加 20%以上；二是在 12 个月内的任何时间段内，出口至欧盟的总值超过其从所有受惠国或地区出口该类产品总值的 12.5%。

（三）按照征税的一般方法分类

按计税方法分，关税可分为从量税、从价税、混合税和选择税四种，如表 4—5 所示。

表 4—5　关税的计税方法

计税方法	内容描述	计算公式
从量税	是指以商品的重量、数量、容量、长度和面积等计量单位为标准计征的关税。目前，我国实施从量税的产品主要有冻鸡、石油原油、啤酒、胶卷。	从量税额＝每单位从量税×商品总量
从价税	是指以进口商品的价格为标准计征的关税。其税率表现为货物价格的百分比。例如：2012 年中国的汽车关税税率为 25%，如果进口一辆价值 2 万美元的汽车，关税税额为 5 000 美元。征收从价税有以下特点：1）从价税的征收比较简单，对于同种商品，可以不必因其品质的不同再详加分类。2）税率明确，便于比较各国的税率。3）税收负担较为公平。从价税税额随商品价格与品质的高低而增减，比较符合税收的公平原则。4）在税率不变时，税额随商品价格的上涨而增加，这样既可增加财政收入，又可起到保护关税的作用。	从价税额＝货物总价×从价税率
混合税	即复合税，是指征税时同时使用从量、从价两种税率计征，以两种税额之和作为该种商品的关税税额。复合税按从量、从价的主次不同又可分为两种情况。一种是以从量税为主加征从价税，即在对每单位进口商品征税的基础上，再按其价格加征一定税率的从价税。例如：美国进口小提琴每把征税 150 美元，另加征 25%的从价税。另一种是以从价税为主加征从量税，即在按进口商品的价格征税的基础上，再按其数量单位加征一定数额的从量税。	混合税额＝从量税额＋从价税额
选择税	对于一种进口商品同时订有从价税和从量税两种税率，在征税时选择其税额较高的一种征税。但有时为了鼓励某种商品进口，也会选择税额低者征收。选择税具有灵活性的特点，可以根据不同时期经济条件的变化、政府征税目的以及国别政策进行选择。选择税的缺点是征税标准经常变化，令出口国难以预知，容易引起争议。	选择税额＝从量税额＞从价税额 选择税额＝从价税额＞从量税额

需要说明的是，各国征收从量税，大部分以商品的重量为单位来征收，但各国对应的纳税商品的重量的计算方法各有不同，一般有毛重法和净重法。第二次世界大战以前，普遍采用从量税的方法计征关税。

1. 关税的计算

（1）从量税计算示例：柯达彩色胶卷进口征税。

国内某公司从香港购进原产于日本的柯达彩色胶卷 50 400 卷（宽度 35 毫米，长度不超 2 米），成交价格合计为 CIF 境内某口岸 10.00 港币/卷，已知适用中国银行的外汇折算价为 1 港币＝0.881 5 人民币；以规定单位换算表折算，规格“135/36”彩色胶卷 1 卷＝0.057 75 平方米，计算应征进口关税（原产地日本适用最惠国税率 26 元/平方米）。

计算方法：

第一步：确定货物的实际进口量，如果进口计量单位与计税的单位不同，应该进行换算。

货物的实际进口量＝50 400 卷×0.057 75 平方米/卷＝ 2 910.6 平方米

第二步：按照公式计算应该征收的税款。

应征进口关税税额＝货物数量×单位税额

＝2 910.6 平方米×26 元/平方米＝75 675.60元

（2）从价税计算示例：钢铁盘条的应征税款。

某公司从德国进口钢铁盘条 100 000 千克，其成交价格为 CIF 天津新港 125 000 美元，应征的关税是多少？

已知海关填发税款缴款书之日的外汇牌价：

100 美元＝847.26 元（买入价）/857.18 元（卖出价）

税款的计算如下：

第一步：审核申报价格，符合成交价格条件，确定税率：钢铁盘条归入税号 7310，进口关税税率为 15%。

第二步：根据填发税款缴款书日的外汇牌价，将货价折算成人民币。当天外汇的汇价为：

外汇买卖中间价 100 美元＝（847.26＋857.18）÷2＝852.22（元）

完税价格＝125 000×8.522 2＝1 065 275（元）

第三步：计算关税税额。

1 065 275×15%＝159 791.25（元）

羊绒衫的进口关税

我国向美国出口男式开司米羊绒衫 500 打，每件重 0.5 磅，单价为 20 美元。

（1）若对此羊绒衫美国征收 37.5 美分的从量税，加征 15.5%的从价税，则美国进口商需要为这批羊绒衫支付多少关税？

（2）若对此羊绒衫美国征收37.5美分的从量税，但不得低于15.5%的从价税，则美国进口商需要为这批羊绒衫支付多少关税？

天然橡胶的进口关税调整——选择税

近年来，国际市场天然橡胶的价格逐年走高，国内轮胎、乳胶等用胶行业的生产成本增加，出现行业性亏损。这些年我国的天然橡胶进口增量均在每年10万吨左右，但由于合成和复合胶的进口数量增长异常，天然橡胶一般贸易进口所占的比重明显下降，有些地方甚至出现了掠夺性割胶现象，并导致天然橡胶走私案件数量增长。正因为如此，天然橡胶进口关税的调整一直是产业上下游普遍关注的焦点。

从2007年开始，我国对天然橡胶产品的进口关税实行选择税方案，即对天然橡胶（包括烟片胶和标准胶）在20%从价税和2 600元/吨从量税两者中，从低计征关税；对天然乳胶在10%从价税和720元/吨从量税两者中，从低计征关税。

2. 对关税的思考

在贸易实践中，通过征收高额进口税和各种进口附加税，可以达到限制和阻止外国商品进口的目的，构成关税壁垒。关税壁垒是贸易壁垒的一种，可以提高进口商品的成本从而削弱其竞争能力，起到保护国内生产和国内市场的作用，它还是在贸易谈判中迫使对方妥协让步的重要手段。世界贸易组织对其极力反对，并通过谈判将其大幅削减。

美国实施的一项钢铁关税保护政策差点引发全球关税大战

美国为了保护其夕阳产业——钢铁制造业，于2002年骤然对进口钢材加征30%的附加关税。此举即刻在WTO内掀起轩然大波，其他国家纷纷揭竿而起。欧盟列举了美国佛罗里达的水果、蔬菜和烟草，南部地区的纺织品以及摩托车等价值22亿美元的产品准备实施报复性关税；日本开出了对美国的服装、箱包和皮革制品等额外征收5%的进口关税，并对从美国进口的钢铁征收30%关税的计划；中国则紧急启动了对九种美国进口钢铁产品关税的配额管理。

好在WTO对美国的贸易政策进行了严厉谴责，美国钢铁高关税这只摇摆过头的时钟才得以校正。然而，虽然WTO避免了一场贸易战争，但美国已经从实施了近两年的钢铁关税保护政策中获得了实实在在的利益，对于中国、日本、欧洲国家来说，这是一个难言的结局。按照美国时任贸易代表佐利克的说法："保护措施本来就不是永久性的。关税措施不过是在极不寻常的情况下为钢铁工业施以援手。因此，我们对钢铁工业采取行动，只是为了充分利用这些措施所提供的喘息空间重整旗鼓。"

三、关税的征收依据

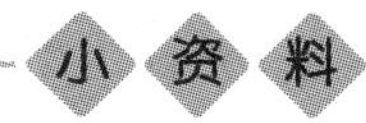

国务院关税税则委员会关于 2016 年关税调整方案的通知

（税委会〔2015〕23 号）

海关总署：

《2016 年关税调整方案》已经由国务院关税税则委员会第六次全体会议审议通过，并报国务院批准，自 2016 年 1 月 1 日起实施。

特此通知。

附件：2016 年关税调整方案

国务院关税税则委员会

2015 年 12 月 4 日

征收关税的依据是什么？我国关税实施方案由国务院关税税则委员会统一制定，通过海关总署公布于众。海关每年都会对进出口商品的计征关税的规章、应税商品与免税商品加以系统分类，制为一份一览表，称为海关税则。那么，海关税则的内容和种类包括哪些呢？

1. 海关税则的内容

海关税则，又称关税税则，是一国对进出口商品计征关税的规章和对进出口的应税与免税商品加以系统分类的一览表。

海关税则一般包括两个部分：一部分是海关课征关税的规章条例及说明，另一部分是关税税率表。关税税率表主要包括三个部分：税则号码，简称税号；货物分类目录；税率，是关税政策的具体体现。表 4—6 为我国税则号码为 0306219000 的普通税率和最惠国税率的情况。

表 4—6　　税则号码为 0306219000 的海关税率表

税则号码	货品名称	普通税率（%）	最惠国税率（%）	协定税率（%）	特惠税率（%）
0306219000	活、鲜、冷、干、盐腌、盐渍的带壳或去壳的大鳌虾及小龙虾（包括熏制的带壳或去壳的，不论在熏制前或熏制过程中是否烹煮；蒸过或用水煮过的带壳的）。	70	15		

2. 海关税则的种类

（1）各国海关税则按税率的种类可分为单式税则和复式税则两种，如表 4—7 所示。

表4—7 单式税则和复式税则

类型	内容描述
单式税则	又称一栏税则。这种税则，一个税目只有一个税率，适用于来自任何国家的商品，没有差别待遇。现在只有少数国家如委内瑞拉、巴拿马、冈比亚等仍实行单式税则。
复式税则	又称多栏税则，是指一个税目有两个或两个以上的税率，对不同国家的产品采用不同的税率。目前，世界上绝大多数国家采用这种税则。例如：美国采用普通税率、最惠国税率和普惠制税率三栏税则；日本将税率分为基本税率、协定税率、特惠税率、暂定税率四栏，其暂定税率相当于协定税率，适用于没有签订贸易协定但与日本友好的国家；欧盟对外实行统一关税，实行包括普通税率、最惠国税率、普惠制税率、协定税率和特惠税率在内的五栏税则。我国目前采用二栏税则。

（2）各国海关税则依据制定税则的权限，可分为自主税则和协定税则，如表4—8所示。

表4—8 自主税则和协定税则

类型	内容描述
自主税则	又称国定税则，是指一国的立法机构根据关税自主原则单独制定而不受对外签订的贸易条约或协定约束的一种税率。自主税则又可分为自主单式税则和自主复式税则两种。
协定税则	是指一国与其他国家或地区通过贸易与关税谈判，以贸易条约或协定的方式确定的关税税则。

请搜集相关资料，谈谈自2006年至今我国纺织品出口关税历次调整的背景和意义。

单元知识二　非关税措施

阅读材料

汽车进口许可证的力量

2002年1月1日，中国政府将进口汽车的关税从2001年的80%降为43%，关税大幅下调后，许多等待买进口车的消费者开始期待进口车的价格大幅下调，但半年时间过去了，进口车的价格并未按预期大幅下调。进口车市场上传来的不是价格下降的消息，而是汽车进口许可证价格大幅上涨的传言。

中国对进口汽车实行关税加配额双重管理。进口汽车不仅要缴纳关税，还须有进口许可证。这种双重贸易限制政策，目的在于限制汽车进口，保护国内汽车生产商。

2002年，中国进口汽车及汽车零部件的配额总和为80亿美元，比2001年仅增加

15%。为了保护国内汽车生产商，中国不可能大幅增加进口整车的配额。几乎每一辆国产车上都有进口的配件，大幅增加进口整车的配额，势必影响汽车零部件的进口配额，从而约束国内汽车生产商的发展。

国内消费者对进口车的强劲需求，很容易消化掉小幅增加的配额。1993 年进口约 22 万辆小轿车，当时的进口车关税约为 150%；2000 年进口车关税约为 100%，但在配额限制下，中国进口的整车，包括小轿车、卡车和巴士在内，仅 3.7 万辆，国内需求与配额间严重不平衡。

任务引领

试问："进口许可证"究竟属于什么国际贸易措施？这类措施还有哪些？与关税措施有何不同？

一、非关税措施概述

（一）非关税措施的含义

非关税措施（Non-Tariff Measures，NTMs），是指除关税以外的各种限制进口的措施，其目的就是试图在一定程度上限制进口，以保护国内市场和国内产业的发展。非关税措施可以分为直接和间接两大类。直接的非关税措施又称直接的数量限制，是指由进口国直接对进口商品的数量或金额加以限制，或迫使出口国直接限制商品的出口。这类措施包括进口配额制、"自动"出口限制和进口许可证制等。间接的非关税措施是指对进口商品制定严格的条例或规定，间接地限制商品的进口，如苛刻复杂的技术标准、进口最低限价、卫生安全检验和严格的社会标准等。

普瓦蒂埃海关效应和意大利的空心粉法

法国在 1982 年规定，所有从日本进口的录像机都必须通过位于距法国北部港口数百英里的小镇的普瓦蒂埃（Poitiers）海关。海关人员不多，屋子非常窄小。结果进入法国的日本录像机从每月 6 万多台骤减到每月不足 1 万台。

在意大利有一个"空心粉纯度法"，要求空心粉的制作原料必须是硬质小麦，而这种硬质小麦主要产于意大利南部。欧洲其他国家的空心粉大多由混合种类的小麦制成，不符合"空心粉纯度法"，很难进入意大利市场。

（二）非关税措施的特点

非关税措施虽然与关税措施一样可以限制外国商品的进口，却有其自身显著的特点，具体如表 4—9 所示。

表 4—9　非关税措施的特点和内容

特点	内容描述
比关税具有更大的灵活性和针对性	关税的制定，往往要通过一定的立法程序，要调整或更改税率，也需要一定的法律程序和手续，因此关税具有一定的延续性。而非关税措施的制定与实施，则通常采用行政程序，制定起来比较迅速，程序也比较简单，能随时针对某国和某种商品采取或更换相应的限制进口措施，从而较快地达到限制进口的目的。
保护作用比关税更为强烈和直接	关税措施是通过征收关税来提高商品成本和价格，进而削弱进口商品的竞争能力的，因而其保护作用具有间接性。而一些非关税措施如进口配额，则预先限定进口的数量和金额，超过限额就直接禁止进口，这样就能快速和直接地达到关税措施难以达到的目的。
比关税更具有隐蔽性和歧视性	关税措施，包括税率的确定和征收办法都是透明的，出口商可以比较容易地获得有关信息。另外，关税措施的歧视性也较低，它往往要受到双边关系和国际多边贸易协定的制约。而一些非关税措施则往往透明度差，隐蔽性强，而且有较强的针对性，容易对别的国家实施差别待遇。

关税措施和非关税措施一明一暗，明枪易躲，暗箭难防。

二、非关税措施的种类

(一) 进口配额制

进口配额制（Import Quota System），又称进口限额制，是指一国政府在一定时期内，对进口的某些商品的数量或金额加以直接限制。在规定的期限内，配额以内的货物可以进口，超过配额的不准进口或者征收较高关税后才能进口。因此，进口配额制是许多国家实行进口数量限制的重要手段之一。进口配额制主要有绝对配额和关税配额两种形式。

1. 绝对配额

绝对配额（Absolute Quota），是指在一定时期内，对某些商品的进口数量或金额规定一个最高限额，在这个数额内允许进口，达到这个配额后，便不准进口。绝对配额按照其实施方式的不同，又有全球配额、国别配额两种形式，具体如表 4—10 所示。

表 4—10　绝对配额的两种形式

形式	做法
全球配额（Global Quota）	属于世界范围内的绝对配额，对某种商品的进口规定一个总的限额，对来自任何国家或地区的商品一律适用。具体做法是：一国或地区的主管当局在公布的总配额之内，通常按进口商的申请先后或过去某一时期内的进口实际额发放一定的配额，直至总配额发完为止。超过总配额的，不准进口。
国别配额（Country Quota）	政府不仅规定了一定时期内的进口总配额，而且将总配额在各出口国家和地区之间进行分配。与全球配额不同的是，实行国别配额可以很方便地贯彻国别政策，具有很强的选择性和歧视性。

不过由于邻近国家或地区因地理位置接近的关系，到货较快，全球配额对该国比较有利，而较远的国家或地区就处于不利的地位。这种情况使进口国家在全球限额的分配上难以贯彻国别政策。

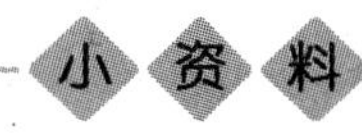

加拿大的鞋类配额

加拿大规定：从 1981 年 12 月 1 日起，对除了皮鞋以外的各种鞋实行为期 3 年的全球配额，第一年为 3 560 万双，以后每年递增 3%。加拿大外贸主管当局根据有关进口商 1980 年 4 月 1 日至 1981 年 3 月 31 日期间所进口的实际数量来分配额度，配额不限地区，以前一年进口商实际进口配额为准。

实行国别配额可以使进口国家或地区根据其与有关国家或地区的政治经济关系分配不同的额度。为了区分来自不同国家或地区的商品，通常进口国家或地区规定进口商必须提交原产地证明书。

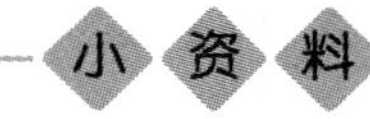

巴西进口的来自阿根廷的奶粉

巴西与阿根廷牛奶业界代表在布宜诺斯艾利斯签订协议，续延此前阿根廷对巴西的奶粉出口配额，配额数量为每个月 3 600 吨，有效期为 2013 年 1 月至 2014 年 1 月。2012 年，巴西进口奶粉 10.4 万吨，其中 4 万吨来自阿根廷。

2. 关税配额

关税配额（Tariff Quota），是指对进口商品的绝对数量和金额不加限制，在规定的时期内，对关税配额以内的进口商品，给予低税或减免税待遇，对超过配额的进口商品则征收较高的关税、附加税或罚款。例如：澳大利亚从 1979 年起对来自中国的呢绒实施关税配额，年度配额为：全毛精纺 200 万平方米，混纺呢绒 150 万平方米。超过上述配额就要征收高额关税。

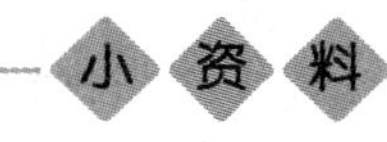

2011 年我国羊毛和毛条进口关税配额

2011 年我国羊毛进口关税配额为 28.7 万吨，毛条进口关税配额为 8 万吨。对具备申请条件的申请者实行“先来先领”的分配方式，商务部授权机构为符合条件的申请者发放农产品进口关税配额证。当发放数量累计达到 2011 年羊毛、毛条关税配额量时，商务部授权机构便停止接受申请者的申请。

（二）“自动”出口限制

“自动”出口限制（“Voluntary” Export Quota），是指出口国在进口国的要求或压力下，“自愿”规定在某一时期内某种商品对该国的出口配额，在限定的配额内自行控制出口，超过配额即禁止出口。

20 世纪 80 年代，日本曾一度在美国的压力下，限制其汽车对美国出口，按每年允许出口的汽车数量（配额）自行限制出口。近年来，我国向欧盟出口的鞋、自行车、医疗器械、玩具，向美国出口的钢材，都被迫执行“自动”出口限制。

“自动”出口限制主要有两种形式，如表 4—11 所示。

表 4—11　　**“自动”出口限制的两种形式**

形式	做法
非协定的“自动”出口限制	出口国政府并未受到国际协定的约束，自愿单方面规定对有关国家的出口限额，出口商必须向政府主管部门申请配额，在领取出口授权书或出口许可证后才能出口。也有的是出口商在政府的督导下，“自动”控制出口。
协定的“自动”出口限制	进出口双方通过谈判签订“自限协定”或“有秩序销售协定”，规定一定时期内某些商品的出口配额。出口国据此配额发放出口许可证或实行出口配额签证制，自愿限制商品出口，进口国则根据海关统计进行监督检查。目前，“自动”出口配额大多属于这一种。

现实中的“自动”出口限制——日本汽车出口

在20世纪60年代和70年代的大部分时间里，由于美国消费者与外国消费者对汽车种类及型号需求的不同，美国汽车工业基本不与进口汽车形成竞争。美国消费者，因为生活在一个大国，而且汽油税很低，因此比欧洲人和日本人更喜欢大型汽车。另外，外国公司也没有选择在大型汽车市场上与美国竞争。

但是到1979年，石油价格急剧上涨和暂时的汽油短缺使美国市场一下子转向小型汽车，而当时日本生产商的成本无论在哪个方面都已经低于美国的竞争者，因此它们迅速打入美国市场并满足了新的需求。随着日本厂商的市场份额持续扩大以及美国厂商的产量不断下滑，美国国内的强大政治力量要求保护美国的汽车工业。为了避免单方面的行为和引发贸易战的危险，美国政府要求日本限制出口。日本因担心若不答应美国的要求，可能会招致美国的单方保护措施，也就同意限制其销售，但日本汽车在美国的售价上升。1981年，美日达成了第一份协议，把日本每年向美国的汽车出口量限制在168万辆，1984—1985年又把总数修正到185万辆，1985年美国允许日本不再执行这一协议。

思考：

(1) 日本同意“自动”限制其汽车出口美国的原因何在？

(2) 此“自动”出口配额又是如何取消的？

(3) 我们从中可借鉴的经验是什么？

(三) 进口许可证制

进口许可证制（Import License System），是指一国为加强对外贸易管制，规定某些商品的进口需由进口商向进口国有关当局提出申请，经过审查批准获得许可证后方可进口的一种制度。进口许可证制是国际贸易中的数量限制措施，作为一种非关税措施，是各国管制贸易特别是进口贸易的常用做法。一国政府可以通过开与不开、多开与少开、早开与晚开许可证来控制某些商品的进口。进口许可证不仅可以控制商品的数量、品种，而且可以控制进口来源地。

进口许可证按照其与进口配额的关系，可分为有定额的进口许可证和无定额的进口许可证；按照进口商品的许可程度，又可分为自动进口许可证和非自动进口许可证。具体内容如表 4—12 所示。

表 4—12 **进口许可证的分类**

类型	做法
有定额的进口许可证	进口国预先规定有关商品的进口配额，然后在配额的限度内，根据进口商的申请对每笔进口货物发放一定数量或金额的进口许可证，配额用完后即停止发放。
无定额的进口许可证	进口许可证的发放不与配额结合，进口国在个别考虑的基础上，决定对某种商品的进口发放许可证。由于这种个别考虑没有公开的标准，因此能起到更大的限制进口的作用。
自动进口许可证	对进口国别没有限制，属于这类许可证的商品，只要进口商填写一般许可证便可以进口。
非自动进口许可证	进口商必须向政府机构提出申请，经严格审查批准后方可进口。特别许可证所适用的商品主要包括烟、酒、军火武器以及某些禁止进口的商品。这种许可证大多规定进口国别和地区。

我国许可证的运用领域

国家有关主管部门对于一些特殊进出口商品，如濒危野生动、植物的进出口，敏感物项和技术的出口，药品药材的进出口，文物的出口，黄金及其制品的进出口，音像制品的进口和废物的进口等，要求事先申领批准文件或许可证明。这些许可证明和批文，作为允许相关货物或技术进出口的证明文件，在报关时必须向海关交验，否则，海关不予放行。

在进口许可证的使用中，有的国家故意制定烦琐且复杂的申领程序和手续，使得进口许可证制成为一种拖延或限制进口的措施。

（四）外汇管制

外汇管制（Foreign Exchange Control），是指一国政府通过法令对国际结算和外汇买卖进行限制的一种限制进口的国际贸易政策。外汇管制分为数量管制、成本管制和混合管制三类，具体如表 4—13 所示。

表 4—13 **外汇管制的分类**

类别	做法
数量管制	国家外汇管理机构对外汇买卖的数量直接进行限制和分配，其目的在于集中外汇收入，控制外汇支出，实行外汇分配，以限制进口商品数量、种类和国别。
成本管制	国家外汇管理机构对外汇买卖实行复汇率制。复汇率（Multiple Exchange Rate），又称多种汇率，是指一国政府对本国货币与另一国货币的兑换规定一种以上的汇率（优惠汇率、一般汇率、最高汇率）。每一种汇率适用于某一种交易或商品。其目的在于鼓励出口，限制某些商品的进口。
混合管制	同时采用数量性和成本性的外汇管制，对外汇实行更为严格的控制，以影响和控制商品的进出口。

1. 对出口外汇的管制

在出口外汇管制中，最严格的规定是出口商必须把全部外汇收入按官方汇率结售给指定银行。出口商在申请出口许可证时，要填明出口商品的价格、数量、结算货币、支付方式和支付期限，并交验信用证。

2. 对进口外汇的管制

对进口外汇的管制通常表现为进口商只有得到管汇当局的批准，才能在指定银行购买一定数量的外汇。管汇当局根据进口许可证决定是否批准进口商的买汇申请。有些国家将进口批汇手续与进口许可证的颁发同时办理。

外汇管制前进的实质性一步

2008年8月修订的《中华人民共和国外汇管理条例》中，就已经取消了外汇收入强制调回境内的规定，提出“境内机构和个人的外汇收入可以调回境内或者存放境外”，调回境内或者存放境外的条件、期限等，由国务院外汇管理部门根据国际收支状况和外汇管理的需要作出规定。中国放松外汇管制又迈出实质性的一步，外汇储备管理思路也在因势调整。2010年最后一天，国家外汇管理局宣布，自2011年1月1日起，在全国范围内推广货物贸易出口收入存放境外。国家外汇管理局称，此举是为了提高境内企业资金使用效率，进一步促进贸易便利化，支持境内企业“走出去”。

（五）歧视性政府采购政策

歧视性政府采购政策（Discriminatory Government Procurement Policy），是指国家制定法令，规定政府机构在采购时要优先购买本国产品的做法。由于政府采购数量较大，政府采购本国产品使得进口商品受到歧视。如美国《购买美国货法案》规定：凡是美国联邦政府采购的货物，应该是美国制造的，或者是用美国原料制造的。只有在美国自己生产的商品数量不够，或者国内价格过高，或者不购买外国产品就会伤害美国利益的情况下，才能购买外国产品。

（六）进口押金制

进口押金制（Advanced Deposit），又称进口存款制，在这种制度下，进口商在进口商品时，必须预先按进口金额的一定比例和规定的时间，在指定的银行无息存入一笔现金，才能进口。这样就增加了进口商的资金负担，影响了资金的周转，从而起到了限制进口的作用。例如，第二次世界大战后，意大利政府曾规定：某些商品不管从任何国家进口，必须先向中央银行交纳相当于进口值半数的现款押金，并无息冻结6个月。这样就增加了进口商的资金负担，影响了资金的周转，从而起到了限制进口的作用。

（七）最低限价和禁止进口

最低限价（Minimum Price），是指一国政府规定某种进口商品的最低价格，若进口商品低于最低价，则禁止进口或征收进口附加税。有个别国家采用最低限价的办法来限制进口。例如：1985年，智利对绸布进口作了规定，规定每千克的最低限价为52美元，低于此限价，将征收进口附加税。

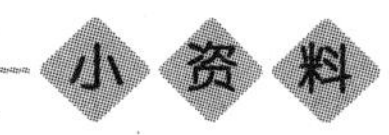

美国的钢材“启动价格制”

20世纪70年代，美国为了抵制欧洲国家和日本等国的低价钢材和钢制品的进口，于1977年对这些产品进口实行“启动价格制”（Trigger Price Mechanism，TPM）。这种价格制也是一种进口最低限价制，主要包括以下几个方面的内容：

(1) 对进口到美国的所有钢材和部分钢制品制定最低限价，这种价格又称启动价格。启动价格是以当时世界上效率最高的钢生产者的生产成本为基础计算出来的最低限价。

(2) 对所有进口钢材和部分钢制品的进口，进口商必须向海关提交由国外出口商填写的“钢品特别摘要发票”(Special Summary Steel Invoice，SSSI)。如果发票上的价格低于启动价格，则进口商必须对价格进行调整，否则就要接受调查，并有可能被裁决为倾销，征收反倾销税。

(3) 继续收集和分析对美国出口的主要外国生产者的国内钢材和部分钢制品的价格和生产成本的资料以及美国国内钢铁工业的有关资料，以便随时调整最低价格。

禁止进口则指当一些国家感到实行进口数量限制已不能走出经济与贸易困境或进口将危及国内生态环境或卫生安全时，往往颁布法令，禁止进口这些商品。例如：在发现疯牛病病毒之后，世界各国均禁止进口病毒发现地的牛肉；乳制品中发现二噁英时，各国对于乳制品也下达了禁止进口的命令。

(八) 进出口的国家垄断

进出口的国家垄断（State Monopoly of Import and Export)，是指在对外贸易中，对某些或全部商品的进出口规定由国家机构直接经营，或者是把某些商品的进口或出口的专营权给予某些垄断组织。发达国家的进出口垄断主要集中在三类商品上：烟酒、农产品和武器。具体做法是：由国有贸易公司或专设机构在国外购买某些产品，然后低价出售给本国的垄断组织；在国内向垄断组织高价收购某些产品，然后以低价在国外市场倾销。

(九) 专断的海关估价

海关估价（Customs Valuation)，是指海关为了征收关税而确定进口商品的完税价格。专断的海关估价措施是指有些国家根据国内某些特殊规定，违背WTO《海关估价协议》，提高某些进口商品的海关估价，增加进口商品的关税负担，来阻碍商品的进口。

在各国专断的海关估价制度中，以“美国售价制”最为典型。美国售价制是指美国海关按照进口商品的外国价格（进口货在出口国国内销售市场的批发价）或出口价格（进口货在来源国市场供出口用的售价）两者之中较高的一种进行征税。这实际上提高了缴纳关税的税额。

(十) 技术性贸易壁垒

技术性贸易壁垒（Agreement on Technical Barriers to Trade)，又称技术性贸易措施

或技术壁垒，是以国家或地区的技术法规、协议、标准和认证体系（合格评定程序）等形式出现，涉及内容广泛，涵盖科学技术、卫生、检疫、安全、环保、产品质量和认证等诸多技术性指标体系，运用于国际贸易，呈现出灵活多变、名目繁多的规定。

欧盟的森林管理委员会（FSC）

欧盟《木材及木制品规例和新环保设计指令》已于2013年3月3日生效。

该法规规定进口到欧盟市场的木制品必须获得FSC认证，规定木材生产加工销售链条上的所有厂商，须向欧盟提交木材来源地、国家及森林、木材体积和重量、原木供应商的名称和地址等证明木材来源合法性的基本资料，非法木材及木制品将会受到严厉处罚。该规定涵盖用于办公室、厨房、卧室、客厅、饭厅的木制家具、木器（包括若干类木制饰板）、各类木板、木制画框、照相框和镜框以及各类木制包装（包括箱子、盒子等）。

WTO《技术性贸易壁垒协议》将技术性贸易壁垒分为技术法规、技术标准和合格评定程序三种，具体情况如表4—14所示。

表4—14　　技术性贸易壁垒的类型

类型	内容描述
技术法规	规定强制执行的产品特性或其相关工艺和生产方法，包括可适用的管理规定在内的文件，如有关产品、工艺或生产方法的专门术语、符号、包装、标志或标签要求。
技术标准	经公认机构批准的、规定非强制执行的、供通用或反复使用的产品或相关工艺和生产方法的规则、指南性的文件。由此可见，技术法规与技术标准性质不同，其关键区别在于前者具强制性，而后者是非强制性的。
合格评定程序	按照国际标准化组织的规定，依据技术规则和标准，对生产、产品、质量、安全、环境等环节以及对整个保障体系进行技术规范。

合格评定程序

合格评定程序包括产品认证和体系认证两个方面：产品认证是指确认产品是否符合技术法规或标准的规定，体系认证是指确认生产或管理体系是否符合相应规定。当代最流行的国际体系认证有ISO9000质量管理体系认证和ISO14000环境管理体系认证。

非关税壁垒的归类

非关税壁垒从数量、政策、技术壁垒上对进出口贸易加以限制，请从这三个方面对上述非关税壁垒种类进行归类。

三、非关税壁垒对国际贸易的影响

世界各国的茶叶农药残留标准

2004 年欧盟实施新的茶叶农药残留标准，对农药残留的检测项目从 20 世纪 80 年代的 6 项增加到 180 余项，技术法规、技术标准和合格评定程序也复杂多变。欧盟自 1993 年以来，先后发布了至少 15 个涉及茶叶中农药残留限量的指令；从 1991 年以来，先后出台了一系列法令和法规，陆续禁止了 460 种农药在欧盟销售和使用；目前还在对约 600 种农药进行重新评估和审定；近期又出台了若干关于修订标准的法规和指令，今后将有一系列标准被修订。美国于 2008 年前后重新确定了农药的最大残留限量标准。德国等国家也不时出台相关法规和标准，变更技术要求。日本于 2002 年修订了《食品卫生法》，增加了对进口产品的检验环节和检验批次，提高了产品标准，加大了对不合格产品的认定范围和惩罚力度，还增加了专门针对中国产品的检测强化月活动；于 2006 年 5 月起实施新的《食品卫生法》，其中对茶叶农药残留限制也有明显的变化，设限农药残留由 83 种增加到约 144 种。日本、德国等国开出的条件可能其本国也做不到。就茶叶的铅含量来说，目前的国际标准是 2ppm，而日本则为 0.02ppm，想达到此标准很难。

欧盟、日本实施新的农药残留标准后，澳大利亚、俄罗斯、摩洛哥、尼日利亚等国家纷纷仿效，提高对茶叶农药残留的检测标准，对进口茶叶进行严格的限制，中国大多数企业难以适应。

思考：

欧盟对茶叶进口实施的是何种非关税壁垒措施？其对中国出口的影响如何？

非关税壁垒名目繁多，涉及面广，对国际贸易和有关的进出口国家的影响较难估计，但可以从以下几个方面来看：

1. 对国际贸易发展的影响

非关税壁垒对国际贸易发展起着很大的阻碍作用。在其他条件不变的情况下，世界性的非关税壁垒加强的程度与国际贸易增长的速度成反比关系。例如：在 20 世纪 50 年代到 70 年代初，关税有了大幅度的下降，同时，各发达国家还大幅度地放宽和取消进口数量限制等非关税措施，在一定程度上促进了国际贸易的发展。1950 年到 1973 年，世界贸易量平均增长率达到 7.2%。相反，从 70 年代中期开始，许多国家采取了形形色色的非关税壁垒措施，影响了国际贸易的发展，世界贸易量年均增长反而呈现出一定的下降趋势。

2. 对国际贸易商品结构和地理方向的影响

非关税壁垒还在一定程度上影响着国际贸易商品结构和地理方向的变比。第二次世界大战后，受非关税壁垒影响的产品的总趋势是：农产品贸易受影响的程度超过工业品，劳动密集型产品贸易受影响的程度超过技术密集型产品，而受影响的国家中，发展中国家要比发达国家多，程度也更严重。这些现象，都严重影响着国际贸易商品结构和地理方向的变化，使发展中国家对外贸易的发展受到重大损害。

3. 对进口国的影响

非关税壁垒对进口国来说，可以限制进口，保护本国的市场和生产，但也会引起进口国国内市场价格上涨。例如：如果进口国采取直接的进口数量限制措施，则不论国外的价格上涨或下跌，也不论国内的需求多大，都不增加进口，这就会拉大国内外的价格差异，使进口国内价格上涨，从而保护了进口国同类产品的生产，这在一定条件下可以起到保护和促进本国有关产品的生产和发展的作用。

但是，非关税壁垒的加强会使进口国消费者付出巨大的代价，他们会付出更多的金钱去购买所需的商品，国内出口商品的成本与出口价格也会由于价格的上涨而提高，削弱出口商品的竞争能力。为了增加出口，政府只有采取出口补贴等措施，这样不仅增加了国家预算支出，也加重了人民的税收负担。

4. 对出口国的影响

进口国加强非关税壁垒措施，特别是实行直接的进口数量限制，限定了进口数量，将使出口国的商品出口数量和价格受到严重影响，造成出口商品增长率或出口数量的减少和出口价格下跌。一般来说，如果出口国的出口商品的供给弹性较大，则这些商品的价格受进口国的非关税壁垒影响而引起的价格下跌就较小；反之，如果出口国的出口商品的供给弹性较小，则这些商品的价格受进口国的非关税壁垒影响而引起的价格下跌就较大。由于大部分的发展中国家的出口产品供给弹性较小，因此，世界性非关税壁垒的加强使发展中国家受到了严重的损害。

小 思 考

欧盟CR法规

2001年秋，欧盟启动CR法规的制定程序。2002年4月30日，欧盟通过CR法规草案。2006年2月，欧盟投票通过CR法规。同年5月，欧盟委员会公布决议，要求成员国实施CR法规，并禁售新奇打火机。2007年3月11日，CR法规实施。

从2006年下半年开始，温州打火机企业接到的欧盟订单骤然下降三成，温州当地有近3 000种新奇打火机品种濒临停产。这是因为CR法规在中国打火机面前设下了三道障碍：第一，高昂的检测费用，一款打火机的检测费高达2万～3万美元，而法规针对的就是出口价低于2欧元的打火机；第二，漫长的检测周期，少则一季，多则半年；第三，绕不开的专利，一只打火机体积微小，能装何种安全装置、在何处安装安全装置，都已经是被研究得烂熟的技术问题，而这些技术专利多掌握在欧美生产商手中。

据杭州海关统计，CR法案2007年正式实施当月，浙江出口欧盟的打火机比2006年同期下降82.6%，并直接导致3月份全省打火机出口总量同比下降58%，创下2006年以来最大月跌幅。

思考：

（1）欧盟对温州打火机企业采取了什么非关税壁垒？目的是什么？

（2）对两国贸易有何影响？

单元知识三　鼓励出口措施

阅读材料

巴西的鼓励出口计划

巴西是农业大国，1948 年 7 月“入关”后虽然比较重视农业，但却是典型的二元经济：地区发展不平衡，贫富差距较大，低收入者众多。近年来，特别是自 1990 年市场开放以来，巴西的农业有了长足的发展，农业产值占国内生产总值的 30%，农产品在国际市场上具有很大的竞争优势。

2002 年，巴西的农业发展目标是谷物产量要达到亿吨，农产品出口达 450 亿美元。有专家认为，巴西将是“21 世纪的世界粮仓”。巴西的农产品可自由出口，政府无限制，政府的作用是制定鼓励本国产品出口的政策和措施，同时积极开展经济外交，努力消除别国对巴西产品出口设置的贸易壁垒，为巴西产品进入国际市场创造良好的公平的竞争环境。

巴西政府制订了鼓励出口计划，为出口农产品提供信贷、贴息和出口担保；近年来还制订了农业基础设施投资发展计划，优先发展农村交通，实现交通运输现代化，降低运输费用。另外，巴西政府还计划大力发展热带水果的种植和出口，努力实现农产品出口的多样化。同时，巴西政府发展无农药污染水果的生产，积极为出口创造条件。

任务引领

各国除了利用关税和非关税措施限制进口外，还采取各种鼓励出口的措施扩大商品的出口。限制进口和鼓励扩大出口是国际贸易政策相辅相成的两个方面。无论采用自由贸易政策还是保护贸易政策的国家，都无一例外地会采用这种奖出限入的政策。在世界贸易日益趋向自由化的压力下，国家干预进口贸易的政策措施越来越受到制约，迫使贸易国的干预政策逐渐转向对出口贸易的管理。尤其是以积极地鼓励出口代替消极地限制进口更为显著。

试问：在当今国际贸易中，各国鼓励出口的做法都有哪些？

一、出口补贴

出口补贴（Export Subsides），又称出口津贴，是指政府在商品出口时给予出口厂商的现金补贴或财政上的优惠，目的在于降低出口商品的价格，加强其在国外市场上的竞争力。

WTO 补贴的种类

1. 红色补贴（禁止性补贴）

红色补贴是指成员方不得授予或维持的补贴，因为这种补贴直接扭曲进出口贸易。包括两种：出口补贴和进口替代补贴。前者是指法律上或事实上以出口实绩为条件而给予的补贴，后者是指以使用国产货物为条件而给予的补贴。

2. 黄色补贴（可申诉补贴）

黄色补贴是指在一定范围内允许实施，但如果在实施过程中对其他成员方的经济贸易利益产生了负面影响，受影响的成员方可对其补贴措施提出申诉。这种不利影响包括：1）对另一成员方的国内产业造成损害；2）使其他成员方根据 GATT 1994 直接或间接产生利益减损或者丧失，特别是根据 GATT 1994 第 2 条项下的约束性关税减让而产生的利益；3）严重歧视另一成员方的利益。

3. 绿色补贴（不可申诉补贴）

绿色补贴是指不具有专向性的补贴，或虽具有专向性的补贴，但符合《补贴与反补贴措施协议》中的一切条件的补贴。包括：1）研发补贴：对企业或高等院校、科研机构在与企业合作基础上进行研究的资助；2）贫困地区补贴：在成员方的领土范围内根据地区发展总体规划并且非专向性对落后地区提供的资助；3）环保补贴：改造现有设备，为使其适应由法律所提出的新环境要求而提供的资助。对于这类补贴，WTO 成员方不得提出申诉或采取反补贴措施。

和限制进口一样，鼓励出口的原因可能是为了挖掘被鼓励的产业潜在的更大的比较优势；可能是为了增加出口，改善国际收支；也可能是为了获得更大的市场份额，满足相关利益集团的需要。因此，从 16 世纪的重商主义者，到当今世界的许多普通民众，大家通常认为，一国能够出口就是好事。为此，许多政府不惜通过各种政策来刺激出口。而补贴是当今国际贸易中运用最广泛的干预形式之一。实施出口补贴，就使产品具有“双重价格”——国内市场的销售价格（内销价）和销往国外市场的价格（外销价），外销价低于内销价。出口补贴的方式包括直接补贴和间接补贴两种，具体内容如表 4—15 所示。

表 4—15　　出口补贴的方式

方式	内容描述
直接补贴 (Direct Subsides)	出口某种商品时，直接付给出口厂商的现金补贴。这种补贴主要来自财政拨款。其目的是弥补出口商品国内销售价格高于国际市场价格给出口商所带来的亏损，或者补偿出口商所获利润率低于国内利润率所造成的损失。有时候，补贴金额还可能大大超过实际的差价或利差，这带有出口奖励的意味，同一般的出口补贴不可同日而语。

续前表

方式	内容描述
间接补贴 (Indirect Subsides)	政府对某些商品的出口给予财政上的优惠。如退还或减免出口商品所缴纳的销售税、消费税、增值税、所得税等国内税，对进口原料或半制成品加工再出口给予暂时免税或退还已缴纳的进口税，免征出口税，对出口商品实行延期付税、降低运费、提供低息贷款、实行优惠汇率以及给开拓出口市场的企业提供补贴等。其目的仍然在于降低商品成本，提高国际竞争力。

美国农产品的直接补贴

2008 年 6 月美国参、众两院通过了《食品、环保、能源法》(简称《新农业法》)，为美国现行农业补贴政策制定了基本框架。该法案扩大了直接补贴的范围，对于符合条件并记录在案的农产品进行补贴，包括小麦、玉米、大麦、高粱、燕麦、陆地棉、大米、大豆、其他油籽和花生 10 种农产品。农民可自愿按年度注册，并根据 2002 年《农业法》具体规定的补贴率、历史记录的耕种面积和产量获得补贴。这是一种典型的与农产品的生产、价格不挂钩的补贴方式，属于绿箱政策。《新农业法》在沿用了 2002 年《农业法》规定的补贴率的基础上，增加了对花生的补贴，以加强其在国际市场上含油种子类作物的竞争力。

二、出口信贷

出口信贷（Export Credit)，是指一个国家为了鼓励商品出口，增强商品的竞争能力，通过银行对本国出口商品所提供的一种信贷资助，它是一国的出口商利用本国银行的贷款扩大商品出口，特别是金额较大、期限较长，如成套设备、船舶等出口的一种重要手段。

根据信贷时间的长短，出口信贷分为三种：1）短期信贷（Short-term Credit)，通常是指 180 天以内的信贷，有的国家规定信贷期限为 1 年，适用于原料、消费品及小型机器设备的出口；2）中期信贷（Medium-term Credit)，通常是指为期 1～5 年的信贷，用于中型机器设备的出口；3）长期信贷（Long-term Credit)，通常是指为期 5～10 年，甚至更长时期的信贷，用于重型机器、成套设备的出口等。

根据向不同的对象提供信贷，出口信贷分为卖方信贷（Supplier's Credit）和买方信贷（Buyer's Credit）两种方式，具体如表 4—16 所示。

表 4—16　　出口信贷的两种方式

方式	内容描述	做法
卖方信贷	卖方信贷是出口方银行向该国出口商提供的商业贷款。出口商（卖方）以此贷款为垫付资金，允许进口商（买方）赊购自己的产品和设备。出口商（卖方）一般将利息等资金成本费用计入出口货价中，将贷款成本转移给进口商（买方)。其具体业务流程如图 4—2 所示。	一般做法是在签订出口合同后，进口商支付 5%～10%的定金，在分批交货、验收和保证期满时再分期给付 10%～15%的货款，其余的 75%～85%的货款，则由出口商在设备制造或交货期间向出口方银行取得中、长期贷款，以便周转。在进口商按合同规定的延期付款期限付讫余款和利息时，出口商再向出口方银行偿还所借款项和应付的利息。因此，卖方信贷实际上是出口商由出口方银行取得中、长期贷款后，再向进口商提供的一种商业信用。

续前表

方式		内容描述	做法
买方信贷	给进口商的买方信贷	由出口方银行直接贷款给进口商，由进口方银行出具担保。附带条件就是贷款必须用于购买债权国的商品，因而起到促进商品出口的作用。	在采用买方信贷的条件下，当出口方银行直接贷款给外国进口商时，进口商先用本身的资金，以即期付款方式向出口商交纳买卖合同金额15%～20%的定金，其余货款以即期付款的方式将银行提供的贷款付给出口商，然后按贷款协议所规定的条件，向出口方银行还本付息。
	给进口方银行的买方信贷	出口方银行将贷款发放给进口方银行，再由进口方银行转贷给进口商。其具体业务流程如图4—3所示。	当出口方银行贷款给进口方银行时，进口方银行也以即期付款的方式代进口商支付应付的货款，并按贷款协议规定的条件向出口方银行归还贷款和利息等。至于进口商与本国银行的债务关系，则按双方商定的办法在国内结算。

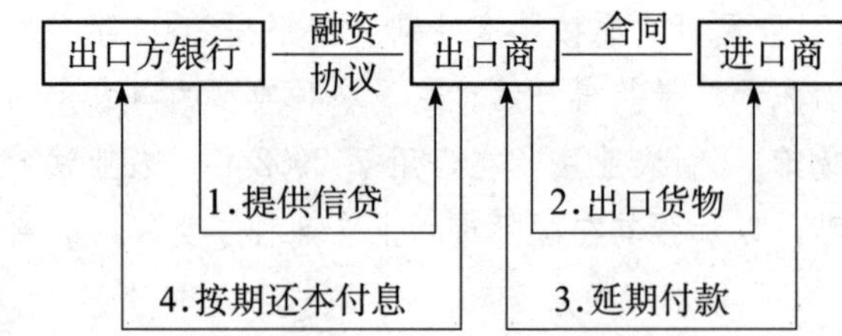

图4—2 卖方信贷业务流程图

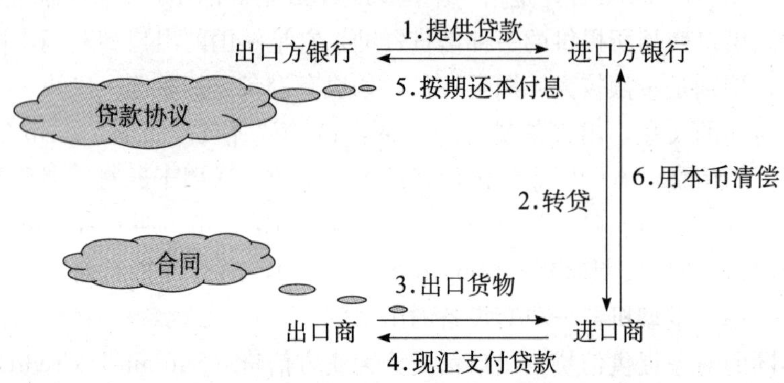

图4—3 买方信贷业务流程图——给进口方银行信贷

由于出口信贷能有力地扩大和促进进口，因此，西方国家一般都设立专门的银行来办理此项业务，如美国进出口银行、日本输出入银行、法国对外贸易银行、加拿大出口开发公司等。这些专门的银行除对成套设备、大型交通工具的出口提供出口信贷外，还向本国私人商业银行提供低利率贷款或给予贷款补贴，以资助这些商业银行的出口信贷业务。

我国也于1994年7月1日成立了中国进出口银行。这是一家政策性银行，其资金来源除国家财政拨付外，主要是中国银行的再贷款、境内发行的金融债券和境外发行的有价证券，以及向外国金融机构筹措的资金等。其任务主要是对国内机电产品及成套设备等资本品货物的进出口给予必要的政策性金融支持，从根本上改善我国出口商品的结构，以促进出口商品结构的升级换代。

三、出口信贷国家担保制

出口信贷国家担保制（Export Credit Guarantee System）是国家为了扩大出口，对于本国出口商或商业银行向国外进口商或银行提供的信贷，由国家设立的专门机构出面担保。当国外债务人拒绝付款时，这个国家机构即按照承保的数额给予补偿。例如：英国出口担保局、美国进出口银行、日本输出入银行和法国对外贸易银行等。中国进出口银行，除要办理出口信贷业务外，也办理出口信用保险和信贷担保业务。

国家担保制保险的范围不仅包括一般的商业性风险（担保合同金额的70%～80%），还包括政治因素、外汇管制等引起的不能按时付款或拒绝付款的政治风险（担保合同金额的85%～95%）。这项措施实际上是国家替代出口商承担风险，是扩大出口和争夺国外市场的一个重要手段。

电扶梯出口担保

2002年，中国信保为上海A进出口贸易公司提供了总额2 300万元的出口融资担保，从而使A公司出口伊朗德黑兰城郊地铁公司189部电扶梯贸易项目得以顺利进行。该笔业务采取滚动使用担保额度模式，利用较少的人民币额度，满足了数倍金额的外汇出口项目的资金需求，充分体现了中国信保作为政策性出口信用保险机构在支持企业扩大出口方面四两拨千斤的作用。

出口信贷国家担保制的担保对象主要有对出口商的担保和对银行的直接担保两种。短期担保为6个月左右，中长期担保为2～15年。对出口信贷进行担保往往要承担很大的风险。由于该措施旨在为扩大出口提供服务，收费并不高，有利于减轻出口商和银行的负担，因此，往往会因保险费收入总额不抵偿付总额而发生亏损。

例如：1986年，英国出口信贷担保署亏损11.99亿美元，美国进出口银行亏损3.33亿美元，日本通产省贸易管理局进出口保险课亏损8.1亿美元。严重的亏损情况使得私人保险公司不愿也无力经营，因此，对出口信贷进行担保只能由政府来经营和承担经济责任。

再如：1996年7月19日，山东省一笔出口业务金额为800万美元，采用2年分期付款的方式。这笔业务涉及4家公司：山东机械设备进出口集团公司出口水产冷冻成套设备、印度尼西亚某公司进口该设备、中国进出口银行为该项目提供出口卖方信贷以及中国人民保险公司提供出口卖方信贷保险。这是我国的银行、保险和出口企业密切配合，共同完成机电产品出口的一个典型范例，也是山东省出口企业中首例利用国家出口信贷政策顺利完成出口的项目。

四、商品倾销

商品倾销（Dumping），是指商品以明显低于正常价格的价格，甚至低于商品生产成本的价格在国外市场上大量销售的行为。在国外市场上大量抛售，是为了打击竞争对手，占领或巩固国外市场。商品倾销可分为三种，如表4—17所示。

表4—17　　商品倾销的三种方式

方式	内容描述
偶然性倾销	因为本国市场的销售旺季已过，或公司改营其他在国内市场上很难售出的积压库存，以较低的价格在国外市场上抛售。由于此类倾销持续时间短、数量小，对进口国的同类产业没有特别大的不利影响，进口国消费者反而受益，获得廉价商品，因此，进口国对这种偶发性倾销一般不会采取反倾销措施。
掠夺性倾销	以低于国内价格或低于成本价格在国外市场销售，达到打击竞争对手、形成垄断的目的。待击败所有或大部分竞争对手之后，再利用垄断力量抬高价格，以获取高额垄断利润。这种倾销违背公平竞争原则，破坏国际经贸秩序，故为各国的反倾销法所限制。
持续性倾销	无期限地、持续地以低于国内市场的价格在国外市场销售商品。

上述三种倾销中，掠夺性倾销是一种典型的损人利己的行为，它在击垮竞争对手、占领进口国市场以后，又会将价格提高到比倾销前还高的水平。因此，掠夺性倾销会损害进口国的长期利益。由于掠夺性倾销怀有不正当的目的，因此用来抵制掠夺性倾销的贸易政策（如反倾销税）被认为是正当的，且被允许用来保护本国工业以避免遭受来自国外的不公平竞争。偶然性倾销和持续性倾销是企业追求利润最大化的结果。尤其是持续性倾销，它是利用市场的不完全竞争性而作出的一个经济合理的选择（使国内市场和国外市场的边际收益相等，以达到利润的最大化）。

20世纪70年代以来，持续性倾销日益增多。这种现象的存在和维持，通常来说必须具备三个条件：第一，出口商品生产企业在本国市场上有一定的垄断力量，在很大程度上可以决定价格的形成；第二，本国市场与外国市场隔离，不存在倾销商品倒流进入出口国的可能性；第三，两国的需求价格弹性不同，出口国需求价格弹性低于进口国需求价格弹性。当这些条件成立时，企业就可能通过在国内市场索要高价，而向外国购买者收取较低的价格，使利益最大化。

然而，在贸易实践中，外部人很难确定倾销的类型，而国内的生产者又总是要求保护以避免受到任何形式的倾销。因此，在一个信息不对称的世界里，持续性倾销往往和掠夺性倾销同样地遭受反倾销政策的打击。反倾销，生产者固然可以增加自己的产量和利润（租金），但在持续性倾销和偶然性倾销的情况下，消费者从低价中得到的好处实际上可能超过了国内生产者的损失。因此，从国民总体福利的角度看，针对持续性倾销和偶然性倾销的措施可能会招致国民福利的净损失。当然，由于持续性倾销给消费者带来的好处是分散的，且不易被消费者觉察，而反倾销给生产者带来的利润是集中的，且生产者对政府的决策有着比消费者强得多的影响力，因此政府常常是不加区分地对各种形式的倾销采取反倾销措施。

五、外汇倾销

外汇倾销（Exchange Dumping），是指出口企业利用本国货币对外贬值的机会，来扩大出口、限制进口的措施。当一国货币贬值后，出口商品以外国货币表示的价格降低，从而提高了竞争力，有利于扩大出口。一个国家的货币贬值后，进口商品的价格就会上涨，从而又起到限制进口的作用。外汇倾销是向外倾销商品和争夺国外市场的一种特殊手段。

以美元对日元的汇率变化为例，从1985年2月26日至1995年10月10日，美元与日元的比价从原来的1美元兑264日元，跌至1美元兑100.43日元，1995年4—5月还跌破1美元兑80日元，美元贬值62%。这意味着，一件100美元的美国商品1985年在日本的售价为26 400日元，而1995年仅为10 043日元；一件26 400日元的日本商品1985年在美国的售价为100美元，1995年则为263美元。

由此可见，一国的货币（如美元）的贬值即汇率下降后，出口商品用外国货币（如日元）表示的价格降低，这就提高了该国（如美国）商品的价格竞争力，从而有利于扩大出口。而同时，进入该国的外国商品（如日本货）以该国货币（如美元）表示的商品价格就会上涨，削弱了该外国商品的价格竞争力，从而又会限制进口。实行外汇倾销可起到扩大出口和限制进口的双重作用。

但是，外汇倾销要达到扩大出口的目的，必须具备两个条件：一是货币贬值的程度要大于国内物价上涨的程度；二是其他国家不同时期实行同等程度的货币贬值或采取其他报复性措施，如亚洲金融危机时期各国货币纷纷贬值，以抵消影响。

单元知识四　出口管制措施

阅读材料

钢材的出口限制

2003年4季度以来国际钢材的价格就像“火箭升空”，国际、国内的钢材价格轮番上涨。世界各国经济复苏所导致的钢材需求量强劲增长和对钢铁资源的争夺是造成国际钢材市场走势强劲的主要原因之一。自2001年以来，美国国内废钢铁的价格一直上升。2001年年初为77美元/吨，2013年年底达到160美元/吨。

美国是世界第一大废钢出口国，中国则是最大的进口国。2003年，中国共进口废钢929.2万吨。中国从美国进口废钢的量约占中国全球进口总量的28.9%。宝钢2003年进口废钢量约100万吨，是中国进口废钢最多的企业。“9・11”事件后，倒塌的世界贸易中心双子大厦产生了大量废钢，总量高达40万吨，宝钢集团经过竞标拍卖以每吨低于120美元的低价购买了5万吨废钢，用货轮运抵上海回炉炼钢。

中国对钢铁的大量需求导致世界范围内废钢的短缺。世界上最主要的废钢出口国之一俄罗斯已出台规定，在中俄、蒙俄和俄远东沿海的边境口岸对废旧钢铁出口实行限制，由几个主要口岸有限量地出口。从2003年底起，菲律宾、乌克兰、罗马尼亚、越南等国，也宣布禁止出口废钢。台湾地区决定对钢材原料的出口采取管控措施。从2004年3月22日开始，冷轧钢板、废钢、盘元、钢管和钢筋5大类钢材，共计50多种产品的出口恢复签审制度。对钢料流向不明、出口异常的厂商将暂停其出口。

任务引领

一般而言，世界各国都会努力扩大商品出口，积极参与国际贸易活动。然而，在特殊的情况下，各国出于政治、经济或军事方面的原因，往往对某些商品，特别是战略物资、高新技术产品等重要商品的出口实行管制，限制进口、禁止出口或鼓励进口。

试问：出口管制的形式和程序是怎样的呢？

出口管制，是指国家通过法令和行政措施，对本国的出口贸易实行管理和控制。一般来说，世界各国都会实行鼓励出口的政策，但是，由于某种政治、经济和军事的目的，各国也都可能对某些商品实行出口管制。一国实施出口管制时，往往实行歧视性的国别政策，对不同的国家实行不同程度的管制。出口管制的手段包括出口配额、出口许可、出口征税、出口禁运（禁止向被制裁国出口商品）。

一、出口管制的对象

实行出口管制的商品主要有以下几个大类：

(1) 战略物资和先进技术资料，如军事设备、武器、军舰、飞机、先进的电子计算机和通信设备、先进的机器设备及其技术资料等。对这类商品实行出口管制，主要是从“国家安全”和“军事防务”的需要出发的，以及从保持科技领先地位和经济优势的需要考虑的。

(2) 国内生产和生活紧缺的物资。其目的是保证国内生产和生活的需要，抑制国内该商品价格的上涨，稳定国内市场。例如：西方各国往往对石油、煤炭等能源商品实行出口管制。再如：2010年俄罗斯遭遇严重干旱和火灾后，谷物减产严重，导致谷物价格高涨。在这一背景下，普京颁布谷物出口禁令，有效期至2010年12月31日。之后，俄罗斯政府决定把这一出口禁令延长至2011年7月1日。

(3) 需要“自动”限制出口的商品。这是为了缓和与进口国的贸易摩擦，在进口国的要求下或迫于对方的压力，不得不对某些具有很强国际竞争力的商品实行出口管制。

(4) 历史文物和艺术珍品。这是出于保护本国文化艺术遗产和弘扬民族精神的需要而采取的出口管制措施。

(5) 本国在国际市场上占主导地位的重要商品和出口额大的商品。对于一些出口商品品种单一、出口市场集中，且该商品的市场价格容易出现波动的发展中国家来讲，对这类商品进行出口管制，目的是稳定国际市场价格，保证正常的经济收入。例如：石油输出国组织（OPEC）对成员国的石油产量和出口量进行控制，以稳定石油价格。

中美高科技产品第一案

作为中国最大的贸易伙伴和重要的潜在对手，美国不仅长期实行对华出口管制，还在2007年将中国单列，专门增加了包括纤维材料、数字机床、部分集成电路设备在内的47个出口管制项目。严格的管制迫使很多中国用户放弃进口美国产品，转从他国进口。数据显示，由于对华高技术出口的严格控制，中国高技术产品自美进口的比重从2001年的18.3%下降到2011年的6.3%。

尽管时任美国商务部部长骆家辉呼吁适当放宽对华高科技出口管制，但仍未见美方有具体动作。与之相反，2010年5月，由深圳驰创公司进口美国电子元件引发的“中美高科技产品第一案”在波士顿开审，导致中美之间的电子元件交易更加复杂困难。

驰创公司1996年由美国哈佛大学硕士吴振洲创办成立，是中国最大的电子元器件独立分销商之一。公司总部位于深圳，在美国以及香港、上海、绵阳等地设有分公司，在北京、西安、成都、深圳等地的电子市场设有办事处。

2008年12月5日，驰创公司三位中国公民吴振洲、魏玉凤、李波在美国被FBI逮捕，被控涉嫌违反美国高科技出口管制法规。

驰创案自2008年12月发生，历时500多天，美国政府动用了联邦调查局反武器扩散调查组（CPI）、国土安全部移民与海关执法局（ICE）、商务部工业与安全局（BIS）等多个部门的庞大资源对驰创公司展开地毯式调查，全案检控证据资料多达18万页，涉案电脑数据达1.5个亿兆字节，陈列给法庭的证据达600多份，证人名单多达99个，驰创公司受到的指控多达32项，案件规模和复杂性为美国联邦法庭多年罕见。

思考：

（1）美国对华高科技产品出口进行管制的原因是什么？

（2）为什么电子元器件产品更容易受到美国出口管制部门的关注？

二、出口管制的形式

出口管制主要有两种形式，如表4—18所示。

表4—18　出口管制的形式

形式	内容描述
单边出口管制	是指一国根据本国的出口管制法律，设立专门的执行机构，对本国某些商品的出口进行审批和发放许可证。美国长期以来就推行这种出口管制战略。
多边出口管制	是指几个国家的政府，通过一定的方式建立国际性的多边出口管制机构，商讨和编制多边出口管制的清单，规定出口管制的办法，以协调彼此的出口管制政策与措施，达到共同的政治与经济目的。

需要说明的是，单边出口管制完全由一国自主决定，不对他国承担义务与责任，如可

以采用出口商品的国家专营、征收高额的出口关税、实行出口配额等，但是出口管制最常见和最有效的手段是运用出口许可证制度。

进出口许可证制度是世界各国管理对外贸易所普遍采用的一种重要的行政手段，包括相关许可证的申请、审查、颁发、使用、效力、撤销和废止等各方面的法律制度，具有严格、简便易行、效果显著等特点。它在维护正常的贸易经营秩序、收集有关的贸易统计资料、保护国内资源和市场、维护国家经济利益和经济安全等方面发挥着重要作用。

2013年我国实行出口许可证管理的货物分为三大类，分别实行出口配额许可证、出口配额招标和出口许可证管理。

（1）实行出口配额许可证管理的货物是：玉米、大米、小麦、玉米粉、大米粉、小麦粉、棉花、锯材、活牛（对港澳）、活猪（对港澳）、活鸡（对港澳）、煤炭、焦炭、原油、成品油、稀土、锑及锑制品、钨及钨制品、锌矿砂、锡及锡制品、白银、铟及铟制品、钼、磷矿石。

（2）实行出口配额招标管理的货物是：蔺草及蔺草制品、碳化硅、滑石块（粉）、镁砂、矾土、甘草及甘草制品。

（3）实行出口许可证管理的货物是：活牛（对港澳以外市场）、活猪（对港澳以外市场）、活鸡（对港澳以外市场）、冰鲜牛肉、冻牛肉、冰鲜猪肉、冻猪肉、冰鲜鸡肉、冻鸡肉、消耗臭氧层物质、石蜡、锌及锌基合金、部分金属及制品、铂金（以加工贸易方式出口）、汽车（包括成套散件）及其底盘、摩托车（含全地形车）及其发动机和车架、天然砂（含标准砂）、钼制品、柠檬酸、维生素C、青霉素工业盐、硫酸二钠。

这些货物在出口之前必须先申领出口许可证，才能办理报关事宜。

最早实行出口管制并形成体系的是美国。第二次世界大战期间，美国为保证国内需求，特别是军事工业的需求，并防止某些国内短缺物资流入敌国手中，率先对这些物资实行出口管制。当前，各国为履行国际义务，执行本国的出口管制政策，往往制定专门的法律，按一定程序，确立何种商品或技术在什么情况下将被禁止或允许出口。

1949年11月成立的输出管制统筹委员会即巴黎统筹委员会，又称“巴统”组织，是一个典型的国际性的多边出口管制机构。巴黎统筹委员会是西方国家对社会主义国家实行经济技术封锁禁运的机构。该组织对其成员国同社会主义国家进行贸易具有绝对决定权，它可以规定什么货物对社会主义国家禁运。得不到它的同意，便不能签发输往社会主义国家货物的许可证。该组织表面上不对任何政府负责，实际上受美国的影响和支配。美国《巴特尔法》规定，成员国如果违反“巴统”禁令，便要受到制裁，美国将对其停止经济援助和军事援助。

“巴统”的组织机构包括：1）咨询小组，是“巴统”的决策机构，由各会员国派高级官员参加；2）调整委员会，1950年成立，是对苏联及东欧国家实行禁运的执行机构；3）中国委员会，1952年成立，是对中国实行禁运的执行机构。“巴统”是“冷战”的产物，随着苏联的解体和“冷战”的结束，“巴统”逐渐放宽了对社会主义国家的出口管制，其作用日渐减小，至1994年4月1日，“巴统”正式宣告解散。

东芝案

1981 年 4 月 24 日，日本东芝机械公司与苏联签订合同，将向苏联出口联动 9 轴数控机床。这属于“巴统”规定的禁运货物。“巴统”规定，只能向社会主义国家出口 2 轴数控机床。因为轴数越多，性能越高，越能加工高精度、形状复杂的零件。同年 8 月，东芝机械公司通过不法手段取得出口证书，开始向苏联出口这种机床。1985 年 12 月，原日本和光贸易公司职员熊谷独向“巴统”总部写信告发了此事。1987 年 3 月，日本调查此事。4 月，东芝公司被控告，两名人员被逮捕，一部分人的住宅被搜查。5 月 13 日，日本通产省对东芝公司作出停止向社会主义国家出口一年的处罚。东芝机械公司经理及东芝公司两名最高负责人被迫辞职。美国仍不满足，同年 6 月 30 日，参议院又通过一项决议，从经济上制裁东芝公司，决定在 2～5 年内，美国禁止向东芝公司出口任何产品。日本禁止东芝公司向社会主义国家出口一年的处罚，其中包括东芝公司同中国签署的价值 24 亿日元的合同。

思考：

（1）东芝公司出口产品遭遇美国制裁的原因何在？

（2）多边出口管制有什么作用？

出口管制不仅是国家管理对外贸易的一种经济手段，也是对外实行差别待遇和歧视政策的政治工具。20 世纪 70 年代以来，各国的出口管制有所放松，特别是出口管制的政治倾向有所减弱，就连最早实施出口管制的美国也开始放松出口管制。近年来，美国陈旧的出口管制规定在国内外饱受质疑，美国高技术企业抱怨，从“冷战”时期开始的出口管制令它们蒙受了巨额损失。据美国金融研究机构米尔肯研究所 2010 年发布的一份报告，更大规模放松出口管制会使美国到 2019 年每年出口额增加近 570 亿美元，为此近年来美国的出口管制开始放松。但这并不意味着出口管制就会被取消，它作为一种重要的经济手段和政治工具仍将长期存在，特别是对华出口管制。2011 年 7 月，美国商务部发布了美国出口管制新政策《战略贸易许可例外规定》，仍将中国排除在 44 个可享受贸易便利措施的国家和地区之外。

三、出口管制的程序

一般而言，西方国家出口管制的程序是：有关机构根据出口管制的有关法案，制定出口管制货单和输往国别分组管制表；对于被列入出口管制的商品，必须办理出口申报手续，获取出口许可证后方可出口。以美国为例，美国商务部贸易管理局是办理出口管制工作的具体机构，它负责制定出口管制货单和输往国别分组管制表。在输往国别分组管制表中将商品输往国家或地区分成 Z、S、Y、W、Q、T、V 七个组，实行从严到宽不同程度的管制。

美国的出口管制介绍

美国出口管制主要服务于三大目标：第一，维护国家安全，主要管制战略物资和技术资料的出口，防止这些资源流向与美国敌对的国家；第二，通过出口管制加强和推进美国的对外政策，履行美国承诺的国际义务，重点是打击国际犯罪和恐怖活动、控制核生化导弹技术的扩散、促进人权保护以及保持地区稳定等；第三，控制短缺商品的出口，即为了避免国内经济由于过度国际需求而出现通货膨胀、原料匮乏等现象而对某些原材料产品采取管制措施。

在此基础上，美国按照与自身利益相关的程度，将技术出口对象国分成七个类别，由严格到宽松依次是：

Z组，出于外交政策原因实行全面禁运的国家；

S组，出于国家安全、反恐怖、不扩散和地区稳定的需要，除药品、医疗用品、食品和农产品外全面管制的国家；

Y组，允许非战略物资出口，但出于国家安全需要，禁止任何涉及军事用途、有助于提高军事能力、有损于美国安全的商品和技术出口；

W组，基本原则同上，但管制范围更宽松；

Q组，基本规定同上，限制更少一些；

T组，总原则和政策同下述的V组，但对刑侦、军用设备实施限制；

V组，基本不存在管制的国家，但组内各国仍有待遇差别。

这种组别的区分不是一成不变的，依据现实需要，名单随时都会发生变化。20世纪五六十年代，美国的出口管制政策以禁运战略物资为主；从70年代开始，美国的出口管制政策转向以限制高新技术转让为主。

从上述材料可以看出，一国的出口管制主要服务于其国家利益，具有强烈的政治属性。

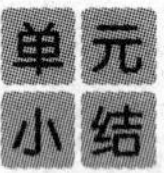

本单元主要介绍了关税的含义和特点、关税的作用以及海关税则的含义，尤其从不同的角度对关税进行了分类；重点介绍了非关税国际贸易措施包括关税和非关税措施。关税是指进出口商品经过一国关境时，由海关代表国家向进出口商征收的一种赋税。关税具有维护国家政治和经济利益、保护本国产业、调节国民经济和产业结构、增加本国财政收入等积极作用，也具有使该产业养成“惰性”，不努力改进技术以提高生产效率与产品质量的消极作用。一国在制定关税政策时要尽量发挥关税的积极作用，规避或减少其消极作用。关税按照征收的对象可分为进口税、出口税和过境税；按照差别待遇和特定的实施情况可分为进口附加税、差价税、特惠税和普惠制；按照征税的一般方法可分为从量税、从价税、混合税和选择税。海关税则又称关税税则。各国税则按税率的种类可分为单式税则和复式税则两种。单式税则又称一栏税则，一个税目，只有一个税率。各国税则按制定税则的权限，可分为自主税则和协定税则。自主税则又称国定税则，是指一国的立法机构根据关税自主原则单独制定；协定税则是指一国与其他国家或地区通过贸易与关税谈判，以贸易条约或协定的方式确定的关税税则。

非关税措施是指除关税以外的各种限制进口的措施，其目的就是试图在一定程度上限制进口，以保护国内市场和国内产业的发展。与关税相比，非关税措施比关税具有更大的灵活性和针对性，非关税措施的保护作用比关税的保护作用更为强烈和直接，非关税措施比关税更具有隐蔽性和歧视性。非关税措施种类繁多，包括进口配额制、“自动”出口限制、进口许可证制、外汇管制、歧视性政府采购政策、进口押金制、最低限价和禁止进口、进出口的国家垄断、专断的海关估价、技术性贸易壁垒等。非关税措施名目繁多，涉及面广，它对国际贸易和有关的进出口国家的影响较难估计。

除了利用关税和非关税措施限制进口外，各国还采取各种鼓励出口的措施扩大商品的出口。限制进口和鼓励扩大出口是国际贸易政策相辅相成的两个方面。无论采用自由贸易政策还是保护贸易政策的国家，都无一例外地采用这种奖出限入的政策。在当今国际贸易中，各国鼓励出口的做法很多，涉及经济、政治、法律等方面，如出口补贴、出口信贷、出口信贷国家担保制、商品倾销、外汇倾销等。

各国一般都鼓励出口，但不是什么商品国家都鼓励出口，有些商品需要管制。出口管制是指国家通过法令和行政措施对本国的出口贸易实行管理和控制。出口管制的对象包括战略物资和先进技术资料、国内生产和生活紧缺的物资、需要“自动”限制出口的商品、历史文物和艺术珍品、本国在国际市场上占主导地位的重要商品和出口额大的商品。

出口管制主要有以下两种形式：单边出口管制和多边出口管制。一国控制出口的方式有很多种，如可以采用出口商品的国家专营、征收高额的出口关税、实行出口配额等，但是出口管制最常见和最有效的手段是运用出口许可证制度。20 世纪 70 年代以来，各国的出口管制有所放松，但并不意味着出口管制就会被取消，它作为一种重要的经济手段和政治工具仍将长期存在。

思考练习

一、单项选择题

1. 我国征收关税的机关是（　　）。

A. 国家税务总局　　B. 财政部　　C. 海关　　D. 地方税务局

2. 按照征收对象或商品流向，关税可以分为(　　)。

A. 财政关税和保护关税

B. 进口税、出口税和过境税

C. 进口附加税、差价税、特惠税和普遍优惠税

D. 反补贴税和反倾销税

3. 关税的税收主体是(　　)。

A. 海关　　B. 本国的出口商

C. 本国出口商和外国进口商　　D. 外国的进口商

4. 最惠国税率与普通税率相比，其税率（　　）。

A. 较高　　B. 较低　　C. 相等　　D. 无法判定

5. 最惠国待遇条款的基本要求是(　　)。

A. 外国企业享有最优惠的特权待遇

B. 所有外国人或企业地位平等

C. 缔约一方仅给缔约另一方此待遇，其他缔约方无权享受

D. 外国公民与本国公民享受同等待遇

6. 进口附加税通常是一种(　　)措施。

A. 特定的临时性措施　　B. 普遍采用的措施

C. 经常性措施　　D. 被禁止的措施

7. 一个国家对进口商品，除了征收正常进口税外，还往往根据某种目的加征额外的进口税。这种加征的额外关税称为进口附加税，其中包括（　　）。

A. 差价税　　B. 反倾销税　　C. 特惠税　　D. 选择税

8.《洛美协定》是欧盟向参加协定的发展中国家单方面提供（　　）。

A. 差价税　　B. 特惠税　　C. 普惠税　　D. 反倾销税

9. 普惠税是(　　)。

A. 发达国家给予发展中国家的优惠进口关税

B. 发展中国家给予发达国家的优惠进口关税

C. 世界贸易组织成员国之间相互给予的优惠进口关税

D. 自由贸易区成员之间相互给予的优惠进口关税

10. 与从价税相比，从量税（　　）。

A. 在商品价格上涨时保护作用更强　　B. 在商品价格下降时保护作用更强

C. 能够体现公平税负原则　　D. 目前被大多数国家采用

11. 某国对某种商品进口的数量或金额规定最高限额，达到限额后便不再允许进口，这种措施称为(　　)。

A. 自动出口配额　　B. 进口许可证制

C. 关税配额　　D. 绝对配额

12. 下列不属于非关税壁垒的是（　　）。

A. 技术性贸易壁垒　　B. 绿色贸易壁垒

C. 社会壁垒（SA8000）　　D. 提高关税措施

13. 下列不属于技术性贸易壁垒特点的是（　　）。

A. 互惠性　　B. 针对性　　C. 隐蔽性　　D. 间接性

14. 直接对进口起限制作用的非关税壁垒措施是(　　)。

A. 进口许可证制　　B. 烦琐的技术标准

C. 进口配额制　　D. 自动出口限制

15. 20 世纪 70 年代中期后的新贸易保护主义政策阶段，西方国家的限制进口措施发生了很大的变化，重点在于(　　)。

A. 关税壁垒和非关税壁垒措施都日益加强

B. 从关税壁垒转向非关税壁垒

C. 关税壁垒措施加强，而非关税壁垒措施削弱

D. 进一步提高关税

16. 出口补贴作为一种鼓励出口的措施就是在出口某种商品时给予出口厂商（　　）优惠待遇。

A. 在现金补贴或财政上的　　B. 仅在现金补贴上的

C. 仅在财政上　　D. 仅在退还进口税上的

17. 出口补贴是为了达到（　　）的目的。

A. 促进某些商品的出口　　B. 鼓励某些商品的进口

C. 提高产品质量，增加产品数量　　D. 增加产品品种

18. 直接的出口补贴是指政府对出口商品（　　）。

A. 给予国内运费优惠　　B. 退还间接税

C. 退还直接税　　D. 给予现金补贴

19. 政府退还或减免出口商品的直接税属于(　　)。

A. 直接补贴　　B. 间接补贴

C. 倾销　　D. 外汇管制

20. 以下补贴中，可申诉的是(　　)。

A. 扶持落后地区的经济补贴

B. 为适应新的环境保护要求而提供的补贴

C. 扶持企业的科研活动所提供的补贴

D. 为给予收入支持而提供的特殊补贴

21. 出口信贷国家担保制的担保项目包括(　　)。

A. 政治风险　　B. 经济风险

C. 两者都包括　　D. 两者皆不正确

22. 各国征收反倾销税的目的在于(　　)。

A. 抵制外国商品在本国市场倾销，保护本国工业和市场

B. 防止本国商品不顾成本到国外市场倾销

C. 保护本国出口商的利益

D. 有时是为了抵制外国商品在本国市场低价销售，有时是为了防止本国商品不顾成本到国外市场竞销，视不同时期、不同商品的具体情况而定

23. 下列哪种情况下可以实行外汇倾销？（　）

A. 本币贬值30%，外币贬值30%

B. 本币贬值30%，国内物价上涨40%

C. 本币贬值30%，国内物价上涨20%

D. 本币贬值30%，国内物价上涨30%

二、简答题

1. 关税的特点有哪些？有哪些种类？
2. 请简述非关税措施的特点。
3. 请列举鼓励出口的措施。
4. 出口管制的原因和形式是怎样的？

三、论述题

1. 论述技术贸易壁垒流行的原因及发展趋势。
2. 论述我国商品容易遭受国外反倾销的原因。

美国家具的非关税壁垒

过去20年间，中国家具产值增长了130倍，全年生产总值为7 000多亿元，家具出口额增长了294倍，达到329.9亿美元，成为名副其实的家具大国，“中国制造”的家具遍布世界230多个国家和地区。其中，美国是中国家具最大的出口市场，据海关统计，2010年中国出口美国的家具总值为110.1美元，占中国家具出口总值的33.4%。

为了维护本国企业的利益，近年来，美国在倡导市场的自由化的同时，不断推出非常严格的技术法规、标准评定等技术贸易措施。自2009年1月1日加利福尼亚州空气管理署要求降低复合木制品甲醛释放量起，硝烟不断，并有愈演愈烈之势，对中国家具出口产生了很大的影响。

2010年4月1日起，《雷斯法案》修正案覆盖范围扩大至所有木制家具产品，要求进口商在每次进口木制家具产品时都要提供原料来源和树种的基本申报，所有木制家具产品在进入美国时必须出具合法的木材原产地证明，若产品原料来源被界定为非法，美国将有权对产品进行罚没。

2010年6月美国参议院通过了《复合木制品甲醛标准法案》，首次确定了复合板中甲醛含量的全国性标准，成为全世界最严格的产品标准之一。2011年7月7日，美国总统奥巴马正式签署了该法案，定于2011年1月3日在美国全境实施。该法案大幅提高了在全美销售和批发的刨花板、中纤板、硬木胶合板等木制品的甲醛释放限量的要求。资料显

示，新的木制品甲醛释放量限令，使中国家具出口企业的生产成本提高了10%。此外，由于加强甲醛释放量的检测，延长了在进口国口岸的通关时间，并且因限量标准的提高极可能导致产品被国外通报甚至被退运和召回。

讨论：

(1) 美国在家具出口方面采取非关税壁垒措施的动因是什么？

(2) 中国政府和家具企业应采取怎样的应对措施？

电解铝的出口管制

长期以来，我国一直是电解铝的净进口国，从1999年开始，我国电解铝产量迅速增长，从当年的261万吨迅速上升至2001年的341万吨，增长速度也从1999年的8%提高到2001年的19.3%。产量的快速增加，导致从2000年开始，国内铝市场从供应缺口变为供应过剩。2001年，我国首度从铝净进口国变成净出口国，当年进口量22万吨，出口量达29万吨，净出口7万吨。自2002年开始，我国电解铝产量明显大于需求量，成为世界第一大产铝国。在国家出口退税优惠政策和国内供应过剩的双重作用下，我国铝出口快速增长，到2003年，出口量达125万吨。到2004年，我国铝出口168万吨，净出口65万吨。由于我国近几年能源短缺严重，并且这一问题短期内难以解决。如果对电解铝的盲目扩张听之任之，将有一批在建项目建成投产，一批拟建项目开工建设，电解铝产能将很快达到或超过1 500万吨，届时我国氧化铝需求将达到全球的一半左右；电解铝行业年耗电量增加到2 250亿千瓦时，占全国总发电量的10%；电解铝行业年折耗煤1.2亿吨，占原煤总产量的7%。因此，作为高能耗产品的电解铝的大量出口，加剧了我国电力供应的紧张状况。同时，电解铝的大量出口，把生产的污染留在了国内。因此，我国政府从2003年开始，就采取了抑制电解铝出口的策略，逐步取消了铝锭出口退税的优惠政策，并从2005年1月1日，开始征收5%的铝出口税。

讨论：

(1) 我国2003年以前对电解铝采取的是什么政策？有何作用？

(2) 我国2005年起为何对电解铝的出口征收5%的出口税？

(3) 我国对电解铝的出口管制属于什么管制形式？

(4) 我国对电解铝出口征收出口税这一举措对我国的生产、环境、经济有何影响？

第五单元

国际贸易条约、协定与组织

学习目标

【知识目标】

- 了解贸易条约与协定的基本含义及适用的主要法律待遇条款
- 了解关贸总协定的发展背景、多边谈判历程及其特点
- 了解加入世界贸易组织对中国经济的影响

【能力目标】

- 能运用所学知识分析从关贸总协定到世界贸易组织建立的过程
- 能运用所学知识了解并掌握世界贸易组织的职能、基本原则和运作机制
- 能正确分析世界贸易组织与中国之间的贸易发展关系

重点难点

【重点】

- 贸易条约与协定的含义
- 关贸总协定的谈判历程
- 世界贸易组织概况

【难点】

- 最惠国待遇与国民待遇的区别
- 乌拉圭回合谈判的成果
- 中国“入世”面临的焦点问题

案例导入

外界误读“15 年保护期”

中国加入世界贸易组织已将近 15 个年头，近来外界普遍传言，加入世贸“15 年保护期”结束后，外资和进口商品将敞开进入中国，国内企业会受到严重打击。

事实却并非如此。“目前外界误读了中国加入世贸‘15 年保护期’问题。‘15 年保护期’确实存在，但那是保护西方企业的期限，而不是保护中国企业。”中国加入世界贸易组织首席谈判代表、博鳌亚洲论坛原秘书长龙永图指出。据了解，所谓保护期是维护西方国家企业利益的保护伞。龙永图说，当年以美国、欧洲为代表的西方国家，特别害怕中国企业利用世贸组织条款，滥用世贸组织补贴和倾销，冲击西方国家企业，所以他们特别希望有保护年限。“如果说是保护期，那不是保护中国企业，而是保护西方企业。”

之所以对“保护期”存在误读，除认知错误外，还透露出某种对中国经济和企业过度低估的心理。在“入世”之前就曾遍地传来“狼来了”的警告声。事实上，置身国际竞争场上的中国企业远比最初想象的更具韧性和活力，往往开放程度越大的部门和行业，中国企业的国际化发展和成长就越出色。

“随着中国成为全球最重要的对外投资国之一，随着‘一带一路’构想的全面推进，中国不再需要什么保护期，而是需要更加广阔、更加开放的全球竞争舞台。”WTO 专家屠新泉说。

【思考】中国“入世”给中国和全世界的经济发展带来了怎样的巨大动力？世界贸易组织是一个怎样的组织？

单元知识一 贸易条约与协定概述

阅读材料

WTO稀土争端尘埃落定

2011年8月29日，被炒得沸沸扬扬的WTO稀土争端尘埃落定。7月5日，WTO专家组就欧盟、美国、墨西哥起诉中国限制出口基础原材料一案作出裁决。截至目前，官方没有争端方上诉的报道。严格地说，此案尚不是稀土之诉（涉及的产品不全是稀土），是欧美方试图运用WTO规则迫使中国放开稀土出口的“前奏”。真正的稀土之诉如果上演，会更激烈。

欧美方起诉称，中国在规制铝矾土、焦炭、氟石、锰、镁、碳化硅、金属硅、黄磷、锌的出口方面，违反WTO规则和《中国入世议定书》的承诺，采取40种措施限制出口，包括征收出口税、分配出口配额、实施出口许可证制度、要求最低出口价格，以及其他没有公布的措施。阿根廷、巴西、加拿大、智利、哥伦比亚、厄瓜多尔、印度、日本、韩国、挪威、土耳其和沙特阿拉伯等以第三方身份参诉。

裁决之后，国内普遍舆论认为中国输了，有人抱怨裁决不公。但客观地说，这个裁决并没有触及中国出口限制措施的根本，只是中国和欧美方在WTO舞台上一个有趣的表演，不乏精彩的对决。

任务引领

上述材料直观地告诉我们中国加入WTO后，所有的经济动作规范必须符合中国入世的承诺书。第一回合，中国利用管辖权异议先发制人；第二回合，《中国入世议定书》捆住了中国对决的手脚；第三回合，误用举证责任。就此案诉讼本身而言，中国输了，或者因为《中国入世议定书》的承诺过于严格，或者因为举证技巧存在问题，但就限制基础原材料出口而言，政策不会变，也不能变，欧美方并没有达到诉讼的目的。投石问路之后，欧美方会不会剑指中国稀土出口，再行起诉，大家拭目以待。但通过这次诉讼，中国也有了前车之鉴，如果欧美方再次针对稀土出口起诉，中国肯定会更有效地抗辩，谁赢谁输尚难定论。

试问：各国在遭遇相关贸易壁垒时，有什么样的统一机构来解决争端？它是怎样一步一步发展并不断完善的？大家比较熟悉的关贸总协定和世界贸易组织有着怎样千丝万缕的联系和区别？

任何国家要想发展，就不可能闭关自守，必须重视同外界的联系。贸易条约与协定就是国与国之间经济贸易关系紧密联系的纽带。关贸总协定对促进国际贸易自由化、取消歧视待遇、加强世界经济发展曾起到重要作用，但随着世界经济贸易关系的不断发展变化，建立国际贸易组织的问题引起了普遍的关注。终于在 1995 年建立了一个崭新的世界贸易组织，它更大地促进了世界贸易的增长，对经济全球化起到了不可估量的作用。与此同时，区域经济一体化也迅速发展，它是国际经济贸易发展不平衡的原因，同时又是它的结果，也是生产要素全球自由流动的一种过渡。

贸易条约与协定的发展由来已久。随着国际贸易的发展，贸易条约与协定不仅在数量上大为增加，在内容上也越来越复杂，并且已成为各国加强同外界联系、扩大经济贸易的重要途径。

一、贸易条约与协定的概念

贸易条约与协定（Commercial Treaties and Agreements），是指两个或两个以上的主权国家为确定彼此间在经济、贸易关系方面的权利和义务而缔结的各种书面协议。

贸易条约与协定按照参加缔约国家的多少，可分为双边贸易条约与协定和多边贸易条约与协定。前者是两个主权国家之间所缔结的贸易条约与协定，后者是两个以上主权国家共同缔结的贸易条约与协定。

在国际经济关系中，由于各国的社会经济制度和政治经济实力对比关系的不同，它们之间所缔结的贸易条约与协定的内容和作用也有所不同。贸易条约与协定的条款，通常是在所谓“自由贸易、平等竞争”的前提下签订的，但事实上，缔约国在经济上的利益，往往是靠缔约国的政治、经济实力来保证的。因此，各缔约国之间从贸易条约与协定中得到的好处是不一样的。

广义的贸易条约与协定，是国家间（包括民间团体）在贸易关系方面缔结的各种书面协议的总称，如通商航海条约、贸易协定、换货协定、支付协定、贸易议定书、换文和各种公约、规则，其内容、名称虽不同，但都有法律效力。

狭义的贸易条约与协定，仅指以条约、公约及协定、协议名称缔结的关于贸易关系方面的书面协议，主要是大型的或综合性的贸易协议，并以国家或政府首脑的名义由国家或政府首脑特派全权代表签订，按缔约国法律程序完成批准手续后才能生效。

小 知 识

贸易条约与协定的性质

贸易条约与协定是国际条约与协定的一种，相比较而言更具有特殊性。从其内容上看，贸易条约与协定主要是确定缔约国之间的经济与贸易关系。从国际法角度看，贸易条约与协定往往包含和遵守某些国际法通用的条款，如最惠国待遇条款和国民待遇条款。从国际惯例上看，贸易条约与协定，既可在建立正式外交关系的国家之间签订，也可在没有建立正式外交关系的国家之间签订；既可在不同国家政府之间签订，也可在不同国家的政府和民间团体之间签订。

二、贸易条约与协定的结构

贸易条约与协定一般由序言、正文和结尾三个部分组成。

（一）序言

序言有一定的格式，通常载明条约与协定当事国的国名、特派全权代表的姓名和缔结条约与协定的目的与遵循的原则。

（二）正文

正文是贸易条约与协定的主要组成部分，它是有关缔约各方权利、义务的具体规定，是实质性条款的部分。不同种类的贸易条约与协定，其正文所包括的条约和内容有所不同，如通商航海条约、贸易协定等的主要内容通常在有关条约的正文中予以规定。

（三）结尾

结尾包括条约与协定的生效期、有效期、延长或废止的程序、份数、条约与协定使用的文字等内容，还有签订条约与协定的地点和各方代表的签名。其中，缔结条约与协定的地点对于需经批准的条约与协定有特别的意义。以双边条约与协定为例，如果条约与协定是在一方首都签订的，按照惯例，批准书就应在对方国家的首都交换。贸易条约与协定所使用的文字就双边贸易条约与协定而言，一般用缔约国双方的文字写成，并且规定两种文字具有同等的效力。如果是多边贸易条约与协定，应使用国际通用的文字，如英语、法语等。

三、贸易条约与协定的种类

（一）贸易条约

贸易条约（Commercial Treaty），是指全面规定缔约国之间经济和贸易关系的条约，包括通商条约、友好通商条约、通商航海条约、友好通商航海条约等。

贸易条约的内容比较广泛，主要涉及关税的征收及海关通关手续、缔约国双方公民和企业在对方国家所享有的经济权利、船舶航行和港口使用、知识产权的保护、铁路运输、转口和过境、进口商品的国内捐税、进出口数量限制以及仲裁裁决的执行等各方面。

这种条约一般是由国家首脑或其特派的全权代表来签订，并经最高权力机关批准才能生效，其有效期也较长。

（二）贸易协定和贸易议定书

贸易协定（Trade Agreement），是指缔约国为调整和发展彼此之间的贸易关系而签订的一种书面协议。与贸易条约相比，贸易协定所涉及的面较窄，内容比较具体，有效期较短，签订的程序也较简单，一般只需经签字国的行政首脑或其代表签署即可生效。

贸易协定正文的内容一般包括：最惠国待遇条款、进出口商品货单和贸易额、作价原则和使用的货币、支付和清偿的办法、关税优惠及其他事项的规定等。

贸易议定书（Trade Protocol），是指缔约国就发展贸易关系中某项具体问题所达成的书面协议。在国际贸易中，贸易议定书一般是对已签订的贸易协定进行补充、解释或修改，也可在未签订贸易协定的情况下，先签订贸易议定书作为临时依据。此外，在签订长期贸易协定时，往往通过贸易议定书来规定年度贸易的具体事项。

（三）支付协定

支付协定（Payment Agreement），是指缔约国之间关于贸易和其他方面债权和债务结算办法的一种书面协议。支付协定的主要内容包括：规定清算机构、开立清算账户、规定清算项目与范围、规定清算货币和清算方法以及清算账户的差额处理等。

支付协定是外汇管制的产物，在实行外汇管制的条件下，一种货币往往不能自由兑换成另一种货币，对一国所拥有的债权不能用来抵偿对第三国的债务，结算只能在双边基础上进行，通过缔结支付协定来解决两国间的债权和债务。这种支付清算协定有助于克服外汇短缺的困难，有利于双边贸易的发展。

自 1929 年至 1933 年世界经济危机后，签订支付协定的国家日益增多，其中绝大多数是双边支付协定。但自 1958 年以来，主要发达国家相继实行货币自由兑换，放松外汇管制，双边支付清算逐渐为多边现汇支付结算所代替，已不再需要签订支付清算协定。至于一些仍然实行外汇管制的发展中国家，有时还需要通过支付协定来清算对外债权和债务。

（四）国际商品协定

国际商品协定（International Commodity Agreement），是指某项商品的生产国（出口国）与消费国（进口国）就该项商品的价格、购销等问题，经过协商达成的政府间的多边贸易协定。

国际商品协定的主要对象是发展中国家的初级产品。这些产品受世界经济动荡不定、市场行情变化异常的影响，价格经常波动。发展中国家为保障其利益，希望通过协定维持合理的价格；而作为主要消费国的工业发达国家，希望通过协定保证价格不至于涨得太高，并能保证供应。国际商品协定主要通过经济条款来稳定价格。

第一，缓冲存货的规定。协定的执行机构建立缓冲库存（包括存货与现金），并规定最高、最低限价。当市场价格涨到最高限价时，就利用缓冲库存抛出存货；当市场价格跌到最低限价时，则用现金在市场上收购，以达到稳定价格的目的。这种规定，必须由协定成员国提供大量资金和存货，否则难以起到应有的调节作用。主要采用缓冲存货规定的有国际锡协定和国际天然胶协定。

第二，多边合同的规定。这种条款规定，进口国在协定规定的价格幅度内，向各出口国购买一定数量的有关商品；出口国在规定的价格幅度内，向各进口国出售一定数量的有关商品。它实际上是一种多边性的商品合同。属于这种类型的有国际小麦协定。

第三，出口配额的规定。先规定一个基本的出口配额，再根据市场需求和价格变动情况作相应的增减来确定当年平均的年度出口配额。属于这种协定的有国际咖啡、糖的协定。

第四，出口配额和缓冲存货相结合的规定。协定规定最高限价和最低限价，然后通过出口配额和缓冲存货来调节价格，使价格恢复到最高限价和最低限价的幅度内。国际可可协定采用的就是这种办法。

除了价格原因外，有的国际商品协定是进口国为了保护国内市场而与出口国签订的，以便对某一时期某种商品的进出口数量作出安排。如国际多种纤维协定（MFA），就是为了在多边的基础上管理纺织品和服装的出口并限制这些商品的市场准入。

四、贸易条约与协定中所适用的主要法律待遇条款

在贸易条约和协定中，通常所适用的法律待遇条款是最惠国待遇条款和国民待遇条款。

（一）最惠国待遇条款

最惠国待遇（Most-favored Nation Treatment）条款是贸易条约与协定的一项重要条款。它的基本含义是：一缔约方给予另一缔约方的利益、优惠、特权或豁免，无论现在或将来都不应低于它给予任何其他第三方的各种利益、优惠、特权或豁免。最惠国待遇的适用范围取决于缔约方的意愿，即缔约方在签订贸易条约时就最惠国待遇所包含的具体内容所作的规定。关贸总协定第一次把原来作为双边协定中的最惠国待遇条款纳入多边贸易体制，作为其重要的基本原则，但它只适用于关贸总协定缔约方之间的货物贸易。乌拉圭回合谈判将该原则延伸至服务贸易领域和知识产权领域。在世界贸易组织中，最惠国待遇是指一成员方应立即和无条件地将其在货物贸易、服务贸易和知识产权领域给予第三方的优惠待遇给予其他成员方。

上述定义里包含四个要点：

第一，自动性。自动性是最惠国待遇的内在机制，它体现在“立即和无条件地”这一描述上。当一成员方给予第三方的优惠大于其他成员方已享有的优惠时，这种机制就启动了，其他成员方自动地就享有了这种优惠。例如：A国、B国和C国均为世界贸易组织成员方，当A国把从B国进口的汽车关税从20%降至10%时，这个10%的税率同样要适用于从C国等其他世界贸易组织成员方进口的汽车。但若一成员方在新加入世界贸易组织之时，或两个同时加入世界贸易组织的成员方，在一方加入之时宣布不与对方适用《马拉喀什建立世界贸易组织协定》，即两者之间的贸易关系不受世界贸易组织的约束，则任何一方都不能自动地享有另一方给予第三方的优惠。

第二，同一性。在将给第三方的某种优惠，自动转给其他成员方时，受惠标的也必须和第三方的标的相同。还以上述A国、B国和C国为例。当A国给从B国进口的汽车以关税优惠，则自动适用于C国等其他成员方的关税优惠只限于汽车，而不能是其他产品。在所有的最惠国条款中，都会找到“相同”字样，例如：关贸总协定下的“相同产品”，《服务贸易总协定》（GATS）下的“相同服务与提供服务人”，《与贸易有关的知识产权协议》（TRIPS）下的“相同”专利或商标等特定知识产权种类的权利所有人。

第三，相互性。任何一成员方既是给惠国，又是受惠国，既享有最惠国待遇的权利，也承担给予对方最惠国待遇的义务。

第四，适用性。界定了适用的范围，即世界贸易组织中的最惠国待遇适用于所有进出口产品，服务贸易的各个部门和所有知识产权种类的权利所有人。

上述定义里所说的“第三方”既包括世界贸易组织成员方，也包括非世界贸易组织成员方。例如：A国和B国均为世界贸易组织成员方，而C国不是，当A对C国进口的汽车的关税从30%降至20%时，这个20%的税率也应自动地适用于从B国等其他世界贸易组织成员方进口的汽车。但对于A国降低从B国等世界贸易组织成员方进口的汽车的关税时，这个降低后的关税并不能自动地适用于C国，C国只能根据与A国签订的双边贸易协定中的最惠国待遇条款来享有这种关税优惠。

对世界贸易组织来说，最惠国待遇原则是维护贸易自由化最有力的工具。

1. 最惠国待遇原则的具体体现

（1）货物贸易领域的最惠国待遇原则。在货物贸易领域，一世界贸易组织成员方给予任何第三方产品关税优惠或其他与产品贸易有关的优惠、优待、特权或豁免时，应立即和无条件地将此给予所有其他世界贸易组织成员方的相同产品。

该原则的适用对象是产品，但其适用范围不仅是产品的关税税率，它还适用于：

1）与进出口有关的任何其他费用（如海关手续费）；

2）征收关税和其他费用的方式；

3）与进出口有关的规则和程序；

4）国内税和其他国内费用；

5）有关影响产品销售、让售、运输、分销和使用的政府规章和要求。

（2）服务贸易领域和知识产权领域的最惠国待遇原则。

1）在服务贸易领域，一世界贸易组织成员方应立即和无条件地将给予任何第三方的服务和服务提供者的优惠，给予任何其他成员方的相同服务和服务提供者。该原则既适用于服务，也适用于服务提供者。其适用范围包括提供服务的四种形态（即跨境交付、境外消费、通过在当地设立商业机构提供服务和通过人员流动提供服务）以及中央与地方政府所采取的影响服务贸易的措施，并且，不管一成员方是否就某个具体的服务部门作出了承诺，最惠国待遇原则仍适用于该部门。服务贸易中的最惠国待遇原则有它的独特之处，它允许各成员方在谈判最初的服务贸易承诺时，将暂时不符合最惠国待遇原则的措施附在其承诺表后的“免除最惠国义务清单”，但为期最长不应超过10年。若一成员方想增加新的不符合最惠国待遇原则的措施，则需得到世界贸易组织3/4成员方的同意。

2）在知识产权领域，一世界贸易组织成员方给予任何第三方的知识产权（包括版权、商标、地理标识、工业设计、专利、集成电路的外观设计以及未公开信息）的保护水平，应立即和无条件地给予来自任何其他世界贸易组织成员方的相同的知识产权的权利所有人。

2. 最惠国待遇原则的例外

世界贸易组织最惠国待遇原则的例外主要有以下四种情形：一是由关税同盟和自由贸易区等形式出现的区域经济安排，在这些区域内部实行的是一种比最惠国待遇还要优惠的“优惠制”；二是对发展中国家实行的差别和特殊待遇（如普惠制），其根据是东京回合通过的“授权条款”；三是边境贸易中，为便利毗邻国家间的边境贸易，可对毗邻国家给予更多的优惠；四是在知识产权领域，允许各成员方对最惠国待遇原则保留一些例外。

（1）区域经济安排。区域经济安排可分为两个层次：双边的和区域的。在双边层次，如美国和以色列之间签订的自由贸易协定、澳大利亚和新西兰之间签订的更紧密经济关系协定等；在区域层次，如欧盟、北美自由贸易区、东盟等。世界贸易组织成员方可参加此类区域经济一体化安排，对相互间的货物贸易或服务贸易实质上取消所有限制，而区域外的世界贸易组织成员方则不能享受这些成果。当然，区域内部的成员方不能提高其在参加一体化安排之前对区域外成员方所设立的贸易限制。

（2）发展中国家的特殊和差别待遇。第二次世界大战后，更多的发展中国家参加了关贸总协定。这些国家在发展本国经济的过程中，面临十分不利的国际贸易环境。“贸易与发展”成了重大国际课题，同时对最惠国待遇原则提出了挑战。虽然最惠国待遇原则在处理经济实力相当的国家之间的贸易关系时是平等和有效的，但却不适用于经济实力不对等的国家之间的贸易，即最惠国待遇只能达到形式上的平等，而实际上意味着歧视弱国。为解决这个问题，1979年东京回合通过了“关于有差别与更优惠待遇、对等与发展中国家充分参与的决定”（简称“授权条款”）。据此，在关税方面，允许发达国家通过制定“普遍优惠制方案”（简称“普惠制方案”）对发展中国家出口的制成品和半制成品以及某些初级产品提供普遍的和非互惠的比最惠国关税还要优惠的关税优惠。发展中国家之间也可以订立区域性或全球性贸易方案，相互给予关税优惠。在履行有关非关税措施的规则方面，发展中国家可享受差别和更为优惠的待遇，因此，东京回合达成的非关税措施守则对参加这些守则的发展中国家如何履行其义务作了特殊规定。

发展中国家享有的特殊和差别待遇在乌拉圭回合各个协议中都得到了不同程度的体现，例如：在知识产权领域，发展中国家可享有更长的过渡期；在服务贸易领域，发展中国家可以根据本国服务业的发展情况确定在多大范围和多大程度上开放其服务市场，如可通过谈判不开放某些服务部门或对某种服务交付方式（如跨境交付）不作承诺。

（3）边境贸易。边境贸易一般是指两国边境地区居民和企业在距边境线15千米以内地带从事的贸易活动，世界贸易组织允许其成员方为便利此种贸易而只对毗邻国家给予优惠，包括关税优惠。其目的是便利边境线两边的人民互通有无。但由于现实情况不一（如边境线15千米以内无人居住），因此，边境贸易的范围并不严格局限于上述15千米。

（4）知识产权领域的例外。在知识产权领域，一成员方可对下述权利不采用最惠国待遇原则：

1）该成员方在一般司法协助国际协定中享有的权利；

2）对《与贸易有关的知识产权协议》中未作规定的有关表演者、音像制品制作者和广播组织的权利；

3）在世界贸易组织正式运行前已生效的国际知识产权保护公约（包括《伯尔尼公约》和《巴黎公约》）中享有的权利。

（二）国民待遇条款

国民待遇（National Treatment）条款是法律待遇条款之一。它的基本含义是指缔约国一方保证缔约国另一方的公民、企业和船舶在本国境内享受与本国公民、企业和船舶同等的待遇。

国民待遇条款一般适用于外国公民或企业的经济权利。例如：外国产品所应缴纳的国内税捐，利用铁路运输和转口过境的条件，船舶在港口的待遇，商标注册、著作权及发明专利权的保护等。但是，国民待遇条款的适用是有一定的范围的，并不是将本国公民或企业所享有的一切权利都包括在内。例如：沿海航行权、领海捕鱼权、购买土地权等，通常都不包括在国民待遇条款的范围之内，这些权利一般都不给予外国公民或企业，只准本国公民和企业享有。

1. 国民待遇原则的例外

与最惠国待遇原则一样，适用国民待遇原则同样存在各种例外。

（1）国民待遇原则在货物贸易领域的例外和实行例外的条件。关贸总协定对国民待遇原则作了例外规定，集中体现在第 20 条“一般例外”条款中。例如：成员方可依据该条款的规定，为维护公共道德和保障人民或动植物的生命或健康，对进口产品实施有别于本国产品的待遇。又如：在国内原料的价格被压低到低于国际价格水平时，作为政府稳定计划的一部分，为了保证国内加工工业对这些原料的基本需要，有必要采取限制这些原料出口的措施。此外，在世界贸易组织其他多边货物协议中也规定了国民待遇例外，如《补贴与反补贴措施协定》规定，从 WTO 协定生效之日起的 5 年内，允许发展中国家成员对使用国内产品进行补贴；对于最不发达国家成员这一期限可延长至 8 年。

（2）国民待遇原则在服务贸易领域的例外和执行例外的条件。《服务贸易总协定》将国民待遇作为成员方经谈判而承担的具体义务，而不是必须遵守的一般义务，这一规定与关贸总协定其他原则的规定是有区别的，成员方谈判承担义务时可在承诺表中列出不按照国民待遇原则的安排，包括那些有关服务提供者或服务产品的条件、标准或许可等。此外，它还规定了不少例外，如一般例外和安全例外等。

（3）国民待遇原则在与贸易有关的知识产权领域的例外和执行例外的条件。《与贸易有关的知识产权协议》也规定了不少例外，如有关保护知识产权方面的《巴黎公约》、《伯尔尼公约》、《罗马公约》以及《关于集成电路知识产权条约》中的各有关国民待遇例外的规定均构成该协议的例外。此外，还包括司法和行政程序方面的例外，如对服务地点的指定和对代理人的规定等。

（4）国民待遇原则在与贸易有关的投资措施领域的例外和执行例外的条件。《与贸易有关的投资措施协议》（TRIMS）关于国民待遇例外的规定范围更广，它不仅规定所有例外的规定都适用于该协议的各项规定，而且规定发展中国家成员可以暂时自由地背离适用国民待遇原则和数量限制规定，即发展中国家成员和最不发达国家成员的这一期限分别为 5 年和 7 年。

2. 国民待遇原则的意义

为了确保外国人能在中国正常地生活或开展事业，我国法律如《中华人民共和国宪法》、《中华人民共和国民法通则》、《中华人民共和国对外贸易法》、《中华人民共和国诉讼法》等以及我国缔结或参加的国际条约对国民待遇作了原则性的规定，涉及投资权、一般民事权利、对外贸易、税收（流转税）、知识产权及法律诉讼等多个方面。但在实践中，普遍存在"超国民待遇"和"次国民待遇"。超国民待遇是指一国在同等条件下给予外商直接投资高于本国国民投资的待遇，如中国对外资企业一直采取税收优惠、投资优惠、外汇管理优惠等许多优惠政策，这些优惠政策在对外开放初期对中国更多地吸引外资的确起了重要作用。次国民待遇是指在商品市场上对外国商品和投资实行歧视政策，即"内有外无"，该做法为WTO所禁止。

单元知识二　关税与贸易总协定原则与谈判

阅读材料

关贸总协定的"授权条款"

1979年11月28日在关贸总协定召开的缔约国全体成员国年会上通过了"授权条款"，共有四项重要决定。第一项决定是发达国家单方面给予发展中国家以及发展中国家之间互相给予优惠待遇，这是关贸总协定的一个重要标志，并成为世界贸易制度的一个长期法律特征。"授权条款"中包含了由发达国家向发展中国家延长提供普惠制的长期法律基础的条款。第二项决定是整理根据关贸总协定设计的、为保障本国的财政和对外收支平衡而采用的贸易限制措施的方法和程序。第三项决定是给予发展中国家以更大的灵活性，允许其为维持基本需求和谋求优先发展而采取贸易措施。第四项决定则涉及促进关贸总协定现行运转机制的通知、协商、争端解决及监督等事项。

发展中国家在一百多个关贸总协定缔约国家和地区中享有多边的、无条件的且是长期的最惠国待遇，可以使发展中国家在向所有发达国家出口制成品时享有"普遍优惠制"的特殊优惠；有利于公平地解决发展中国家国际贸易中的争端，比如解决实际上是对发展中国家存在贸易歧视的所谓反倾销争端问题。另外，降低进口关税、放宽进口限制，使发展中国家企业能更多、更省地引进国外先进技术，改造老设备；放宽进口也使外国按同等条件放宽对发展中国家产品的进口，取消歧视性的贸易限制，这可以使发展中国家企业生产的产品在国际市场上增强竞争力。

任务引领

试问：关贸总协定是在一个怎样的国际贸易大环境中产生并发展起来的？又是如何被世界贸易组织取代的？

关税与贸易总协定（General Agreement on Tariffs and Trade，GATT），简称关贸总协定，是1947年10月30日由23个国家在日内瓦签订的关于关税与贸易政策的一项多边协定，1948年1月1日正式生效，1995年1月1日被世界贸易组织所取代。关贸总协定的总部设在日内瓦，其组织机构主要有缔约国大会、代表理事会、委员会、工作组和专门小组、18 国咨询组、总干事、秘书处等。

一、关贸总协定的产生与发展

第二次世界大战给除美国以外的发达资本主义国家的经济发展造成了极大损失，战后各国均致力于医治战争的创伤，重建本国的经济。在恢复国民经济的过程中，各国面临着国际经济关系中三个亟待解决的问题：1）国际金融方面，重建国际货币制度，以维持各国汇率的稳定和国际收支的平衡；2）国际投资方面，创立处理长期国际投资问题的国际组织；3）国际贸易方面，重建国际贸易秩序，促进国际贸易自由化。美国在第二次世界大战中大发横财，战后初期已处于世界领先地位，为了对外经济扩张和担当重建世界经济的领袖，美国积极推动了上述三大问题的解决。国际货币基金组织（International Monetary Fund，IMF）和国际复兴开发银行（International Bank for Reconstruction and Development，IBRD，通称世界银行）的建立，解决了前两个问题；由于拟议中的国际贸易组织（International Trade Organization，ITO）夭折，故其职责由关贸总协定代行。

1945 年 12 月 6 日，美国发表了《扩大世界贸易与就业法案》，该法案呼吁召开一次联合国贸易与就业会议，以便缔结一项国际贸易条约，建立国际贸易组织。1946 年 2 月，联合国经济与社会理事会在伦敦举行第一次会议，决定召开联合国贸易与就业会议，并成立了由 19 个国家组成的贸易与就业会议筹委会，负责国际贸易组织的筹建和宪章的起草工作。在筹委会召开会议之前，美国以其《扩大世界贸易与就业法案》为基础，提出了《国际贸易组织宪章草案》。同年 10 月，在伦敦召开了筹委会的首次会议，讨论美国提出的《国际贸易组织宪章草案》。1947 年 4 月，在日内瓦召开了由美国、英国、法国、中国和印度等 23 个国家参加的第二次筹委会，会议通过了《国际贸易组织宪章草案》，会议期间，各参加国通过谈判达成了 123 项双边关税减让协议。为使谈判结果尽快实施，与会各国将《国际贸易组织宪章草案》中有关关税的条款与达成的关税减让表汇成一个文件，即关贸总协定。同年 10 月 30 日，23 个国家加入了关贸总协定，这 23 个国家是：澳大利亚、比利时、巴西、缅甸、加拿大、锡兰（斯里兰卡的旧称）、叙利亚、智利、中国、古巴、挪威、捷克斯洛伐克、法国、印度、黎巴嫩、卢森堡、荷兰、新西兰、巴基斯坦、南罗得西亚（津巴布韦的旧称）、南非、英国和美国。根据关贸总协定的有关条款，该协定的生效有待签字国的正式立法程序通过。为使之尽快生效，美国、英国、法国、比利时、荷兰、卢森堡、澳大利亚、加拿大 8 国于加入关贸总协定的同一天签署了《关贸总协定临时适用议定书》，决定从 1948 年 1 月 1 日起临时适用关贸总协定，待国际贸易组织成立后以《国际贸易组织宪章草案》取而代之。

1947 年 11 月，在哈瓦那举行的联合国贸易与就业会议上，56 个国家的代表审议并通过了《国际贸易组织宪章》（又称《哈瓦那宪章》），提交各国政府批准。但是，由于《国际贸易组织宪章》没有被美国等有关国家的国会批准，因此建立国际贸易组织的计划未能实现，关贸总协定成为缔约方调整对外贸易政策方面的重要法律准则和推行多边贸易与贸易自由化的唯一的、带有总括性的多边贸易协定，一直临时适用到世界贸易组织正式成立。

二、关贸总协定的宗旨、内容、基本原则和例外条款

（一）关贸总协定的宗旨

关贸总协定的序言明确规定其宗旨是：缔约各国政府认为，在处理它们的贸易和经济事务的关系方面，应以提高生活水平、保证充分就业、保证实际收入和有效需求的巨大持续增长、扩大世界资源的充分利用以及发展商品生产与交换为目的。通过达成互惠互利协议，大幅度地削减关税和其他贸易障碍，取消国际贸易中的歧视待遇等措施，以对上述目的作出贡献。

（二）关贸总协定的内容

关贸总协定分为序言和四大部分，共计 38 条，另附若干附件。第一部分从第 1 条到第 2 条，规定了缔约各方在关税及贸易方面相互提供无条件最惠国待遇和关税减让的相关事项；第二部分从第 3 条到第 23 条，规定了取消数量限制以及允许采取的例外和紧急措施；第三部分从第 24 条到第 35 条，规定了本协定的接受、生效、减让的停止或撤销以及退出等程序；第四部分从第 36 条到第 38 条，规定了缔约国中发展中国家的贸易和发展问题。第四部分是后加的，于 1966 年开始生效。

关贸总协定的主要内容有：1）适用最惠国待遇。缔约国之间对于进出口货物及有关的关税征收方法、规章制度、销售和运输等方面，一律适用无条件最惠国待遇原则。但关税同盟、自由贸易区以及对发展中国家的优惠安排都作为最惠国待遇的例外。2）关税减让。缔约国之间通过谈判，在互惠的基础上互减关税，并对减让结果进行约束，以保障缔约国的出口商品适用稳定的税率。3）取消进口数量限制。关贸总协定规定原则上应取消进口数量限制，但国际收支出现困难的，属于例外。4）保护和紧急措施。对因意外情况或因某一产品输入数量剧增，对该国相同产品或与其直接竞争的生产者造成重大损害或重大威胁的，该缔约国可在防止或纠正这种损害所必需的程度和时间内，暂停所承担的义务，或撤销、修改所作的减让。

（三）关贸总协定的基本原则

关贸总协定涉及国际经贸关系的诸多方面，内容繁多，但从其条款和历次多边贸易谈判所达成的协议以及从 48 年来关贸总协定的各项活动中可以看出，关贸总协定是建立在下列几项基本原则的基础上的。

1. 非歧视原则

非歧视（Non-discrimination）原则是关贸总协定中最重要的原则，又称为无差别待遇原则。这一原则在关贸总协定中主要是通过最惠国待遇条款和国民待遇条款来实现的。最惠国待遇条款要求每一缔约国以同等的方式对待其他缔约国，但这一原则有若干例外。例如：最惠国待遇条款不适用于关贸总协定签订时已经存在的特定关税、关税同盟、自由贸易区以及毗邻国家之间对边境贸易所给予的优惠待遇。国民待遇条款要求每一缔约国对来

自另一缔约国的进口货物，在国内税或其他国内商业规章要求等方面与本国产品同等对待。此规定的目的是使外国产品进入国内市场后，能在平等的条件下与国内产品竞争，保障进口产品在经销过程中免遭歧视性待遇。

非歧视原则给我国带来的机遇和挑战

对于纺织行业，我国对其他国家也实行最惠国平等的关税政策后，必须削减纺织品进口关税和消除非关税壁垒的限制。这样一来，纺织业作为我国相对具有优势的行业将率先撤除保护伞，纳入自由化进程，我国纺织行业中缺乏竞争力的行业，如化纤、染整、产业用纺织品、纺机行业将受到冲击，面临严峻的考验。

实行非歧视原则对我国汽车工业也有不小的影响。加入 WTO 实行最惠国待遇后，随着国内市场的全面开放，国际知名汽车跨国公司必将大举进入，这意味着依靠高关税和非关税壁垒保护的国内企业，将直接面对国内外两个市场的激烈竞争，这无疑会对我国汽车工业造成严重的威胁和冲击。降低关税将会使更多的国外汽车整车和零部件进口，从而对国产汽车产品造成冲击。

2. 关税保护和关税减让原则

关税是关贸总协定允许的唯一保护形式。关贸总协定明确规定缔约国为对国内产业进行保护，主要通过关税的手段，尽量减少非关税措施。目的是使保护的程度有最大的透明度，容易对各国的保护进行比较，以确保各国贸易条件的公平。

关贸总协定的关税减让谈判是在互惠原则的基础上进行的。自 1947 年的第一轮多边贸易谈判至 1961 年结束的狄龙回合，关税减让都是唯一的议题。自肯尼迪回合开始，由于关税大幅度削减，关税的保护作用削弱，一些缔约方相继加强了非关税措施，缔约方开始考虑将关税减让谈判与非关税壁垒的消除或减少的谈判并列举行。这一趋势在之后的多边贸易谈判中越来越明显。即便如此，关税减让仍然是国际贸易领域中很受重视的课题之一。

3. 透明度原则

关贸总协定第 10 条对透明度作出了明确的规定："缔约国有效实施的关于海关对产品的分类或估价，关于捐税或其他费用的征收率，关于对进出口货物及其支付转账的规定、限制和禁止，以及关于影响进出口货物的销售、分配、运输、保险、存仓、检验、展览、加工、混合或使用的法令、条例与一般援用的司法判决及行政决定，都应迅速公布，以使各国政府及贸易商对它们熟悉。一缔约国政府或政府机构与另一缔约国政府或政府机构之间缔结的影响国际贸易的现行规定，也必须公布。"

透明度原则也有例外。关贸总协定第 10 条规定，透明度原则并不要求缔约国公开那些会妨碍法令的贯彻执行，会违反公共利益或会损害某一公或私企业的正当商业利益的机密资料。

农产品进口透明度案件

在日本限制某些农产品进口一案中，美国针对日本就某些农产品进口许可设立的复杂制度提出了质疑。在指责日本实施数量限制缺乏理由的同时，美国认为，日本没能充分、及时地公布从量配额或从价配额的相关信息，因而违反了关贸总协定第10条及第13条；并且日本在进口配额的实施上也不符合关贸总协定第10条第3款所要求的合理方式。美国在此特别强调了透明度问题。其进一步指出，由于不能获得基本信息，导致美国的贸易商无法了解配额的分配，降低了可预见性，妨碍了其及时调整商业计划。经过审理，专家组也认为日本的限制措施缺乏理由。专家组主张以比较透明的关税措施来取代非透明的、难以统计的配额，因为配额妨碍了贸易的发展并与建立透明贸易体制的目标相抵触。

4. 公平贸易原则

该原则主要是指反对倾销、反对出口补贴或减少其他非关税壁垒，以保证公平贸易。

关贸总协定规定，当一国产品以低于国内正常价格或成本价向外国出口时，可视为倾销，这时进口国可通过征收反倾销税的措施来抵制倾销带来的损害。受害国在征收反倾销税时要按关贸总协定的要求遵守非歧视原则，且征税数额不超过出口国倾销价与正常价格之差。

关于出口补贴，关贸总协定认为这是一种不公平行为，严禁缔约国对初级产品以外的任何产品给予出口补贴，如果一缔约国的出口补贴对另一缔约国的利益造成重大损害或产生严重威胁，可以允许这一进口缔约国对有关产品的进口征收反补贴税。如果缔约国大会发现某种补贴对另一个向进口缔约国输出有关产品的缔约国的某一工业正在造成严重损害或威胁，它们也应允许征收反补贴税。

5. 互惠原则或对等原则

这也是关贸总协定的基本原则之一，它不仅是缔约国之间进行贸易谈判并维持正常贸易关系的基础，而且也是关贸总协定得以发挥作用的主要机制。

互惠并不意味着对等。由于经济发展水平的不同，发达国家之间在关税减让谈判中总体是互惠的，也是对等的；而发达国家与发展中国家之间在遵守互惠原则时，发达国家给予发展中国家的优惠不能要求发展中国家给予对等的回报，否则，两者之间经济水平的不平等永远得不到改善。这正是发达国家给予发展中国家普惠制待遇的基本理由，也是互惠原则的例外。

（四）关贸总协定的例外条款

当然，关贸总协定存在一定的局限性，在一些条款中往往同时规定了正反两方面的相互制约的限制，还有许多例外条款。

关贸总协定的例外条款主要体现在：1）国际收支平衡例外。当一个国家遇到国际收支困难的情况时，可以实行进口限制。但是，国际收支改善后，应取消限制。2）幼稚工业保护例外。为了建立一个新的工业或为了保护刚刚建立、尚不具备竞争能力的工业，可以实行进口限制。由缔约方审议批准予以确认的幼稚工业可采取提高关税、实行许可证、临时征收附加税等办法。3）保障条款例外。某一具体的产业由于受到突然大量增加的进口产品的冲击，从而造成损害，可以实行临时性进口限制。但该行业有义务进行结构调整。4）关税同盟和自由贸易例外。关税同盟和自由贸易区成员之间相互给予的贸易优惠可以不必同时给予非成员国。5）安全例外。可以为了国家安全禁止火药、武器、毒品、淫秽出版物的进口。6）对发展中国家的特殊优惠待遇例外。如允许发展中国家关税制度有更大的弹性，允许在一定限度内进行补贴。

三、关贸总协定的多边谈判及其特点

关贸总协定自成立以来先后组织了 8 轮多边贸易谈判。历次多边贸易谈判的举行都是关贸总协定成立以来不断发展、壮大的里程碑。通过 8 轮谈判，关贸总协定的法律框架逐步完善和健全，涵盖面几乎涉及国际贸易的所有领域，并开始扩展到国际经济合作领域。上述 8 轮谈判的具体时间、地点和主要成果如表 5—1 所示。

表 5—1　　关贸总协定历次多边贸易谈判情况简表

届次	谈判时间	谈判地点	参加国和地区数	谈判内容和议题	谈判的主要成果
1	1947 年 4—10 月	瑞士日内瓦	23	关税减让	达成 45 000 项商品的关税减让，使占资本主义国家进口值 54%的商品平均降低关税 35%，导致关贸总协定临时生效
2	1949 年 4—10 月	法国安纳西	29	关税减让	达成 147 项双边协议，增加 5 000 项商品的关税减让，使占应税进口值 5.6%的商品平均降低关税 35%
3	1950 年 9 月—1951 年 4 月	英国托奎	32	关税减让	达成 9 000 项商品的关税减让，使占应税进口值 11.7%的商品平均降低关税 26%
4	1956 年 1—5 月	瑞士日内瓦	33	关税减让	达成近 3 000 项商品的关税减让，使占应税进口值 16%的商品平均降低关税 15%，相当于 25 亿美元的贸易额
5	1960 年 9 月—1961 年 7 月	瑞士日内瓦（狄龙回合）	39	关税减让	达成 4 400 项商品的关税减让，使占应税进口值 20%的商品平均降低关税 20%，相当于 49 亿美元的贸易额
6	1964 年 5 月—1967 年 6 月	瑞士日内瓦（肯尼迪回合）	74	关税统一减让	涉及关税减让的商品项目达 60 000 项；经济合作与发展组织成员间工业品平均削减关税 35%，涉及的贸易额达 400 多亿美元

续前表

届次	谈判时间	谈判地点	参加国和地区数	谈判内容和议题	谈判的主要成果
7	1973年9月—1979年4月	瑞士日内瓦（东京回合）	99	(1) 关税减让；(2) 消除非关税壁垒	以一揽子关税减让方式就影响世界贸易额约3 000亿美元的商品达成关税减让与约束，使关税水平下降35%；世界9个主要工业市场上制成品的加权平均关税税率由7%下降为4.7%；达成多项非关税壁垒协议和守则；通过了给予发展中国家优惠待遇的“授权条款”
8	1986年9月—1993年12月	瑞士日内瓦（乌拉圭回合）	117	(1) 关税减让；(2) 非关税壁垒；(3) 总协定规章；(4) 与贸易有关的投资和知识产权问题；(5) 服务贸易	达成内容广泛的协议，共45个；减税商品涉及贸易额高达1.2万亿美元；减税幅度近40%，近20个产品部门实行了零关税；发达国家平均税率由6.4%降为4%；农产品非关税措施全部关税化；纺织品的歧视性配额限制在10年内取消；服务贸易制定了自由化原则；建立了WTO以取代关贸总协定

关贸总协定及多边贸易谈判的特点如下：

（一）参加关贸总协定的国家和地区不断增加

关贸总协定临时生效之初，只有13个缔约方，到1994年已有117个缔约方，而且每次多边贸易谈判的国家和地区数目都在增加。这从一个侧面说明了第二次世界大战后贸易自由化在世界范围内的扩大。

（二）历次谈判中，发达国家居于主要地位

发达国家，尤其是美国、欧洲经济共同体、日本等，既是谈判主角，也是谈判的主要受益者。每一次多边贸易谈判实际上是各国经济实力的一次较量，发达国家在所谓“平等、互惠、互利”的基础上获得较多利益，而发展中国家尽管其权益日益受到重视，但由于经济实力弱，实际上从中获得的实惠较少。

如在肯尼迪回合谈判前，对全部制成品的平均关税税率为10.3%，而对从发展中国家进口制成品征收的平均关税税率为17.1%；在肯尼迪回合谈判后，这两项税率分别下降到6.5%和11.3%，二者之间的税率幅度并未缩小。在乌拉圭回合的谈判过程中，广大发展中国家特别关注的市场准入、纺织品贸易自由化等方面远未达到其要求，而在发展中国家处于劣势的服务贸易、知识产权、投资等领域却不得不承担许多新的义务。

（三）美国在关贸总协定中的作用举足轻重，但其作用呈下降趋势

美国是关贸总协定的积极倡导者和支持者，关贸总协定是在美国的积极策动下产生的，并且关贸总协定的历次多边贸易谈判也是在美国的提议下进行的，因此一些多边贸易谈判以美国人名来命名。如第五轮和第六轮回合的谈判。

但自 20 世纪 70 年代末期以来，由于美国经济实力的衰退，欧洲经济共同体和日本等经济实力的增强，美国的权威地位开始动摇，谈判实力不断削弱。如在东京回合的谈判过程中，美国所谓的等比例关税削减方案就受到欧洲经济共同体的抵制。在乌拉圭回合的谈判过程中，由于欧洲经济共同体的强硬立场，美国在谈判开始时提出的对农产品“取消一切补贴”的“世界农业改革长期目标”暂时被搁置。

（四）发展中国家的利益逐步受到重视

随着关贸总协定中发展中国家缔约方的增多，逐步改变了关贸总协定缔约方的构成。由于发展中国家的争取和斗争，加上其贸易地位和利益逐步受到关贸总协定的注意，关贸总协定采取了一些有利于发展中国家对外贸易发展的措施。例如：

（1）1964 年，在肯尼迪回合的谈判中，增加了第四部分（第 36 至第 38 条），专门针对发展中国家的贸易与发展问题作出规定，反映了发展中国家的利益。与此同时，成立了贸易与发展委员会，负责执行关贸总协定的第四部分以及与发展中国家利益有关的工作。

（2）在东京回合的谈判中，通过“解除义务”和“授权条款”为发展中国家取得普惠制提供了法律依据，即授权发达国家缔约方无须申请解除义务，就可给发展中国家普惠制待遇，而不受关贸总协定的第 1 条——最惠国待遇条款——的约束。普惠制是指发达国家对来自发展中国家的商品，特别是工业制成品或半成品给予关税减免的优惠待遇。它是普遍的、非歧视的、非互惠的。“授权条款”的好处是：1）给予普惠制以法律地位；2）给予发展中国家之间实行优惠待遇以法律地位；3）取消了必须满足关贸总协定的严格要求或申请解除义务的规定。

（3）发展中国家利用关贸总协定的“例外条款”得到益处。关贸总协定制定的许多协议大都给予发展中国家“例外”的优惠待遇。不过，由于历史和经济的原因，发展中国家从关贸总协定中得到的利益少于发达国家。

（五）多边贸易谈判的内容增多，谈判时间拉长

随着世界经济结构的变化、国际贸易范围的日益扩大，加之各缔约方经济贸易发展的不平衡，谈判的内容从关税减让扩展到非关税壁垒。在肯迪尼回合的谈判中首次涉及非关税措施；在东京回合的谈判中有 6 项有关非关税壁垒的协议和守则，它们是《海关估价守则》、《补贴与反补贴守则》、《反倾销守则》、《进口许可证程序守则》、《政府采购协议》、《技术性贸易壁垒协议》。乌拉圭回合的谈判达成了《与贸易有关的投资措施协议》和《与贸易有关的知识产权协议》。谈判过程所涉及的商品从有形商品扩展到无形商品和服务贸易。也正是由于谈判内容增多、范围日益扩大、牵涉面越来越广，每次谈判的时间逐渐拉长。早期的谈判几个月就可以完成，到乌拉圭回合则历时 7 年之久。

四、关贸总协定的积极作用和局限性

（一）关贸总协定的积极作用

关贸总协定从 1948 年 1 月 1 日开始实施，到 1995 年 1 月 1 日世界贸易组织正式运行，前后存续了 47 年。47 年间，关贸总协定的内容和活动领域不断扩大，缔约方不断增多，它在国际贸易领域发挥的作用日益加强，主要表现在以下几个方面：

(1) 关贸总协定为各缔约方规范了一套处理它们之间贸易关系的原则及规章。关贸总协定通过签署大量协议，不断丰富、完善多边贸易体制的法律规范，对国际贸易进行全面的协调和管理。

(2) 关贸总协定为解决各缔约方在相互的贸易关系中所产生的矛盾和纠纷提供了场所和规则。关贸总协定为了解决各缔约方在国际贸易关系中所产生的矛盾和争议，制定了一套调处各缔约方争议的程序和方法。关贸总协定虽然是一个临时协定，但由于其协调机制有较强的权威性，大多数的贸易纠纷得到了解决。

(3) 关贸总协定为各缔约方举行关税减让谈判提供了可能和方针。关贸总协定为各缔约方提供了进行关税减让谈判的场所。关贸总协定自成立以来，进行过八大回合的多边贸易谈判，关税税率有了较大幅度的下降。发达国家的平均关税税率已从1948年的36%降到20世纪90年代中期的3.8%，发展中国家和地区同期降至12.7%。这种大幅度的关税减让是国际贸易发展史上前所未有的，对于推动国际贸易的发展起了很大作用，为实现贸易自由化创造了条件。

(4) 关贸总协定努力为发展中国家争取贸易优惠条件。关贸总协定成立后被长期视为“富人俱乐部”，因为它所倡导的各类自由贸易规则都对发达国家更有利。但随着发展中国家缔约方的增多和力量的增大，关贸总协定不再是发达国家一手遮天的讲坛，已经增加了若干有利于发展中国家的条款，为发展中国家分享国际贸易利益起到了积极作用。

(二) 关贸总协定的局限性

虽然关贸总协定经过47年的运作，在关税和非关税壁垒的削减与消除方面取得了巨大成就，为国际贸易的发展和自由化奠定了一定的基础。但是，关贸总协定毕竟是一个临时性的多边贸易体制，随着国际政治、经济的不断发展变化，其自身难以克服的历史局限性日益突出，已不能适应国际贸易和世界经济发展的需要。

(1) 在法律地位上，关贸总协定的有些规则缺乏法律约束，也缺乏必要的检查和监督手段。例如：规定一国以低于“正常价值”的方式，将产品输入另一国市场并给其工业造成“实质性损害和实质性威胁”的，就是倾销。而“正常价值”、“实质性损害和实质性威胁”难以界定和量化，这很容易被一些国家加以歪曲和用来征收反倾销税。

(2) 在管理范围上，关贸总协定只管辖货物贸易，其他类型的贸易基本长期游离于多边贸易体制之外。特别是迅猛发展的服务贸易、知识产权及与贸易有关的投资措施等，直到乌拉圭回合才有所涉及，从而使得关贸总协定远远不能适应新国际贸易的长足发展。

(3) 关贸总协定中存在“灰色区域”，致使许多规则难以很好地落实。灰色区域是指缔约方为绕开关贸总协定的某些规定，所采取的在关贸总协定规则和规定的边缘或之外的歧视性贸易政策措施。这种灰色区域的存在，损害了关贸总协定的权威性。

(4) 在争端解决机制上，关贸总协定要求在作出争端解决结果的决定时，所有的缔约方“完全协商一致”作出决策，但由于关贸总协定解决争端的手段主要是调解，缺乏强制性，容易使争端久拖不决，并产生监督后续行动不力等问题。这极大地削弱了关贸总协定解决贸易争端的能力。

正是由于关贸总协定的上述种种局限性，这个临时性准国际贸易组织最终被世界贸易组织所取代。

单元知识三　世界贸易组织宗旨与机构

阅读材料

世贸第一案——汽油标准案

1995 年 1 月 23 日，即在世界贸易组织成立后的第 22 天，美国收到来自委内瑞拉的书面请求，要求就美国环保署 1995 年初生效的精炼汽油和常规汽油新标准对委内瑞拉汽油的歧视待遇进行磋商。美国自恃国力雄厚，在世贸组织内又拥有相当的控制权，对小国委内瑞拉的请求不屑一顾。

这是世界贸易组织成立后第一次争端解决程序启动的开始，而且是一个小国向世界超级大国“叫板”。而巴西以“半路程咬金”的形象加入了对美国申诉的行列。巴西称美国的新汽油标准严重影响了巴西在汽油上的利益。巴西毅然加入了起诉美国的阵营，给小国委内瑞拉巨大的精神支持，它们决定与美国斗争到底，讨回公道。

经过专家小组对美国新出台的环保法令的审查，10 个月后，审理专家组得出结论：美国新定汽油规则与国民待遇原则不符，且违反了《技术性贸易壁垒协议》的有关规定，因此判定委内瑞拉和巴西胜诉。

任务引领

世贸第一案——汽油标准案的顺利结案，使世界贸易组织声名鹊起。发展中国家成员胜诉的结果为世界贸易组织争端解决机制创造了一个维护发展中国家利益的形象。巴西积极地加入世贸第一案，不仅维护了本国利益，也为自身积累了有益的应对争端问题的经验。

中国过去长期处于闭关自守状态，改革开放以来，与外界的交往日益增多，但却一直被世界贸易组织这个国际经济贸易大家庭拒之门外，这对中国融入世界经济体系、促进中国经济的发展极为不利。中国不加入世界贸易组织，就不能完全融入世界经济体系，不能享受多边贸易体系的好处。

试问：世界贸易组织是一个怎样的组织？在国际舞台上有着怎样的作用？

世界贸易组织（World Trade Organization，WTO），简称世贸组织，是根据乌拉圭回合达成的关于《马拉喀什建立世界贸易组织协定》于 1995 年 1 月 1 日成立的一个正式的国际贸易组织。现在，世贸组织已成为最重要和最具影响力的国际组织之一。

世贸组织是一个独立于联合国的永久性国际组织。1995年1月1日正式开始运作，负责管理世界经济和贸易秩序，总部设在瑞士日内瓦莱蒙湖畔。1996年1月1日，它正式取代关贸总协定临时机构。世贸组织是具有法人地位的国际组织，在调解成员争端方面具有更高的权威性。它的前身是1947年订立的关贸总协定（GATT）。与关贸总协定相比，世贸组织涵盖货物贸易、服务贸易以及知识产权贸易，而关贸总协定只适用于商品货物贸易。世贸组织与世界银行、国际货币基金组织一起，并称为当今世界经济体制的“三大支柱”。目前，世贸组织的贸易量已占世界贸易的95%以上。

尽管世贸组织与关贸总协定具有历史渊源，但世贸组织并不是简单地继承关贸总协定的传统，而是在此基础上有所发展。

GATT与WTO的联系和区别

1995年，当WTO开始运作时，运行了47年的GATT也结束了其推动国际贸易自由化的使命。那么，WTO与GATT究竟是一种什么样的关系呢？

首先，WTO与GATT有着内在的历史继承性。WTO继承了GATT的合理内核，包括其宗旨、职能、基本原则及规则等。作为货物贸易的主要协定，原来的GATT是WTO三大协议之一——GATT 1994的重要组成部分，仍然是规范各成员方货物关系的准则。

但是，WTO与GATT又有很大的区别，主要表现在以下四个方面：

（1）法律地位不同。WTO是具有国际法人资格的永久性组织，而GATT只是一个临时性协定，不具有法人地位。

（2）决策地位不同。GATT中成员为缔约方，而WTO成员为成员方。GATT被称为“富人俱乐部”，而WTO中发展中成员占2/3，WTO被称为“经济联合”。

（3）管理范围不同。GATT处理货物贸易，WTO还涉及服务贸易和知识产权贸易。

（4）争端解决机制不同。GATT的争端解决机制，没有规定时间表；而WTO的争端解决机制，更快、更有自动性，使得争端的解决更有效。

一、世界贸易组织的宗旨、目标与职能

《马拉喀什建立世界贸易组织协定》由序言、正文和附件三部分组成。序言叙述了协定的宗旨和目标。正文由16条组成，主要规定了世界贸易组织的职能、组织机构、成员资格、决策方式以及特定成员之间互不适用多边贸易协议等内容。附件有4个，规定了调整多边贸易关系和解决贸易争端的规则。

（一）世界贸易组织的宗旨

世贸组织的宗旨在其基本原则方面保持了与关贸总协定的高度一致性，同时又有所发展。在乌拉圭回合通过的《马拉喀什建立世界贸易组织协定》的前言阐明了世贸组织的宗旨：所有成员方都应该认识到该组织应致力于提高生活水平，保证充分就业和大幅度、稳步提高实际收入和有效需求；扩大货物和服务的生产与贸易；坚持走可持续发展之路，各

成员方应促进对世界资源的最优利用、保护和维护环境，并以符合不同经济发展水平下各成员方需要的方式，加强采取各种相应的措施；积极努力确保发展中国家，尤其是最不发达国家在国际贸易增长中获得与其经济发展水平相适应的份额和利益；建立一体化的多边贸易体制。相对于 GATT 1994 的宗旨而言，新增内容为：一是将服务贸易加入其中；二是首次提出了环境保护和可持续发展问题；三是全面考虑世界各国的发展水平，确保发展中国家，特别是最不发达国家的贸易份额得到一定的保障。

（二）世界贸易组织的目标

世贸组织的目标是：建立一个完整的、更具有活力的、永久性的多边贸易体制。与关贸总协定相比，世界贸易组织的管辖范围除传统的和乌拉圭回合确定的货物贸易外，还包括长期游离于关贸总协定外的知识产权、投资措施和非货物贸易（服务贸易）等领域。世贸组织具有法人地位，它在调解成员方争端方面具有更高的权威性和有效性。

（三）世界贸易组织的职能

1. 实施和管理

世贸组织首要的和最主要的职能是促进《马拉喀什建立世界贸易组织协定》及各项多边贸易协定的执行、管理、运作及目标的实现，同时对各诸边贸易协定的执行、管理和运作提供组织机制。即“便利本协定和多边贸易协定的履行、管理和运用，并促进其目标的实现”，以及“为诸边贸易协定提供实施、管理和运用的体制”。

2. 提供多边贸易谈判场所

世贸组织为各成员方进行的多边贸易关系谈判提供了场所。世贸组织为谈判提供场所和为谈判提供一个场所是有区别的：1）各成员方就世贸组织之附属协定的有关事项所进行的多边贸易关系谈判，即对关贸总协定和乌拉圭回合已涉及议题的谈判，这是专门为世贸组织设立的；2）各成员方就其多边贸易关系所进行的进一步谈判，并且按部长级会议可能作出的决定为这些谈判结果的执行提供组织机制。前一类谈判是指对现有协定事项的谈判，而后一类则不局限于此，是指对新的课题甚至是新一轮的谈判。

3. 解决成员方之间的贸易争端

世贸组织争端解决机制为所有世贸组织成员方都提供了一种解决国际贸易争端的重要途径。争端解决机制的作用是双重的：它既是一种保护成员方权益的手段，又是督促其履行应尽义务的工具。

4. 审议各成员方的贸易政策

建立贸易政策审议机制的目的是使世贸组织各成员方的贸易政策和实际操作更加透明和更被了解，并使各成员方更好地遵守多边贸易体制的原则和规则及其对这一体制的承诺，从而使多边贸易体制能顺利运作。

5. 与有关机构合作

世贸组织负责与国际货币基金组织、世界银行、联合国贸易与发展委员会以及其他国际机构进行合作，以便进一步完善促进全球统一的经济政策的规定。1996 年 12 月 9 日，国际货币基金组织时任总裁加德索斯与世贸组织时任总干事鲁杰罗签订了《国际货币基金组织与世界贸易组织合作协议》。协议规定，在制定全球经济政策时，为求得最大限度的协调，世贸组织必须与国际货币基金组织在货币储备、国际收支、外汇安排等方面进行全面的协调；世贸组织中涉及国际货币基金管辖范围的汇率事宜，必须与国际货币基金组织协商；国际货币基金组织所提供的管辖范围事宜，应当载入世贸组织议事录。1997年初，鲁杰罗在华盛顿与世界银行行长沃尔芬森签订了《世界银行与世界贸易组织合作协议》。协议规定：促进世贸组织与世界银行、国际货币基金组织的合作，使其在全球经济政策的制定上更趋协调；共享彼此的经济、社会数据，包括全球债务表，货物、服务市场准入承诺和减让表等；承担联合研究和技术合作，交换各自的报告及其他文件。

6. 提供技术支持和培训

世贸组织对发展中国家成员，尤其是最不发达国家成员提供技术支持和培训。具体是：1）技术援助方面。与发展中国家的研究教育机构合作，开展有关世贸组织的教育培训，为发展中国家培养有关师资力量，通过互联网或电视开展远程教育等。2）培训方面。世贸组织在瑞士日内瓦历年均举办培训活动，包括例常举办的为期3个月的贸易政策培训班和其他短期培训课程。这些培训课程的对象主要是各国派驻世贸组织的外交官和发展中国家处理世贸组织事务的政府高级官员。

二、世界贸易组织的组织机构与决策机制

（一）组织机构

1. 部长会议

部长会议（Ministerial Conference），是各成员方最重要的谈判场合，是WTO的最高决策机构。由所有成员方主管外经贸的部长、副部长级官员或其全权代表组成的部长会议，至少每两年举行一次。部长会议具有立法权、解释权、裁决争议的准司法权，还能豁免某个成员的特定义务以及批准非世贸成员取得观察员资格的请示。

部长会议决议经合议作出，每一个成员方享有一票。这保证了世界贸易组织在不经成员方同意的情况下不能通过任何约束成员方的决议。WTO部长会议的任务包括：贯彻WTO的各项协定和多边贸易协定；提供多边贸易协议的执行框架；为成员方之间在协定范围内处理相关问题的谈判提供论坛，并为其他的谈判提供论坛。

2. 总理事会及其附属机构

在部长会议之下是四个理事会以及两个分别负责贸易政策审查和争议解决的组织。四个理事会中最上层的是一个享有监督权的总理事会（General Council），总理事会是一种会议制度，由所有成员方代表组成。在部长会议休会期间，由全体成员代表组成的总理事会代行部长会议职能。总理事会可视情况的需要随时开会，自行拟订议事规则及议程，随时召开会议以履行其解决贸易争端和审议各成员方贸易政策的职责。除了其他的工作以外，总理事会负有执行部长会议决议、通过预算和其他财政事项、在部长会议的两次会议期间执行部长会议的职能等职能。

在总理事会下分设三个分理事会：1）货物贸易理事会（Goods Council），负责

GATT 1994 和各项货物贸易协议的贯彻执行；2）服务贸易理事会（Service Council），监督执行《服务贸易总协定》的贯彻执行；3）知识产权理事会（TRIPS Council），监督《与贸易有关的知识产权协议》的贯彻执行。此外，理事会下还建立若干负责处理相关事宜的专门委员会，如贸易与环境委员会、贸易与发展委员会、国际收支委员会等相对独立的机构。

总理事会下设贸易政策核查机构，它监督着各个委员会并负责起草国家政策评估报告。对美国、欧盟、日本、加拿大每两年起草一份政策评估报告，对最发达的 16 个国家每 4 年一次，对发展中国家每 6 年一次。

各理事会还进一步分为一些负责专门领域的委员会。其他一些组织可能会在总理事会下产生，特别是为了与贸易有关的知识产权问题。

3. 秘书处及总干事

WTO 设立秘书处（Secretariat），秘书处由总干事负责，秘书处的工作人员以及他们的职责、任职条件由总干事决定。总干事及秘书处工作人员必须具有国际性质，在履行职责时不得寻求或接受任何政府或 WTO 之外机构的指示。各成员亦应尊重总干事和秘书处工作人员的国际性质，不得影响他们履行职责。相对于关贸总协定而言，建立 WTO 之后，秘书处正式取得了合法资格，由于其地位提高、职责拓宽、作用扩大，因此，起着不断促进国际贸易的作用。在贸易政策审议机制（TPRM）方面，秘书处负责定期审议各国的贸易政策，如撰写被审议成员的贸易报告，要求有关成员澄清其贸易政策和实践，甚至指出有关成员应予以纠正或改进的贸易实践，敦促其进行必要的改革。秘书处有 420 多人，其具体权利、义务、职责、任职条件及日期由部长会议决定。总干事的主要工作是管理秘书处，确定组织机构的设置以及 WTO 的近期工作。

4. 次一级专门委员会及临时性机构

在三个分理事会下可按需要设立相应的附属机构，即次一级的专门委员会，以处理有关方面的专门问题和监督相关协议的执行。例如：货物贸易理事会下设市场准入委员会、农业委员会、卫生与植物检疫措施委员会、补贴与反补贴措施委员会、反倾销措施委员会、进口许可证委员会和海关估价委员会等。

为了支持上述机构的动作，WTO 每年的预算约 8 300 万美元，以其各成员在世界贸易总额中所占份额为基础计算，由各成员分别支付。

（二）决策机制

WTO 在进行决策时，主要遵循协商一致原则，只有在无法协商一致时才通过投票表决的方式来决定。每一个成员在部长会议及总理事会均拥有一票，欧盟的票数则和其成员在 WTO 的成员数相同。WTO 对不同的问题所规定的具体通过票数如下：

（1）解释和决议。对任何多边贸易协议的解释和决议，须经部长会议和总理事会成员的 3/4 以上多数通过。

（2）修订。对有关条款的修订，以成员的 2/3 多数通过为准。

（3）豁免。对成员提出的义务豁免请求，部长会议应在不超过 90 天的期限内进行审议。应先按照协商一致原则作出决定，如果在确定的期限内未能协商一致，则进行投票表决，需由成员的3/4多数通过才能作出义务豁免决定。

三、世界贸易组织对世界经济贸易的影响

WTO统辖着国际贸易中货物、服务以及与贸易有关的知识产权和与贸易有关的投资措施等领域的业已强化的规则，其成员包括世界绝大多数国家和地区，尚未加入的国家和地区及单独关税区纷纷提出申请。WTO体制按照既定目标正常运行，有效实施各项规则，更好地遏制了贸易保护主义的蔓延，促进了贸易、投资自由化的发展，从而加速了国际货物贸易、服务贸易、国际投资的增长，并推动了世界经济一体化、全球化进程。

（一）促进世界经济进一步国际化

WTO建立以后，其成员不断增加，许多国家和地区正在积极申请加入。WTO全体成员的贸易额已占全球贸易总额的90%以上，这充分表明WTO正发挥着经济联合国的作用。WTO所主持的农产品、服务贸易以及信息技术贸易谈判，扩大了世界各国的经济贸易和科学技术交流，促进了世界经济的国际化。

（二）加快世界贸易自由化进程

贸易自由化是WTO的一项基本原则，根据乌拉圭回合达成的协议，WTO成立后，各成员将按照承诺逐步降低关税，工业品关税的削减在5年内完成，农产品关税的削减发达国家成员在6年内、发展中国家在10年内完成，届时，WTO全体成员的平均关税水平将降低34.3%，其中发达国家成员降低40.3%，发展中国家成员降低29.7%。并且，WTO全体成员的关税约束比例将大幅提高，将极大地增强现行关税的约束性，从而使各成员的关税保持“只降不升”的良好态势。同时，各成员的非关税壁垒将逐步消除。

（三）保障世界经济贸易的正常开展

WTO通过完善而有效的贸易政策审议机制和争端解决机制，大大减少了各成员对贸易活动的保护和干预及各成员之间的贸易矛盾与冲突。到2010年年底，WTO已经对发达国家成员和发展中国家成员进行了上百次贸易政策评审，评审范围扩大到了乌拉圭回合所涉及的服务贸易、知识产权及与贸易有关的投资措施等领域，为世界经济贸易的正常开展创造了良好的条件。

（四）维护发展中国家的利益

WTO对发展中国家在国际贸易和世界经济中的地位和作用给予了特别的关注，主张通过实际有效的计划来确保发展中国家在国际贸易增长中的份额，以此与它们的经济发展相适应。为此，世界贸易组织将在很大程度上遏制各种贸易保护主义势力，尤其来自于发达国家的贸易保护主义行为，促进发展中国家的贸易和经济发展。

单元知识四　世界贸易组织与中国

阅读材料

中国与 WTO

这是一个值得记住的日子：2001 年 12 月 11 日，中国正式成为 WTO 成员。经过 15 年的努力，我们终于推开了世界上最艰难的一扇门，门里门外的巨大差异让我们期盼日久。“入世”是机遇，但更多的是挑战，在无数的商机和数不清的急流险滩中，中国已经走向了世界。

中国作为“地球村”中一个人口众多的发展中大国，“入世”后将在共同的游戏规则下，参与资源、人力资本、市场的优化配置。中国拥有的比较优势和巨大的市场潜力，将在全球范围内得以显现和发挥，丰富中国本身的工业体系、服务体系，并推动其质量、水平与世界接轨。中国“入世”后将成为“世界工厂”，未来 5～10 年，将为中国提供3 000万～4 000万个就业机会，从而使中国面临的人口压力变为劳动力优势资源。同时，这将有助于解决中国的社会公平问题，提高中国的整体财富和生活质量。

众所周知，中国自身的比较劣势包括人均资源短缺、能源构成不合理等，而保证物质流、能量流、货币流、信息流、劳动力流等生产要素公平、自由地流动，是 WTO 必须遵循的原则之一，中国“入世”后可根据这一游戏规则，充分、合理地利用国外资源来弥补自身的不足，加快自身的发展速度。

任务引领

什么是国际化？WTO 的挑战就在这里，这种挑战的真正含义是：这个世界上的国际经济联系只有一种游戏规则——WTO 规则！决定胜负的是以消费者为主导的竞争法则。这种法则的主要内容用我们熟悉的语言来说，就是：第一，消费者第一性，产品或服务第二性，消费意识决定企业的生存；第二，企业的产品或服务在一定情况下对消费意识具有反作用，但这种反作用最终仍受消费意识的制约。

试问：在当今国际贸易中，WTO 是世界上唯一的多边贸易组织，中国加入 WTO 究竟有何利弊得失？如何趋利与除弊？

中国是 1947 年成立的关贸总协定的创始国之一。1984 年 4 月，中国取得了关贸总协定的观察员地位。1986 年 7 月，中国向关贸总协定正式提出恢复关贸总协定缔约国地位的申请，从此开始了“复关”和“入世”谈判的 15 年漫漫征程。经过 15 年的不懈改革和努力谈判，中国于 2001 年 12 月 11 日正式加入了世界贸易组织，成为该组织的第 143 个成员。从那一刻起，中国与世界的前途命运更加紧密地联系在一起；从那一刻起，世界与中国交流融合的渠道更加通畅。加入 WTO 改变了中国，改变了世界。加入 WTO 的 10 年间，中国逐步成为世界第二大经济体，成为世界上最大的商品出口国、第二大商品进口国。

一、中国加入WTO的背景分析

中国之所以加入WTO，有两个大的背景需要考虑。

一个是全球化的大背景。全球化实际上是一个经济发展使各国日益相互依赖的过程，也是一个建立无疆界经济的过程，无论从经济、政治、文化、环境等任何一方面来讲，国与国之间的联系将越来越紧密。20世纪80年代中期以来，是否需要加入以关贸总协定和WTO为基石的多边贸易体制，已经成为衡量一国是否负责任地加入国际社会、该国经济是否与世界经济接轨的重要尺度。截至2002年1月1日，WTO成员间的贸易额占世界贸易总额的95%，投资额占全球跨国投资总量的80%。获得WTO的一个席位，等于拿到了国际市场的多张通行证。21世纪的经济体系是全球性的。中国想要发展，就必须加入这一体系并成为整个世界经济体系的一个重要组成部分，只有积极参与全球经济合作，才能缩小与发达国家的差距，在没有加入WTO这个世界多边贸易体系之前，中国不得不主要靠双边磋商和协议来协调对外经贸关系，使国内企业和产品在进入国际市场时受到了许多歧视性、不公正和不稳定的待遇。加入WTO后，中国不仅有分享经济全球化成果的权利，还能够在一个多边、稳定、无条件最惠国待遇原则下发展开放型经济，利用WTO争端解决机制处理好在国际贸易中出现的各种问题。并且，中国可以在参与制定国际经济贸易规则的过程中，推动建立公正合理的国际经济新秩序，维护中国的根本利益。另外，中国改革开放已经30余年，中国经济实力有了长足的提高，在许多产业和领域已经具备了参与国际分工和竞争的能力，中国消费者的收入也已经大大提高，人民需要更多品种、更高质量的消费品。中国“入世”后为国内市场的进一步开放提供了很成熟的条件。

中国“入世”的另一个大背景是中国改革的大背景。中国的改革已经进行了30余年，目前已进入了一个关键的阶段，加入WTO，给了中国一个确定下一步改革目标的机遇。中国不必再沉溺于理论上的争论，且不得不面对全球化的现实来改革自身的经济体制。能否迅速而成功地完成体制改革是对中国政府的最大挑战。利用国际性合约的约束和压力有助于有效打破理论僵局和解决利益冲突，推动新机制的建立，为21世纪中国的经济发展奠定基础。

二、中国加入WTO的历程

中国是1947年关贸总协定的23个缔约国之一。1949年中华人民共和国成立后未能取得联合国席位，中国的社会主义计划经济体制也与关贸总协定的基本原则不符，因此关贸总协定的中国席位仍由台湾当局占据。1950年，台湾当局退出了关贸总协定。此后，关贸总协定中的中国席位一直空着。

1987年7月，在改革开放取得了一定的成就之后，中国开始了恢复关贸总协定缔约国地位（简称“复关”）的申请。从1987年开始到1995年WTO成立，关贸总协定中国工作组一共举行过 20 次会议，但终因与关贸总协定成员国（主要是美国）的双边谈判未能完成而没有恢复中国的关贸总协定缔约国地位，也没有成为 WTO 的创始成员国。

1995 年 WTO 成立以后，关贸总协定中国工作组相应变成了 WTO 中国工作组，陆续召开了 18 次会议。中国分别在 1999 年 11 月 15 日和 2000 年 3 月 19 日与美国和欧盟签署了关于中国加入 WTO 的双边协议。WTO 工作组在 2001 年 9 月 17 日批准了所有法律文件。11 月 9 日至 14 日在卡塔尔首都多哈举行的 WTO 第四届部长会议就中国加入 WTO 进行表决，获得通过。11 月 11 日，对外贸易经济合作部部长石广生代表中国政府在中国加入 WTO 议定书上正式签字，并向 WTO 秘书处递交了由时任国家主席江泽民签署的中国加入 WTO 批准书。2001 年 12 月 11 日，中国正式成为 WTO 第 143 个成员。纵观历史，中国的“复关”与“入世”是关贸总协定/世贸组织所有多边谈判中最漫长和最艰苦的一次谈判过程。

小知识

中国加入 WTO 谈判大事记

1986 年 7 月 10 日，中国正式提出申请恢复关贸总协定缔约国地位。

1987 年 10 月 22 日，关贸总协定中国工作组第 1 次会议在日内瓦举行。

1989 年 4 月 18 日至 19 日，关贸总协定中国工作组第 7 次会议在日内瓦举行。

1989 年 5 月 24 日至 28 日，中美第 5 轮复关问题双边磋商在北京举行。

1989 年 12 月 12 日至 14 日，关贸总协定中国工作组第 8 次会议在日内瓦举行，事实上重新开始审议中国的外贸制度。

1990 年 1 月 1 日，台湾当局以“台澎金马单独关税区”的名义申请加入关贸总协定。

1991 年 1 月 11 日，澳门成为关贸总协定缔约方。

1991 年 10 月，时任中国总理李鹏致函关贸总协定各缔约方首脑和关贸总协定总干事，阐明中国对“复关”问题的立场。

1992 年 10 月 10 日，中美达成《市场准入备忘录》，美国承诺“坚定地支持中国取得关贸总协定缔约国地位”。

1994 年 8 月底，中国提出改进后的农产品、非农产品和服务贸易减让表，作为解决“复关”问题的一揽子方案。

1994 年 11 月 28 日，中国外经贸部部长助理龙永图会见关贸总协定总干事萨瑟兰。与此同时，中国驻美国、欧共体和日本大使分别约见驻在国高级官员，通报中国政府关于“复关”谈判最后时限的决定。

1994 年 11 月 28 日至 12 月 19 日，关贸总协定中国工作组第 19 次工作会议在日内瓦举行。谈判未能达成协议。

1995 年 3 月 11 日至 13 日，美国贸易代表坎特访华，与中国外经贸部部长吴仪就“复关”问题达成 8 项协议，同意在灵活务实的基础上进行中国“入世”的谈判。

1995 年 5 月 7 日至 19 日，中国外经贸部部长助理龙永图率中国代表团赴日内瓦与各缔约方就中国“复关”进行非正式双边磋商。

1995 年 6 月 3 日，中国成为 WTO 观察员。

三、中国加入WTO的基本承诺及履行进程

（一）中国加入WTO法律文件的构成

中国加入WTO的法律文件包括：《马拉喀什建立世界贸易组织协定》、《关于中华人民共和国加入的决定》、《中华人民共和国加入议定书》（简称《议定书》）及其附件、《中国加入工作组报告书》（简称《工作组报告书》）。附件内容包括：附件1A：中国在过渡性审议机制中提供的信息；附件1B：总理事会依照《中华人民共和国加入议定书》第18条第2款处理的问题；附件2A1：国有贸易产品（进口）；附件2A2：国有贸易产品（出口）；附件2B：指定经营产品；附件3：非关税措施取消时间表；附件4：实行价格控制的产品和服务；附件5A：根据《补贴与反补贴措施协定》第25条作出的通知；附件5B：需逐步取消的补贴；附件6：实行出口税的产品；附件7：WTO成员的保留；附件8：《第152号减让表——中华人民共和国》；附件9：服务贸易具体承诺减让表第2条最惠国豁免清单。

中国加入WTO的法律文件的主体是《马拉喀什建立世界贸易组织协定》，《议定书》和《工作组报告书》已成为该协定的组成部分。《议定书》是确定作为申请加入方中国的权利与义务关系的法律文件，《工作组报告书》则是对整个加入谈判情况的记录和说明（也包括部分承诺）。《工作组报告书》在结构上与《议定书》有一定的差异，但作为谈判过程的记录和对《议定书》有关条款的进一步细化和说明，与《议定书》具有内在的统一性，具有与《议定书》同等的法律效力。此外，作为WTO成员，中国的权利与义务不仅包括在《议定书》和《工作组报告书》当中，也全面体现在WTO负责实施管理的各项协定与协议中。

（二）基本承诺及履行进程

纵览中国“入世”的法律文件，对于中国加入WTO的承诺，大体上可以归纳为以下六大类：

1. 关税减让

按照《议定书》及其附件，中国就关税减让的税目、幅度和时间作出了具体承诺。这一承诺包括两个因素：一是关税的绝对水平，如降到5%或是10%；另一个是时间，如在哪一年达到什么样的关税水平。我国的关税减让承诺是：到2011年关税总水平降到10%。

表5—2为2002年至2015年我国的关税减让情况。

表5—2　　关税减让时间表

年份	关税总水平（%）	工业品平均税率（%）	农产品平均税率（%）
2002	12.7	11.7	18.5
2003	11.5	10.6	17.4
2004	10.6	9.8	15.8
2005	10.1	9.3	15.5
2006	10.1	9.3	15.5
2007	10.1	9.3	15.5

续前表

年份	关税总水平（%）	工业品平均税率（%）	农产品平均税率（%）
2008	10.0	9.2	15.1
2009	9.8	8.9	15.2
2010	9.8	8.9	15.2
2011	9.8	8.9	15.2
2012	9.8	8.9	15.1
2013	9.8	8.9	15.1
2014	9.8	8.9	15.1
2015	9.8	8.9	15.1

2. 消除非关税措施

在加入 WTO 之前，我国有包括配额、许可证、特定招标管理等在内的非关税措施共 385 种。而 WTO 在货物贸易方面，虽然允许关税和非关税措施存在，但是在降低关税和承诺不同产品的关税上限定了规则，并且非关税措施不允许普遍使用，要求各成员规范非关税措施的管理行为，避免对一种货物实施除进口关税外的多种贸易保护措施。

中国在“入世”谈判中的主要议题之一就是削减如进口许可证、配额以及外汇管制、技术检验标准等非关税措施。其中，在进口商品配额及许可证管理措施方面主要承诺：中国将在 5 年的过渡期内，分阶段逐步取消对一些进口商品所实施的非关税措施，包括进口配额、进口许可证和进口特定招标等措施，并承诺了 15 类产品的初期配额量和过渡期内每年的配额增长率。按照《议定书》的附件 3——非关税措施取消时间表，47 类需要单一进口许可证的产品在加入 WTO 当时全部取消；377 类承诺取消进口配额、进口许可证或特定商品进口招标等非关税措施的产品中，162 类产品在加入 WTO 当时取消，随后在 2002 年、2003 年、2004 年、2005 年的 1 月 1 日分别有 80、16、84 和 35 类产品取消。加入 WTO 以来，中国按照承诺的时间表逐步解除了 424 个税号（按 8 位税号计）产品的非关税措施，有的甚至早于时间表的规定。

3. 贯彻执行透明度原则

《议定书》明确承诺：

（1）中国只执行已公布的且其他 WTO 成员、个人和企业可容易获得的有关或影响货物贸易、服务贸易、知识产权贸易或外汇管制的法律、法规及其他措施。

（2）中国应设立或指定一官方刊物，用于公布所有有关或影响货物贸易、服务贸易、知识产权贸易或外汇管制的法律、法规及其他措施，并且在法律、法规或其他措施在该刊物上公布之后，应在此类措施实施之前提供一段可向有关主管机关提出意见的合理时间，但涉及国家安全的法律、法规及其他措施、确定外汇汇率或货币政策的特定措施以及一旦公布则会妨碍法律实施的其他措施除外。中国应定期出版该刊物，并使个人和企业可容易获得该刊物。

（3）中国应设立或指定一咨询点，应任何个人、企业或 WTO 成员的请求，在咨询点可获得与根据本议定书第 2 条（C）节第 1 款要求予以公布的措施有关的所有信息。

4. 贯彻执行非歧视原则（包括国民待遇原则）

中国在加入 WTO 前已对与之签订双边优惠贸易协定的国家实施了双边最惠国待遇，因此，在“入世”的法律文件中有关非歧视原则的问题主要是指对进口产品的国民待遇问题。实行国民待遇实际上是要体现平等竞争原则。中国承诺在进口货物、关税、国内税等方面，给予外国产品的待遇不低于给予国产同类产品的待遇，并对不符合国民待遇原则的做法和政策进行必要的修改和调整。

5. 开放农产品市场

在加入 WTO 的过程中，中国就农产品贸易问题作出如下承诺：

(1) 降低农产品的进口关税，《第 152 号减让表——中华人民共和国》详细地列出了关税减让率和时间。

(2) 消除非关税措施，中国承诺“不迟于加入之日，中国将不在国家或地方各级维持、采用或重新采用管理进口产品数量、质量或待遇，或者形成进口替代做法或其他非关税措施的指导计划或行政指导”。

(3) 中国控制农产品进口的唯一手段是实施关税配额。《农产品进口关税配额管理暂行办法》规定：配额内的农产品进口，适用于配额内的税率；配额外的农产品进口，适用于配额外的税率。

6. 开放服务贸易市场

(1) 电信。承诺逐步允许外资进入，但在增值和寻呼方面，外方最终股比不超过 50%，不承诺外商拥有管理控制权；在基础电信中的固定电话和移动电话服务方面，外方最终股比不得超过 49%，所有国际通信业务必须经由中国电信主管部门批准设立的出入口局进行。

(2) 银行。承诺在加入 WTO 2 年后允许外资银行在已开放的城市内向中国企业提供本币服务，加入 WTO 5 年后允许其向所有中国个人提供本币服务。允许外资非银行金融机构提供汽车消费信贷。

(3) 保险。在寿险方面，承诺允许外资进入，但坚持外资股比不超过 50%，不承诺外资拥有管理控制权；承诺 3 年内逐步放开地域限制；承诺 4 年内取消强制分保要求；承诺 5 年内允许设立独资保险经纪公司。

(4) 证券。A 股和 B 股不合并，不开放 A 股市场（即不开放资本市场）。承诺 3 年内允许外资股比达到 49%；允许设立合资证券公司，外资股比不超过 33%；可以从事 A 股的承销，从事 B 股和 H 股、政府和公司债券的承销与交易基金的发起。

(5) 音像。在不损害中国审查音像制品内容权力的情况下，承诺开放音像制品的分销，但不包括出版和制作，音像领域只允许根据中国的法律规定设立中外合作企业，同时音像制品的输入和分销必须按中国的法律和法规进行审查。

(6) 电影。承诺加入后每年允许进口 20 部分账电影。允许外商建设或改造电影院，但外资股比不得超过 49%。

(7) 分销。承诺 3 年内，取消对外资参与佣金代理及批发服务（盐及烟草除外）和零售服务（烟草除外）的地域、股权、数量限制，取消对外资参与特许经营的所有限制；承诺5年内取消对外资参与分销领域的所有限制，但销售多个供货商的不同种类和品牌产品的连锁店，如其分店数量超过30家，且销售粮食、棉花、植物油、食糖、图书、报纸、杂志、药品、农药、农膜、成品油、化肥，则不允许外资控股。

从很多方面讲，加入WTO是中国保持经济发展和改革速度的最佳选择。随着世界经济变得更加错综复杂和彼此关联，中国按照国际贸易规则参与世界经济对中国自身乃至整个世界都变得更为关键。作为WTO成员，中国将能参与国际贸易和投资管理规则的制定。中国经济将由于服务行业范围的扩大而受益，外国公司在中国加入WTO后向中国引进保险、金融和经销业。在这些领域的竞争将反过来刺激中国国内的服务业，从而使企业和消费者有更宽的选择面。

单元小结

贸易条约与协定是国际贸易政策措施之一。早在资本主义出现以前就有贸易条约与协定，资本主义生产方式诞生后，随着国际贸易的发展，贸易条约与协定的数量日益增加，内容也日益复杂。世界贸易组织是国际贸易领域最大的政府间国际组织，统辖当今国际贸易中的货物、服务、知识产权、投资措施等领域。

本单元首先介绍了贸易条约与协定的基本概念、种类及其所适用的主要法律待遇条款。

其次介绍了第二次世界大战后与国际经济关系两大支柱相关的贸易协定：关贸总协定。从关贸总协定的产生背景及其宗旨、内容、基本原则和例外条款，着重讲述了关贸总协定中非常重要的八轮多边贸易谈判及其成果。从经济发展的趋势来看，关贸总协定对世界经济的发展具有一定的推动作用，但由于关贸总协定产生背景的特殊性，其发展过程中不可避免地存在一定的局限性。随着国际经济的不断发展，其本身难以克服的局限性日益突出，已经不能适应国际贸易和世界经济的长足发展。

再次介绍了在经济全球化发展的必然趋势之下，一个国际贸易领域的正式组织——世界贸易组织的相关内容。世界贸易组织于1995年1月1日开始运作，1995年1月31日，世界贸易组织举行成立大会，取代关贸总协定。本单元从世界贸易组织的宗旨和基本原则开始讲述，对其组织机构的设置及其对国际贸易的影响进行了简要的概述。

最后介绍了中国成为WTO成员所经历的艰辛历程，“入世”后中国所作出的承诺，“入世”10年来中国所面临的焦点问题与利益诉求。

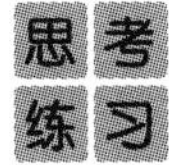

一、单项选择题

1. 国际商品协定的主要对象是(　　)。

A. 发展中国家的初级产品　　B. 发展中国家的制成品

C. 发达国家的初级产品　　D. 发达国家的制成品

2.（　　）要求一切外国人或外国企业处于同等的地位，享有同样的待遇，不受歧视待遇。

A. 最惠国待遇条款　　B. 国民待遇条款

C. 通商航海条约　　D. 公平竞争原则

3. 关贸总协定第6条规定，构成商品倾销的条件之一是出口价格（　　）。

A. 低于国际价值　　B. 低于正常价格

C. 低于进口国国内市场价格　　D. 以上答案都不对

4. 根据关贸总协定的基本原则，（　　）被作为各国保护国内工业的唯一手段。

A. 数量限制　　B. 进口定价

C. 进口计划　　D. 关税

5. 目前，协调各国贸易关系的主要国际经济组织是（　　）。

A. 国际货币基金组织　　B. 世界银行

C. 关贸总协定　　D. 世界贸易组织

6. 世界贸易组织的最高权力机构和决策机构是（　　）。

A. 总理事会　　B. 部长会议

C. 分理事会　　D. 临时性机构

7. 新加入世界贸易组织必须经部长会议（　　）表决通过。

A. 2/3以上多数　　B. 一致同意

C. 3/4以上多数　　D. 1/2以上多数

8. 世界贸易组织成立于（　　）。

A. 1995年4月15日　　B. 1994年4月15日

C. 1994年1月1日　　D. 1995年1月1日

9. 世界贸易组织的最基本原则是（　　）。

A. 市场经济为基础自由竞争原则　　B. 对等原则

C. 非歧视原则　　D. 关税减让原则

10. 世界贸易组织有关货物贸易的多边协议包括（　　）。

A. 农业产品协议　　B. 海关估价协议

C. 政府采购协议　　D. 民用航空器协议

二、简答题

1. 简述关贸总协定在国际贸易领域中的作用。
2. 世界贸易组织与关贸总协定有何不同？
3. 世界贸易组织的宗旨和职能是什么？
4. 简述中国与世界贸易组织关系的历史与现状。

三、论述题

1. 为什么我国成为国际上滥用反倾销措施的受害国？请你运用学过的有关知识加以论述。

2. 美国与日本之间给予了最惠国待遇，但是为什么美国对从加拿大进口的商品不征关税，而对从日本进口的商品要征收关税呢？

3. 在加入 WTO 以后，我国的关税受到 WTO 规则的约束而不能任意提高。请问在此情况下，我国应该如何利用关税、非关税措施来保护本国的民族工业？

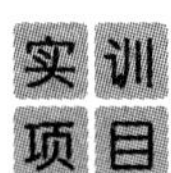

入世目标的实现超出预期

看上去，WTO 规则纷繁复杂，中国入世貌似是惹了一身麻烦。可如今，回头看中国借助 WTO 取得的成就，不难发现加入 WTO 是中国在正确方向迈出去的稳健步伐。入世至今，中国取得的最直接的成就是全球贸易地位的提升。

入世近 15 年，中国在全球贸易中的地位逐渐加强，占全球货物贸易总额的比重由 2001 年的 4.0%提升至 2013 年的 13%。2013 年，中国超越美国成为世界货物贸易第一大国。2013 年，中国出口额占全球出口份额的 11.7%，2014 年这一数据又进一步提高到 12.2%。

此外，中国对于入世承诺的完成，是 WTO 所有成员中完成最好的。加入 WTO 后，特别是从 2001 年至 2006 年，中国贸易政策的重点就是进行对外贸易体制调整，履行入世承诺。这一期间，中国开始了以 WTO 规则为基础的对外贸易体制的全面改革，从政策性开放向体制性开放转变。此外，WTO 的规则体系为中国实现经济制度改革提供了参考，成为促进我国制度改革与创新的重要动力。截至 2010 年，中国加入 WTO 的所有承诺已全部履行完毕，建立起了符合规则要求的经济贸易体制，成为全球最开放的市场之一。

这一点也可从 WTO 对中国的态度上看到。WTO 有个规定：按照成员国在该组织的国际贸易份额排名，对前五名成员国的外贸政策每两年审查一次，第六位到第二十位，每四年审查一次。中国刚刚入世的十年，经历的审查是最严格的，不仅每四年接受一次例行审查，此外还有每年一次的特别审查。但是 2012 年以后，中国就只需要接受每两年一次的例行审查，并且成为 WTO 的监督员。如今，15 年过渡期限已满，我们要怎样做才能更上一层楼呢？

讨论：

(1) 我国如何更好地在 WTO 中发挥建设性作用？

(2) 结合我国经济的发展讨论入世 15 年对我国的影响。

(3) 如何正确理解加入 WTO 15 年来我国经济贸易领域出现的新问题（比如贸易摩擦增多等)？

中美轮胎特保案

2009年4月20日，美国钢铁工人联合会提交请愿书，称中国出口至美国的轮胎大幅增长，扰乱了美国的国内生产市场；4天后，美国国际贸易委员会发起调查并背书钢铁工人联合会的观点。

2009年9月11日，美国总统奥巴马作出决定，对中国轮胎采取特殊措施，在3年内分别加征收30%、25%和20%的惩罚性从价关税。

2009年9月14日，中国政府正式对美国限制进口中国轮胎的特保措施启动了WTO争端解决程序，并于2009年9月21日向世界贸易组织提出申请，建议设立一个专家组调查美国采取的轮胎特保措施。

2010年1月19日，WTO成立争端解决机制专家小组。

2010年12月13日，专家组裁决报告公布，驳回中国的投诉，表示美国对从中国进口的轮胎实施惩罚性关税并未违反WTO的相关规定。

2011年5月24日，中国向WTO争端解决机构就中美轮胎特保争端案专家组报告提出上诉申请。在上诉报告中中国主要提出两个观点：第一是美国国际贸易委员会和WTO争端解决机制专家小组错误得出中国输美轮胎快速增长的结论，因为在2008年，即调查期末，中国出口仅增加10.8%，比2004年到2008年调查期内34%的增长率大幅下降；第二是美国国际贸易委员会没有能够充分证明中国出口的轮胎是使美国轮胎业衰退的最直接原因。中国认为，美国轮胎企业转变战略，主动关闭其在美国的市场以及美国国内需求的下降，这些都是导致美国轮胎业生产下滑的原因。

2011年9月5日，上诉机构裁决公布，终审报告维持WTO争端解决机制专家小组的判断，继续认定美国的做法符合规定。

讨论：

(1) 来自中国的轮胎进口是否属于《议定书》第16条第4款所规定的“快速增长”？

(2) “快速增长”的进口是否为实质性损害的一个重要原因（即“因果关系”）？简述《议定书》第16条第4款中“重要原因”的具体定义以及美国国内法《1974年贸易法》中增加了相应的第421节“本身”是否违法的问题。

(3) 简述美国采取的限制措施是否过度的问题和措施的时间是否过长。

(4) 中美轮胎特保案对我国相关行业造成了怎样的影响及对其他行业的启示有哪些？

第六单元

区域经济一体化

学习目标

【知识目标】

- 了解区域经济一体化的基本含义及形式
- 掌握典型的区域经济一体化组织的发展现状
- 了解中国参与区域经济合作过程中存在的问题

【能力目标】

- 能运用所学知识准确理解区域经济一体化的概念及主要形式
- 能运用所学知识掌握最具有代表性和规模较大的区域经济一体化组织
- 能正确分析中国参与区域经济一体化的成效和存在的问题

重点难点

【重点】

- 区域经济一体化的含义
- 主要的区域经济一体化组织

【难点】

- 区域经济一体化的形式
- 中国参与区域经济一体化问题的分析

案例导入

中国与新西兰签署自由贸易协定

2007年4月7日，在温家宝总理和新西兰总理海伦·克拉克的见证下，商务部部长陈德铭与新西兰贸易部长菲尔·戈夫代表各自政府在北京人民大会堂签署了《中华人民共和国政府和新西兰政府自由贸易协定》（简称《自由贸易协定》）。该协定涵盖了货物贸易、服务贸易、投资等诸多领域，是我国与其他国家签署的第一个全面的自由贸易协定，也是我国与发达国家达成的第一个自由贸易协定。

新西兰创下四个“第一”

中国—新西兰自由贸易区谈判是2004年11月胡锦涛主席与新西兰克拉克总理共同宣布启动的。历经15轮磋商，最终在2007年年底完成。新西兰在经贸方面创下四个“第一”：第一个完成中国“入世”双边谈判的国家，第一个承认中国完全市场经济地位的国家，第一个与中国展开自由贸易谈判的发达国家，第一个与中国建立自由贸易区的发达国家。

《自由贸易协定》于2008年10月1日起生效。根据该协定，在货物贸易方面，新西兰承诺将在2016年1月1日前取消全部自华进口产品的关税，其中63.6%的产品从该协定生效时起即实现零关税；中方承诺将在2019年1月1日前取消97.2%自新西兰进口产品的关税，其中24.3%的产品从该协定生效时起即实现零关税。

减少贸易壁垒

克拉克在声明中表示，《自由贸易协定》减少了新西兰与中国的贸易壁垒，以两国目前的贸易量计算，取消新西兰对华关税将每年节省1.155亿新西兰元，预计新西兰对华出口将每年提高2.25亿～2.35亿新西兰元。

对中国企业来说，实行《自由贸易协定》后，对新西兰出口产品或者到新西兰投资，都将逐步享受更为优惠的关税或国民待遇，从而降低出口成本。

2007年，中国—新西兰货物双边贸易额约为37亿美元，同比增长26%。中国是新西兰第三大贸易伙伴国，是新西兰第四大出口市场和第二大进口来源地。中国出口新西兰的主要产品包括电子机器和设备、机械设备、服装、家具、玩具、钢铁产品等。新西兰出口中国的主要产品则包括乳制品、木材、纸浆及其他纸制品和羊毛等。

资料来源：http：//business. sohu. com/20080408/n256149885. shtml.

【思考】什么是自由贸易协定？中国和新西兰之间的《自由贸易协定》有哪些具体安排？对双方经贸往来有什么好处？

单元知识一　区域经济一体化概述

阅读材料

区域经济一体化续写“中国奇迹”

20世纪80年代以后，随着经济一体化在世界范围内的迅速发展，人们开始以更广阔的视野关注和研究区域经济一体化所涉及的方方面面的内容。特别是作为迄今为止已经进入经济一体化最高发展阶段的欧盟的发展，已经远远超出了经济领域本身，成为一个涵盖了政治、法律、文化、社会等方面的多元化范畴，相应地，人们对经济一体化的研究也呈现出一种综合性和多学科的特点。

中国经济想要保持继续高增长的奇迹，空间显然存在于区域经济非均衡增长的实现过程之中。因此近年来，我们看到了一种从未有过的景象：宏观层面密集批复一批又一批区域发展规划，且依然持续。其中一个鲜明的特征是：在经济发展要素面前，区域行政色彩被淡化，产业要素的聚合、辐射，成为区域发展的主角。预计这样的指导性“规划”还在酝酿，打破行政区域藩篱的区域经济将呈现中国区域发展的新格局。

事实上，中国经济可持续发展的动力之源，就蕴藏于由来已久的区域发展失衡的现状。这种在发展战略方向上作出的调整，一方面通过培植更多地区和更多增长极，汇聚经济发展的接续力量；一方面通过区域经济格局变化产生的动力，倒逼政治经济体制改革的深入，从而推动区域经济由非均衡增长向协调、可持续发展转变。

任务引领

区域经济发展的概念在逐步升级，其间虽然充满了冲突、博弈、矛盾和问题，但是参照民营经济改变中国经济的范例，国内乃至国际区域经济一体化的趋势，中国经济当然需要依靠更深入的区域经济一体化。

试问：什么是区域经济一体化？它有哪些形式？全世界范围内有哪些主要的区域经济一体化组织？中国在这样的一些组织中有着怎样的作用？

区域经济一体化是第二次世界大战以后世界经济领域出现的一种新现象。它发源于欧洲，20世纪60—80年代在世界各地获得迅速发展，进入21世纪，其发展趋势得到了明显的加强。各种类型的区域性经济贸易集团无一例外地采取歧视性的贸易政策，即对成员国实行完全取消贸易壁垒的政策，而对非成员国则继续保持贸易壁垒，因而对国际分工和国际贸易乃至世界经济、政治格局产生了广泛而深远的影响。区域经济一体化已成为当今世界经济贸易发展的重要特征和趋势。

一、区域经济一体化的含义

经济一体化（Economic Integration）最初用来表示企业间通过卡特尔、康采恩等形式结合而成的经济联合体。20世纪50年代，有关学者将它引入国际经济领域，用“国际经济一体化”（International Economic Integration）来表示将各个独立的国民经济单位（一般为独立的国家）结合成更大范围的经济合作区。区域经济一体化（Regional Economic Integration），是指区域内两个或两个以上的国家或地区，通过制定共同的经济贸易政策等措施，消除相互之间阻碍要素的流动，从而实现资源的优化配置，促进经济贸易发展，最终形成一个超国家的和经济贸易高度协调统一的整体。区域经济合作往往要求参加一体化的国家或地区让渡部分国家主权，由一体化合作组织共同行使这一部分主权，实行经济的国际干预和调节。

从概念中，可以把握区域经济一体化的几个基本特征：(1) 成员间消除某些方面的歧视，并尽量采用共同的政策与措施；(2) 在同样的方面，共同保持对非成员的歧视，并限制单个成员的对外权限；(3) 各成员本着互利互惠的原则参与其中，目的在于取得非合作条件下无法获得的某些效果与利益；(4) 它的性质可以视为，全球范围内无法实现真正意义上的自由贸易与经济合作，只能在局部地区的某些方面进行。

区域经济一体化与世界经济一体化的关系

作为世界经济领域的一种新现象，区域经济一体化始终与关贸总协定和世界贸易组织所推行的世界经济一体化思潮相伴相生，既矛盾又统一。从矛盾处看，区域经济一体化是对关贸总协定和世界贸易组织所倡导的世界经济一体化的一种倒退，它直接导致世界经济出现一个个排他性的区域经济集团，加剧了世界经济的不稳定，是贸易保护主义的一种新的综合表现形式。从统一处看，区域经济一体化和世界经济一体化一样，均着眼于开放市场，取消贸易壁垒，提倡自由贸易。并且随着商品、劳务、资金、劳动力统一大市场的出现，生产要素得以自由流动，资源配置得以改善，直接满足了企业对生产链整合和区域市场扩大的要求。因此，区域经济一体化在阻碍世界范围内自由贸易发展的同时，通过拓展地区贸易和经济技术合作，又从另外一个角度补充和推动了自由贸易。

二、区域经济一体化的形式

区域经济一体化包括不同的类型和不同的程度，无论从内容还是层次来看，差异都很大。从不同角度考虑，可以分为如下形式。

（一）按区域经济一体化的程度划分

1. 优惠贸易安排

优惠贸易安排（Preferential Trade Arrangements），是区域经济一体化中最低级和最松散的组织形式。成员国之间通过贸易条约或协议，规定了相互贸易中对全部商品或部分商品的关税优惠，对来自非成员国的进口商品，各成员国按自己的关税政策实行进口限制。如第二次世界大战前建立的“英联邦特惠制”及第二次世界大战后建立的“东南亚国家联盟”等。

在优惠贸易安排这种形式中，各成员国的贸易政策是不一致的，即各成员国给予来自其他成员国进口商品的关税等政策待遇是不相同的。这种状况好比各成员国对来自非成员国进口商品的关税等政策待遇各不相同。因此，许多学者不把优惠贸易安排列入区域经济一体化的组织形式之中。但我们认为，优惠贸易安排对成员国之间开展商品贸易的政策制定有一定程度的约束，以后任何成员国都不能独立自主地进行增加商品进口限制的政策调整，商品贸易的自由程度有所提高，这也是一种经济政策和措施的统一。因此，优惠贸易安排也被称为区域经济一体化的一种组织形式。

2. 自由贸易区

自由贸易区（Free Trade Area），是指签订自由贸易协议的成员国相互彻底取消在商品贸易中的关税和数量限制，使商品在各成员国之间可以自由流动。但是，成员国仍保持各自对来自非成员国进口商品的限制政策。自由贸易区的一个典型例子是 1960 年由澳大利亚、丹麦、挪威、葡萄牙、瑞典、瑞士（芬兰在 1961 年也加入了该协定）等国倡导建立的欧洲自由贸易联盟（European Free Trade Association，EFTA），另一个典型例子是由美国、加拿大和墨西哥在 1993 年建立的北美自由贸易区。

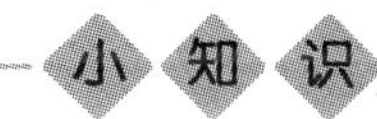

原产地原则

只有产自成员国内的商品才享有自由贸易及免征进口关税的待遇。一般来说，原产地商品是指商品价值的 50%以上是在自由贸易区内部成员国生产的商品。有些区域经济一体化组织对某些敏感产品的原产地规定更加严格，要求商品价值的 60%，甚至 75%以上产自成员国时才符合原产地规则的规定。

在世界上众多的自由贸易区中，自由贸易的商品范围有所不同。有的自由贸易区只对部分商品实行自由贸易，如在欧洲自由贸易联盟内，自由贸易的商品只限于工业品，而不包括农产品，这种自由贸易区也被称为工业自由贸易区。有的自由贸易区对全部商品实行自由贸易，如拉丁美洲自由贸易协会和北美自由贸易区对区内所有的工、农业产品的贸易往来都免除关税和数量限制。据此，在经济一体化的理论上就有部分一体化和全部一体化之说。

3. 关税同盟

关税同盟（Customs Union），是指成员国之间彻底取消在商品贸易中的关税和数量限制，使商品在各成员国之间可以自由流动。另外，成员国之间还规定对来自非成员国的进口商品采取统一的限制政策，关税同盟外的商品不论进入哪个同盟内的成员国都将被征收相同的关税。例如：早期的欧洲经济共同体和东非共同体。

关税同盟意味着撤除了成员国各自原有的关境，组成了共同的对外关境。这使成员国的商品在区域内部自由流动的同时，排除了来自非成员国商品的竞争。关税同盟使成员国在商品贸易方面彻底形成了一体化。关税同盟开始具有超国家性质，是实现全面经济一体化的基础。

小知识

关税同盟的局限性

从经济一体化的角度看，关税同盟也具有某种局限性。随着成员国之间相互取消关税，各成员国的市场将完全暴露在其他成员国厂商的竞争之下。为保护本国的某些产业，各成员国往往采取一些更加隐蔽的措施，如非关税壁垒来保护本国的厂商。尽管关税同盟成立之初已经明确规定取消非关税壁垒，然而非关税壁垒措施没有一个统一的判断标准。因此，关税同盟包含着鼓励成员国增加非关税壁垒措施的倾向。同时，关税同盟只解决了成员国之间边境上的商品流动自由化问题，当某一个成员国的商品进入另一个成员国境内后，各种国内限制措施仍然构成了自由贸易的障碍。因此，解决这一问题的最好办法是向更高市场——共同市场迈进。

4. 共同市场

共同市场（Common Market），是指除了在成员国内完全废除关税与数量限制并建立对非成员国的共同关税外，还取消对生产要素流动的各自限制，允许劳动、资本等在成员国之间自由流动。在商品自由流动方面，它既一直有对外的统一关税，又有协调间接税制度、产品标准化制度；在资本的自由流动方面，有协调筹资制度；在劳动力的自由流动方面，有学历和技术等级的相互承认制度等。共同市场下，经济调节的超国家性质比关税同盟更进一步。

共同市场最典型的例子是欧洲共同市场，它于1957年由联邦德国、法国、意大利、比利时、荷兰、卢森堡六国倡导，经过十几年的努力才得以形成。作为比自由贸易区和关税同盟更高一级的区域经济一体化形式，共同市场的主要特点是：成员国之间不仅实现了商品的自由流动，还实现了生产要素和服务的自由流动。

5. 经济同盟

经济同盟（Economic Union），是共同市场和经济共同体向超国家一体化的宏观协调机制发展的具体步骤，是一种较高层次的区域经济一体化组织形式。其特点是：在实行关税、贸易和市场一体化的基础上，进一步协调成员国之间的经济政策和社会政策，包括货币、财政、经济发展和社会福利政策，以及有关贸易和生产要素的流动政策，并拥有一个制定这些政策的超国家的共同机构。

经济同盟与共同市场的区别

经济同盟与共同市场最大的区别是：各成员国必须把许多经济主权移交给超国家的机构统一管理，这意味着各成员国不仅让渡了建立共同市场所需让渡的权力，更重要的是成员国让渡了使用宏观经济政策干预本国经济运行的权力。这些政策制定权的让渡对共同体内部形成自由的市场经济，发挥“看不见的手”的作用是非常有意义的。

6. 完全经济一体化

完全经济一体化（Complete Economic Integration），是经济一体化的最高级组织形式。区域内各成员国在经济同盟的基础上，全面实行统一的经济和社会政策，使各成员国在经济上形成单一的经济实体。而该经济实体的超国家机构拥有全部的经济政策制定权和管理权。目前，世界上尚无此类经济一体化组织，只有欧盟在为实现这一目标而努力。

上述六种形式的区域经济一体化组织是按由低级到高级的顺序排列的。各种形式的一体化组织之所以可以分级排列是因为上一级形式的一体化组织包含下一级形式的一体化组织的特点。但是，必须指出的是，区域经济一体化组织形式的分级排列并不意味着一个区域性组织在向一体化深度发展时一定是由低级向高级逐级发展的。从区域经济一体化的实践来看，一体化的起点并不一定是优惠贸易安排，某个区域经济一体化组织也可能兼有两种组织形式的某些特点。区域经济一体化组织在实践中也许会产生更多的形式。目前，各类区域经济一体化组织形式的主要区别如表 6—1 所示。

表 6—1　　各类区域经济一体化组织形式的区别

主要内容 组织形式	优惠关税	商品自由流通	共同对外关税	生产要素自由流动	经济政策协调	超国家经济组织
优惠贸易安排	√					
自由贸易区	√	√				
关税同盟	√	√	√			
共同市场	√	√	√	√		
经济同盟	√	√	√	√	√	
完全经济一体化	√	√	√	√	√	√

（二）按区域经济一体化的范围划分

1. 部门经济一体化

部门经济一体化（Sectional Economic Integration），是指区域内各成员国的一个或几个部门（或商品，或产业），为达成共同的经济联合协定而产生的区域经济一体化组织。如欧洲煤钢共同体和欧洲原子能共同体。

2. 全盘经济一体化

全盘经济一体化（Overall Economic Integration），是指区域内各成员国的所有经济部门加以一体化的形态。如欧洲共同体和解散前的经济互助委员会。

（三）按参加国的经济发展水平划分

1. 水平经济一体化

水平经济一体化（Horizontal Economic Integration），又称横向经济一体化，是指由经济发展水平大致相同或相近的国家所组成的经济一体化组织。如中美洲共同市场（Central America Common Market，CACM）和欧洲共同体。

2. 垂直经济一体化

垂直经济一体化（Vertical Economic Integration），又称纵向经济一体化，是指由经济发展水平不同的国家所组成的区域经济一体化组织。如北美自由贸易区就是由美国、加拿大（发达国家）与墨西哥（发展中国家）所组成的。

三、区域经济一体化的实质

总体来看，全球范围内的区域经济一体化浪潮的兴起和发展同整个世界经济和政治格局的多极化是相一致的，换句话说，当前区域经济一体化的实质是世界经济多极化和世界政治多极化。

其一，区域经济一体化的新浪潮折射出世界经济多极化的大势。

从发达国家来看，新一轮区域经济一体化以经济全球化为背景，一方面，全球化伴随着科技进步和生产力巨大发展的要求，生产体系和市场体系在全球范围内不断扩张，而充当载体和推动力量的是跨国公司；另一方面，由于民族利益和国家利益的存在，全球竞争不断加剧，与此同时，在经济发展不平衡规律的作用下，美国经济在20世纪中叶的独霸局面已经不复存在，从而形成了今日世界经济“一超多强”的格局。因此，发达国家希望通过建立区域经济组织来保证自己的生产体系和市场规模的扩大，以增强自身的竞争实力，确保在获利更多的过程中立于不败之地。

从发展中国家来看，随着经济全球化的深入，新兴工业化国家和包括中国、印度在内的发展中国家的经济，已经逐步在世界经济中各自占据一席之地。在这种态势下，作为世界经济中的“一极”，这些国家参与国际竞争和经济一体化的愿望更加强烈，要求同发达国家平等互利、实现共赢的呼声更加高涨。然而，发展中国家作为单个经济体仍显弱小，因此希望通过参加区域经济组织来维护自身的经济利益和经济安全。尽管这些区域经济组织往往都由大国主导，并且也是出于其“私利”动机，但是，发展中国家仍可能从参与区域经济一体化中获得自己的利益。

由此可见，区域经济一体化的实质就是世界经济的多极化。其含义包括：一是在经济发展不平衡规律的作用下，当今世界经济正在摆脱超级大国的控制，有利于平等合作、公平竞争；二是经济全球化背景下的区域经济组织不仅是竞争的产物，更是大势所趋。

其二，区域经济一体化的新浪潮也反映了世界政治多极化的大势。

一方面，自20世纪80年代末90年代初以来，世界政治多极化趋势加强。东欧剧变、苏联解体，宣告美苏两极格局瓦解。美国虽然成为“冷战”后唯一的超级大国，拥有经济、科技、军事以及国际影响力等方面的绝对优势，但已无力建立由美国主宰的单极世界；欧洲国家积极推进内部合作，并努力朝着政治、军事一体化的方向发展；日本仍然保持世界经济大国的地位，并试图成为军事、政治大国；俄罗斯能源资源丰富，科研基础也颇具优势，加上同为核大国，正力图重振大国雄风；中国自改革开放以来，经济迅速发展，在国际政治舞台上发挥着日益重要的作用。在世界政治多极化趋势不断加强的大背景下，区域经济一体化的发展顺理成章。

另一方面，经济是政治的基础和前提，政治上的国际联盟也需要相应的经济联盟作保障。如前所述，多数区域合作或者自由贸易安排都有着明显的政治含义。欧洲合作的目的是通过经济合作走向政治联合，实现欧洲的长久稳定和安全。美国是利用自由贸易协定实现政治目的的典型国家。2006年，古巴、委内瑞拉和玻利维亚三国首脑签署的“人民贸易协定”本身就是政治的体现，因为它不仅反映了拉美政坛的新变化，而且表明了拉美左派政府试图以此取代由美国主导和倡议的美洲自由贸易区。东南亚的合作进程，从一开始就具有很强的政治推动力。中国与东盟于2003年确立了战略伙伴关系，双方政治关系得到了显著改善。日本在中国—东盟启动自由贸易区进程之后，也紧锣密鼓地加快了与东盟国家谈判自由贸易区的步伐，其政治含义也是明显的。

可以预见，随着世界多极化的发展，区域经济一体化的趋势将会进一步加强。从某种意义上说，区域经济一体化体现了国际经济与政治正朝着平等、民主的方向发展的趋势，有利于推动建立公正、合理的国际新秩序，有利于促进国际关系民主化。

单元知识二　区域经济一体化的发展

阅读材料

中国与亚太经济合作组织

从中国加入亚太经济合作组织（APEC）（以下简称亚太经合组织）起，亚太经合组织便成为中国与亚太地区其他经济体开展互利合作、开展多边外交、展示中国国家形象的重要舞台。中国通过与亚太经合组织的合作促进了自身发展，也对本地区乃至世界经济发展作出了重要贡献。

作为亚太大家庭的一员，中国一贯重视并积极参与亚太经合组织各领域合作。中国国家主席出席了历次亚太经合组织领导人非正式会议，提出了许多积极、平衡、合理的政策主张和倡议。2001年10月20日，亚太经合组织第九次领导人非正式会议在中国上海成功举行。会议通过了《亚太经合组织经济领导人宣言》、《上海共识》、《数字亚太经合组织战略》等重要文件，有力推动了中国与亚太经合组织有关成员双边关系的发展。

亚太地区是中国对外经济贸易的重要依托。中国对外贸易的约70%、所吸引的外国直接投资的70%以上来自亚太经合组织成员，中国的发展在很大程度上受益于区域经济。中国在亚太经合组织内发挥着极具建设性的作用。中国通过参加亚太经合组织的一系列活动，推动国际秩序朝着更加公正、合理的方向发展。

最近几年，为应对国际金融危机，中国政府除及时调整宏观经济政策，果断实施扩大内需、促进经济增长等一揽子计划外，积极与包括亚太经合组织在内的国际社会携手合作。在新加坡举行的亚太经合组织第17次领导人非正式会议上，时任国家主席胡锦涛宣布，中国政府将拨款1 000万美元设立中国亚太经合组织合作基金，用于鼓励和支持中国相关部门和企业参与亚太经合组织经济技术合作。中国通过双边、多边和地区性合作等各种渠道，为世界经济尽快走出困境作出了积极贡献。

任务引领

试问：亚太经合组织是什么样的组织？中国加入亚太经合组织给中国未来的经济发展带来了哪些影响？中国在区域经济一体化组织中如何发挥领头的作用？

一、区域经济一体化兴起的动因

新一轮区域经济一体化浪潮波澜壮阔，有其深刻的政治原因和经济原因，主要有：

（一）当前全球范围内日益加深的市场化趋向改革，为区域经济一体化的发展奠定了体制基础

在战后新技术条件下，各国之间的分工与依赖日益加深，生产社会化、国际化程度不断提高，使各国的生产和流通及其经济活动进一步越出国界。这就必然要求消除阻碍经济国际化发展的市场和体制障碍。当今世界，越来越多的国家通过实践认识到，只有选择市场经济体制，才能加快本国经济发展的速度、提高经济的运转效率和国际竞争力。通过改革，各国消除了商品、生产要素、资本以及技术在国家之间进行流动的经济体制上的障碍，促成了区域经济一体化的发展。

（二）世贸组织多边贸易体制本身的局限性以及近年来多边贸易谈判所遭遇的挫折和困难，刺激了区域经济一体化的发展

虽然世贸组织是推动贸易自由化和经济全球化的主要力量，但由于其自身庞大，运作程序复杂，根据世贸组织“一揽子接受”方式，其成员对各项议题的谈判只有在一致同意的基础上才能进行，从而注定了在短时间内所有成员达成共识和消除矛盾并非易事。例如：2001年11月在多哈发起的首轮多边回合谈判一直举步维艰。多边贸易谈判前景的不可预测性，为双边和区域性贸易协议提供了发展空间与机遇，也为参与全球竞争提供了更多的选择。而且，区域经济一体化组织因其成员常常是地理位置相邻、社会政治制度相似、生产力发展水平相近、文化历史背景类似，从而具有开展经济合作的诸多优势。

（三）服务于本地区的和平、发展与稳定，是此轮区域经济一体化浪潮的政治原因

1. 谋求政治修好，缓解矛盾冲突，稳定地区局势

世界银行研究表明：区域贸易协议除了促进贸易流动，也对消除政治冲突起着显著的作用。欧洲合作的初始动机和最终目标就是政治。经过两次世界大战的磨难，欧洲人意识到不能再发生战争，必须通过合作、一体化与联合，实现欧洲的长久稳定、安全和发展。时至今日，欧洲各国终于通过经济合作，为实现地区的和平与发展、实现大欧洲联合的梦想，奠定了坚实的基础。在亚洲，1999年东亚领导人关于东亚合作的联合声明，明确提出了开展政治、安全对话与合作的议题。此外，印度和巴基斯坦之间政治紧张局势的缓解，与正在进行中的南亚自由贸易区协议谈判密不可分。非洲一些国家政局长期不稳，大多数国家经济又不发达，这些因素促使非洲联盟于2002年问世，其目的是试图以政治和经济合作来推动地区稳定与经济发展。

2. 推动国内的体制改革

一些发展中国家和转轨国家把区域贸易协议作为锁定贸易自由化或国内体制改革进程

的机制，即通过外部的条约责任和有形而具体的承诺来促进国内的体制改革。20 世纪 90 年代，东欧转型国家与欧盟签署区域贸易协议的目的之一，就在于以此推动向市场经济转化的进程。

3. 寻求区域层面的政治保护以抗衡其他区域集团

这是世界大国加紧组织和巩固区域经济集团的一个重要动因。美国参与跨地区的亚太经合组织，意在抗衡不断扩大的欧盟。而欧盟希望作为一个更强大的整体，用一个强音在国际上更有力地与美、日等大国抗争，不仅在自家门口加紧对外经济扩展，在拉美和亚洲等地积极开展经济合作，而且致力于“大欧洲自由贸易区”的构想。日本极力在亚太地区推行“雁阵模式”，巩固和扩大“大东亚经济圈”，同时采取各种措施打入欧美腹地，并期望借此获取联合国安理会常任理事国地位。俄罗斯以独联体为依托，已经建立或正在构建一些区域经济集团，如独联体国家经济联盟、欧亚经济共同体等，以巩固和加强自身的大国地位。东盟通过加强内部协调与合作，在世贸组织、联合国贸发会议等多边经济组织中用一个声音说话，来维护日益增强的自身利益。

4. 传播主体政治价值理念

“9·11”事件之后，美国把反恐作为其国际战略的一项核心内容。2003 年 5 月伊拉克战争结束后，美国主动提出与中东地区国家在 2013 年之前建立自由贸易区的倡议。舆论普遍认为，美国此举的真正目的是要通过建立自由贸易区的方式在该地区推行美国式民主制度。

二、当前区域经济合作发展的主要特点

全球范围内区域经济一体化迅速发展主要依靠三个途径：一是不断深化、升级现有形式；二是扩展现有集团成员；三是缔结新的区域贸易协议或重新启动沉寂多年的区域经济合作谈判。当前区域经济合作发展的主要特点有：

（一）区域经济合作近年呈加速发展趋势

2010 年 1 月 1 日，中国—东盟自由贸易区全面建成和正式启动。这是世界上人口最多的自由贸易区，也是由发展中国家组成的世界最大的自由贸易区，由中国和东盟 10 国共同组成，拥有 19 亿消费者、近 6 万亿美元国内生产总值和 4.5 万亿美元贸易总额。

（二）跨区域合作成为区域经济合作的新热点

区域经济合作开始主要发生于有地缘优势的相邻国家和地区之间，如北美自由贸易区、欧盟、东盟等。随着区域经济合作的发展，周边可用的资源逐渐减少，再加上信息通信技术的发展，跨洲的经济交流趋于便利。

（三）双边经济合作成为热点，但多边区域经济合作的影响力越来越大

据世贸组织的统计，2003 年，正在运行的双边区域经济合作占全部区域经济合作的 80%，正在谈判的 90%均在双边之间进行。2004 年 5 月，欧盟迎来第 5 次扩张，爱沙尼亚等 10 国正式加入欧盟，欧盟从拥有 15 个成员国增加到 25 个，拥有 4.5 亿人，比美国大了一倍，对外贸易额占世界贸易额的 20%，GDP 占世界的 1/4。北美自由贸易区的影响

力也越来越大，在美国的推动下，34个美洲国家计划于2005年1月1日成立美洲自由贸易区。东盟从最初的5国扩大到10国，而且扩大后的东盟集体或单个成员还在与日本、中国、韩国、美国、澳大利亚等国家进行谈判。除两个或几个国家间建立区域经济合作组织以外，区域经济合作也呈现出越来越复杂的组织形式。

(四) 亚洲成为区域经济合作的新热点

区域经济合作的发展受经济发展程度、开放程度和文化认同程度等多方面因素的影响，因此各个大洲、各个经济区域之间的发展很不均衡。例如：西欧、北美起步较早，发展较快，而亚洲则起步较晚，亚洲最大的3个经济体——日、中、韩——自2000年才开始启动这项工作，因此其在区域内优惠贸易中所占的比重在各大洲之间最小。

(五) 区域经济合作促使区域内贸易和投资出现"内敛"的趋势

由于区域经济一体化的安排，区域性集团内部贸易投资便利化程度优于区域外，导致区域内出现产业结构的优化重组，促成了相对封闭的区域性国际市场的出现。加之贸易、投资创造和转移效应，使得区域内的贸易和资本流动迅速增长，并超过区域间的贸易和资本流动而呈现出一种排他性的"内敛"趋势。例如：欧盟对外投资的1/3是在成员国之间进行的；就北美而言，美国和加拿大都互为最大的投资对象国和产业转移国，据统计，美国对外投资的1/5集中于加拿大，加拿大对外投资的1/3则集中于美国，未加入区域经济合作组织的国家和地区在国际贸易和国际直接投资的竞争中有可能陷入被边缘化的危险。

三、世界主要区域经济一体化组织

区域经济一体化已成为当代世界经济发展的一大特点。不仅发达国家无一例外地被卷入组建区域经济一体化的浪潮中，而且广大发展中国家出于发展本国或本地区经济和共同抵制发达国家经济剥削的需要，也纷纷组建、巩固和发展自身的区域经济合作组织。在众多的区域经济一体化组织中，对世界贸易有着重大影响的经济贸易集团主要是欧盟、北美自由贸易区、亚太经济合作组织和东南亚国家联盟。

(一) 欧洲联盟

欧洲联盟（European Union，EU，简称欧盟）的前身是欧洲经济共同体（European Economic Community，EEC，简称欧共体）。1951年4月，西欧6国（法国、联邦德国、意大利、荷兰、比利时、卢森堡）在法国巴黎签订了《欧洲煤钢联营条约》（也称《巴黎条约》），建立了欧洲煤钢共同体。欧洲煤钢共同体建立后，西欧6国认为可以把《巴黎条约》的原则扩大到其他领域。

1957年3月25日，西欧6国政府在意大利罗马签订了《建立欧洲原子能共同体条约》和《建立欧洲经济共同体条约》。这两个条约合在一起统称为《罗马条约》。《罗马条约》于1958年1月1日生效，同时，欧洲原子能共同体和欧洲经济共同体正式成立。《罗马条约》的主要内容有：建立全面的关税同盟，即内部取消各种商品的关税，对外采用统一关税；对外实行共同的贸易政策；内部实施共同的农业政策；逐步协调经济和社会政策，实现商品、人员、劳务和资本的自由流通。

1968 年，欧共体 6 国基本上实现了关税同盟的目标。各成员国间工业品关税降至零，取消了相互的贸易配额限制等非关税壁垒，并对成员国以外的国家实行统一的关税税率。1969 年，欧共体 6 国首脑在海牙举行会议，正式决定把建立欧洲经济与货币联盟作为欧共体的重要目标。

1973 年，英国、丹麦和爱尔兰正式加入欧共体。欧共体由 6 个成员国扩大到 9 个成员国。1981 年，希腊正式加入欧共体，欧共体成员国增加到 10 个。1986 年 1 月 1 日，西班牙、葡萄牙正式加入欧共体，欧共体的成员国增加到 12 个。

1991 年 12 月，欧共体 12 国首脑在荷兰的马斯特里赫特举行会议，就《欧洲经济与货币联盟条约》和《欧洲政治联盟条约》达成协议。这两个条约统称为《欧洲联盟条约》（也称《马斯特里赫特条约》，简称《马约》)。《马约》在 1992 年 2 月 7 日签署通过，从 1993 年 11 月起正式生效。《马约》提出了三个要实现的目标：一是 1999 年建成欧洲货币联盟，发行单一货币，建立欧洲中央银行；二是实施共同的外交和安全政策；三是实行司法内政合作，建立统一的警察力量。

《马约》规定的欧洲政治联盟目标是提高经济与社会凝聚力，促进和平衡持久的经济与社会进步；通过实施共同的外交和安全政策，最终制定共同安全与防务政策，在国际舞台上用一个声音说话；通过联盟公民身份的实施，加强对联盟成员国国民权利的保护；发展在国内事务和司法领域的密切合作关系；保持和发展欧共体已取得的成果等。

1993 年 11 月 1 日，《马约》正式生效，欧盟正式诞生。

1995 年 1 月 1 日，奥地利、瑞典和芬兰加入欧盟，欧盟实现了第 4 次扩张，成为一个拥有 15 个成员国、3.7 亿人口的欧洲区域组织。12 月 16 日，欧盟马德里首脑会议最终把未来欧洲统一货币的名称确定为“欧元”。

1999 年 1 月 1 日，欧盟正式启动欧元，2002 年正式流通，为欧盟经济一体化起到了催化作用。3 月 1 日，欧元成为欧元区国家唯一法定货币。11 月 18 日，欧盟 15 国外长在布鲁塞尔举行会议，决定邀请塞浦路斯、匈牙利、捷克、爱沙尼亚、拉脱维亚、立陶宛、马耳他、波兰、斯洛伐克和斯洛文尼亚 10 个中东欧国家加入欧盟。

2003 年 4 月 16 日，完成入盟谈判的候选国签署入盟协议。这 10 国于 2004 年 5 月 1 日正式加入欧盟，欧盟成员国扩大到 25 个。

2013 年 7 月 1 日，欧盟成员国为 28 个。分别为法国、德国、意大利、荷兰、比利时、卢森堡、英国、丹麦、爱尔兰、希腊、西班牙、葡萄牙、奥地利、瑞典、芬兰、塞浦路斯、匈牙利、捷克、爱沙尼亚、拉脱维亚、立陶宛、马耳他、波兰、斯洛伐克、斯洛文尼亚、罗马尼亚、保加利亚、克罗地亚。

（二）北美自由贸易区

北美自由贸易区（North American Free Trade Area，NAFTA）是在《美加自由贸易协定》的基础上，由美国、加拿大与墨西哥三国联合签订《北美自由贸易协定》，在北美地区建立的区域经济一体化组织。它开创了发达国家与发展中国家建立自由贸易区的先例。

1. 北美自由贸易区的进展

北美地区的经济一体化是在 20 世纪 80 年代兴起的。北美自由贸易区的前身是由美国和加拿大两国建立的美加自由贸易区。进入 20 世纪 80 年代后，美加之间的经济关系获得了进一步发展，双方在贸易、投资上相互渗透，相互的依赖关系加深。然而，两国在经济上的矛盾又频频发生并不断扩大，以致危及双方的经济利益。于是，两国逐步认识到，只有通过双边自由贸易，才能避免矛盾的进一步激化，并获得自由贸易的好处，求得最佳的经济利益。这是促成《美加自由贸易协定》签订的内在动因。美、加两国经过 23 轮、历时 16 个月的谈判，拟订了双边自由贸易草案。1988 年 1 月 2 日美国总统和加拿大总理签署了《美加自由贸易协定》，该协定在 1989 年 1 月 1 日分别获得了美国国会和加拿大议会的批准，正式生效。

《美加自由贸易协定》规定 10 年内取消商品进口关税和非关税壁垒，两国商品关税分三批陆续于 1989 年、1993 年和 1998 年降至零。该协定为防止转口避税，制定了原产地规则。另外，该协定对农产品、能源、汽车、劳务、金融服务贸易作了规定。关于两国的贸易纠纷，则由一个处理争端的机构来负责。

美国在签订了《美加自由贸易协定》后，马上又在 1990 年 6 月与墨西哥磋商并签订《美墨自由贸易协定》事宜。双方在磋商中认为加拿大也应参加谈判。1990 年 9 月，加拿大宣布参加谈判。三国于 1991 年 6 月正式开始谈判。经过 14 个月的讨论和协调，1992 年 8 月 12 日签订了《北美自由贸易协定》。该协定在 1994 年 1 月 1 日正式生效。北美自由贸易区涵盖人口 4.2 亿，国内生产总值之和达到 11 万亿美元。

该协定的宗旨是：取消贸易壁垒；创造公平的条件，增加投资机会；保护知识产权；建立执行协定和解决贸易争端的有效机制，促进三边和多边合作。

2.《北美自由贸易协定》的主要内容

《北美自由贸易协定》在以下几个方面作了安排。

第一，在墨西哥占有劳动力优势的纺织品和成衣方面，除了取消一部分产品的关税外，对于墨西哥生产的符合原产地规则的纺织品和成衣，美、加取消其配额限制，并将关税水平从 45%降到 20%。

第二，对于汽车产品，美、加逐步取消了对墨西哥制造的汽车征收的关税，其中轻型卡车的关税从 25%减到 10%，并在 5 年内全部取消；重型卡车、公共汽车、拖拉机的关税则在 10 年内取消。墨西哥则将在 10 年内取消对美、加汽车产品的关税及非关税壁垒，其中轻型卡车的关税在 5 年内取消。

第三，美、加分别取消其对墨西哥农产品征收的 61%和 85%的关税；墨西哥则取消对美、加农产品征收的 36%和 4%的关税。另外，墨西哥可以用 10～15 年的时间来逐步降低剩余农产品的关税，并有权通过基础设施建设、技术援助以及科研来支持本国的农业发展。

第四，在运输业方面，三国间国际货物运输的开放有一个 10 年的转换期。3 年后，墨西哥的卡车允许进入美国边境各州，7 年后所有三国的国境对过境陆上运输完全开放。

第五，在通信业方面，三国的通信企业可以不受任何歧视地进入通信网络和公共服务业，对开展增值服务也无任何限制。

第六，在金融保险业方面，在该协定实施的最初6年中，美、加银行只能参与墨西哥银行8%～15%的业务份额；在第7～15年，如墨西哥银行市场中外国占有率超过25%，墨西哥则有权实行一些保护性措施；墨西哥在美、加银行市场中一开始就可以享受较为自由的待遇。该协定还允许美、加的保险公司与墨西哥的保险公司组成合资企业，其中外国企业的控股权可逐年增加，到2000年在墨西哥的保险企业中外国企业的股份可达到100%。

第七，在能源工业方面，墨西哥保留其在石油和天然气资源的开采、提炼及基础石油化工业方面的垄断权，但非石油化工业将向外国投资者开放。另外，该协定同时规定对投资者给予国民待遇，对投资者不得规定诸如一定的出口比例、原产品限制、贸易收支、技术转让等限制条件。作为补充，美、加、墨在1998年又就取消500种关税达成协议。此协议从1998年8月1日生效，并规定美国免税进口墨西哥产的纺织品、成衣、钟表、帽子等，墨西哥则向美国的化工产品、钢铁制品、玩具等商品开放其市场。此协议实施后，约93%的墨西哥商品能享受到美国的免税优惠，约60%的美国商品可以直接免税进入墨西哥市场。这就形成了自由贸易区内比较自由的商品流通大格局。

（三）亚太经济合作组织

亚太经济合作组织（Asia Pacific Economic Cooperation，APEC，简称亚太经合组织）是20世纪80年代在澳大利亚的建议下建立起来的。1989年11月，亚太地区的12个国家（美国、日本、澳大利亚、加拿大、新西兰、韩国、马来西亚、泰国、菲律宾、印度尼西亚、新加坡、文莱）在澳大利亚堪培拉举行第一届部长级会议，拉开了亚太地区广泛开展区域经济合作的序幕。此后，APEC在1992年吸收了中国、中国台北、中国香港，1993年增加了墨西哥、巴布亚新几内亚，1994年又增加了智利，现已达到21个成员体。该组织每年举行一届部长级会议。从1993年起，每年举行一次成员体首脑非正式会议。成员体首脑非正式会议不仅扩大了APEC的国际影响，而且为今后APEC向贸易投资和技术一体化方向发展注入了政治推动力。

1. 亚太经合组织的建立

20世纪80年代，国际形势因“冷战”结束而趋向缓和，世界经济全球化、贸易投资自由化和区域经济一体化的趋势渐成潮流。在欧洲经济一体化进程加快、北美自由贸易区已显雏形和亚洲地区经济总量在世界经济中的比重明显上升等背景下，澳大利亚时任总理霍克于1989年提议举行亚太地区部长级会议，讨论加强相互间经济合作事宜，并得到美国、加拿大、日本和东盟的积极响应。1989年11月，亚太经合组织第一届部长级会议在澳大利亚首都堪培拉举行，这标志着APEC的成立。

APEC现有21个成员体，分别是澳大利亚、文莱、加拿大、智利、中国、中国香港、印度尼西亚、日本、韩国、马来西亚、墨西哥、新西兰、巴布亚新几内亚、秘鲁、菲律宾、俄罗斯、新加坡、中国台北、泰国、美国、越南，1997年温哥华领导人会议宣布

APEC进入10年巩固期，暂不接纳新成员。2007年，各国领导人对重新吸纳新成员的问题进行了讨论，但在新成员须满足的标准问题上未达成一致，于是决定将暂停扩容的期限延长3年。此外，APEC还有3个观察员，分别是东盟秘书处、太平洋经济合作理事会和太平洋岛国论坛。APEC总人口达26亿，约占世界人口的40%；国内生产总值之和超过19万亿美元，约占世界的56%；贸易额约占世界总量的48%。APEC在全球经济活动中具有举足轻重的地位。

2. 亚太经合组织的宗旨

1991年11月在韩国汉城举行的APEC第三届部长级会议通过的《汉城宣言》，正式确定APEC的宗旨和目标为：相互依存，共同利益，坚持开放性多边贸易体制和减少区域内贸易壁垒。APEC的大家庭精神是在1993年西雅图领导人非正式会议宣言中提出的。为该地区人民创造稳定和繁荣的未来，建立亚太经济的大家庭，在这个大家庭中要深化开放和伙伴精神，为世界经济作出贡献并支持开放的国际贸易体制。主要体现为：开放、渐进、自愿、协商、发展、互利与共同利益，这些被称为反映APEC精神的7个关键词。

3. 亚太经合组织的运作机制

APEC共有5个层次的运作机制：

（1）领导人非正式会议：截至2015年11月共举行了23次，分别在美国西雅图、印度尼西亚茂物、日本大阪、菲律宾苏比克湾、加拿大温哥华、马来西亚吉隆坡、新西兰奥克兰、文莱斯里巴加湾市、中国上海、墨西哥洛斯卡沃斯、泰国曼谷、智利圣地亚哥、韩国釜山、越南河内、澳大利亚悉尼、秘鲁利马、新加坡、日本横滨、美国夏威夷、俄罗斯符拉迪沃斯托克、印度尼西亚巴厘岛、中国北京、菲律宾马尼拉举行。

（2）部长级会议：包括外交、外贸双部长会议以及专业部长会议。双部长会议每年在领导人非正式会议前举行一次，专业部长会议不定期举行。

（3）高官会：每年举行3～4次会议，一般由各成员体司局级或大使级官员组成。高官会的主要任务是负责执行领导人和部长级会议的决定，并为下次领导人非正式会议和部长级会议做准备。

（4）委员会和工作组：高官会下设4个委员会，即贸易和投资委员会（CTI）、经济委员会（EC）、经济技术合作高官指导委员会（SCE）和预算管理委员会（BMC）。CTI负责贸易和投资自由化方面高官会交办的工作；EC负责研究该地区经济发展的趋势和存在的问题，并协调结构改革工作；SCE负责指导和协调经济技术合作；BMC负责预算和行政和管理等方面的问题。此外，高官会还下设工作组，从事专业活动和合作。

（5）秘书处：1993年1月在新加坡设立，为APEC各层次的活动提供支持与服务。秘书处负责人为执行主任，由APEC当年的东道主指派。

4. 亚太经合组织的特点

与欧盟和北美自由贸易区相比，APEC的区域经济一体化具有其独特性，具体如表6—2所示。

表 6—2　　亚太经合组织的特点和内容

特点	内容描述
自愿性	由于成员体之间政治和经济上的巨大差异，在推动区域经济一体化和投资贸易自由化方面要想取得“协商一致”是非常困难的，APEC 成立之初就决定了其决策程序的软约束力，是一种非制度化的安排。
开放性	APEC 之所以坚持开放性，其中一个重要原因是 APEC 大多数成员体在经济发展过程中，采取以加工贸易或出口为导向的经济增长方式及发展战略。采取开放的政策，不仅可以最大限度地发挥区域内贸易的长处，同时可以避免因对区域外的歧视政策而缩小区域外的经济利益。
成员体的广泛性	APEC 是当前规模最大的多边区域经济集团化组织，APEC 成员体的广泛性是世界上其他经济组织所少有的。APEC 的 21 个成员体，就地理位置来说，遍及北美、南美、东亚和大洋洲；就经济发展水平来说，既有发达国家，又有发展中国家；就社会政治制度而言，既有资本主义国家，又有社会主义国家；就宗教信仰而言，既有基督教国家，又有佛教国家；就文化而言，既有西方文化，又有东方文化。成员体的复杂多样性是 APEC 存在的基础，也是制定一切纲领所要优先考虑的前提。
合作的多层次性	在亚洲和太平洋这片广阔的区域内，存在形式各样、水平各异的多个地区合作组织。从其覆盖的地理范围和组织水平来看，可以把它们分为四个层次：一是亚太地区级的经济合作组织或会议，二是区域范围内的合作组织，三是次区域范围内的经济合作组织，四是所谓“成长三角”的地区经济合作组织。

（四）东南亚国家联盟

东南亚国家联盟（Association of Southeast Asian Nations，ASEAN），简称东盟。东盟的前身是马来亚（现马来西亚）、菲律宾和泰国于 1961 年 7 月 31 日在曼谷成立的东南亚联盟。1967 年 8 月 7—8 日，印度尼西亚、泰国、新加坡、菲律宾四国外长和马来西亚副总理在曼谷举行会议，发表了《曼谷宣言》，正式宣告东南亚国家联盟成立。东南亚国家联盟成为政府间、区域性、一般性的国际组织。1967 年 8 月 28—29 日，马、泰、菲三国在吉隆坡举行部长级会议，决定由东南亚国家联盟取代东南亚联盟。

东盟的宗旨和目标是本着平等与合作的精神，共同促进本地区的经济增长、社会进步和文化发展，为建立一个繁荣、和平的东南亚国家共同体奠定基础，以促进本地区的和平与稳定。

东盟主要机构有首脑会议、外长会议、常务委员会、经济部长会议、其他部长会议、秘书处、专门委员会以及民间和半官方机构。首脑会议是东盟最高的决策机构，自 1995 年召开首次会议以来每年举行一次，已成为东盟国家商讨区域合作大计的最主要机制，主席由各成员国轮流担任。

截至 2011 年底东盟有 10 个成员国，分别为：印度尼西亚、马来西亚、菲律宾、新加坡、泰国、文莱、越南、老挝、缅甸、柬埔寨。总面积约 444 万平方千米，人口 5.91 亿。观察员国为巴布亚新几内亚。

东盟积极开展多方位外交。自 1978 年始，东盟每年与其对话伙伴（时为美国、日本、澳大利亚、新西兰、加拿大、欧盟，后相继增加韩国、中国、俄罗斯和印度）举行对话会议，就重大国际政治和经济问题交换意见。1994 年 7 月，东盟倡导成立东盟地区论坛（ARF），主要就亚太地区政治和安全问题交换意见。1994 年 10 月，东盟倡议召开亚欧会议（ASEM），促进东亚和欧盟的政治对话与经济合作。1997 年，东盟与中、日、韩等共同启动了东亚合作，东盟与中、日、韩（10＋3）合作机制及东亚峰会等机制相继诞生。1999 年 9 月，在东盟的倡议下，东亚—拉美合作论坛（FEALAC）成立。

美、日、韩、澳等国家不断加强与东盟的关系。2009 年 7 月，美国签署《东南亚友好合作条约》。2009 年，日本提出“亚洲经济倍增倡议”，对以东盟为主的亚洲发展中国家提出包括官方发展援助、贷款保险、贸易融资担保、环保投资倡议等共约 700 亿美元援助计划。韩国于 2009 年 6 月举行了纪念与东盟建立对话关系 20 周年特别峰会，宣布东盟—韩国自贸区将于 2010 年 1 月正式启动。2009 年，澳大利亚、新西兰与东盟签署自贸区协议，2012 年 1 月正式生效。

2011 年 11 月，东盟提出建立区域全面经济伙伴关系（RCEP）的倡议，旨在构建以东盟为核心的地区自贸安排。

东盟大事记

1992 年，东盟提出建立自由贸易区，力争通过推进贸易自由化提高合作水平和加强经济一体化建设，从而增强东盟的整体实力。

1995 年 12 月，第 5 届东盟首脑会议通过的《曼谷宣言》强调，东盟国家要在政治、经济等领域加强合作，努力加快东南亚一体化进程。

1997 年 5 月底，东盟 7 个成员国在吉隆坡举行外长特别会议，一致决定于同年 7 月接纳缅甸、柬埔寨和老挝加入东盟。这是东盟朝东南亚国家政经一体化方向迈出的重要一步。

2000 年 11 月，在新加坡举行的东盟领导人非正式会议上，东盟领导人同意将东盟国家视为一个经济体并在国际上采取整体行动，以提高东盟的竞争力和实现区域一体化。东盟领导人还达成了“推进东盟一体化计划”。

2003 年 10 月，第 9 届东盟首脑会议发表的《东盟第二协约宣言》宣布，将于 2020 年建成以安全共同体、经济共同体和社会文化共同体为三大支柱的东盟共同体。

2004 年 11 月，第 10 届东盟首脑会议通过了《东盟安全共同体行动纲领》和《东盟社会文化共同体行动纲领》，并正式将制定《东盟宪章》列为东盟的一个目标，为东盟共同体建设寻求法律保障。

2007 年 1 月，第 12 届东盟首脑会议通过的《宿务宣言》决定，将东盟共同体建设提前至 2015 年完成，并正式启动《东盟宪章》的起草工作。《东盟宪章》于同年 11 月获得通过，2008 年 12 月正式生效。该宪章规定，东盟共同体将由东盟经济共同体、东盟安全共同体和东盟社会文化共同体组成。建成后的东盟共同体将使东盟具有一个目标、一个身份和一个声音，共同应对未来的挑战。

2009 年 2 月，第 14 届东盟首脑会议上通过《东盟共同体 2009—2015 年路线图宣言》

及相关文件，就在2015年建成东盟共同体提出了战略构想、具体目标和行动计划。

2010年10月，第17届东盟首脑会议通过《东盟互联互通总体规划》。该规划囊括700多项工程和计划，投资规模约达3 800万美元。该规划实施后将促进东盟地区的全方位联通。

2012年4月，第20届东盟首脑会议通过了《主席声明》、《金边宣言》、《金边议程》等一系列重要成果文件，确定了东盟当前的主要任务和重点关注的领域。在同年11月举行的第21届东盟首脑会议上，东盟领导人决定将2015年12月31日设定为建立东盟共同体的最后期限。

2013年4月，第22届东盟首脑会议明确了确保2015年建成东盟共同体必须采取的具体措施和步骤，并提出了在2015年后努力实现真正“以人为本”的东盟长远目标。东盟共同体由三部分构成，即安全共同体、经济共同体和社会文化共同体。鉴于内部发展不平衡，东盟本着先易后难的原则，力争在2015年率先实现经济共同体的目标。

单元知识三　区域经济一体化理论

阅读材料

区域经济一体化理论基础

国际区域经济一体化理论主要是针对国家之间的区域一体化问题，对国家之间区域经济一体化实践有重要的意义，而对发展中国家内部的区域经济一体化发展缺乏可指导性。随着对我国长三角、珠三角、环渤海等区域经济一体化的探索，我国学者借鉴国内外相关研究，从更为普遍的角度对区域经济一体化理论进行研究，为国内区域经济一体化的理论研究奠定了一定的基础。

20世纪80年代以后，区域经济一体化理论的研究框架得到更大范围的拓展。具体有：1）以克鲁格曼为代表的新经济地理学学者，其对区域经济一体化的贡献在于他们从对经济活动的地理集中现象的关注中考察了区域经济一体化进程中的产业集中问题。2）新区域主义理论，对20世纪90年代以来区域经济一体化发展出现的新特点解释了原因：在一些实力更强大的国家和实力相对弱小的国家之间签订的贸易协定中，后者对前者作出了更大的让步。例如：北美自由贸易区，加拿大和墨西哥被要求在知识产权保护、能源政策等方面作出适应美国的调整。这种小国对大国作出的单方面让步被称为新区域主义。3）出现了解释发展中国家参与区域经济一体化现象的比较有影响力的代表性理论，如中心—外围理论、国际依附理论及综合发展战略理论。4）区域经济一体化和世界经济一体化的关系研究，应该成为区域经济一体化理论未来的研究内容之一。

任务引领

区域经济一体化实践的发展，引起许多学者对这一现象的研究和探讨，形成了一系列的理论。代表性理论有关税同盟理论、大市场理论、协议性国际分工原理和综合发展战略理论。

试问：在整个国际贸易进程中，应以何种理论衡量关税同盟的效果？

第二次世界大战后，区域经济一体化现象引起了学术界的广泛关注，许多经济学者对它进行研究、探讨。美国经济学教授雅各布·范纳（Jacob Viner）等人的研究建立了最早的区域经济一体化贸易理论——关税同盟理论，此后的区域经济一体化理论以此为核心不断扩充，范围不断扩大，涉及共同市场、投资、货币、政治等各个领域，但现有的比较成熟的区域经济一体化理论主要还是一体化贸易理论。

一、关税同盟理论

对关税同盟理论研究最有影响的是美国经济学教授雅各布·范纳和理查德·李普西（Richard Lipsey）。按照范纳的关税同盟理论，完全形态的关税同盟应具备以下三个特征：

（1）完全取消各成员国间的关税；

（2）对来自成员国以外的国家和地区的进口设置统一的关税；

（3）通过协商方式在成员国之间分配关税收入。

这种自由贸易和保护贸易相结合的结构，使得关税同盟对整个世界经济福利的影响呈现双重性，即贸易创造和贸易转移并存。

（一）关税同盟的静态效应

关税同盟的静态效应是指假定在经济资源总量不变、技术条件没有改进的情况下，关税同盟对集团内外国家、经济发展以及物质福利的影响。关税同盟的静态效应主要是指贸易创造效应和贸易转移效应。

1. 贸易创造效应

贸易创造效应（Trade Creating Effect），是指由于关税同盟内实行自由贸易后，产品从成本较高的国内生产转往成本较低的成员国生产，成员国的进口量增加，新的贸易得以“创造”。此外，一国由原先的从同盟外国家高价购买转为从结盟成员国低价购买也属于贸易创造。

2. 贸易转移效应

假定缔结关税同盟前，关税同盟国不生产某种商品而采取自由贸易的立场，无税（或关税很低）地从世界上生产效率最高、成本最低的国家进口产品；关税同盟建立后，同盟国转为从同盟内生产效率最高的国家进口该商品。如果同盟内生产效率最高的国家不是世界上生产效率最高的国家，则进口成本较同盟成立前增加，消费开支扩大，使同盟国的社会福利水平下降，这就是贸易转移效应（Trade Diversion Effect）。

以A、B、C三国为例，其贸易创造效应与贸易转移效应如图6—1所示。

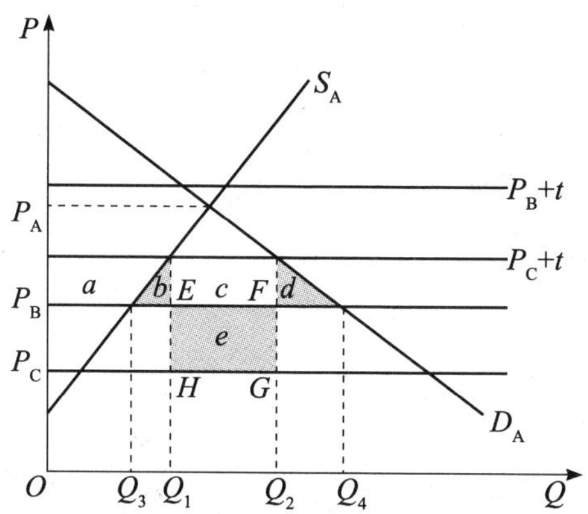

图 6—1　贸易创造效应与贸易转移效应

前提条件：

S_A 表示 A 国的供给曲线，D_A 表示其需求曲线；

P_B、P_C 两条直线分别表示 B、C 两国的生产成本，且 $P_B>P_C$。

结论：

如果 A、B 两国结盟，则对 A 国而言，贸易转移效应$=Q_1Q_2$；而贸易创造效应$=Q_3Q_1+Q_2Q_4$。

3. 福利效应

承接上例：

$$关税同盟对 A 国的净福利效应=(a+b+c+d)-a-(c+e)=(b+d)-e$$

其中，$(a+b+c+d)$ 为消费者剩余增加，a 为生产者剩余减少，$(c+e)$ 为关税收入丧失，$(b+d)$ 为贸易创造的福利效应，e 则表示贸易转移的负的福利效应，原因是进口来源由低成本的 C 国转向高成本的同盟成员国 B 国。

对 B 国而言，组成关税同盟后，出口增加，生产扩张，所以对 B 国有利；对 C 国来说，因贸易转移，其出口减少，所以 C 国福利必然因其贸易规模缩减而下降。

关税同盟的福利效应的影响因素：

(1) A 国的供需弹性越大，贸易创造的福利效应就越明显。

(2) 组成关税同盟前，A 国的关税水平越高，则组成同盟后贸易创造的福利效应就越大，而贸易转移的福利效应就越小。

(3) B、C 两国的成本越接近，则贸易转移的福利损失就越小。

此外，关税同盟还有其他静态福利效应：

第一，关税同盟使得各成员国的海关人员、边境巡逻人员等减少进而导致行政费用减少。

第二，贸易转移型关税同盟通过减少对同盟成员国之外的世界上其他国家的进口需求和出口供给，有可能使同盟成员国共同的贸易条件得到改善。

第三，任何一个关税同盟，在国际贸易投票中以一个整体来行动，较之任何一个独立行动的国家来说，可能具有更强大的讨价还价的能力。

第四，关税同盟建立后，可减少走私。由于关税同盟的建立，商品可在同盟成员国之间自由移动，在同盟内消除了走私产生的根源，这样，不仅可以减少查禁走私的费用支出，还有助于提高全社会的道德水平。

（二）关税同盟的扩大出口效应

关税同盟的扩大出口效应如图 6—2 所示。

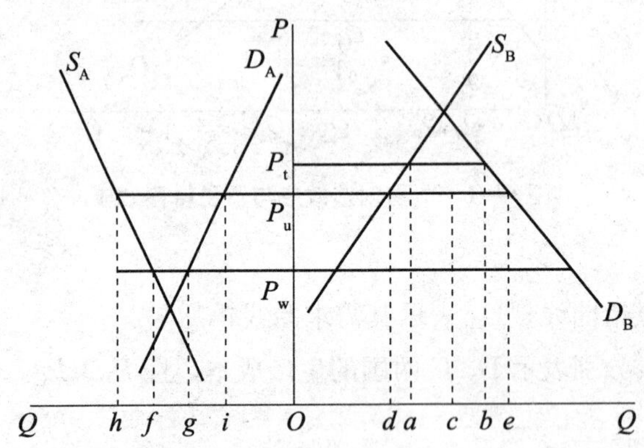

图 6—2　关税同盟的扩大出口效应

建立关税同盟前的出口：A 国出口为 fg，B 国进口为 ab，其中，B 国进口中一部分来自 A 国（ac），其余从 C 国进口（cb）。建立关税同盟后的出口：A、B 两国组成关税同盟后，B 国仅从 A 国进口。但 A、B 两国关税一撤除，B 国的进口需求大于 A 国的出口供给（对应 P_w）。A 国出口商品的价格要上升，出口扩大，B 国的进口会减少，当价格升至 P_u 时，A、B 两国贸易平衡（$hi=de$）。

结论：关税同盟将给参加国带来更多的出口机会，从而带来更多的福利。

（三）关税同盟的动态效应

关税同盟的动态效应是指关税同盟对成员国贸易以及经济增长的推动作用。关税同盟的动态效应表现在以下几个方面：

（1）关税同盟的建立使成员国间的市场竞争加剧，专业化分工向广度和深度拓展，使生产要素和资源配置更加优化。

（2）关税同盟建立后，成员国国内市场向统一的大市场转换，自由市场扩大，从而使成员国获取转移效应与规模经济效益。

（3）关税同盟的建立、市场的扩大、投资环境的大大改善，会吸引各成员国的厂商扩大投资，也能吸引非成员国的资本向成员国转移。

（4）关税同盟建立以后，由于生产要素可在成员国间自由移动，市场趋于统一并且竞争加剧，投资规模扩大，促进了研究与开发的扩大，技术的进一步提高，加速了各成员国经济的发展。

二、大市场理论

大市场理论（Theory of Big Market）的提出者认为：以前各国之间推行狭隘的只顾本国利益的贸易保护政策，把市场分割得狭小而又缺乏适度的弹性，只能为本国生产厂商提供狭窄的市场，无法实现规模经济和大批量生产的利益。大市场理论的核心是：

（1）通过把国内市场向统一的大市场延伸，扩大市场范围以获取规模经济效益，从而实现技术利益。

（2）通过市场的扩大，创造激烈的竞争环境，进而达到实现规模经济效益和技术利益的目的。

当经济一体化演进到共同市场之后，区内不仅实现了贸易自由化，其要素可以在区内自由流动，从而形成一种超越国界的大市场。一方面，这使生产在共同市场的范围内沿着生产可能线重新组合，从而提高了资源的配置效应；另一方面，区内生产量和贸易量的扩大使生产可能线向外扩张，促进了区内生产的增长和发展。对共同市场的理论分析发展出了大市场理论，有代表性的说法是“消除阻碍最合理运营的各种人为障碍，通过有意识地引入各种有利于调整、统一的最理想因素，创造出最理想的国际经济结构”（丁伯根）。大市场理论是从动态角度来分析区域经济一体化所取得的经济效应，是针对共同市场提出的，其代表人物为西托夫斯基和德纽（J. F. Deniau）。共同市场在一体化程度上比关税同盟又进了一步，它将那些被保护主义分割的小市场统一起来，结成大市场，然后通过大市场内的激烈竞争，实现大批生产带来的大规模经济等方面的利益。德纽对大市场带来的规模化生产进行了描述，最终得出结论：“这样一来，经济就会开始其滚雪球式的扩张。消费的扩大引起投资的增加，增加的投资又导致价格下降、工资提高、购买力提高……只有市场规模迅速扩大，才能促进和刺激经济扩张。”西托夫斯基则从西欧的现状入手，指出西欧陷入了高利润率、低资本周转率、高价格的矛盾，存在“小市场与保守的企业家态度的恶性循环”。因此，只有通过共同市场或贸易自由化条件下的激烈竞争，才能迫使企业家停止过去那种旧式的小规模生产，转向大规模生产，最终出现一种积极扩张的良性循环。

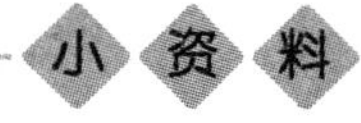

大市场理论成功案例

自从菲利普·科特勒（Philip Kotler）提出“大市场营销”观念之后，中国学者很快将之引进国内，并且写进了教科书中。20 世纪 80 年代末，中国市场正值“疲软”之时，而安利公司却决定选择中国作为新的目标市场，并于 1990 年开始构思。1991 年 8 月安利公司获中国政府有关部门批准立项，1992 年 8 月签订合同，1993 年开始在广州经济技术开发区建设厂房，首期工程于 1995 年 1 月竣工，每年可生产价值超过 2 亿美元的产品。安利公司进入中国市场的过程，时间跨度有 5 年之久，历经中国宏观经济政策的三次调整、中国市场的三次起落，最后终于达成其进军中国市场的目的。90 年代初，美国雅芳公司的直销员——“雅芳小姐”给中国市场带来一种别开生面的市场营销方式，直销从此成为中国市场人士的一个热门话题，国内仿效者蜂拥而起。但是不久之后，由于某些“老鼠会”式的传销暴露了不少问题，直销便成为人们争论的焦点。然而，1995年春天，正在社会上对直销众说纷纭之时，世界著名直销公司之一的美国安利公司旗下的安利（中国）日用品有限公司却悄然打开了中国市场的大门。

三、协议性国际分工原理

协议性国际分工原理是由日本学者小岛清提出的。他认为：经济一体化组织内部如果仅仅依靠比较优势理论进行分工，不可能完全获得规模经济的好处，反而可能会导致各国企业的集中和垄断，影响经济一体化组织内部分工的发展和贸易的稳定。因此，必须实行协议性国际分工，使竞争性贸易的不稳定性尽可能保持稳定，并促进这种稳定。

协议性国际分工，是指一国放弃某种商品的生产并把国内市场提供给另一国，而另一国则放弃另外一种商品的生产并把国内市场提供给对方，即两国达成相互提供市场的协议，实行协议性国际分工。协议性国际分工不能指望通过价格机制自动地实现，而必须通过当事国的某种协议来加以实现，也就是通过经济一体化的制度把协议性分工组织化。如拉美中部共同市场统一产业政策，由国家间的计划决定的分工，就是典型的协议性国际分工。

从上述分析可知，为了互相获得规模经济的好处，实行协议性国际分工是非常有利的，但达成协议性国际分工还必须具备下列条件：

（1）两个或两个以上国家和地区的资本劳动禀赋比例差异不大，工业化水平和经济发展阶段大致相同，协议性分工的对象产品在每一个国家和地区都能生产。在这种条件下，互相竞争的各国之间扩大分工和贸易，既是关税同盟理论的贸易创造效应，也是协议性国际分工理论的目标。然而，在要素禀赋比例或经济发展阶段差异较大的国家间，某个国家可能由于比较成本差异较大或已实现完全专业化，比较优势原理仍起主导作用，则并无建立协议性国际分工的必要。

（2）作为协议性国际分工对象的商品，必须是能够获得规模经济的商品。一般是重工业、化学工业等的商品。

（3）每个国家自己实行专业化的产业和让给对方的产业之间没有优劣之分，否则不容易达成协议。这种产业优劣主要取决于规模扩大后的成本降低率和随着分工而增加的需求量及增长率。

上述三个条件表明，经济一体化或共同市场必须在同等发展阶段的国家之间建立，而不能在工业国与初级产品生产国即发展阶段不同的国家之间建立；同时表明，在发达工业国家之间，可以进行协议性国际分工的商品的范围较广，因而利益也较大。另外，生活水平和文化等互相类似、互相接近的地区，容易达成协议，并且容易保证相互需求的均等增长。

四、综合发展战略理论

综合发展战略理论认为，经济一体化是发展中国家的一种发展战略，要求有强有力的共同机构和政治意志来保护较不发达国家的优势。因此，有效的政府干预对于经济一体化是很重要的，发展中国家的经济一体化是变革世界经济格局、建立国际经济新秩序的要素。

（一）综合发展战略理论的原则

（1）经济一体化是发展中国家的一种发展战略，它不限于市场的统一，也不必在一切情况下都寻求尽可能高的其他一体化形式。

（2）两极分化是伴随一体化出现的一种特征，只能通过强有力的共同机构和政治意志制定系统的政策来避免它。

（3）鉴于私营部门在发展中国家一体化进程中是导致其失败的重要原因之一，故有效的政府干预对于经济一体化的成功至关重要。

（4）发展中国家的经济一体化是集体自力更生的手段和按新秩序逐渐改变世界经济的要素。

（二）发展中国家区域经济一体化的主要因素

1. 经济因素

（1）区域内经济发展水平及各国间的差异。

（2）各国间经济的相互依赖程度。

（3）新建经济区的最优利用情况，特别是资源与生产要素的互补性及其整体发展潜力。

（4）与第三国经济关系的性质，外国经济实体（如跨国公司）在特定经济集团中的地位。

2. 政治和机构因素

（1）各国间社会政治制度的差异。

（2）各国间有利于实现一体化的“政治意志”状况及稳定性。

（3）该集团的对外政治关系模式。

（4）共同机构的效率及其有利于集团共同利益的创造性活动的可能性。

（三）制定经济一体化政策应注意的问题

（1）各成员国的发展战略和经济政策应有利于经济一体化的发展。

（2）生产和基础设施是经济一体化的基本领域，集团内的贸易自由只是这一进程的补充。

（3）在形势允许时，经济一体化应包括尽可能多的经济和社会活动。

（4）应特别重视通过区域工业化来加强相互的依存性，并减少发展水平的差异。

（5）通过协商来协调成员国利用外资的政策。

（6）对较不发达成员国给予优惠待遇，以减轻一体化对成员国两极分化的影响。

（四）综合发展战略理论的特点

(1) 突破了以往经济一体化理论的研究方法，抛弃了用自由贸易和保护贸易理论来研究发展中国家经济一体化进程的做法，主张用与发展理论联系紧密的跨学科的研究方法，把一体化作为发展中国家的发展战略，不限于市场的统一。

(2) 充分考虑了发展中国家经济一体化过程中国内外的制约因素，把一体化作为发展中国家集体自力更生的手段和按新秩序变革世界经济的要素。

(3) 在制定经济一体化政策时，主张综合考虑政治、经济因素，强调经济一体化的基础是生产及基础设施领域，必须有有效的政府干预。

单元知识四　中国参与区域经济一体化组织概况及问题

阅读材料

第三届中国—东盟商品贸易博览会

中国对外贸易中心主办的第三届中国—东盟商品贸易博览会于2013年7月18日在泰国首都曼谷开幕，250余家中国企业参展。该届博览会于7月18日至21日在曼谷举行，近300个展位占地6 000平方米，展品涉及机电设备、建材产品、家居用品等多个领域。据介绍，机电设备是本次展会的主打项目。以福建为首的中国机电公司为泰国商家带来了自主研发、创新灵动的机电组合产品，紧贴高新科技和环保节能的融合发展趋势。此外，浙江宁波小家电、义乌小工艺品等也是本次展览的重点。泰国上议院第一副议长苏拉差说，随着中国产品的升级换代，外国人心目中中国商品的档次也在不断提高。泰国希望和中国展开合作，开发出具有高附加值的商品。中国驻泰国大使馆经商处参赞高文宽说，目前正值世界经济复苏时期，此次展览将为中泰企业提供经贸合作的优质平台，促进中泰日益活跃的双边贸易，有效满足中泰企业的买卖需求。据介绍，中国—东盟商品贸易博览会于2012年1月和8月在泰国举办了两届，累计400家企业参展，吸引了33个国家和地区的18 000多名商家到会参观采购，现场成交额超过1亿美元。

任务引领

由发展中国家组成的世界最大的自由贸易区——中国—东盟自由贸易区，已于2010年1月1日正式全面启动。中国—东盟自由贸易区的启动，标志着中国与东盟之间的经济联系上升到新的历史水平，必将为中国和东盟各国的贸易发展和经济合作增添新的动力，对促进世界贸易发展和世界经济复苏也将发挥积极作用。

试问：中国在区域经济一体化的浪潮中扮演了怎样的角色？在其他经济合作组织中，中国应该如何参与其中？

区域经济一体化已经成为当今世界经济发展的一个潮流，对我国既有积极的一面，也有消极的一面。积极的一面是在一个成员国投资生产的产品可以方便地进入整个区域市场，促进区域内部的国际分工和技术合作，促进区域内部的贸易增长，有利于吸引外资等。消极的一面则是指贸易转移效应和投资转移效应，此外，在多边贸易谈判中我国往往会因势单力薄而孤掌难鸣。鉴于区域经济一体化对我国经济存在正、负两方面的影响，我们要认真研究对策，扬长避短，为我国的改革开放和经济发展服务。

一、中国与东盟

（一）双边贸易额不断递增

东盟是中国在发展中国家中最大的贸易伙伴。中国—东盟自由贸易区计划启动后，双方进出口额增长幅度更加明显。随着协定的签订，双方战略伙伴关系不断深入。2005 年 7 月以后，中国—东盟自由贸易区开始进入实质性运作阶段，双方全面启动降税进程，首批 7 445 种商品的关税降至 20%左右。中国对东盟 6 个老成员国的平均关税降到了 8.1%，甚至比最惠国平均税率还低 1.8 个百分点。中国和东盟的贸易额从 20 世纪 90 年代初的几十亿美元上升到 2004 年的 1 058.8 亿美元。在自由贸易协定的推动下，2007 年突破 2 000 亿美元；2010 年，双边贸易额达到 2 927.76 亿美元，创历史新高。20 年来，双边贸易额增长了 37 倍。近 10 年来，双边贸易额年均增长超过 20%。2011 年达 3 629 亿美元，同比增长 24%，目前东盟已成为中国第三大贸易伙伴。相互投资规模持续扩大，截至 2012 年 2 月底，双方相互投资金额累计超过 870 亿美元，东盟已成为中国企业“走出去”的主要目的地。基础设施互联互通合作稳步推进，在 2010 年中国—东盟领导人会议上，中国承诺向东盟国家提供 150 亿美元信贷，倡议成立 100 亿美元的“中国—东盟投资合作基金”，目前落实情况良好，有力地支持了区域基础设施建设。2015 年 11 月 22 日，我国在现有自贸区基础上的第一个升级协议——《中华人民共和国与东南亚国家联盟关于修订〈中国—东盟全面经济合作框架协议〉及项下部分协议的议定书》正式签订，推动实现 2020 年双边贸易额达到 1 万亿美元的目标，并将促进《区域全面经济伙伴关系协定》（RCEP）谈判和亚太自由贸易区的建设进程。

（二）双边政治互信不断增强

20 世纪 90 年代以来，中国与东盟各国高层互访频繁。1991 年 7 月，中国外交部长钱其琛首次被东盟邀请参加了在马来西亚首都吉隆坡举行的第 24 届东盟外长会议。1994 年，中国参加“东盟地区论坛”。1996 年 7 月，中国成为东盟的正式对话伙伴。1997 年年底，东盟与中国建立了“面向 21 世纪的睦邻互信伙伴关系”，这标志着东盟与中国的关系进入了一个新的阶段。1999 年，中国与东盟各国高层互访达到高潮。高层的频繁互访是中国与东盟之间消除猜疑、增进了解、加深信任、促进合作的一个重要的有利因素。

（三）成员国在世界经济中的地位和竞争力得到提高

中国—东盟自由贸易区将成为一个拥有 18 亿消费者的庞大的统一市场，将成为世界上人口最多的贸易区，各成员国国内生产总值之和将占全球总额的 10%，成为仅次于美、欧、日之后的全球第四大支柱。这将极大地提高中国与东盟国家在世界经济中的地位，增强其在世界事务中的筹码和发言权。

（四）自由贸易区的建立为双方带来明显的优势

从贸易方面来看，自由贸易区的建立有利于促进中国扩大出口规模，提升出口竞争力，优化出口商品结构，实现出口市场多元化战略。通过关税与非关税壁垒的降低扩大出口规模，通过关税与非关税壁垒的降低导致的贸易创造效应将大于贸易转移效应，东盟将从其他国家的进口转向自中国进口，从而扩大中国的出口规模。通过规模效应，提高出口竞争力。中国西南部省份同东盟国家地理位置相邻，东盟国家是这些省份的主要出口市场，其与东盟国家的贸易互补性更强，通过与东盟在自由贸易区的框架下加强经济合作，将大大促进这些省份的出口，为其在更大范围参与国际分工和分享分工效益创造条件，促进区域经济的协调发展。同时，也将提升中国整体经济实力和扩大中国的政治影响力。

在自然资源、工业制成品、技术、旅游和劳务方面形成很强的互补性。以资源禀赋的差异为基础而具有优势的商品，约占双方贸易额的一半。东盟从中国进口的机电产品以通用机械电器为主，而中国从东盟进口的机电产品中很大部分是电子元器件类产品。在工业电子产品出口方面，东盟国家较早形成了比较优势，而中国处于相对弱势。中国—东盟自由贸易区的建立给东盟提供了广阔的销售市场。亚太地区的市场容量不断扩大，区域内的贸易量不断增加。由于地理上的联系和优势，中国西南部省份将会与东盟成员中的越南、老挝、柬埔寨、缅甸甚至泰国形成紧密的经济联系，增加双方之间的投资与贸易往来。

“10＋3”合作机制

20世纪90年代后期，在经济全球化浪潮的冲击下，东盟国家逐步认识到启动新的合作层次、构筑全方位的合作关系的重要性，并决定开展“外向型”经济合作。“10＋3”合作机制应运而生。“10＋3”是指东盟10国与中、日、韩3国。每年定期举行外长会议、财长会议、领导人会议等。

第一，1999年年底，第3次“10＋3”领导人会晤发表《东亚合作联合声明》，提出根据《联合国宪章》的宗旨和原则、和平共处五项原则、《东南亚友好合作条约》等公认的国际原则处理相互关系；强调要推动东亚国家间的对话与合作，促进相互理解、相互信任和睦邻友好。

第二，2000年5月，东盟“10＋3”财长共同签署了《清迈协议》。

第三，2007年11月，第11次东盟与中、日、韩领导人会议签署了《第二份东亚合作联合声明》。

第四，2015年11月，李克强与韩国总统朴槿惠、日本首相安倍晋三共同商讨了“10＋3”的合作，确认各国将共享此前在首尔重启的中日韩首脑会谈成果，推动一体化。

二、中国与亚太经济合作组织

APEC是目前世界上最大的区域性经济合作组织，是促进亚太国家和地区经济合作、推动公共发展的主要机构。APEC 的成员数不到全世界国家和地区总数的 1/10，但其经济实力却占世界的一半。具体地说，APEC 现有 21 个成员体，成员体的总人口占世界人口的 45%，国内生产总值占世界的 55%，贸易额占世界贸易额的 46%。APEC 是当今世界上最重要的国际组织之一，在全球经济中的地位举足轻重，中国和 APEC 进一步加强合作，将有利于中国更好地应对发展过程中的挑战。

近年来，中国每年与 APEC 成员的贸易额均占到中国当年贸易额的 70%以上，中国的贸易伙伴排在前五位的均为 APEC 成员，对华投资排名前六位的也均为 APEC 成员。

三、中国与周边国家的边境贸易合作

伴随中国的改革步伐，中国与周边国家和地区的经济合作日益发展，成为中国对外开放的重要内容。世界经济格局发生了深刻而复杂的变化，中国经济社会发展呈现出新的阶段性特征。积极把握周边乃至世界发展的新机遇，进一步拓展周边经济合作，对于中国全面建设小康社会，开创中国经济发展和对外开放新局面，实现周边和平稳定、共同发展，都具有重要意义。

目前，边境贸易发展比较好的区域主要集中在以下三个方向。

（一）中国与东北亚国家的边境贸易合作

主要以中国的辽宁省、吉林省和黑龙江省的延边城市为基础，开展了与朝鲜、俄罗斯远东地区的区域合作。主要有丹东、黑河、绥芬河、珲春、满洲里边境经济合作区。图们江地区国际区域合作正在向广度和深度发展。这一区域的边境贸易合作具有较强的互补性，发展前景广阔。

（二）中国与东南亚国家的边境贸易合作

主要以中国的广西壮族自治区、云南省的边境城市为基础，开展了与越南、缅甸、老挝等国家的区域合作。主要有凭祥、东兴、瑞丽、河口、畹町边境经济合作区。近年来，澜沧江—湄公河国际区域经济合作呈现出强劲的发展势头。这一地区边境贸易的发展对中国西南地区延边地区的开发与社会经济发展具有重要意义。

（三）中国与中亚周边国家的边境贸易合作

主要以中国的新疆维吾尔自治区的边境城市为基础，开展了与哈萨克斯坦等中亚国家的区域合作。主要边境经济合作区有塔城、伊宁、博乐等。从发展趋势看，这一区域的边境经济合作具有较好的前景。

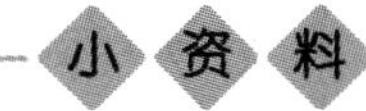

上海合作组织

上海合作组织（Shanghai Cooperation Organization，SCO），简称上合组织，前身是“上海五国”会晤机制。1996 年 4 月 26 日，中国、俄罗斯、哈萨克斯坦、吉尔吉斯斯坦、塔吉克斯坦五国元首在上海举行会晤。自此，“上海五国”会晤机制正式建立。成员国：中国、俄罗斯、哈萨克斯坦、吉尔吉斯斯坦、塔吉克斯坦和乌兹别克斯坦；观察员：伊朗、巴基斯坦、阿富汗、蒙古和印度；对话伙伴：斯里兰卡、白俄罗斯和土耳其；参会客人：土库曼斯坦、独联体和东盟。

上海合作组织的宗旨是：加强成员国之间的互相信任与睦邻友好，鼓励成员国在政治、经济、科技、文化、教育、能源、交通、环保和其他领域进行有效合作；联合致力于维护和保障地区的和平、安全与稳定；建立民主、公正、合理的国际政治经济新秩序。

上海合作组织每年举行一次成员国国家元首正式会谈，定期举行政府首脑会谈，轮流在成员国举行。为扩大和加强在各领域内的合作，除业已形成的相应部门领导人会谈机制外，可视情况组建新的会谈机制，并建立常设和临时专家工作组研究进一步开展合作的方案和建议。截至2015年7月，上海合作组织已经召开了15次峰会，第15次峰会在俄罗斯乌法举行，通过关于启动接收印度、巴基斯坦加入上海合作组织程序的决议，上海合作组织扩员的大门正式打开。

单元小结

区域经济一体化是指一个地理区域内，各国一致同意减少并最终消除关税壁垒和非关税壁垒，以便做到相互之间商品、服务和生产要素自由流动的状态或过程。

根据区域内的经济一体化程度，或者说依据商品和生产要素自由流动的差异，成员国的政策协调程度不同，区域经济一体化可从高到低划分为6个层次：优惠贸易安排、自由贸易区、关税同盟、共同市场、经济同盟和完全经济一体化。

区域经济一体化组织遍布世界各地。在众多的区域性组织中，最有代表性和规模最大的三个区域经济一体化组织是欧洲联盟、北美自由贸易区和亚太经济合作组织。

为了顺应世界区域经济一体化迅猛发展的新形势，并为国内发展营造良好的外部环境，近年来，中国积极参与区域经济合作，稳步发展自由贸易区，并取得了实质性进展。这是中国适应经济全球化发展的一项长期战略选择。

一、单项选择题

1. 经济一体化的最后阶段是(　　)。

A. 关税同盟　　　　B. 共同市场

C. 经济同盟　　　　D. 完全经济一体化

2. 由经济发展水平相同或接近的国家所形成的经济一体化组织是(　　)。

A. 水平一体化　　　　B. 垂直一体化

C. 部门一体化　　　　D. 全盘一体化

3. 共同市场与经济联盟相比，前者未实现（　　）。

A. 生产要素在成员国之间的自由流动　　　　B. 统一的对外关税政策

C. 货物在成员国之间的自由流动　　D. 统一的对外经济社会政策

4. 关税同盟区别于自由贸易区的主要表现在于（　　）。

A. 成员国之间的工业品全部免税　　B. 对外实行统一的贸易壁垒

C. 成员国之间所有商品不受数量限制　　D. 成员国之间商品自由流通

5. 贸易创造效果属于关税同盟的（　　）。

A. 动态效果　　B. 静态效果

C. 贸易转移　　D. 贸易损失

6. 下列属于关税同盟带来的动态效应的是（　　）。

A. 贸易创造　　B. 贸易转移

C. 竞争效应　　D. 贸易损失

7. 关税同盟的重要特点是（　　）。

A. 对内自由，对外保护　　B. 对外自由，对内保护

C. 对内外均自由　　D. 对内外均保护

8. 按贸易壁垒取消程度划分，经济一体化最简单的形式是（　　）。

A. 自由贸易区　　B. 共同市场

C. 优惠贸易安排　　D. 关税同盟

9. 与自由贸易区相比，关税同盟不存在(　　)的问题 。

A. 关税　　B. 贸易偏转

C. 利润倒流　　D. 货物自由流动

10. 欧共体成员国于 1992 年 2 月 7 日签署了（　　）。

A.《建立欧洲经济共同体条约》　　B.《欧洲联盟条约》

C.《欧洲协定》　　D.《单一欧洲法令》

11. 能够实现生产要素自由流动的经济一体化形式是（　　）。

A. 优惠的贸易安排　　B. 自由贸易区

C. 关税同盟　　D. 共同市场

12. 在成员国间完全废除关税与数量限制，建立对非成员国的共同关税外，成员国间的生产要素也实现自由移动的是（　　）。

A. 自由贸易区　　B. 关税同盟

C. 共同市场　　D. 经济同盟

13. 欧洲经济共同体属于（　　）。

A. 优惠贸易安排　　B. 自由贸易区

C. 关税同盟　　D. 完全经济一体化

二、简答题

1. 根据一体化程度的高低，区域经济一体化有哪些组织形式？

2. 举例说明关税同盟的贸易创造效应和贸易转移效应。

3. 区域经济一体化有哪些特点？

三、论述题

1. 有人说亚太经济合作组织是世界三大自由贸易区之一，对此你如何评价？
2. 各类区域经济一体化组织的最新进展及前景如何？

中国—东盟自由贸易区的成效

2002年11月4日，第六次东盟与中国领导人会议在柬埔寨首都金边举行，并签署《中国—东盟全面经济合作框架协议》，宣布2010年建成中国—东盟自由贸易区。《中国—东盟全面经济合作框架协议》提出了“中国与东盟加强和增进各缔约方之间的经济、贸易和投资合作；促进货物和服务贸易，逐步实现货物和服务贸易自由化，并创造透明、自由和便利的投资机制；为各缔约方之间更紧密的经济合作开辟新领域”等全面经济合作的目标。2014年，中国与东盟的双方贸易额达4 804亿美元，再创新高，较2013年增长了8.3%，比中国对外贸易额的平均增幅3.4%快了一倍多。其中：中国从东盟进口额为2 083亿美元，增长了4.4%；中国向东盟出口额为2 721亿美元，增长了11.5%，出口增速远远大于进口增速。2014年中方顺差638亿美元，较2013年增长了43%。《2014年中国—东盟自由贸易区第四季度报告》显示，2014年，马来西亚、越南、新加坡成为中国在东盟的前三大贸易伙伴。在中国与东盟十国的双边贸易中，缅甸、越南、菲律宾是贸易增速最快的三个国家。中国与东盟国家双向投资额为124.05亿美元，与2013年相比，中国在菲律宾、老挝、柬埔寨和新加坡四个国家中的投资实现增长。

讨论：

未来中国与东盟之间存在哪些互惠互利的机会？组织学生进行分组讨论，并对答案进行分析和总结。

中国在未来需要加入TPP

奥巴马总统在新加坡APEC峰会上指出：“美国将与跨太平洋战略经济伙伴关系协定（TPP）伙伴接触，以打造一个既可广纳成员、素质高，又适用于21世纪的区域贸易协定。”

新加坡贸工部部长林勋强指出，美国这一宣布实质上是发出了它愿意同亚太区域保持经济联系的强烈信息。而类似TPP的跨区域自贸区，将使目前的多个双边与多边自贸协定网络得以集成一个整体，为企业节省成本。

2015年10月5日，跨太平洋战略经济伙伴关系协定（TPP）终于取得了实质性突破，美国、日本和其他10个泛太平洋国家就TPP达成一致。12个参与国加起来所占全球经济的比重达到了40%。TPP将对近18 000种类别的商品降低或减免关税。

2016年2月4日，美国、日本、澳大利亚、文莱、加拿大、智利、马来西亚、墨西哥、新西兰、秘鲁、新加坡和越南12个国家在奥克兰正式签署了跨太平洋伙伴关系协定（TPP）协议。

根据TPP协议，TPP有五大突出特点：一是要求全面市场准入，即消除或削减涉及所有商品和服务贸易以及投资的关税和非关税壁垒；二是促进区域生产和供应链网络的发展；三是解决数字经济、国有企业等新的贸易挑战；四是促进中小企业发展和帮助成员国加强贸易能力建设，实现贸易的包容性；五是作为区域经济一体化平台，吸纳亚太地区其他经济体加入。

讨论：

中国在未来需要加入TPP吗？请阐述理由。组织学生进行分组讨论，并对答案进行分析和总结。

第七单元

跨国公司的理论与实践

学习目标

【知识目标】

- 了解跨国公司的含义、形成及发展
- 掌握跨国公司的类型、特征及理论演变
- 掌握跨国公司对外直接投资方式的种类和经营战略

【能力目标】

- 能运用所学知识分析跨国公司各发展变化阶段的特征及原因
- 能运用所学知识对跨国公司在外投资方式进行分析
- 能正确分析并掌握跨国公司的经营战略并加以应用

重点难点

【重点】

- 跨国公司的含义、类型和特征
- 跨国公司的经营战略
- 跨国公司对国际贸易的影响

【难点】

- 跨国公司对外直接投资方式
- 跨国公司的经营战略
- 跨国公司对国际贸易的影响和作用

案例导入 杜邦公司的发展

1802年，法国移民杜邦在美国特拉华州的威尔明顿建立了一家生产黑火药的工厂。杜邦公司200多年的历史由此开始。成立之初的杜邦公司总值只有36 000美元。200多年后的今天，杜邦公司已从制造作坊发展成为世界上历史最悠久、业务最多元化的跨国科技企业之一。产品涉及食品与营养、健康与保健、农业、服装、家居、建筑、电子、运输等领域。2012年，它在《财富》杂志500家美国最大的工业/服务公司排行榜上名列第270位。

杜邦的历史证明，如果一个公司想要在几个世纪里持续发展，就必须不断地蜕变。早期的杜邦公司主要制造黑火药；19世纪晚期，杜邦逐步转型为炸药制造商；1925年前后，杜邦再次转型为化学品制造商；20世纪90年代开始，杜邦又开始新的转型，以公司在生物科技方面的优势为驱动力，努力使公司在21世纪成为一家以综合科学为特征的公司。

杜邦历史上的每一次转型都是以科学和技术方面的成就为基础的。科学和技术是杜邦在历史上创造价值的主要方式。今天，杜邦的新口号是“科学创造奇迹”，这进一步表明了杜邦坚持科技领先的决心。

资料来源：编者根据百度文库的相关资料改编。

【思考】杜邦公司在200多年的历史中成功的原因是什么？作为一家全球性的跨国公司，杜邦公司如何面对21世纪的机遇和挑战？本单元将会对跨国公司的含义、类型和特征，跨国公司的经营战略及跨国公司对国际贸易的影响进行介绍，解决上述问题。

单元知识一　跨国公司的形成与发展

阅读材料

跨国公司的兴起

20世纪90年代以来全球政治、经济以及科学技术的发展改变了全球范围内企业竞争的环境。冷战结束后两个对立的阵营不复存在，真正的全球市场开始出现。面对迅速形成的全球市场以及经济全球化潮流，跨国公司在全球范围内调整企业发展战略。他们从过去以母国为中心的跨国经营转向全球经营，迅速进入和占领正在形成的全球市场。他们吸纳和整合全球各国或各地区的各种最优资源，包括资金、市场、原材料、技术、人才，打造全球产业链，以全球资源参与全球市场的竞争。

任务引领

跨国公司的国际直接投资活动已成为当今各国经济和世界经济的重要推动力量，世界各国都在研究、制定和实施国家层面上的外资政策，以加强对国际直接投资活动的宏观调控与管理，同时，国际社会也制定了有关规则与协议。

试问：什么是跨国公司？跨国公司是如何形成和发展的？经历了哪些阶段？

一、跨国公司的含义

跨国公司（Transnational Corporation）是在两国或两个以上国家（地区）拥有矿山、工厂、销售机构和其他资产，在母公司统一决策体系下从事国际性生产经营活动的企业。它可以由单个国家的企业独立创办，也可以是两个或多个国家企业合资或合作经营，跨国公司是通过输出企业资本，在许多国家设立分公司，或控制当地的企业成为其子公司，从事生产、销售及其他经营的国际性资本主义垄断组织。它是垄断财团通过直接投资，在海外设立分支机构，形成一个由国内到国外，从生产至销售的超国家的垄断体系。

小知识

跨国公司的定义

跨国公司，又称多国公司、国际公司和宇宙公司等。1974年，联合国经社理事会作出决议，此后联合国统一采用“跨国公司”这一名称。

联合国跨国公司委员会认为跨国公司应具备以下三要素：第一，跨国公司是指一个工商企业，组成这个企业的实体在两个或两个以上的国家内经营业务，而不论其采取何种法律形式经营，也不论其在哪一经济部门经营；第二，这种企业有一个中央决策体系，具有共同的政策，此种政策能反映企业的全球战略目标；第三，这种企业的各个实体分享资源、信息以及社会效益，引起世人关注。

二、跨国公司的发展历程

跨国公司的历史至少可以追溯到19世纪60年代，当时西欧和美国的一些大企业开始在海外设立生产性分支机构，从事制造业跨国经营活动，已初具跨国公司的雏形。第二次世界大战后，特别是20世纪50年代后，随着西方发达国家垄断资本的大规模对外扩张和生产的进一步国际化，对外直接投资迅猛增加，跨国公司得到了迅速发展。

（一）第一次世界大战前跨国公司的雏形（1914年之前）

1. 概况

资本主义逐步由自由竞争阶段过渡到垄断阶段，资本输出是垄断资本主义的重要特征。资本输出主要是英、法、德、美等资本主义强国的间接对外直接投资，而直接投资的数额和比重都还比较小，跨国公司处于起步阶段。跨国公司是垄断资本主义高度发展的产物，跨国公司的出现与资本输出密切相关，可以说，资本输出是跨国公司形成的物质基础。

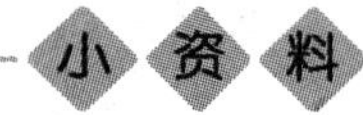

跨国公司的起源

早期跨国公司起源于19世纪60年代，当时在发达资本主义国家，一些大型企业通过对外直接投资，在海外设立分支机构和子公司。当时具有代表性的是三家制造业企业：1865年，德国弗里德里克·拜耳化学公司在美国纽约州的奥尔班尼开设了一家制造苯胺的工厂；1866年，瑞典制造甘油、炸药的阿佛列·诺贝尔公司在德国汉堡开设了一家炸药厂；1867年，美国胜家缝纫机公司在英国的格拉斯哥建立了缝纫机装配厂，开始它以格拉斯哥的产品供应欧洲和其他地区的市场，到了1880年，又在伦敦和汉堡等地设立销售机构，负责世界各地的销售业务，这家公司可以称得上是美国第一家以全球市场为目标的早期跨国公司。

这一时期对外直接投资的主体是美国，主要是制造业的对外直接投资。美国的西屋电气公司、爱迪生电气公司、柯达公司以及一些大石油公司也都先后到国外活动。英国的联合利华公司、瑞士的雀巢公司、英国的帝国化学公司等都在这一时期先后到国外投资设厂，开始跨国性经营，成为现代跨国公司的先驱。

2. 早期跨国公司兴起的原因

（1）保护技术垄断优势。美国引领了第二次工业革命，大部分新发明、新创造都是在美国完成的，在此推动下，美国诞生了大批新技术企业。正是这些掌握技术垄断优势的公司，率先到海外投资，以占领市场，并防止其他厂商伪造。

（2）绕过保护性贸易限制。避开保护性贸易限制，到国外投资，占领海外市场，以便就地生产和供应。

（3）各国对外国制造业到本国设厂的刺激或鼓励。例如：当时的加拿大采取高关税措施就是为了鼓励外国制造业到加拿大投资设厂，刺激国内经济发展，推动了美国企业对加拿大的渗透。

（二）两次世界大战期间跨国公司的发展（1914—1945 年）

1. 概况

两次世界大战期间，大部分发达国家的对外直接投资发展缓慢，对外扩张的跨国公司主要是技术先进的新兴工业企业，或者是大规模生产消费品的企业。但是，美国跨国公司的发展较快，美国对外直接投资的发展速度远远超过了当时的“资本主义堡垒”——英国。美国资本大举进入的行业主要是汽车、石油、有色金属等领域。制造业跨国公司发展最为迅速，跨国公司之间开始展开激烈竞争。总之，以对外直接投资为显著特征的现代跨国公司已经形成并具备了一定的规模。

2. 发展缓慢的原因

这主要是由于：其一，在战争中遭到严重破坏，欧洲各参战国经济力量受到削弱，战争也中断了直接投资关系和投资的正常运行。其二，一些国家政府在保护民族国家利益的名义下，制定了限制对外直接投资的政策。其三，在此期间，频繁的经济危机影响了对外直接投资。1920—1921 年、1929—1933 年及 1937—1938 年三次世界性经济危机，尤其是 1929—1933 年的经济大萧条，使西方国家实施保护贸易政策，鼓励自给自足，对对外直接投资采取差别对待甚至排斥的态度。其四，世界性的金融秩序混乱，使对外直接投资的风险增大。

（三）“冷战”前半阶段跨国公司的发展（1945 年到 20 世纪 60 年代末）

1. 概况

第二次世界大战使美国的经济实力得到极大的增加，在资本主义国家对外直接投资中处于绝对霸主的地位。另外，新兴制造业迅猛扩张，由于战争期间新兴科技的迅速发展，战后美国的新兴工业部门崛起，如电子、飞机制造、计算机、汽车、石油化工等。这些新兴制造业拥有垄断优势且规模大、效率高，向海外扩张的势头迅猛，而采矿、农业等初级产业的投资相对减少。与此同时，服务业领域的扩张速度也很快。

2. 快速增长的原因

快速增长的原因有：其一，第二次世界大战使除美国以外的各参战国的经济惨遭破坏，美国通过对西欧国家、日本等进行援助，使这些国家迅速从战争中恢复过来，为这些东道国吸收美国对外直接投资创造了先决条件。其二，第二次世界大战后建立的以美元为中心的布雷顿森林体系使美国跨国公司可以用定值偏高的美元到处兼并、收购国外企业。其三，20 世纪 50 年代末，欧共体的建立，使西欧成为一个排他性的关税同盟，美国对西欧的商品出口明显受阻，为了绕过关税同盟这一贸易壁垒，美国采取到西欧国家直接投资设厂、就地生产、就地销售的战略。其四，发达国家政府采取各种措施来扶植和推动跨国公司对外直接投资。其五，第三次科技革命使世界经济进入跨国生产和经营的生产国际化阶段，跨国公司得到迅猛发展，同时，新的科技革命带来的交通、通信的现代化、管理的计算机化以及通信、运输成本的下降，为跨国公司进行大规模对外直接投资提供了可能性和重要条件。

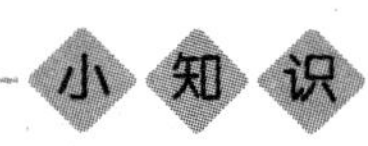

布雷顿森林体系

布雷顿森林体系（Bretton Woods System），是指第二次世界大战后以美元为中心的国际货币体系。关贸总协定作为1944年布雷顿森林会议的补充，连同布雷顿森林会议通过的各项协定，统称为“布雷顿森林体系”，即以外汇自由化、资本自由化和贸易自由化为主要内容的多边经济制度，构成资本主义集团的核心内容，是按照美国制定的原则，实现美国经济霸权的体制。布雷顿森林体系的建立，促进了战后资本主义世界经济的恢复和发展。因美元危机与美国经济危机的频繁爆发，以及制度本身不可避免的矛盾性，该体系于1973年宣告结束。

（四）“冷战”后半阶段跨国公司的大发展（20世纪60年代末到90年代初）

1. 概况

第二次世界大战后，对外直接投资的迅速发展直接促进了跨国公司的发展，1986—1995年国际直接投资流出的总额达27 300亿美元。1996年外国直接投资总额增长了10%，达到3 490亿美元。跨国公司的对外直接投资占主要资本主义国家对外投资的70%以上，而且主要为私人对外直接投资，跨国公司成为私人对外直接投资的物质载体。1968—1969年，主要资本主义国家拥有的跨国公司为7 276家，跨国公司的国外分支机构为27 300家。到20世纪90年代初期，世界上有跨国公司37 000家。其中，24 000家集中在14个主要资本主义国家，它们在国外的分支机构达170 000家。1995年，全球共有39 000多家跨国公司，其分支机构达270 000多家。跨国公司的经营战略和组织结构开始向全球化的目标演变。

2. 特点

跨国公司的数量大幅增加、规模大幅扩大，欧共体和日本经济起飞，对外直接投资迅速发展，打破第二次世界大战后美国跨国公司一统天下的局面，形成美国、欧共体和日本三足鼎立的态势。同时，跨国公司向服务业的扩展速度最快，跨国公司国际投资行为日益多样化。除了常见的股权安排形式，合作生产、技术转让、分包、许可证生产、特许经营等非股权安排形式得到广泛运用，甚至出现跨国公司间的战略联盟。

3. 高速增长的原因

高速增长的原因主要有：其一，第二次世界大战后，日本和西欧国家经过十多年恢复后，经济开始快速增长，对外直接投资开始急剧扩大。同时，发展中国家尤其是新兴工业化国家（地区）也积极走上对外直接投资的舞台。其二，20世纪70年代初以来，世界经济区域集团化发展迅速，尤其是欧洲的经济一体化进程加快，集团内各成员国的跨国公司加快了对区域内的直接投资，集团外国家的跨国公司也转向了通过对外直接投资打入集团内市场。其三，为了绕开贸易保护主义的障碍，维护和扩大在国外商品市场的份额，发达国家政府竭力推动本国跨国公司对外直接投资，各国跨国公司为了减少贸易保护主义引起的国际交易成本也加大了对外直接投资的力度。其四，20世纪70年代以来，欧美发达国家已处于工业化后期，部分国家开始进入工业经济向知识经济转型的阶段，传统工业开始国际转移，对外直接投资流量和规模迅速增长。其五，各国对外直接投资政策目标越来越趋向于自由化，各国政府纷纷放松对对外直接投资的管制，并积极创造条件，采取政策措施和法律手段来鼓励和保护对外直接投资，促进对外直接投资不断增加。

（五）20世纪90年代以来跨国公司的战略调整和稳定发展

1. 概况

20世纪90年代以后，随着世界经济全球化趋势的加强，当代科学技术的发展和国际竞争的加剧，大型跨国公司在激烈争夺市场的同时，相互间联合与协作的势头进一步加强。尤其是90年代，跨国公司得到前所未有的大发展，这不仅表现在发达国家的跨国公司上，还表现在发展中国家的跨国公司上。信息技术的进步和金融自由化趋势为跨国公司推行复合一体化战略和全球战略提供了更为便利的条件。

2. 特点

经济全球化趋势迅猛发展，企业跨国经营成为不可阻挡的潮流，为数众多的中小企业也加入跨国经营行列，跨国公司的数量成倍增长；集中化趋势更加明显，发达国家和为数不多的大型跨国公司唱起了主角；国际化经营程度更高；跨国并购风起云涌，跨国并购成为跨国公司对外直接投资的主要手段；发展中国家的跨国公司取得长足的进步；知识型投资日益成为跨国公司的制胜之道；信息技术、互联网技术飞速发展，“后工业社会”、“信息经济”、“新经济”、“网络经济”、“虚拟经济”、“眼球经济”等一系列新概念产生，跨国公司的直接投资向寻求以知识创新为导向的高级形式转变。

海尔集团的国际化经营

从1998年开始，海尔集团实施国际化战略，目标是把海尔集团建成一个大型跨国公司，把国内名牌建成世界名牌，并力争进入世界500强。1999年，海尔集团在美国南卡罗来纳州投资建立了第一个海外海尔工业园——美国海尔工业园。在南卡罗来纳的美国海尔生产制造中心的工人是美国人，在波士顿设计中心的研究开发人员是美国人，在纽约的营销中心的经理也是美国人。在美国初步实现了设计、生产、销售“三位一体”的本土化经营模式。2002年，海尔在纽约购买了原格林尼治银行大厦这个标志性建筑作为其在北美的总部，在美国树立起本土化的名牌形象。

2001年，海尔并购了意大利一家冰箱厂，设立意大利电力股份有限公司。通过这次并购，海尔不但拥有了欧洲的白色家电生产基地，而且拥有了参与当地制造业组织并获取信息的渠道。2002年，海尔与日本三洋公司建立竞争合作关系，以达到市场互换的目的。三洋海尔株式会社经销的海尔品牌家电全面进入日本家电市场，并以与日本名牌家电相当的价格树立起海尔品牌的美誉。目前，海尔已经在国外设立了30多家生产企业和一批研发中心、销售中心。2004年1月，世界五大品牌价值评估机构之一的世界品牌实验室编制的“世界最具影响力的100个品牌”，中国企业的唯一入选者即海尔。

思考：

结合海尔集团实施国际化战略的成功经验，分析中国企业应如何走好跨国经营之路。

3. 迅速发展的原因

（1）科技革命和社会生产力的发展。新时期科技革命是以原子能、电子计算机、高分子、航天航空、光纤等技术的广泛应用为标志的，它使社会生产力大大提高。社会生产力的发展催生了一系列新兴工业部门，发达国家的经济发展日益受到资源与市场的约束，企业为解决资源供应和产品销售问题，大举对外投资。同时，社会生产力的发展改进了运输工具和信息沟通方式，为跨国公司国际化和经营提供了物质条件。这些都直接促进了第二次世界大战后跨国公司的发展。

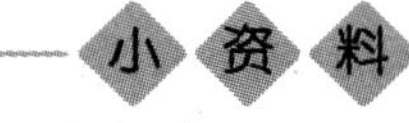

日本的对外投资

日本在对外投资方面的表现尤为突出：一方面，日本资源贫乏，为获取海外资源供应必须大量对外投资；另一方面，日本的汽车、电视机、商船制造和半导体等产品的30%以上都要靠国外市场来销售，为绕过进口国家的贸易壁垒，也必须在海外投资设厂、就地生产、就地销售。

（2）企业间的跨国兼并与收购。面对竞争压力、自由化浪潮和新投资领域的开放，越来越多的企业以兼并与收购作为自己的核心经营战略，在国外建立起自己的生产设施，以保护和增强自己的国际竞争力，这样就推动了跨国公司的发展。1988—1995年，世界兼并与收购总额增加了一倍，达到2 290亿美元；同期，多数控股兼并与收购总额增长了84%，达到1 350亿美元。

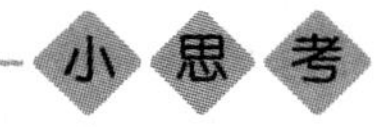

联想并购IBM个人电脑业务——走向国际化

联想集团是中国个人电脑生产企业的龙头老大。2002年9月，《财富》杂志公布的中国上市企业百强中，联想集团名列第六；2003年1月，在《亚洲货币》第十一届最佳管理公司评选中，联想获得全部评选的第一名。2004年3月，联想集团作为第一家与国际奥委会签署合作协议的中国企业，成为国际奥委会全球合作伙伴。美国IBM公司是世界500强企业，在2004年度全球500强企业的排名中名列第19位，是世界最大的信息工业跨国公司。其业务主要集中在五大领域，即服务、硬件、软件、金融和企业投资。2004年12月，联想集团与IBM签署了个人电脑业务并购协议，爆出2004年全球个人电脑市场的惊人之举。联想集团以12.5亿美元（其中6.5亿美元现金和6亿美元股票）收购IBM的全球台式电脑和笔记本电脑的全部业务，包括研发、采购、生产和销售。联想集团董事长杨元庆说，联想得到了IBM用几十年打造的全球网络，得到了IBM的笔记本电脑的研发和生产能力，得到了国际一流的管理团队和员工队伍。通过这次收购，联想不仅在产品、营销网络方面走上了国际化的快车道，也在股权结构、融资渠道、战略伙伴等深层面实现了国际化。

思考：

通过联想集团并购美国IBM的案例，分析中国企业走向国际化应采取哪些经营方式。

并购的趋向

1999年以来，并购浪潮再一次席卷全球。跨国并购，同行业中大企业强强联合，合并的重点由过去的“大而全”到以主体业务为核心的重组，这些都成为这次并购浪潮的主要特色。据统计，2010年跨境私人股权并购金额为1 220亿美元，同比增长14%，跨国并购交易达2 050宗，创历史新高。欧、美、日大型跨国企业兼并，除了借机整合欧美市场外，也有改善全球布局以避免受欧美市场走弱影响的考虑。因此，出现了向亚洲新兴经济体投资和兼并的强劲势头。另外，由于发达国家的利率水平低，更多的资金转向新兴市场，以寻求更高的回报。2010年，以私人股权并购形式进行的外国直接投资中，31%流入了新兴经济体和转型经济体。

(3) 发达国家政府的积极推进。跨国公司的迅速发展也是两次世界大战之后发达国家政府加强对经济生活的干预、支持本国企业对外扩张的结果。许多发达国家政府制定了各种各样的政策措施，为跨国公司的海外投资活动提供条件。例如：政府通过与他国签订避免双重课税协定、投资安全保证协定来减轻跨国公司的纳税负担，保证跨国公司海外投资的利益与安全；政府通过与他国缔结贸易条约，使本国企业在缔约国享受尽可能充分的国民待遇；政府通过设立的专门银行向跨国公司提供各种优惠贷款和参股贷款，为跨国公司的海外扩张提供资金；政府还通过税收优惠资助跨国公司的研究与开发活动，以提高其产品的竞争力。此外，政府还动用自身的力量为跨国公司的海外投资创造条件。最为突出的是美国，第二次世界大战后美国执行帮助欧洲经济复兴的马歇尔计划，其附加条件就是要求受援国实行资产非国有化，允许外资自由进入。

(4) 跨国银行的发展。第二次世界大战后跨国银行的迅速发展对跨国公司的迅速发展起着推动作用。一种情况是跨国银行通过投资或参股，本身成为跨国公司；另一种情况是跨国银行运用自己庞大的金融资产和全世界的信贷网络为跨国公司融资，使跨国公司的发展突破资金限制。

当今全球跨国银行发展变化的新特点和趋势是：由于美国次贷危机的影响以及全球经济发展的继续放缓，2007年以来全球跨国银行利润持续保持的较高增长暂时结束，由美国和欧洲银行占主导地位的传统银行业格局将发生变化，新兴经济体国家的银行业地位尤其是中国银行业的地位将不断上升，这将对全球跨国银行业的格局产生深远的影响。同时，发达国家跨国银行制定了明确的发展战略目标，根据自身的特点与实力，制定和选择适合自身发展的不同发展战略模式，并通过跨国并购，实现其全球化与国际化的发展战略，以迅速提升其国际竞争力。另外，发达国家跨国银行也积极进行经营策略的转变，从实行“以产品为中心”的经营策略转向“以客户为中心”的经营策略，并注重“以市场为导向”，提供“一站式”、全方位的金融服务。注重突出核心业务，重塑组织结构和业务流程，由批发银行业务向零售银行业务转化，积极进行金融产品与服务创新，并注重对新兴市场的开拓，从而增强其国际竞争力。

(5) 对外资政策的放宽。各种类型的国家都相继实行对外资开放的政策，以改善国内的投资环境，这也成为跨国公司迅速发展的一个促进因素。

以中国为例，1978 年以来，之所以越来越多的跨国公司选择在中国进行直接投资，是因为中国吸引国外投资的软、硬环境有了极大的改善。进入 90 年代以来，中国利用外资政策重点吸引大型跨国公司来华投资，大大提高了国内产业水平。

20 世纪 80 年代和 90 年代初期，外商在中国重点投资的行业主要是服装、鞋类、电子元器件、塑料制品、皮革制品等劳动密集型加工工业，对中国产业结构的升级没有明显的带动作用。90 年代初期以后，大型跨国公司的投资项目，大多数进入中国产业结构中急需提升和大力发展的产业。从跨国公司在中国投资的行业来看，其资本和技术密集程度均要高于一般外商直接投资。有数据显示，世界 500 强企业在纺织及服装、食品及饮料行业中的投资项目数虽然较多，所占比重分别为 9%和 8%，但投资规模所占比重分别只有 2%和 4%。相反，它们投资在电子及通信设备、交通运输设备、非金属矿物领域的项目虽然分别只占 10%、9%和 2%，但其投资规模却分别占到 20%、14%和 4%。总之，技术先进的大型跨国公司纷纷来华投资，对中国制造业的产业结构升级起到了举足轻重的带动作用。大型跨国公司在中国投资的过程中，不仅能促进一些技术、资本密集型行业的发展，而且推动了这些行业内部产品结构的升级。

跨国公司投资优化中国产业的组织结构主要体现在跨国公司投资提高和加强了产业价值链的延伸和联系。跨国公司投资将会带动其海外配套商来华投资，从而提升整个行业的水平。大型跨国公司多数是生产全球化程度很高的公司，在全球各地有多家技术水平相当、产品质量符合要求的协作企业，当跨国公司来华投资时，为了降低生产成本，提高当地化程度，就会带动国外的协作企业来华进行投资。一些大型外商投资企业在这方面已经发挥了显著作用。

跨国公司在中国

1985 年，惠普、IBM、诺基亚、英特尔、飞利浦等大型跨国公司都在这一年正式进入中国。最初几年，它们的投资大多只是试探性的。90 年代初期，随着世界经济发展速度放缓，利润大幅滑坡，在竞相削减成本的赛跑中，跨国公司都在重新寻找成本最低的制造基地，于是，拥有丰富而廉价的劳动力、上百万有才华的工程师和良好基础设施且对跨国公司表示极度欢迎的中国成了它们的首选。

2001 年开始，随着中国加入 WTO，跨国公司掀起了新一轮投资中国的热潮，同时由原来更多地把中国视为重要的制造基地，转向更多地把中国看成重要的销售市场。显然，大多数跨国公司一开始看中的是中国低廉的要素成本。

在 1998 年中国外商直接投资增长出现大幅回落的情况下，跨国公司开始犹豫和徘徊，但坚持者最终得到了丰厚的回报。1992 年美国通用汽车公司（GM）进军中国时，它对中国市场的预期是每百人中有一个人会购买雪佛兰汽车。而到了2002年，通用汽车在中国的六条柔性生产线共产了各种类型的汽车11万辆，而它生产一辆轿车的利润率是在美国生产同类型车的两倍。

不少跨国公司对其在华管理结构进行了调整。这些调整涉及建立和加强中国地区总部，建立和加强在华运营中心，如投资中心、制造中心、物流中心、研究开发中心、培训中心、售后服务中心、财务中心、结算中心、媒体公关部、政府事务部等，或是跨国公司母公司业务部门在中国建立的分支机构。过去绝大多数跨国公司的中国（控股）有限公司扮演的只是政府关系、法律和投资服务等角色，但现在一些跨国公司的中国区总裁已经开始召集跨部门会议，参与业务部门的战略制定和人事安排，甚至并购行动。

在过去几年间，有超过60家跨国公司的亚太区总部由香港、新加坡、马尼拉、悉尼迁到上海、北京等中国内地城市。越来越多的跨国公司也开始在中国设立研发基地。在上海成立的惠普中国软件研发中心，直属美国总部，是惠普在全球的第四个研发中心；阿尔卡特在上海建立了全球第二大研发中心；戴尔中国设计中心是戴尔首家海外研发机构。目前，跨国公司在华的地区性研发中心达400多家，仅上海就有100多家。

中国现在已经成为大众汽车全球最大的市场，英特尔、朗讯、三星、LG、松下、飞利浦、柯达的第二大市场，西门子的第三大市场。

思考：

跨国公司在华的发展说明了什么问题？如何积极应对跨国公司在新形势下的发展战略？

单元知识二　跨国公司的类型与特征

阅读材料

通用电气公司的跨国活动

美国通用电气公司（GE）是美国，也是世界上最大的电器和电子设备制造公司，它的产值占美国电工行业全部产值的1/4左右。早在1906年，GE就开始发展同中国的贸易，通过在中国投资具有竞争力的行业，GE在中国迅速发展。GE是全世界最大的跨行业的服务公司，拥有30多个业务集团，在全球100多个国家进行业务活动。GE在《财富》杂志2015年全球500家最大公司排名中位居第24位，营业收入达148 321百万美元。

任务引领

20世纪90年代以来，随着经济全球化趋势的不断加强，越来越多的跨国公司正在成为“无国籍公司”或“超国家公司”，在世界范围内实现研发、生产和营销的最优安排，在日趋一体化的全球市场上展开更加激烈的竞争与合作。跨国公司无国籍的趋势使得世界经济的组织形式发生了根本性的变化，它进行的不再是历史上那种在相互独立的国家经济体内各国民族企业之间的跨国商业活动，而更多地表现为由国家属性日益模糊的跨国公司通过其内部母公司及其在世界各地的子公司之间的分工协作与生产来组织与协调世界经济。

试问：跨国公司有哪些类型和相关特征呢？

一、跨国公司的类型

按照不同的分析角度和划分标准，对跨国公司可以有不同的分类。

1. 按经营项目分类

按照跨国公司经营项目的性质，可以将跨国公司分为以下三种类型。

（1）资源开发型跨国公司。这类公司以获得母国所短缺的各种资源和原材料为目的，对外直接投资主要涉及种植业、采矿业、石油业和铁路等领域。这类公司是跨国公司早期积累时经常采用的形式。目前，资源开发型跨国公司仍集中于采矿业和石油开采业，如著名的名埃克森美孚公司（Exxon MoBil）、英荷壳牌公司（Royal Dutch Shell）。

（2）加工制造型跨国公司。这类公司以生产加工为主，进口大量投入品生产各种消费品供应东道国或附近市场，或者对原材料进行加工后再出口。加工制造型跨国公司是当代一种重要的公司形式，受到大多数东道国的欢迎。美国通用汽车公司（GM）作为世界上最大的汽车制造公司，是制造业跨国公司的典型代表。

（3）服务提供型跨国公司。这类公司主要是指向国际市场提供技术、管理、信息、咨询、法律服务以及营销技能等无形产品的公司。这类公司包括跨国银行、保险公司、咨询公司、律师事务所以及注册会计师事务所等。20 世纪 80 年代以来，随着服务业的迅猛发展，服务业已逐渐成为当今最大的产业部门，服务提供型跨国公司也成为跨国公司的一种重要形式。

2. 按经营结构分类

按照跨国公司的产品种类和经营结构，可以将跨国公司分为以下三种类型。

（1）横向型跨国公司。这类公司是指母公司和各分支机构从事同一种产品的生产和经营活动的公司。在公司内部，母公司和各分支机构之间生产制造工艺、过程和产品基本相同。这类跨国公司的特点是母、子公司之间在公司内部相互转移生产技术、营销诀窍和商标专利等无形资产，有利于增强各自的竞争优势与公司的整体优势、减少交易成本，从而形成强大的规模经济，克服东道国的贸易壁垒，巩固和拓展市场。

（2）垂直型跨国公司。这类公司是指母公司和各分支机构之间实行纵向一体化专业分工的公司。纵向一体化专业分工又有两种具体形式：一是指母、子公司生产和经营不同行业的相互关联产品，如自然资源的勘探、开发、提炼、加工制造与市场销售等；二是指母、子公司生产和经营同行业不同加工程序和工艺阶段的产品，如专业化分工程度较高的汽车行业与电子行业等的关联产品。这类公司的特点是全球生产的专业化分工与协作程度高，各个生产经营环节紧密相扣，便于公司按照全球战略发挥各子公司的优势；并且由于专业化分工，每个子公司只负责生产一种或少数几种零部件，有利于实现标准化、大规模生产，获得规模经济效益。

(3) 混合型跨国公司。这类公司是指母公司和各分支机构生产和经营互不关联产品的公司。混合型跨国公司是企业在世界范围内实行多样化经营的结果，它将没有联系的各种产品及其相关行业组合起来，加强了生产与资本的集中，规模经济效果明显；同时，跨行业非相关产品的多样化经营能有效地分散经营风险。但是由于经营多种业务，业务的复杂性会给企业管理带来不利影响，因此具有竞争优势的跨国公司并不是向不同行业盲目扩展业务，而是倾向于围绕加强核心业务或产品的竞争优势开展国际多样化经营活动。

3. 按决策行为分类

按照跨国公司的决策行为，将跨国公司分为以下三种类型。

(1) 民族中心型公司。这类公司的决策哲学以本民族为中心，其决策行为主要体现母国与母公司的利益。公司的管理决策高度集中于母公司，对海外子公司采取集权式管理体制。这种管理体制强调公司整体目标的一致性，优点是能充分发挥母公司的中心调整功能，更优化地使用资源，但缺点是不利于发挥子公司的自主性与积极性，且东道国往往不太欢迎此模式。跨国公司发展初期，一般采用这种传统的管理体制。

(2) 多元中心型公司。这类公司的决策哲学是多元与多中心的，母公司允许子公司根据自己所在国的具体情况独立地确定经营目标与长期发展战略。公司的管理权力较为分散，母公司对子公司采取分权式管理体制，有利于充分发挥各子公司的积极性和责任感，且受到东道国的欢迎。但这种管理体制的不足在于母公司难以统一调配资源，而且各子公司除了自谋发展外，完全失去了利用公司内部网络发展的机会，局限性很大。

(3) 全球中心型公司。这类公司既不以母公司也不以分公司为中心，其决策哲学是公司的全球利益最大化。相应地，公司采取集权与分权相结合的管理体制，这种管理体制吸取了集权与分权两种管理体制的优点，事关全局的重大决策权和管理权集中在母公司的管理机构，但海外子公司可以在母公司的总体经营战略范围内自行制订具体的实施计划，调配和使用资源，有较大的经营自主权。这种管理体制的优点是在维护公司全球经营目标的前提下，各子公司在限定范围内有一定的自主权，有利于调动子公司的经营主动性和积极性。

二、跨国公司的特征

跨国公司一般具有如下特征：

1. 具有全球战略目标

跨国公司是以整个国际市场为追逐目标的，在世界范围内有效配置生产力，充分利用各国和各地区的优势，以实现总公司利润的最大化。具体表现在：跨国公司总公司在指定每一项重大决策时，总是从全局出发，而不考虑某一子公司一时一地的得失；总公司在评价子公司的业绩时，主要考察其对总公司的贡献程度，而不一定是其自身盈利的多寡。计划是跨国公司实现全球化战略目标的主要途径，内部一体化是跨国公司实现全球战略目标所必备的基本条件。

2. 生产经营规模庞大

从理论上讲，跨国公司是从事跨国生产和经营活动的，但事实上，西方经济学家所讲的跨国公司一般特指大型制造业的跨国公司，这类跨国公司的数量较少，但在国际直接投资领域占据主导地位。跨国公司拥有先进的技术、雄厚的资金、多样化的产品、良好的商业信誉、覆盖面广的广告、遍布全世界的分支机构和复合型管理人才等优势，在国际竞争中处于有利地位，其生产能力达到惊人的程度，销售额巨大。

跨国公司的作用

联合国贸发会议发布的《2011 年世界投资报告》显示：2010 年，跨国公司的全球生产带来约 16 万亿美元的增值，约占全球 GDP 的 1/4。跨国公司外国子公司的产值占全球 GDP 的 10%以上和世界出口总额的 1/3。但上述统计数据只反映了全球的平均状况。发达国家跨国公司作为全球性跨国公司的主体，对经济全球化的推动作用更加明显。跨国公司的生产总值已超过工业世界总产值的 30%。这些庞然大物对国际政治、经济事务和东道国的内部事务往往会产生较大的影响。

3. 内部实行一体化

为了实现全球战略目标，跨国公司需要实行内部一体化管理模式，即跨国公司在世界各地的子公司的重大决策都在总公司的统一控制之下，根据集中与分散相结合的原则，实行统筹安排，并根据业务性质、产品结构、地区分布、风险程度等因素来确定集中与分散的程度。跨国公司的内部一体化主要包括：1）生产一体化；2）新技术和新产品一体化；3）营销一体化；4）采购一体化；5）技术人才一体化；6）财务一体化。

4. 国外分支机构众多

为了实现其全球战略目标，跨国公司在世界各地建立了众多的子公司和分支机构，营造了一个集生产、贸易、金融和信息于一体的庞大网络。该网络内部协同运作，与外部进行物质、能量、信息等的交流，并高效运转，如日本一些大型综合商社能在数分钟之内了解某种商品在国际市场上的最新情报。

5. 重视对外直接投资

发展对外直接投资是跨国公司参与国际竞争的主要形式。对外直接投资是跨国公司走向世界、实行国际化生产经营的重要物质基础，同时，对外直接投资的发展又可推动对外贸易和技术转让的发展，有助于充分利用既定的“比较利益”和创造性的“比较利益”。一些西方经济学家甚至认为，“比较利益”、“国际分工”的主体已经从主权国家转移到跨国公司。

单元知识三　跨国公司的理论演变

阅读材料

跨国公司发展的新变化

21世纪的今天，在以互联网技术为代表的信息技术革命的强烈冲击下，跨国公司正在经历全球性的经营战略调整，表现出不同于以往的最新发展趋势，其中最引人注目的是跨国公司正在向全球公司转型。进入21世纪，跨国公司的发展有了新动态，呈现出新特点。发展中国家跨国公司的数量急剧增加。当代跨国公司这种新的发展趋势将会对世界未来的经济格局产生深远的影响。

随着中国、印度、俄罗斯、巴西等全球新兴经济体的迅速崛起，欧盟统一大市场的形成，以及互联网革命带来的时空距离的缩短与拉近，全球市场的竞争强度不断加大，产品的生命周期越来越短，驱使跨国公司在追逐规模经济性与范围经济性的同时，更加看重速度经济性与网络经济性。在遵循全球本土化战略的思维模式和全球产业价值链最优配置的原则下，越来越多的跨国公司通过诸如兼并收购、战略联盟与战略性外包等手段，将经营重点转向全球产业价值链中附加价值最大的研发与营销服务环节，放弃或退出附加值低的某些制造与组装环节，将其转移到全球新兴市场或最适合加工和组装的国家、地区，并按照自己的标准合资或发包给经过认证的海外企业。

任务引领

第二次世界大战后，随着跨国公司的迅速发展，对外直接投资已经成为世界经济的重要推动力量，而传统的基于证券投资的国际资本流动理论却无法解释跨国公司的对外直接投资行为。在此背景下，西方学者纷纷开始研究跨国公司与对外直接投资，形成了许多不同的理论流派，从不同的角度对对外直接投资的动因、进入国际市场的方式与跨国经营的区位选择进行研究，既相互区别，又互为补充，从而形成了一个相对独立的丰富的理论体系。

试问：跨国公司有哪些经典理论？这些理论是如何演变和发展的？在当前的世界新形势下，有没有新的理论产生？

一、传统跨国公司理论

（一）第一阶段（20世纪初到50年代末）

这一时期，经济学界还没有形成独立的跨国公司理论，而是在传统的厂商理论中分析和探讨跨国公司的问题。西方经济学家从各种不同的角度来阐述跨国公司的理论。

代表理论：垄断优势理论。

1960年，作为“跨国公司理论之父”的斯蒂芬·海默（Stephen Hymer），在其博士论文中首次提出了以企业优势为中心的直接投资理论，开创了跨国公司对外直接投资理论研究的先河。这一理论经过其导师查尔斯·金德尔伯格（Charles Kindleberger）及其他学者的发展，形成了众所周知的“垄断优势理论”（或称“企业专有优势理论”）。该理论是一种阐明当代跨国公司在海外投资具有垄断优势的理论。该理论认为，企业的垄断优势是指一国企业拥有或能够获得的国外企业所没有或无法获得的特点优势，垄断优势是企业对外直接投资的根本原因，是实现跨国经营的必要条件。跨国公司垄断优势来源于以下几个方面：

（1）技术优势。即国际企业向外投资应具有的生产诀窍、销售技巧和研发能力等方面的优势。

（2）企业规模。企业规模越大，就越容易向外扩张，这实际上是一种垄断优势。

（3）组织管理能力。大公司具有的组织管理能力与企业家才能，能在向外扩张中得到充分的发挥。

（4）金融与货币优势。大公司往往有较好的资金来源渠道和较强的融资能力，从而在直接投资中发挥优势。

20世纪50年代以后，美国跨国公司呈现出如火如荼、迅速发展之势，利润差异论的局限性暴露无遗，因而迫切需要具有较强解释力的理论出现。海默认为，市场的不完全性是对外直接投资的根本原因，同时跨国公司的垄断优势是对外直接投资获利的条件。

海默的垄断优势理论为对外直接投资理论的发展奠定了基础，为了使这个理论更好地适应现实经济社会，西方学者对其进行了多方面的补充与完善，进一步论述了跨国公司的各种垄断优势的理论，论证了跨国公司在出口、直接投资与许可证交易三种方式中选择直接投资的根据和条件，同时提出了对跨国公司对外直接投资原因的不同解释。

垄断优势理论突破了国际资本流动导致对外直接投资的传统贸易理论框架，突出了知识资产和技术优势在形成跨国公司中的重要作用。垄断优势理论开创了以对外直接投资为对象的新研究领域，使对外直接投资的理论研究开始成为独立学科。这一理论既解释了跨国公司为了在更大范围内发挥垄断优势而进行的横向投资，也解释了跨国公司为了维护垄断地位而将部分工序，尤其是劳动密集型工序，转移到国外生产的纵向投资，因而对跨国公司对外直接投资理论的发展产生很大影响。同时，该理论也存在一些缺陷，如不能很好地解释对外直接投资流向的产业分布或地理分布；它以美国为研究对象，对发展中国家企业的对外直接投资缺乏指导意义。

（二）第二阶段（20世纪60年代初到70年代末）

这一时期，出现了多种跨国公司理论，特点是多学科交叉研究，以企业和生产为核心，着重从不同的角度揭示跨国购公司大力发展对外直接投资的动机和原因。

代表理论：产品生命周期理论。

产品生命周期理论的创始人是美国经济学家、美国哈佛大学教授刘易斯·威尔士

(Louis Wells) 和雷蒙德·弗农 (Raymond Vernon)。该理论认为产品都是有生命周期的，产品的生命周期一般分为三个阶段。

1. 产品创始阶段

在这一阶段，国内市场容量大，开发研究资金多的国家在开发新产品、采用新技术方面具有优势。但由于技术的不成熟，此时对厂商来说，最安全、最有利的选择是在国内进行生产，产品主要供应国内市场，并通过出口贸易的形式满足国际市场的需求。

2. 产品成熟阶段

在这一阶段，新技术日趋成熟，产品基本定型。随着国际市场需求量的日益增加，产品的价格弹性加大，降低产品成本尤为迫切。由于国外劳动力成本低于国内劳动力成本，国内生产的边际成本加上边际运输成本大于国外生产的成本，因此把生产基地由国内转移到国外更为有利。另外，由于产品出口量的急剧增加，厂商原来拥有的垄断技术也逐渐被国外竞争者掌握，仿制品开始出现，厂商面临着丧失垄断技术优势的危险。为了避开贸易壁垒，接近消费者市场和减少运输费用，厂商宜对外直接投资，在国外建立分公司，转让成熟的技术。一般来讲，厂商应先到技术水平较接近、劳动力素质较好、人均收入水平较高并与本国需求类型相似的国家或地区建立分公司，就地生产、就地销售以及向其他国家出口。

3. 产品标准化阶段

在这一阶段，产品和技术均已标准化，厂商所拥有的技术垄断优势已消失，竞争主要集中在价格上。生产的相对优势已转移到技术水平低、工资低和劳动密集型的经济模式地区。在本国市场已经趋于饱和、其他发达国家的产品出口急剧增长的情况下，厂商宜在发展中国家进行直接投资，转让其标准化技术。根据比较成本的原则，在这一阶段厂商应减小规模或停止在本国生产该产品，转而从国外进口该产品。

该理论较好地解释了美国制造业在战后向欧洲大量投资的现象，但是它存在很大的局限性。首先，它无法解释采掘业和服务业的对外直接投资；其次，它无法解释发展中国家对发达国家的对外直接投资；最后，它无法解释跨国公司直接将新产品投入国际市场的行为。

纺织业是欧盟国家和美国的传统优势产业之一。在20世纪的绝大部分时间里，欧洲和美国无论是在纺织品的生产和贸易上，还是在技术和工艺的创新上都处于世界领先地位。但纺织业又是一个劳动密集型的产业，欧美的劳动力成本高，已丧失了价格成本的竞争优势，根据产品生命周期理论，发达国家大多将该产业转移出去以获得比较优势。

中国汽车工业的发展

中国汽车工业已有了50余年的发展历史，在很长的一段时期内一直处于“幼稚期”。在世界各主要发达国家汽车工业已经走过了批量生产、促销竞争阶段，而进入以产品设计为中心的阶段时，中国汽车工业仍处于技术引进、零件国产化的初级装配加工阶段，汽车工业的劳动密集程度仍较高。目前，世界各主要发达国家汽车工业均已成为本国的重要支柱产业，而中国汽车工业尚未能在国民经济中发挥支柱产业的作用。但是随着经济的发展，中国的汽车市场容量巨大，发展前景看好。中国目前较低的城市地区汽车拥有率（轿车拥有率目前仅为1%～2%）及国民不断提高的购买力将促成更高的市场需求。中国政府将采取更多的优惠政策，进一步刺激汽车业的发展。不断降低的交易成本和不断改善的基础设施，将刺激汽车业的发展。目前，中国汽车行业处于产品生命周期中的成长期。国外大型汽车制造商肯定不会放弃中国这个大市场，特别是在中国加入WTO后，世界各大汽车生产厂商对中国这样的人口大国的汽车市场的争夺正在进一步强化。

（三）第三阶段（20世纪70年代末以来）

这一时期的代表理论包括：内部化理论、边际产业转移理论、国际生产折中理论。

1. 内部化理论

内部化理论是英国里丁大学经济学家巴克莱（Buckley）和卡森（Casson）以及加拿大经济学家拉格曼（Rugman）在他们合著的《多国企业的未来》一书中首次提出的。他们认为，由于市场信息的不完全性和中间产品（尤其是专有技术、专利、管理及销售技术等信息与知识产品）价格难以确认，造成市场交易成本过高。跨国公司只有通过企业内部建立市场，以企业内部市场代替外部市场，解决由市场不完善带来的供需交换不能保证进行的问题，才能减少交易成本，最大限度地提高公司的利润。内部化理论给跨国公司对外直接投资的启示是，跨国公司要努力构建以跨国公司母体为核心的企业网络体系，并在这一网络体系内控制和使用中间产品，从而实现获取高额利润的目标。

2. 边际产业转移理论

20世纪70年代末，日本学者小岛清运用比较优势理论，把贸易与对外直接投资结合起来，以投资国和东道国的比较成本为基础，着重分析对外直接投资的贸易效果，提出了对外直接投资的边际产业转移理论。其基本思想是对外直接投资应该从本国（投资国）已经处于或即将陷于比较劣势的产业——边际产业（也是接受国具有显在或潜在比较优势的产业）依次进行。小岛清的理论虽然不能完全解释对外直接投资现象，但我们可以从另一个角度去理解和运用这一理论。处于对外直接投资发展阶段初期的国家，其对外直接投资大部分是以成熟技术和利用发展中国家低廉生产要素开始国际化经营的，因此该理论也可以用以指导对外直接投资初期的社会实践。这对我国中小企业现阶段对外直接投资也有积极的指导意义。

以我国为例，利用劳动力优势，这使得引资过程中的注意力主要集中在如何扩大现有的劳动密集型产业的规模上，忽视了外资企业在技术和资本上对我国产业结构的提升。我国目前实行比较优势战略的局限性表明，比较优势战略已不能适应我国经济发展的新情况。改革开放以来，我国在开展对外贸易中主要采取比较优势的发展战略，并取得了丰硕成果。由于发展有比较优势的劳动密集型产业，原有的工业基础和劳动力资源的比较优势迅速转化为出口优势。但是，作为我国比较优势产品的劳动密集型产品的增长速度和效益都在下降，传统的比较优势正在减弱，劳动密集型产品难以为继。此外，我国长期采用比较优势战略，强调利益战略应作出符合我国国情的调整，即从比较优势战略转向竞争优势战略（见后文“跨国公司理论的新发展”），使我国在对外贸易中避开了比较优势陷阱。

3. 国际生产折中理论

垄断优势理论解释了对外直接投资的动因，内部化理论解释了对外直接投资的决策问题，但尚无一理论能够解释对外直接投资的方向问题。英国著名的跨国公司问题专家约翰·邓宁（John Dunning）教授提出了国际生产折中理论（“OLI”理论），试图全面探讨对外直接投资的动因、投资决策、投资方向三个主要问题。邓宁综合了垄断优势理论、内部化理论，并结合国际贸易理论中的资源禀赋学说等理论的优点，从所有权优势（即垄断优势）、内部优势、区位优势分析了对外直接投资的动因、投资决策和投资方向，对对外直接投资有较为完整的解释（见表7—1）。其中，区位优势形成的条件来源于：

（1）劳动力成本。东道国劳动力成本较低，具有成本优势。

（2）市场潜力。东道国的市场必须能够让国际企业进入，并具有足够的发展规模。

（3）贸易壁垒。包括关税与非关税壁垒，这是国际企业选择出口或投资的决定性因素之一。

（4）政府政策。东道国对外商投资政策优惠。

表7—1　　跨国公司对外直接投资条件

方式	所有权优势	内部化优势	区位优势
对外直接投资（投资式）	√	√	√
出口（贸易式）	√	√	×
无形资产转让（契约式）	√	×	×

注：“√”代表具有或应用某种优势，“×”代表缺乏或丧失某种优势。

总之，任何一类优势都不能单独用来解释国际生产和对外直接投资的倾向，只有同时具备这三类优势时才可以进行对外直接投资。对外直接投资的实践也证实了国际生产折中理论的正确性，该理论一直被认为是较为完善的对外直接投资理论。

欧洲迪士尼乐园的教训

1984年，美国的华特·迪士尼集团在美国加州和佛罗里达州迪士尼乐园经营成功的基础上，通过许可转让技术的方式，开设了东京迪士尼乐园，获得了巨大的成功。

东京迪士尼乐园的成功，大大增强了迪士尼集团对于跨国经营的自信心，决定继续向国外市场努力，再在欧洲开办一个迪士尼乐园。在巴黎开设的欧洲迪士尼乐园与东京迪士尼乐园不同，迪士尼集团采取的是直接投资方式，投资了18亿美元，在巴黎郊外开办了占地4 800公顷的大型游乐场。

但奇怪的是，虽然有了东京迪士尼乐园的经验，又有了由于占有40%股权所带来的经营管理上的相当大的控制力，欧洲迪士尼乐园的经营至今仍不理想，该乐园第一年的经营亏损就达到了9亿美元，迫使其关闭了一家旅馆，并解雇了950名雇员，全面推迟第二线工程项目的开发，欧洲迪士尼乐园的股票价格也从164法郎跌到84法郎，欧洲舆论界戏称欧洲迪士尼乐园为“欧洲倒霉地”。

在20世纪80年代，日本人提出开设东京迪士尼乐园的想法。但是美国人没有果断地投资运营，而是采取了保守做法。他们授权日本人自己运营，授权费是收取门票收入的10%和其他收入的5%。这是一个巨大的错误：日本家庭对于迪士尼乐园的疯狂程度远远超出了美国人的想象。这让他们在日本蒙受了巨大的利润损失。随后他们又犯了一个更大的失误，在法国巴黎的郊外开设欧洲迪士尼乐园，并且持股40%，但是人流量从未达到过他们所设定的目标。

思考：

试用国际生产折中理论的有关原理分析欧洲迪士尼乐园失败的原因。

前述跨国公司理论都是以发达国家跨国公司为研究对象的，成为跨国公司理论研究的主流。发展中国家公司理论的兴起是在20世纪80年代，其中较有影响的是韦尔斯（Lois T. Wells，1983）的小规模技术理论、拉奥（Sanjaya Lall，1983）的适应性技术理论以及托兰西诺（Paz E. Tolentino，1987）和坎特维尔（John Cantwell，1990）的技术创新产业升级论。这些理论认为，发展中国家的跨国公司虽然实力小，不具备发达国家跨国公司的"大公司优势"，但因为其自身的优势，也可以进行跨国经营。这些理论对发展中国家和地区的企业对外投资行为、动因的解释有一定的合理性，是对传统跨国公司理论的有力补充。

发展中国家的兴起

2003年，一家比较权威的国际机构第一次提出，世界上出现了迅速兴起的"金砖四国"（巴西、俄罗斯、印度和中国）和众多新兴市场。2007年，日本一家研究"金砖四国"的机构又提出经济学家普遍看好的"远景五国"（越南、印度尼西亚、南非、土耳其和阿根廷）。目前，发展中国家，尤其是新兴经济体的外汇储备迅速增加，到2007年已占世界外汇储备的3/4。新兴国家经济占全球经济的比重已由1990年的39.7%上升到2006年的48%。2008年，发展中国家共持有外汇储备4.2万亿，发展中国家成为重要的经济主体。

传统的跨国公司理论主要研究跨国公司的对外直接投资行为，因此也称对外直接投资理论。理论的核心是要对企业进行海外扩张的原因进行解释，这些理论要回答的根本问题是跨国公司为什么会产生，即聚焦于跨国公司的存在机制。而从海默提出的创造性的垄断优势理论开始，优势分析便构成了跨国公司传统主流理论的核心内容。但是随着时间的推移和时代的发展，全球经营环境已经发生了很大的变化，尤其是信息技术的革命性变化，大大加快了经济全球化的速度，跨国公司的经营活动日益呈现出动态复杂的特征。经营环境的重大变化，对跨国公司的经营活动产生了深刻的影响，其经营优势也发生了重大变迁，对跨国公司的经营活动产生了深刻影响。

传统理论本身的局限性加之其演变与发展导致了其对今天的跨国公司问题难以作出令人信服的解释：为什么一些不具备优势的中小企业也进行了对外直接投资，而且用跨国化指标来衡量，它们的跨国化程度甚至比一些大型跨国企业还要高？为什么一些大型跨国公司舍弃传统优势，如规模经济，而进行分化、组合，在组织规模上出现了小型化倾向？为什么舍弃内部化优势，不断将业务外包？

二、跨国公司理论的新发展

传统理论的所有权优势、内部优势以及区位优势并没有充分把握当前跨国公司全球经营的性质。传统优势的作用正在减弱，今天的跨国公司尽管也十分强大和庞大，但它们不再主要依靠规模基础上的优势而取胜，而是依靠其战略和组织上的资源组合能力获得优势，从而在竞争中获胜。作为主流跨国公司理论的补充，非主流跨国公司理论随着时代的发展应运而生。这些理论也对跨国公司的经营优势问题进行了分析，提出了许多不同于传统优势的新优势，从理论上证明了传统理论的静态性和局限性。虽然非主流跨国公司理论也不尽完善，但它们从不同的角度解释了许多传统理论无法解释的跨国经营现象，某种程度上说是一种进步。更重要的是，它们为我们分析当今跨国公司的经营行为以及理论的发展趋势提供了重要的思路。

在跨国公司成为全球经济一体化中最主要的载体的时代，资源基础论关于跨国公司行为的解释更具指导意义。它更关注跨国公司之间在全球范围的竞争战略的调整，如对外部资源和新兴市场的争夺。因此，对跨国公司的研究也从解释“为什么”到解释“如何”，从而使跨国公司理论向前迈了一大步，且研究的重点更侧重经营战略、投资决策等方面。

总之，关于跨国公司新理论形成了这样的共识：跨国公司的竞争优势越来越来源于其所掌握和可以利用的资源，尤其是知识等战略性资源；这种战略性资源不仅指母国资源和母公司资源，更是指那些分散在全球各地的子公司资源或子公司所在东道国的资源。因此，跨国公司必须不断创新，从外部获取资源和更新战略资源。跨国公司的竞争优势来源于其特定的跨国经营活动，以实现在全球范围内有效地获取资源、整合资源和利用资源。

（一）竞争优势理论

20世纪80年代以来，迈克尔·波特（Michael Porter）相继发表了他著名的三部曲——《竞争战略》、《竞争优势》和《国家竞争优势》，从而提出并发展了竞争优势理论。波特认为，一个国家之所以能够兴旺发达，其根本原因在于这个国家在国际市场上具有竞争优势，这种竞争优势源于这个国家的主导产业具有竞争优势，而主导产业的竞争优势又源于企业由于具有创新机制而提高了生产效率。

与比较优势理论相比，竞争优势理论采用的是一种非均衡的动态分析和局部分析的方法，以不完全竞争市场为理论前提，考虑怎样才能使一国取得或保持竞争优势，以便从对外贸易中获取更大的利益。因此，竞争优势理论更符合当今世界对外贸易的实际状况，中国的对外贸易发展战略应适时地从以比较优势理论为指导转为以竞争优势理论为指导。

基于竞争优势理论的有利之处，新形势下我们必须调整自己的贸易发展战略，突破比较优势战略的束缚，实行竞争优势战略，即以技术进步和制度创新为动力，以产业结构升级为特征，全面提高本国产业的国际竞争力，以具有竞争优势的产品参与国际竞争，分享国际贸易利益的一种强调贸易动态利益的贸易发展战略。实行该战略是发展中国家改变自身在国际贸易中不利地位、充分发挥对外贸易作用的一个必然选择。

（二）国际战略联盟理论

跨国公司缔结的国际战略联盟也称合约性安排，是一种新的竞争形式，是指两个或两个以上的跨国公司出于对整个世界市场的预期目标和企业各自经营目标的需要，而采取的一种联合经营方式。企业战略联盟作为市场化的组织和组织化的市场，既可以规避高额的市场交易费用，又可以完全避免内部化所导致的较高组织成本。国际战略联盟被视为有效利用组织和市场双重优势的一种组织创新。

根据泰吉（Tyejee）和奥兰德（Osland）等人提出的战略缺口假设，国际竞争环境的深刻变化对跨国公司的绩效目标造成了巨大压力，因而当跨国公司分析竞争环境、评估自身的竞争力和资源时，发现在竞争环境客观要求它们取得的战略绩效目标与它们依靠自身资源与能力所能达到的目标之间存在一定的缺口，这个缺口被称为战略缺口，客观上要求它们走战略联盟的道路。

美国通用汽车公司的战略联盟

美国通用汽车公司（GM）是全球最大的汽车公司之一，该公司成立于1908年，自1931年起成为全球汽车业的领导者。在《财富》杂志评选的世界500强企业中，通用汽车公司经常在排行榜之首或前几名。通用汽车公司已在全球32个国家建立了汽车制造业务，其汽车产品销往世界各地。

建立国际战略联盟是通用汽车公司经营战略的重要组成部分。通用汽车公司的全球战略合作伙伴包括意大利菲亚特汽车公司、日本富士重工业株式会社、五十铃汽车公司以及铃木汽车公司，合作内容涉及产品、联合采购等。同时，通用汽车公司是韩国通用大宇汽车科技公司最大的股东。

此外，通用汽车公司还与德国的宝马汽车公司和日本的本田汽车公司开展技术协作，与日本的丰田汽车公司、五十铃汽车公司和中国的上海汽车工业（集团）总公司、俄罗斯的阿夫托瓦兹汽车公司及法国的雷诺汽车公司共同研发生产汽车。通用汽车公司通过与世界上实力雄厚的汽车公司建立国际战略联盟，做到了强强联合，优势互补，因而使其进一步降低了成本和风险，加快了新产品的生产和上市速度，更加了解竞争对手并提升了能削弱竞争对手的力量。通过国际战略联盟，通用汽车公司积累了长期的竞争优势。

思考：

通用汽车公司的国际战略联盟为其带来了哪些竞争优势？如何保持这种竞争优势？

（三）新子公司论

跨国公司在跨国经营过程中，其子公司能够在跨国公司的专用资产或者核心资产的形成和发展起到重要作用。朱利安·伯金肖（Julian Birkinshaw）通过研究指出，子公司在经营过程中形成的特有能力和资源优势推动了子公司的成长，这一独特的优势起先并非直接来自母公司，而是来自于子公司的企业家管理资源。他进一步研究指出，子公司的能力和资源优势只有在全球范围内得到运用，而不是局限于子公司当地，这种独特的资源优势才能发展成为跨国公司的专有资源优势。这一研究成果说明了跨国公司如果想要在全球范围内获取新的专用资源优势，必须在全球范围内寻找具有这些专用资源的公司，通过对企业的兼并、收购或者结成联盟的形式，将该企业纳入跨国公司全球统一的体系中，并在此体系中广泛运用和推广这种独特资源优势，使其和跨国公司原有资源协调整合，产生新的资源优势。

（四）区位和集群论

尽管从地理上，区位优势对任何跨国公司都是平等的，但是由于不同的跨国公司组织在知识存量和能力上的异质性，导致其在知识资源和战略性资产上存在吸收、获取、利用和整合能力上的差异。科古特（Kogut）将跨国公司的优势分为初始优势和后续优势，初始优势是企业在母国建立的优势，后续优势是企业通过国际化经营所带来的优势，其中，区位优势作为跨国公司国际化经营的后续优势之一发挥着重要的作用。

产业集群理论在20世纪90年代由迈克尔·波特所创立。他指出，在一个特定区域的一个特别领域，集聚着一组相互关联的公司、供应商、关联产业和专门化的制度和协会，通过这种区域集聚形成有效的市场竞争，构建出专业化生产要素优化集聚洼地，使企业共享区域公共设施、市场环境和外部经济，降低信息交流和物流成本，形成区域集聚效应、规模效应、外部效应和区域竞争力。产业集群是建立在分工与协作基础上的有机综合体，集群各组成部分依据社会分工，进行协作生产，获得规模经济和技术创新优势。这些优势反过来又推动社会分工的演进，并促使集群规模进一步扩大，从而获得更高水平的优势。同时，产业集群作为一种柔性生产体，企业之间的协作联系十分紧密，相互模仿性较强，有利于新知识和技术在集群内部扩散，尤其是集群中的地方学习构建了有价值的关系网络，促进区内企业地方根植性的深化。这种具有地方黏性的知识资产因稀缺性和不可复制、模仿和转移的特性而成为跨国公司全球化战略必争的重镇要地。

伴随着经济全球化的发展，知识要素和战略性资产已取代传统的自然资源等地理上的优势成为跨国公司区位选择的主流因素，而当代产业集群已经成为影响跨国公司投资的第一性区位因素。在现实的经济生活中，经济全球化的重要载体——跨国公司不仅参与了集群区域的创新网络，而且通过自身的全球网络组织为集群区域与外界的联系架起了一座桥梁，成为连接经济全球化与集群区域的纽带，使某些集群成为经济全球化过程中国际分工网络的有益补充，而不仅仅是当地化的地方性网络组织。

跨国公司对华投资

随着中国的战略地位和可投资性逐步为跨国公司所承认，来华投资的跨国公司不断增多。据不完全统计，至2009年年底，上海有上市公司总部300多家、跨国公司地区总部1 800余家、跨国公司投资性公司165家、跨国公司研发中心244家；北京聚集各类跨国公司地区总部42家、具有总部性质的投资性公司153家，形成了中心商务区、金融街、中关村科技园区等总部机构聚集区等。中国社科院的一项调查表明，世界500强企业中有300家选择在中国建立总部（或区域性总部），其中有45%选择在上海。目前，阿尔卡特、联合利华、IBM、AT&T、宏基、索尼、飞利浦、巴斯夫、杜邦等著名跨国公司均在上海设立了区域性总部。

跨国公司在北京的研发集群效应

自从1994年北方电信率先在中国北京投资设立北邮—北方电信研究开发中心以来，特别是1998年，跨国公司在北京设立研发（R&D）机构出现了第一次高潮，宝洁、朗讯—贝尔实验室、诺基亚、微软等大型研发机构相继入户。1999年6月，北京市政府出台了《北京市鼓励在京设立科研开发机构的暂行规定》，这是我国第一个专门针对跨国公司研发机构的地方性规章，并成为加大跨国公司在北京R&D投资的一个重要政策因素。这一政策出台后，跨国公司在北京又掀起了第二次R&D投资高潮，如松下、东芝等。

特别是2001年年底中国加入WTO之后，这一趋势有增无减，吸引了包括NEC、惠普、甲骨文等一大批跨国公司的R&D机构进驻。2002年，跨国公司在北京的R&D机构为109家，到2006年已经增至200家，2008年则接近250家。如果以跨国公司价值链环节衡量，则跨国公司制造、研发与营运环节在北京地区的投资比例分别达到18.2%、36.4%、26.6%（徐康宁，2008），即北京仍然是跨国公司研发与营运价值链环节最为集中的投资场所。从在京跨国公司R&D投资产业分布来看，85%的R&D机构分布在电子信息和先进制造技术领域，从事科技前沿领域的研究与开发，只有15%的R&D分布在生物医药（9%）、精细化工（4%）与汽车行业（2%）。因此，北京成为IT业跨国公司R&D集群的特征非常突出。

思考：

跨国公司为什么纷纷选择北京作为研发中心？

（五）国际创业与创新理论

“国际创业”（International Entrepreneurship）一词最早出现在1988年莫洛（Morrow）的《国际创业：新的成长机遇》一文中，引起了人们对国外市场上新创企业的关注。迈克道格尔（McDougall）通过实证研究对国内新创企业与国际新创企业进行了比较，揭示了国际新创企业的特征，为国际创业研究的学术化奠定了理论基础。与此密切相关的是关于跨国公司中的企业家作用的问题。如何从企业家的角度分析企业国际化的动因、战略、进入模式选择等，成为跨国公司理论的一个新的生长点。埃尔福瑞兹（Alvarez）认为企业家能力是国际创业资源基础的重点。企业家能力，如灵敏的决策、创造力、独创性和远见等，在本质上都是不可模仿的独特资源。

（六）全球学习理论

全球学习能力已经成为跨国公司在动态环境中盈利的竞争优势。这种能力包括觉察新趋势、发展创造性回应以及在全球范围内创新扩散。只有那些持续创造新知识，将新知识传遍整个组织，并迅速开发出新产品的企业才能成功。不仅是企业的知识，还有企业产生知识的能力，都是企业重要的资源。基于上述认识，由于跨国公司各个子公司之间，以及子公司与母公司之间通常在地理和文化上存在较大差异，因而特别容易形成国别性专有知识。这种基于当地市场、管理实践与经营环境而积累起来的企业知识，有助于企业提高当地承诺的兑现率、减少运作的不确定性及提高企业的经济效益。国别性专有知识已成为跨国公司无形资产和垄断力量的一个源泉。

综合以上要点，我们发现众多新理论的贡献者形成的理论发展脉络还是很清晰的：资源和能力成为新理论的共同出发点。企业拥有的资源和能力不仅是企业国际扩张的动力，也是企业获取外部资源、提升能力的路径和手段，企业专有知识成为企业的核心资源。在整个过程中，海外子公司具有前所未有的重要性，它们正成为跨国公司知识网络体系中重要的学习者和知识贡献者。跨国公司的跨国并购和战略联盟是由于海外的目标企业或合作伙伴在资源和能力上有其独特的优势，而这些优势能够帮助跨国公司在原有的资源优势的基础上开发出一种新的资源。

单元知识四　跨国公司对外直接投资和经营战略

阅读材料

北京同仁堂走向世界

北京同仁堂是中医药行业的老字号，是中华传统医药文化的象征。清雍正元年（公元1723年），它开始供奉宫廷用药，成为皇家药铺。1949年新中国成立后，同仁堂经历了从家族式作坊到公私合营企业再到全民所有制企业的转变。我国实行改革开放政策以来，同仁堂发展迅速。1992年7月，经北京市政府批准，以北京市药材公司所属18家工、商、科研单位为基础，组建了中国北京同仁堂集团公司；1993年，同仁堂集团公司被授予自营进出口权；1995年，又被授予国有资产经营权，成为集生产经营与资产经营于一体的企业法人实体；1997年，成立北京同仁堂股份有限公司，并在上海证券交易所成功上市；2000年，成立同仁堂科技发展股份有限公司，并成功在香港联交所创业板成功上市。目前，同仁堂集团总资产已达31亿元，有18个所属企业，拥有24个剂型、800多个品种的生产能力。从20世纪90年代初起，公司就制定了“站稳亚洲、开辟大洋洲、进入美洲、开发欧洲，让同仁堂产品走向全世界”的战略方针，为同仁堂与国际市场迅速接轨奠定了基础。

任务引领

由于跨国公司的对外直接投资活动已成为当今各国经济和世界经济的重要推动力量，

世界各国政府都在研究、制定和实施国家层次上的外资政策，以加强对国际直接投资活动的宏观调控与管理，同时，国际层次上的国际直接投资政策安排与协调也日益受到国际社会、各国政府和跨国公司的重视。

试问：跨国公司有哪些对外直接投资形式？又有哪些经营战略？

一、跨国公司对外直接投资的形式

（一）绿地投资

绿地投资又称创建投资或新建投资，是指跨国公司等投资主体在东道国境内依照东道国的法律设置的部分或全部资产所有权归外国投资者所有的企业。早期跨国公司的海外拓展业务基本上都采用这种方式。绿地投资有两种形式：一是建立国际独资企业，其形式有国外分公司、国外子公司和国外避税地公司；二是建立国际合资企业，其形式有股权式合资企业和契约式合资企业。

跨国公司股权的类型

股权参与是指跨国公司在其子公司中占有股权的份额。主要资本主义国家跨国公司股权参与的类型有四种：

（1）全部拥有，即母公司拥有子公司100%的股权。

（2）多数占有，即母公司拥有子公司50%以上的股权。

（3）对等占有，即母公司拥有子公司50%的股权。

（4）少数占有，即母公司拥有子公司50%以下的股权。

（二）跨国并购

跨国并购是指外国投资者兼并或收购东道国现有企业的全部或部分股权，从而取得对该企业的控制权。包括横向并购、纵向并购、混合并购。

波音兼并麦道案

飞机制造业是一个资本、技术壁垒极高的行业，从20世纪60年代开始，西欧的飞机制造公司因规模太小无力负担发展新型喷气式客机的巨大投资而陆续退出市场，全球民用客机市场几乎完全被美国的波音、麦道和洛克希德三家公司所垄断。为打破国际大型民用飞机市场上美国飞机制造商的垄断局面，1970年12月，英、法、德、西联合创建了空中客车公司。空中客车公司经营状况良好，逐渐取得了与波音公司平起平坐的地位。于是，美国指责空中客车公司受到欧盟的补贴，在指责不见效果的时候，最终作出波音兼并麦道的决定。

1996年，美国第一大飞机制造商波音公司与第二大飞机制造商麦道公司宣布合并（实际上是前者对后者的兼并）。在只有三家飞机制造商（且第三家公司所占市场份额很小）的美国飞机制造市场上，合并的结果必然使新波音公司处于绝对垄断地位。1997年7

月，美国联邦贸易委员会正式批准了这一兼并。此前，这一兼并曾遭到欧洲有关国家的反对，欧洲委员会也曾发起调查，但由于欧洲各方的利益冲突和美国施压，最终被迫同意这一兼并。目前，世界大型民用飞机市场被美国新波音公司和欧洲空中客车公司完全垄断，但新波音公司在规模和政府支持方面远胜于空中客车公司。

思考：

以本案例为基础，分析跨国公司经营规范的功利性以及发展中国家如何在这方面趋利避害。

（三）非股权安排

非股权安排是20世纪70年代以来广泛采用的形式，主要指跨国公司在东道国的公司中不持有股份，而是通过与东道国企业签订有关技术、管理、销售、工程承包等方面的合约，取得对该东道国企业的某种管理控制权，为东道国提供各种服务。非股权安排主要是跨国公司面对发展中国家国有化政策和外资逐步退出政策而采取的一种灵活措施，也是它们在发展中国家谋求继续保持地位的重要手段。其特点是：没有货币资本注入，但有控制权，层次高，富有技术含量，有一定的条件，风险较小。

非股权安排的内容有以下几种：

1. 许可证合同

许可证合同又称特许权合同或技术授权，是指跨国公司（授权方）与东道国企业（被授权方）签订合同，允许东道国企业使用跨国公司独有的注册商标、专利以及技术诀窍等。

2. 管理合约

管理合约是指跨国公司与东道国企业签订协议，向东道国企业派出专业管理人员，从事日常管理工作，由此取得一定的管理与控制权的投资方式。

3. 交钥匙工程承包合同

交钥匙工程承包合同是指跨国公司为外国企业或外国政府从事工程建设，在工程完工后，跨国公司负责试生产，在保证工程开工后的产品产量、质量等指标达到合同规定的标准后，才将工程移交给工程的主人。在这种投资方式中，跨国公司不仅可获取一笔可观的工程承包费用，还可以为今后公司产品进入工程项目所在国市场做免费广告。

4. 销售协议

销售协议是指跨国公司与东道国销售企业达成协议，利用东道国销售企业的销售网络，扩大跨国公司产品在东道国销售的范围。

5. 产品分成合同

在这类合同下，跨国公司起承包商的作用。不同之处在于，在这类合同中，东道国与跨国公司在一个预先商定的分配方案的基础上分享企业的产品，跨国公司购买的全部设备在一定期限后最终归东道国政府所有。

6. 经济合作

经济合作又称工业合作，这是一种长期合同，其合作方式多种多样，主要有提供成套项目或出租工厂、承包合同或转包、生产协作和专业化、联合销售和联合投标等。

7. 技术援助或技术咨询合约

技术援助或技术咨询合约是指跨国公司向东道国企业提供技术人员，为东道国企业提供所需的技术服务，并按合同规定，收取劳务费用。与管理合约相区别，技术援助或技术咨询合同中的技术人员并未拥有对东道国企业的管理权，相反，跨国公司提供的技术人员必须在东道国企业的管理下进行工作。

二、跨国公司的经营战略

（一）扩大公司内部贸易

1. 公司内部贸易的含义

公司内部贸易是指跨国公司内部进行的产品、原材料、零部件、技术与服务的贸易活动。

2. 公司内部贸易的利益

（1）降低外部市场造成的经营不确定性风险。

（2）降低成本。

（3）能很快适应高技术产品生产的需要。

（4）增强公司在国际市场上的垄断地位和竞争能力，实现全球利益的最大化。

（5）采用内部贸易价格（转移价格）带来以下收益：

1）减轻纳税负担。

2）增强子公司在国际市场上的竞争能力。

3）减少或避免风险。

（二）实行限制性商业惯例

联合国贸易与发展会议《管制限制性商业惯例多边协议的公平原则和规则》中有关限制性商业惯例的相关规定如下：凡是企业具有下述行为和行动，即通过滥用或谋取滥用市场力量的支配地位，以限制进入市场或以其他方式不适当地限制竞争，从而对国际贸易，特别是发展中国家的国际贸易及其经济发展造成或可能造成不利影响；或者通过企业之间正式的或非正式的、书面的或非书面的协议或安排，造成同样的影响的，都称为限制性商业惯例。限制性商业惯例在国际技术转让中采用得比较多。

（三）建立公司战略联盟

1. 若干个势均力敌的大跨国公司相互结盟

通过发挥各自的优势形成互补关系，共同研究和开发新技术、新产品，从单项合作发展到航空、航天、电子、汽车等多个领域，从生产到销售多环节合作。如 IBM 公司建立了 40 多个伙伴公司。

2. 发展跨国公司群

由一家大的跨国公司和一批小的跨国公司组成跨国集团，通过合资企业、分包合同、销售协议、生产协作、技术转让等多种方式联合在一起，发挥各自最具优势的方面，提高整体竞争力。

同仁堂的跨国公司之路

1993年，同仁堂在香港开设第一家分店，把它作为传播中医中药精髓的窗口。随着改革开放的深入和经济的突飞猛进，来香港观光旅游的游客以及进行商贸往来的国际友人越来越多，同仁堂以其悠久的历史、良好的信誉、独特的文化吸引了众多的顾客。1999年10月，同仁堂继在香港尖沙咀、西环、跑马地开了3家分店之后，又在中环皇后大道开设了第4家分店。在这些店中都有坐堂中医，在把脉诊病的同时，把同仁堂的中成药制品、参茸制品和中药饮片介绍给香港市民。300多年来，同仁堂一直遵循“炮制虽繁必不敢省人工，品位虽贵必不敢减物力”的古训，保持着“配方独特、选料上乘、工艺精湛、疗效显著”的制药特色。因此，同仁堂在香港的分店深受当地群众的欢迎，经营实现了当年投资、次年收益。同仁堂经营的中药品种也由最初的40种发展到现在的138种。

“同仁堂”作为中国第一个驰名商标享誉海内外，其品牌优势得天独厚。1989年，国家工商行政管理总局商标局认定“同仁堂”为驰名商标，受到国家的特别保护。“同仁堂”商标还是中国第一个申请马德里国际注册的商标，也是大陆第一个在台湾申请注册的商标。“同仁堂”作为驰名商标，已在加拿大、泰国、澳大利亚、《马德里协约》成员国以及《巴黎公约》成员国等50多个国家和地区注册，受到国际组织的保护。这为同仁堂向国际化发展、向跨国公司迈进创造了极为有利的条件。

（四）多种经营战略相结合

20世纪80年代以来，跨国公司更多地采用混合兼并（即跨行业兼并）的办法扩大多种经营，并日益向多种经营方向发展。所带来的益处有：

（1）可增强垄断企业的经济潜力。

（2）有利于资金合理流动与分配，提高各种生产要素和副产品的利用率。

（3）便于分散风险，稳定企业的经济收益。

（4）可以充分利用企业的生产余力，节省共同费用，增加利润收入。

雀巢公司的多种经营战略

瑞士雀巢公司的前身亨利公司，是雀巢先生于1867年在瑞士创建的一个小乳品公司，1937年由于开发雀巢咖啡取得成功而改为现名。这个以生产与经营咖啡、巧克力和牛奶等速简食品为主的跨国集团，已经发展成为当今世界上最大的食品企业。

雀巢公司开展多种经营，不断扩展市场。起初经营炼乳，接着吸收了以发明牛奶巧克力成名的彼得巧克力公司和柯勒公司，经营巧克力产品。1905年合并了盎格鲁·瑞士炼乳公司。1911年兼并了瑞士巧克力的创始者凯勒公司，把巧克力列为主要产品之一。之后又生产咖啡，1937年开发了即溶咖啡——雀巢咖啡，迅速占领世界各地的广大市场。1947年雀巢公司吸收了瑞士的美极速简食品公司，成为经营牛奶制品、巧克力、即溶咖啡、速食汤等的综合企业。1970 年兼并了专门制造罐头食品的美国利比公司。1973 年兼并了专制冷冻食品的美国斯陶华公司。1984 年巨资买下了生产综合食品的美国三花食品公司和美国 MJB 咖啡公司。1988 年以 40 亿美元买下了英国最大的 Rowntree 巧克力公司。雀巢公司还经营麦片、饮料、饼干等众多食品，如今它经营的产品已超过 8 000 种。

雀巢公司实施多种经营，一方面采取密集型发展战略，在经营奶粉的基础上，开发与经营雀巢咖啡、雀巢炼乳、雀巢巧克力等主导产品；另一方面采取横向一化体战略，开发用玉米、糖浆、植物油、乳脂等制作的咖啡伴侣。

思考：

雀巢公司有哪些经营战略和主要对策？

（五）价格竞争与非价格竞争相结合

价格竞争是指企业通过降低生产成本，或有意地以低于国际市场或其他企业同类商品的价格，在世界市场销售产品，打击和排挤竞争对手，扩大商品销路。

非价格竞争是指通过提高产品质量和性能，增加花色品种，改进商品的包装及规格，改善售前、售后服务，提供优惠的支付条件，更新商标牌号，加强广告宣传和保证及时交货等手段，来提高企业的素质、信誉和知名度，以增强商品的竞争力，扩大商品的销售。

第二次世界大战后，跨国公司日益从以下几个方面加强非价格竞争：

（1）提高产品质量。

（2）加强技术服务，提高商品性能，延长使用期限。

（3）提供优惠信贷。

（4）加速产品升级换代，不断推出新产品，更新花色品种。

（5）不断设计新颖的包装，注意包装的个性化。

（6）加强广告宣传，大力研究和改进广告销售术。

（7）做好售后服务工作。

（8）加强和完善国际生产体系，形成全球性的有机的生产和销售网络。

耐克标志风靡世界

耐克公司是世界运动和健康产品的领导者，1962 年由田径教练比尔·鲍尔曼和运动员菲尔·奈特创办，前身是蓝带体育用品公司。蓝带体育用品公司拥有日本的虎牌运动鞋在美国的销售代理权。不久，以古希腊神话胜利女神命名的耐克公司成立，并在 1972 年美国奥林匹克运动会选拔赛上初次登台。而后，一个名叫卡洛林·戴维森的学生设计了一个类似于飞动翅膀的标志，因此获得了 35 美元的报酬。该标志以轮廓线作为背景，耐克则用小写的斜体字表示。公司的目标是成为制造运动鞋的领先者，开创了轻型设计的技术革新。美国航空航天局的前工程师弗兰克·鲁迪研究并设计出被称为“耐克空气”的气垫鞋，这项技术革新给耐克带来了世界范围内的成功。传播推广活动树立了耐克全新运动时尚的形象，在广告中起用了像安德烈·阿加西、鲍·杰克逊和迈克尔·乔丹这样的运动明星。1988年，针对巨大的消费群，耐克将英国的竞争精神转化为易记的广告语——Just do it，还通过对新生代所崇尚的生活方式的表现成功地占领了市场，销售额猛增。这个标志成为一个时尚的流行符号而风靡全世界。

单元知识五　跨国公司与国际贸易

阅读材料

做鞋业巨匠　创世界名牌

温州东艺鞋业有限公司（以下简称东艺鞋业或东艺）的前身，是成立于1986年6月的温州东风工艺皮鞋厂，当年的东艺，上无片瓦、下无寸土，注册资本只有4.6万元，10多名职工，日生产皮鞋20多双，产品无名无牌，仅是一个小小家庭作坊。而今天的东艺，拥有了两万平方米的厂房，固定资产高达1.1亿元；今天的东艺，设备上也早已“鸟枪换炮”——投资3 000多万元用于设备更新，目前已拥有800多套设备，8条现代化皮革流水线。其中，意大利莫尼娜公司生产的前帮机、后帮机，是温州鞋业界少有的设备。东艺鞋业引进的机械制鞋设备是温州最好、最多的一家。时至今日，东艺鞋业已发展成为年销售额超过3亿元的制鞋大企业，产品畅销俄罗斯、东欧各国、日本、韩国、东南亚数国，少量出口美国、约旦、西欧数国，并远销中非、南非等地区，成为浙江制鞋行业最大的企业之一以及全国制鞋业的出口大户和创汇大户。东艺的发展目标是，做鞋业巨匠，创世界名牌。

任务引领

第二次世界大战后，跨国公司不仅数量日益增加，而且在世界经济贸易中的地位不断提高，对国际贸易发展起着举足轻重的作用，产生了重要影响。

试问：一个民营小企业，如何在开展国际贸易营销“攘外安内”中，取得如此骄人的业绩？宝贵的创业经验何在？跨国公司对于国际贸易的影响有哪些？

一、跨国公司使国际分工演变为世界分工

跨国公司通过对外直接投资，把子公司所在各国纳入国际分工体系。如美国福特与日本马自达合作生产若干型号的小轿车，并允许对方冠以自己的品牌名分别在北美洲和亚洲销售，这使双方顺利扩大了各自的市场。

20世纪90年代以后，跨国公司通过加强和完善国际生产体系，使国际分工深入发展。

（1）跨国公司可以将包括各种服务功能在内的生产过程的不同部分在全球进行部署，

使成本资源、物流和市场有机结合，通过最佳的地理布局提高竞争力，使世界市场日益建立起由跨国公司统一指挥的整个生产体制之间的竞争，而不是个别工厂或企业之间的竞争。

（2）加强国际生产体制的市场治理，包括从提供直接管理性监督的所有权联系到各种非产权联系，如把原先独立的中介人（供应商、制造商和分销商）通过诸如特许经营、发布许可证、分包、营销合同、共同技术标准、基于信任的业务关系联系起来。

（3）使全球价值链更加完善。跨国公司日益重视价值链中的知识密集度，从而更为重视产品质量、研究和开发、管理服务以及营销和品牌管理等。

（4）使国际生产体系日益细化。跨国公司日益倾向于更加细致的专业化，将越来越多的功能发包给分布在全世界独立的公司去做，以便利用物流和成本方面的差别。有些公司甚至完全退出生产，让合同制造商去从事生产，自己则集中精力在研发和营销方面。

二、跨国公司对东道国的贸易发展有巨大影响

（一）跨国公司有利于扩大东道国出口

大力吸收大型跨国公司的竞争性投资，应使跨国公司投资在时间、区位和产业上相对集聚，根据各地区产业的比较优势，重点集中吸引具有产业先进技术的大型跨国公司投资，以形成相同技术产业的竞争集群，在跨国公司进入的产业领域，使内外企业以同等的"国民待遇"参与竞争，扶持有能力的内资企业同跨国公司竞争，同时在跨国公司高度垄断的产业领域引入有竞争力的外资竞争对手，通过加大内资和外资企业、外资企业间的竞争力强度，迫使跨国公司在高水平竞争的压力下采用先进的生产技术和管理组织技术，也使内资企业享受更多的技术外溢，从而从真正意义上推动东道国出口竞争力的提升。

（二）跨国公司帮助发展中国家和经济转型国家拓展市场

跨国公司通过产权和非产权关系，使对外直接投资生产的产品成为最有活力的出口产品，使东道国成为出口优胜国。

东道国可以考虑按照跨国公司的一体化国际生产体系与本国产业部门的关联性，寻找改善跨国公司融入本国经济的有效途径，加快融入跨国公司的全球体系，不断改进本国参与国际分工的方式，提高本国在国际分工中的地位，实现本国相关产业的技术进步，提高出口产品的技术含量和附加值。例如：通过鼓励跨国公司增加国内配套、跨国公司与内资企业建立分包商或供应商关系，加强两者之间的前后向关联，以带动更多本国的企业加入跨国公司的产业链，推动更多的内资走向国际市场，进一步拓展内资企业的生存、发展空间，促进企业的产品升级、技术升级和管理升级。

东道国出口增长方式应逐步摆脱对外资的高度依赖而向自主成长方式过渡，进一步增强对国外先进技术的学习模仿能力及自主研发和创新的能力，培育自主知识产权，积极参与国际知识产权标准的制定，并逐步推广自主知识产权标准，增强企业核心竞争力，使企业的出口和发展能力建立在自主技术的基础之上。加快实施"走出去"战略，培育具有国际竞争力的企业和国际品牌。积极参与区域经济合作，充分利用区域经济合作所带来的贸

易创造和贸易扩大效应，全面建设本国进出口产品的市场体系。

三、跨国公司使国际贸易结构不断优化

（1）跨国公司对外直接投资主要集中在制造业部门，尤其在资本、技术密集型产业，这直接影响着国际贸易商品结构的变化，反映在世界货物构成中，制成品贸易所占比重上升，初级产品所占比重下降。在制成品贸易方面，少数跨国公司控制着许多重要制成品贸易。20世纪80年代，22家跨国汽车公司控制了资本主义汽车生产的97%，其中美国的国外汽车产量占国内产量的59.2%。以通用电气公司为首的12家动力设备跨国公司控制了世界动力设备贸易；11家最大农机公司的销售总额占世界农机销售总额的70%以上。高科技产品领域更是如此，10家跨国公司控制了世界半导体市场，美国公司在世界计算机市场上所占的份额为75%～80%。日本、美国、瑞典和德国跨国公司控制着世界机器人生产和销售的73%，日本一国即占50%。

（2）跨国公司内部专业化协作的发展使制成品贸易中的中间产品贸易的比重不断上升。跨国公司内部贸易的商品主要由成品、中间产品和初级产品构成。跨国公司实行全球战略，实行垂直一体化生产和水平一体化生产，将产品生产环节安置在全球最有竞争优势的地方，最后又向全球销售，使得成品和中间产品的流动性大大增加。随着跨国公司内部国际分工的发展，各子公司在产品生产环节上的联系增强，中间产品贸易的比重将会提高。

四、跨国公司制约着国际贸易地区分布

跨国公司对外直接投资的75%集中于发达国家和地区，其设立的海外子公司有2/3位于此，促进了发达国家之间的贸易，带动了其对外贸易的发展。跨国公司通过内部贸易和外部贸易（与其他外部公司进行的贸易）促进了发达国家之间的贸易，带动了这些国家对外贸易的发展。20世纪80年代，发达国家之间贸易额占国际贸易总额的70%左右。

随着跨国公司对发展中国家直接投资的扩大和东南亚金融危机的影响，发展中国家的贸易地位和贸易对象发生了变化，其在世界贸易出口中所占的比重逐渐上升。发展中国家和地区吸收了跨国公司对外直接投资总额的1/4，拥有其1/3的海外子公司。跨国公司在发展中国家和地区生产的产品大多为附加值较低的劳动密集型产品和初级产品，因而在国际贸易中所占的份额较小。

五、跨国公司促进了国际技术贸易的发展

跨国公司是国际技术贸易中最活跃、最有影响的力量。它控制了资本主义世界工艺研制的80%、生产技术的90%，国际技术贸易的75%以上属于与跨国公司有关的技术转让。因此，第二次世界大战后国际技术贸易的快速发展是与跨国公司技术发明和技术转让的发展分不开的。

（一）跨国公司竞争的需要

跨国公司为了在激烈的竞争中保持自己的地位，扩大自己的份额，需要不断地进行科

学技术研究，不断地推出新产品。因此，每家跨国公司都有自己专门的研究机构，每年投入大量的研究与开发费用，直接促进了新技术和新产品的研究与开发，加速了产品的更新换代。

（二）跨国公司内部技术转让的需要

目前，多数跨国公司子公司的许多新技术，包括机器、中间产品、成品以及技术服务都需要从母公司引进，母公司向子公司转让的技术主要是加工技术以及相关的技能培训，也可以通过买卖转让技术。

（三）跨国公司建立战略联盟获得技术联系的需要

建立战略联盟是为了降低研究与开发成本，减少风险，加快科技开发速度。为了建立战略联盟，自然会在联盟之间进行技术转让以达到互利的目的。

（四）知识本身的溢出效应和外部性

知识本身具有溢出效应和外部性。跨国公司的跨国界的生产通过知识本身的溢出效应和外部性把科技知识传播出去。

（1）掌握了技术窍门的科技人员和工人从子公司流动到不属于该跨国公司系统的企业；

（2）东道国的企业通过许可方式从跨国公司子公司获得知识和技术；

（3）东道国当地企业同跨国公司子公司的直接和间接接触，常常会使技术信息得以扩散；

（4）跨国公司在东道国的竞争，引发当地企业采取各种手段与途径借鉴、挖掘甚至窃取跨国公司的技术。

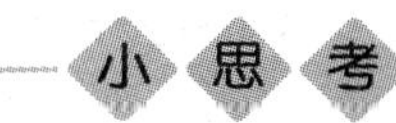

惠普公司国际化经营中的技术转让

美国惠普公司于1939年在美国加州硅谷创立。经过半个多世纪的努力，它已成为世界闻名的国际电子公司，其主要产品为计算机及外围设备等。通常，高科技企业在做海外投资时，是将低附加值的生产制造活动转移至海外子公司，而高附加值的研发活动仍留在母公司。但是，惠普公司作为一个世界知名的跨国公司却认为，海内外公司是一个整体集团，应注重全球资源的最佳组合及整体利益的最大化。惠普公司在新加坡的海外投资被视为跨国公司向海外子公司进行技术转让的典范。20世纪80年代惠普公司在新加坡投资工厂生产喷墨打印机时，已有80%的零部件来源于子公司自己的采购渠道；到了20世纪90年代初，惠普公司新加坡工厂开始对打印机的一些功能进行改进，其中最成功的一项是针对日本市场的需求，将美国公司的500c彩色喷墨打印机在机械结构上重新设计，并开发出专门针对日文的软件，使惠普公司成功地打开了日本市场。惠普公司敢于把研发活动和关键技术转移到海外子公司，海外子公司又开发出具有本土特色的技术，这不仅使创新技术回流到母公司，在全球市场形成新产品畅销的局面，而且为跨国公司创造了全球市场的竞争优势。

思考：

惠普公司将研发活动和关键技术转移到海外子公司，这说明跨国公司在国际化经营中有什么新突破？发展中的东道国应如何吸引跨国公司在当地建立研发中心？

六、跨国公司向传统国际贸易理论与概念提出了挑战

（一）跨国公司要求国际贸易理论与国际直接投资理论一体化

（1）传统上，人们对国际贸易和国际直接投资分别进行研究。

（2）20世纪80年代以来，跨国公司的巨大发展要求把贸易与投资理论结合在一起分别分析贸易与投资的利益和效益，出现了新的理论分析。

（3）贸易与投资理论的一体化表明，在跨国公司迅速发展的背景下，不能再以单纯的贸易行为衡量国家之间的经济利益。

（二）跨国公司对国家之间经贸权益的传统概念和统计方法提出了挑战

1. 传统的对外贸易差额概念未能反映出跨国公司兴起后国家之间实际的贸易利益

（1）掩盖了国与国之间在产品价值上的利益。

（2）母国公司在东道国国内的投资和商品、服务的销售收入应计入母国的经贸收益。

（3）在一国以加工贸易为主的情况下，把该国进出口贸易额作为该国的贸易利得，更加失实。

2. 以原产地规则为核心的国际贸易统计滞后，应予修正

在跨国公司迅速发展的背景下，按原产地统计会出现两种误差：

（1）未能如实反映跨国公司在全球的大规模直接投资活动。

（2）原产地规则以货物贸易为主，未包括服务贸易等。

七、跨国公司在国际贸易中的双重性

跨国公司在国际贸易发展中，一方面促进了国际贸易的发展，带动了世界经济的发展；另一方面给国际贸易的发展带来了一些问题。

（一）双重性一：世界市场上的垄断和国际贸易中的竞争

垄断和竞争是内在于跨国公司的一对矛盾。竞争是跨国公司活力的源泉，然而竞争又促使优势企业通过内部积累和外部兼并走向集中和垄断。

（二）双重性二：追求高额贸易利润和促进贸易发展

一方面，跨国公司通过对外直接投资方式，绕过东道国在进口上设置的各种贸易壁垒，就地生产、就地销售，成为变相的垄断贸易，把东道国的对外贸易纳入跨国公司内部的贸易中，使得跨国公司的贸易利润大大提高；通过对外贸易中的转移价格，实现国民价值的转移。另一方面，跨国公司又给东道国尤其是发展中国家带来资金、技术和管理经验；东道国的企业通过进入跨国公司的生产和营销网络，开拓了市场，促进了对外贸易的发展。

（三）双重性三：国际贸易的高效和不平等分配

（1）跨国公司的运营效率是最高的。

1）它能够实现全球各国的比较优势，在全球范围内配置资源，实现生产要素的最佳

组合。

2）它是一种多功能的经济体，集科研、生产、贸易、金融于一体，在进行经营活动时，可以把货物、服务与技术贸易有机地结合起来，并利用跨国公司的内部渠道，采取多种贸易方式，从而获得最佳的经营效果。

3）它的经营规模往往比任何国内企业的规模都大，实现的是全球的规模效益。

（2）在分配上，跨国公司是按资本分配的，出现了财富、贸易利益的日益集中和两极分化的现象，一些发展中国家和地区出现了"贫困性增长"，其在国际分工中的地位没有取得实质性的改变，在国际贸易中的地位没有获得显著的提高。

单元小结

跨国公司是当代科学技术、国际经济和国际贸易中最具影响、最活跃的经济力量。跨国公司是在两国或两个以上国家（地区），在母公司统一决策体系下从事国际性生产经营活动的企业。

跨国公司的形成和发展经历了1914年之前的雏形阶段、两次世界大战期间的缓慢发展阶段、1945年至20世纪60年代末的快速增长阶段、20世纪60年代末到90年代初的高速增长阶段以及20世纪90年代以来跨国公司战略调整和稳定发展的阶段。每个阶段都显示了跨国公司发展的不同特征。尤其是在新时期，跨国公司得到前所未有的大发展，这不仅表现在发达国家的跨国公司上，还表现在发展中国家的跨国公司上。信息技术的进步和金融自由化趋势为跨国公司推行复合一体化战略和全球战略提供了更为便利的条件。

跨国公司是对外直接投资的主体，研究跨国公司必须从了解西方对外直接投资理论着手。西方传统的跨国公司理论主要有：垄断优势理论、产品生命周期理论、内部化理论、边际产业转移理论和国际生产折中理论。作为主流跨国公司理论的补充，非主流跨国公司理论随着时代的发展应运而生。这些理论也对跨国公司的经营优势问题进行了分析，提出了许多不同于传统优势概念的新优势，如竞争优势理论、国际战略联盟理论、新子公司论、区位和集群论、国际创业与创新理论、全球学习理论等。

跨国公司对外直接投资的形式和经营战略是多种多样的。既有寻求资源、市场、技术的考虑，也有规避风险、提高企业运作效率等原因。跨国公司的对外直接投资形式有绿地投资、跨国并购和非股权安排等。经营战略有扩大公司内部贸易、实行限制性商业惯例、建立公司战略联盟、多种经营战略相结合、价格竞争与非价格竞争相结合等。

跨国公司不仅数量日益增加，而且在世界经济贸易中的地位不断提高，对国际贸易的发展起着举足轻重的作用，产生了重要影响。新时期，越来越多的跨国公司在全球市场上进行着越来越深入的对外直接投资，不仅提升了各跨国公司的国际竞争力，优化了全球的资源配置，也推动了生产的国际化和社会化，加速了全球经济一体化的进程。显然，跨国公司已成为国际经济舞台上活跃的实体，是全球经济发展不可或缺的推动力，并将发挥越来越大的作用。

思考练习

一、单项选择题

1. 在西方主要资本主义国家，跨国公司的历史可以追溯到(　　)。

A. 18世纪初期　　B. 18世纪末

C. 19世纪中后期　　D. 20世纪中期

2. 按照经营项目分类，早期的跨国公司主要属于(　　)。

A. 以种植业、采矿业为主的跨国公司　　B. 以加工制造业为主的跨国公司

C. 以提供服务为主的跨国公司　　D. 以对外贸易为主的跨国公司

3. 斯蒂芬·海默提出的跨国公司对外直接投资的条件是(　　)。

A. 区位优势　　B. 垄断优势

C. 市场不完全竞争　　D. 市场完全竞争

4. 在跨国公司对外直接投资中，我们通常说到的"绿地投资"（Green Field）指的是(　　)。

A. 吸收兼并　　B. 创新合并　　C. 公开收购　　D. 新建工厂

5. 跨国公司组建国际联盟的重要原因是(　　)。

A. 应对日趋激烈的市场竞争　　B. 应对市场需求结构的变化

C. 采用联盟方式有助于扩大市场份额　　D. 组建国际联盟可以加强技术互补

二、简答题

1. 跨国公司的定义是什么?

2. 简述跨国公司在各个时期发展的特征及原因。

3. 什么是跨国公司的非股权安排？它主要包括哪些方式?

4. 跨国公司的全球经营战略有哪些?

5. 跨国公司对国际贸易有什么影响和意义?

三、论述题

1. 新形势下，中国的传统企业能否实行跨国经营？如果能，应采取何种方式?

2. 以中国为例，论述跨国公司在中国发展的现状以及对中国经济的影响。

实训项目

宝洁公司的跨国投资

宝洁公司（Procter & Gamble），简称P&G，是一家美国消费日用品生产商，也是目前全球最大的日用品公司之一。总部位于美国俄亥俄州辛辛那提，全球员工近110 000人。2008年，宝洁公司是市值排名全球第6、利润排名全球第14的公司。同时，它是世

界500强企业中，十大最受赞誉的公司之一。产品涉及织物及家居护理、美发美容、婴儿及家庭护理、健康护理、食品及饮料等。正如大家所看到的，宝洁公司成功的背后，一定有很好的经营策略在支撑着。

宝洁公司从1837年创立以来，就一直蓬勃发展，通过多种经营战略，不断扩大企业的版图。宝洁非常重视企业内部改革。1885年，宝洁首创周六下午不用上班而员工仍可带薪的福利措施。1892年，宝洁正式实施员工认购公司股份制度。1887年，宝洁首创美国最早的利润分享制度，员工在该年的10月欢庆第一个分红配息日。进入20世纪80年代，宝洁已发展成为全美最大的跨国公司之一。通过收购Norwich Eaton制药公司（1982）、Rechardson-Vicks公司（1985），宝洁活跃于个人保健用品行业；通过在80年代末90年代初收购Noxell、密丝佛陀、Ellen Betrix公司，宝洁在化妆品和香料行业扮演着重要角色。这些收购项目也加快了宝洁全球化的进程。为了充分发挥跨国公司的优势，宝洁建立了全球性的研究开发网络，研发中心遍布美国、欧洲、日本、拉美等地。宝洁的帮宝适、护舒宝、潘婷、汰渍、碧浪、佳洁士和玉兰油等成为全球知名品牌。1998年，宝洁Olean新厂落成投产。2005年，宝洁开始实施机构改革方案。宝洁成为一家真真正正的跨国企业，在全世界70多个国家经营业务，产品畅销140多个国家和地区。2008年，宝洁庆祝成立170周年，其与吉列的业务基本完成整合，当年宝洁全球销售额高达835亿美元，实现净利润120亿美元，每股收益增长20%（增长达3.64美元），10美元品牌达到24个。

宝洁公司在跨国投资过程中采取了一定的经营战略，取得了辉煌的成就：销售额达514亿美元（2003—2004财政年度），利润额达64.8亿美元（2003—2004财政年度），分公司分布超过80个国家，产品销售超过160个国家。该企业品牌在世界品实验室（World Brand Lab）编制的2006年度世界品牌500强的排行榜中名列第37位，在《巴伦周刊》公布的2006年度全球100家大公司受尊重度排行榜中名列第3位；在2007年度《财富》杂志全球500强企业的排名中名列第74位。

1948年，宝洁在墨西哥建立了在拉丁美洲的第一家公司。该公司成立了国际分部，管理公司日益壮大的国际业务。1988年，宝洁在中国建立合资企业，广州宝洁有限公司注册成立。这是宝洁在这一世界最大的消费市场上建立的第一家公司。

绿地投资战略使宝洁公司选择了与自己全球战略目标和生产规模相符合的投资区位，有利于自身最大限度地把握风险。创建新的企业不易受东道国法律和政策上的限制，而且可以为当地带来很多就业机会，并且增加税收。

1930年，宝洁在英国购买了Thomas Hedley公司，建立了第一个海外分支机构。Fairy香皂是Thomas Hedley公司的主要产品。1935年，宝洁购买了菲律宾制造公司，在远东地区建立了第一个运作机构，向国际化大公司发展。1987年，宝洁收购了欧洲的Blendax系列产品，包括Blend-a-med和Blendax牙膏。这是宝洁历史上最大的一次国际性收购行动。

并购战略在最短的时间内，扩大了宝洁公司的生产经营规模，降低了其投资的成本费用，提高了其市场份额，提升了其行业地位，使宝洁公司获得了充足而廉价的生产原料和劳动力，增强了企业的竞争力。宝洁公司通过并购取得了先进的生产技术、管理经验、经营网络、专业人才等各类资源；通过收购跨入新的行业，实施多元化战略，分散了投资风险。

1993—1994年宝洁在中国发展了更多的合资企业，连续建立了4家公司和5个生产基地。宝洁荣获美国劳工部颁发的“机会2000”大奖，这是一个年度性颁发的奖项，鼓励企业提供公平的就业机会，建立多元化的员工队伍。

讨论：

（1）根据宝洁公司的上述活动，讨论宝洁公司能有今天的成就的最重要的原因是什么。

（2）分小组分析宝洁公司的跨国投资。

（3）宝洁公司的成功对于中国企业有什么启示？

跨国公司对华投资的利与弊

随着对中国市场环境的逐渐熟悉，以及对中国市场潜力和重要性认识的加深，跨国公司在华投资呈现出大规模系统化现象。这种大规模系统化，既表现为跨国公司不仅对单个企业进行投资，而且对一个产业的上、中、下游各个阶段的企业进行大规模投资；同时表现为既投资于生产性项目，又大规模投资于融资、采购、保险、咨询、销售、运输和售后服务等各个运营环节，更加重视其对外投资的全球市场整体性和系统性。

21世纪以来，跨国公司在华研发投资力度加大，研发机构数量增多。包括微软、通用汽车、英特尔、诺基亚等世界著名的跨国巨头在中国都建有研发机构。在数量增多、额度加大的同时，跨国公司在华研发投资的形式也出现多样化趋势。目前主要有建立独立的研发机构、与中国高校及科研机构合作或合资进行研发、与中国企业建立技术联盟等形式。但从国家统计局《2013年国民经济和社会发展统计公报》来看，2013年我国第一、二、三产业实际使用外商直接投资（FDI）比重分别为1.14%、57.28%、41.58%，第一产业比重很小，第二、三产业比重较大。在第三产业内部，由于外资更多地集中在房地产业等投资周期短而投资回报率较高的领域，产业内流向同样表现为非均衡分布现象。2013年的统计分析显示，房地产业吸收外资达到288亿美元，占当年我国第三产业吸收外商直接投资的58%。相形之下，流向科学研究、技术服务和地质勘察等10个门类的就较少甚至很少：2012年这10个门类的FDI共计40.94亿美元，仅占第三产业FDI总额的8.84%；2013年这10个门类的FDI共计30.1亿美元，仅占第三产业FDI总额的5.36%。

而从制造业投资流向来看，国家制定了优惠政策以吸引有较高技术水平的外资企业进入我国的工业装备行业，但外资的趋利动机却使其大都投向了最终消费产品，这就给国内企业带来了相当大的竞争压力。

讨论：

组织学生分组讨论，海外跨国公司对华投资对中国经贸的利与弊，并对讨论结果进行分析总结。

第八单元

服务贸易

学习目标

【知识目标】

- 了解国际服务贸易的基本概念、特征、内容和政策措施
- 掌握服务贸易壁垒和服务贸易自由化的内涵
- 了解国际服务贸易的发展历程及国际服务贸易发展的格局
- 掌握《服务贸易总协定》的主要内容
- 了解我国国际服务贸易的基本状况

【能力目标】

- 理解国际服务贸易自由化的原因
- 理解及运用《服务贸易总协定》
- 能运用所学知识分析我国国际服务贸易发展面临的问题

重点难点

【重点】

- 服务贸易壁垒和服务贸易自由化的内涵
- 《服务贸易总协定》的主要内容
- 我国国际服务贸易发展的问题与对策

【难点】

- 国际服务贸易的重要性
- 国际服务贸易壁垒的形式及设置的原因
- 《服务贸易总协定》的主要内容

案例导入

内地与香港签订CEPA补充协议九，推动服务贸易自由化

2003年6月和10月，中央政府分别与香港、澳门特别行政区政府签署了内地与香港、澳门《关于建立更紧密经贸关系的安排》（CEPA）。CEPA在法律、分销、视听、物流及金融等18个服务贸易领域在加入WTO承诺的基础上提前对港澳开放。为落实对港澳开放服务业的承诺，内地制定、修改了27项法规和部门规章。在服务贸易领域，内地对港澳实行更为开放的市场准入条件，并在通关便利化等7个领域开展贸易投资便利化的合作。2004年开始启动进一步扩大开放的磋商。

积极推动两地服务贸易自由化是《内地与香港关于建立更紧密经贸关系的安排》（CEPA补充协议九）的一大突出特点。"CEPA补充协议九"签署后，CEPA服务贸易开放的领域达48个，开放措施达338项。内地对香港服务贸易开放的部门达149个，涉及WTO服务贸易部门分类标准160个类别的93.1%。

此外，"CEPA补充协议九"在金融合作、检测认证、专业资格互认等领域增加了新的合作内容。尤其在金融合作方面，为支持香港巩固国际金融中心的地位，内地支持符合在香港上市的条件的内地企业赴香港上市。积极研究降低香港金融机构申请合格境外机构投资者资格的有关资质要求。支持符合条件的香港金融机构在内地设立合资证券公司、基金管理公司、期货公司。积极研究深化两地商品期货市场合作的路径和方式，推动两地建立优势互补、分工合作、共同发展的期货市场体系。

资料来源：http：//www.chinanews.com/ga/2012/06－29/3997780.shtml.

【思考】应如何看待我国内地服务贸易领域对港澳的开放？为何是逐步开放？本单元有关服务贸易及其发展格局、《服务贸易总协定》、国际服务贸易发展趋势的讲述，无疑将有助于大家对上述问题的思考。

单元知识一 服务贸易的内容及政策措施

阅读材料

劳动力"虚拟跨境流动"

北京有一家企业为美国社区提供保安服务，员工只需通过北京的显示屏监看安装在美国社区中探头显示的情况，发现异常及时通知对方的警员。通过这种方式，北京保安无须挪动地方就出口了保安服务，对方则大大降低了成本。这使得劳动力资源丰富的国家的相对优势能够更好地发挥，同时拓展了就业机会和获利空间。

任务引领

以上所讲述的劳动力"虚拟跨境流动"，大大减弱了距离、生活成本差异和各国移民政策等因素对劳动力流动的限制，使得进出口双方都能从中受益。这种劳动力的"虚拟跨境流动"属于国际服务贸易的范畴。

试问：什么是国际服务贸易？它有哪些特征？国际服务贸易的内容和政策措施有哪些？

一、国际服务贸易概述

服务业的迅速发展是20世纪经济发展的主要特征之一，服务业的发展水平是衡量一个国家经济水平高低的重要标志。20世纪80年代以来，国际服务贸易迅速发展，世界各国纷纷采取各种措施，提高自身在服务业的国际竞争力，扩大国际服务贸易往来。

（一）国际服务贸易的含义

国际服务贸易（International Trade in Services）就是对服务产品的跨国界提供与接受。根据乌拉圭回合《服务贸易总协定》第1条的定义，服务贸易模式包括四种，如表8—1所示。

表8—1　　服务贸易模式

模式	内容描述	举例
跨境交付 (Cross-border Supply)	从一成员境内向任何其他成员提供服务。这种服务不构成人员、物质或资金的流动，而是通过电信、邮电、计算机网络实现的服务，跨越国境的只是服务本身，而不是服务提供者或接受者。	如视听、金融信息等。

续前表

模式	内容描述	举例
境外消费 (Consumption Abroad)	在一成员境内向任何其他成员的服务消费者提供服务，这种服务提供方式的主要特点是消费者到境外去享用服务提供者提供的服务。	如接待外国游客，到国外留学，为国外病人提供医疗服务等。
商业存在 (Commercial Presence)	一成员的服务者在任何其他成员境内通过商业存在提供服务。这种服务提供方式的特点是服务的提供者到消费者所在国的领土内采用设立商业机构或专业机构的方式。商业存在是四种服务提供方式中最为重要的方式。	如外国公司到中国来开办银行、商店，设立会计、律师事务所等。
自然人流动 (Movement of Natural Persons)	一成员的服务提供者在任何其他成员境内通过自然人流动的方式提供服务。	如一个国外会计师事务所的注册会计师前来作财务咨询和讲学。

自然人流动与商业存在的共同点是服务提供者到消费者所在国的领土内提供服务；不同点在于，以自然人流动方式提供服务，服务提供者没有在消费者所在国的领土内设立商业机构或专业机构。

当前，全球服务贸易流量在四种提供方式之间的分配比例分别是：跨境交付占41%、境外消费占19.8%、商业存在占37.8%、自然人流动占1.4%。从以上数据可以看出，国际服务贸易主要以商业存在和跨境交付的方式提供，以自然人流动方式提供服务所占的比重很小，也就是说国际服务贸易与服务提供方的海外直接投资结合在一起，国际服务贸易是投资的直接结果。

关于国际服务贸易概念的争论

美国《1974年贸易法》最早使用世界服务贸易的概念，关贸总协定乌拉圭回合的谈判使这个概念被广泛使用。在谈判中，这个概念是争论的焦点。

发展中国家坚持认为服务贸易仅仅是指跨境服务贸易，即不需要生产者和消费者物理接触就能发生的贸易。因为其在服务贸易方面的劣势，担心定义范围过宽会导致贸易自由化负担的增加。

发达国家则要求把涉及生产要素流动的服务贸易也包括在内，甚至把服务业的直接投资包括在服务贸易之内。

（二）服务贸易与相关贸易的关系

正确鉴定国际服务贸易和与之相关的概念的界限，是学习与领悟国际服务贸易的关键。常见的几个易混淆的概念有：劳务贸易、货物贸易、无形贸易、服务业和国际服务交流等。它们之间的关系如表8—2所示。

表 8—2　　服务贸易与相关贸易的关系

易混淆的概念	两者关系描述
服务贸易与劳务贸易	过去，我国一直把服务称为劳务。服务贸易也随之被称为劳务贸易。二者的区别是：服务贸易是指服务要素，即劳动力、资本和技术知识，任何一项发生移动就可实现，这包含着劳动力提供的服务和资本的转移以及技术的转移；而劳务贸易通常被称为国际劳务合作或劳务输出，是指劳动力要素跨国界流动，即围绕劳动力要素而展开的一系列服务，如国际工程建筑或其他工程任务。因此，劳务贸易只是服务贸易中的一个部分，是服务贸易中劳动力要素活动的结果。
服务贸易与货物贸易	与服务贸易不同，货物是有形的、可储存的，货物贸易是货物本身发生的真实移动，卖方（生产者）提供商品与买方（消费者）消费该商品具有不同步性。二者的联系是：部分服务贸易伴随着商品贸易的发生而发生，这就是通常所说的“国际追加服务”，如运输服务、售后服务等。
服务贸易与无形贸易	无形贸易是相对于有形产品贸易而言的形式。其很多贸易种类和服务贸易是相同的。但是无形贸易比服务贸易的范围更广泛，如国际直接投资、捐赠及赔款等就不属于服务贸易。
服务贸易与服务业	如果从经济用途（服务对象）和性质划分服务业，包括四类：1）消费者服务业，如旅馆、饮食；2）政府服务业，如文教、保健和福利等；3）生产者服务业，如咨询、电信和金融等；4）分配服务业，如交通运输、批发零售业等。对于这四种类型，政府服务业是由国内提供的，较少涉及贸易，其余三种则多涉及贸易，构成了一国国际服务贸易的主体。
服务贸易与国际服务交流	国际上，服务人员的流动大致可分为三类：一类是政府间为了政治、经济、文化交流的需要，互派人员，提供各种免费服务；第二类是指一国（地区）的服务人员到另一国（地区）谋取工作，受境外雇主雇用，为其工作，获得工资报酬，并只在当地消费（没有汇回母国）；第三类是指一国（地区）的法人或自然人对外提供服务，并获取服务收入，有收支的过境流动，从而构成服务贸易。前两种称为国际服务交流。

（三）国际服务贸易的特征

生活中的服务现象

我们都知道，学校教育收费往往与学生的身份注册联系在一起，而不是基于学生在学校实际能够获得的人力资本（即学生到底获得了多少知识和技能）进行收费。其他类似例子还有医疗服务、法律服务等。对于医疗服务，医疗服务提供者（医院和医生等）本质上是提供健康维护服务的，但具体结果部分地取决于病人的特征，医疗服务提供者不是基于成功的结果（即真实产出）收费，而是将费用收取与中间提供的服务相挂钩（有时病没治好，医院照样收钱）。对于律师服务，服务的结果也是部分地取决于顾客案件的特点，但收费并不是基于成功的结果，而是基于中间提供的服务。

思考：

请结合服务产品的本质特征，对上述现象进行解释。

由于服务本身存在的一些独特性，导致国际服务贸易呈现出与货物贸易不同的特点，如表 8—3 所示。

表 8—3　　服务贸易的特征

特征	描述
无形性	服务贸易标的物是无形的，具有不可触摸性。服务产品在被购买之前，消费者不可能去品尝、感觉、触摸、观看、听见或嗅到“服务”。服务是一个过程，是供方为需方提供的一种活动，是活劳动的物化产品与货币的交换。
不可分离、不可储存	具有不可分离、不可储存的特征，如医生给患者看病。同时，消费者在消费服务产品的时候，必须或者只有加入服务的生产过程中，才能最终消费到服务。由于服务的生产与消费是同时发生的，这就使得服务产品不可能像有形产品那样被储存，以备用出售。
差异性	差异性表现为服务生产者所生产的服务产品的质量水平不同。同样是一种服务，由于其生产者不同，提供给消费者的产品也有可能不同。即使是同一种服务的生产者，由于其不同的服务产品生产周期，也表现出不同的质量水平。而且这种服务产品的质量很难像有形产品一样用统一的质量标准进行规范。比如，医疗服务人员面对不同职业的人员或者是自己的亲属，往往表现出与看待其他普通患者不同的医疗质量水平。
隐蔽性	贸易保护方式更具隐蔽性。服务贸易的统计数据和货物贸易一样，在各国国际收支表中得到体现。但是，服务贸易的统计数据却无法像货物贸易那样，在各国海关进出口统计上显示。各国政府管理服务贸易的手段不是关税，而是通过国家立法和制定行政法规来达到监控目的。
高度垄断性	国际服务贸易市场的垄断性较强。表现为少数发达国家在国际服务贸易中处于垄断优势地位，发展中国家处于相对劣势地位。比如，从国际服务贸易总额来看，发达国家与发展中国家的比例为 3∶1（1994 年数据）。另外，对国际服务贸易的各种壁垒也比商品贸易多 2 000 多种，从而严重阻碍了国际服务商品进行正常的交易。
灵活性	《服务贸易总协定》条款中规定的义务分为一般性义务和具体承诺义务。具体承诺义务是指必须经过双边或多边谈判达成协议之后才承担的义务，且只适用于缔约方承诺开放的服务部门，不适用于不开放的服务部门。
复杂性	营销管理具有较大的难度与复杂性。如国家对服务形式采取的管理方式主要通过立法的形式加以约束，但是立法具有明显的滞后性，很难紧跟形势发展的需要。再如，服务产品质量水平的不确定性，使得服务产品不可能做到“三包”。

服务的不可储存性

日本学者江见康一将服务的不可储存性导致的社会组织现象概括为服务的供给和时间的调节。因为服务的供给和需求普遍需要同时产生，作为社会化的组织方式，靠时间调节来达到服务供求一致的方法，在医疗部门体现为医疗系统，在学校则体现为授课时间表。这些服务全都规定着服务的时间，无论服务的提供者还是服务的消费者，都必须在特定的时间内共同行动。但是，在同一时间内服务的供给或需求的任何一方过于集中，都会产生供过于求或供不应求的现象，这也是公共汽车在高峰时会拥挤、铁路运输在春运时压力过大等现象发生的原因。

随着科技的发展，全球经济一体化、自由化趋势的到来，国际服务贸易将会呈现出更多的特点，同样也会给服务产品的生产者、消费者带来机遇，同时带来挑战。

小思考

麦当劳服务机构

1963年，麦当劳作出了两项重大决策：一是股票上市，二是建立汉堡大学。由于这两个重要决策，麦当劳突破了发展资金短缺的困境，提高了经营管理水平。如今，麦当劳已发展成为全球性商业王国。

进入20世纪70年代，麦当劳海外事业进一步发展，其经营方式也有很大的变革。第一个大转变是从郊区进入城市。第二个大转变是从最初的“驶进汽车”售卖方式进入室内设有几十个座位的饭店方式。再加上雷·克洛克提出的家庭风格的设计，使得麦当劳店铺变成了雅致的家庭式餐厅，因此很受消费者欢迎。

不过，麦当劳也并非处处一帆风顺。在纽约曼哈顿的麦当劳分店曾受到四面围攻，人们认为麦当劳没资格立足于银行业集中的街区；在旧金山和芝加哥，人们反对麦当劳开店，理由是三教九流的社会渣滓常常流连店内寻衅滋事。1974年，哈佛大学公共卫生系的尚米耶教授在《纽约时报》上发表文章，指出：“典型的麦当劳快餐，汉堡包和薯条的营养成分都不够，因为维生素B和维生素C都很少。”

然而，麦当劳经受住了考验。其坚持不在餐厅设老虎机和自动售货机，以保持雅致的家庭式餐厅的声誉；坚持不提高食品售价，并通过改善食品质量和服务来吸引顾客。麦当劳食品也变得比以前更丰富多样和有益健康了。

麦当劳的成功取决于多种因素的合力。麦当劳对于管理的大力投入也是其成功的一大关键。公司不断完善组织，训练员工，经营机制也非常灵活，既开办一些完全由其拥有的分店，也授权其他店特许连锁经营，在亚洲则较多采取合资经营的方式。麦当劳也开展多元化经营，如房地产、医院、体育场馆等。不过它的主业始终是快餐业。

思考：

(1) 服务有无形性、易逝性、品质难以衡量性等特点，这些特点给服务经营带来了困难。麦当劳是如何解决这些问题的？

(2) 麦当劳的业务拓展是通过哪些服务贸易方式进行的？商业存在方式是否对饮食服务业有特殊价值？汉堡大学的存在能否使麦当劳采取另外的服务贸易方式？

(四) 国际服务贸易的内容

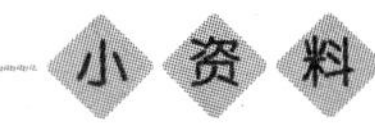

第二届中国北京国际服务贸易交易会概况

2013年6月1日，为期5天的第二届中国北京国际服务贸易交易会（简称京交会）落下帷幕。本届京交会以“服务贸易：价值提升新引擎”为主题，按照高规格、国际化、实效性的办会要求，全面覆盖服务贸易12大领域，设立开幕式、高层论坛、推介洽谈、综合展示、主题日活动、权威发布六类活动。

第二届京交会的成果丰硕，实现了既定的四大目标：一是提高了发展中国家的话语权。本届京交会上，组委会与联合国贸发会议共同主办了全球服务论坛之北京峰会。60

多个国家和地区的近800位嘉宾，围绕“服务业：可持续发展的新领域”的峰会主题，重点探讨了发展中国家如何在新一轮全球经济调整中达成共识，抓住机遇，实现“均衡、普惠、共赢”的服务贸易发展新格局。二是境内外企业结对子交易。本届京交会在服务贸易范围、方式、内容上进行了探索。在服务贸易范围上，从服务贸易12大领域160多个行业中，精选了科技服务、设计服务、金融服务等35个专题板块，努力培育京交会品牌板块；在服务展示方式上，形成了综合展示、专题展示、品牌展示等方式的多种组合；在交易撮合方式上，形成了组委会集中撮合、承办机构定向撮合、企业自主撮合等方式的多种组合。三是助推中国经济升级转型。京交会作为全球范围内综合服务贸易规模最大的一个交易会，为产业联动、互动、融合发展创造了新的机遇，成为提升产业价值的新平台。四是通过京交会结识新客户。

本届京交会共达成签约项目415个，意向签约额累计786.9亿美元，比首届京交会增长了30.9%。其中，涉及境外的签约项目为114个，意向签约额为108.9亿美元，比首届京交会下降了2.28%。

国际服务贸易的内容十分广泛，其内容视研究者的侧重点不同而各异。WTO结合服务贸易统计和服务贸易部门开放的要求，在征求各谈判方的提案和意见的基础上，提出了以部门为核心的服务贸易分类方法，将服务贸易分为12大类。具体如表8—4所示。

表8—4　　《服务贸易总协定》涉及的服务范围

部门	涉及的服务范围
商务服务	专业服务、计算机及相关服务、研究和开发服务、房地产服务、租赁服务和其他商务服务
通信服务	邮政服务、速递服务、电信服务、视听服务和其他通信服务
建筑和相关工程服务	
分销服务	佣金代理服务、批发服务、零售服务、特许经营、无固定地点的批发和零售
教育服务	初等、中等、高等、成人教育服务和其他教育服务
环境服务	排污服务、废物处理服务、卫生和类似服务、自然和风景保护服务和其他环境保护服务
金融服务	保险和保险相关服务、银行和其他金融服务、证券服务
与健康相关的服务和社会服务	
旅游和与旅游相关的服务	饭店和餐馆、旅行社、导游服务和其他旅游相关服务
娱乐、文化和体育服务（视听服务除外）	文娱服务，新闻社服务，图书馆、档案馆、博物馆和其他文化服务，体育和其他娱乐服务
交通运输服务	海运服务、内河运输服务、航空运输服务、航天运输服务、铁路运输服务、公路运输服务、管道运输服务、运输辅助服务和其他交通运输服务
其他未包括的服务	

如果按生产要素的密集程度进行划分，国际服务贸易可分为：1）资本密集型服务贸易，如通信、航运等；2）技术、知识密集型服务贸易，如银行、金融信息等；3）劳动密集型服务贸易，如旅游等。

研究中最为常见的几种国际服务贸易包括：国际运输服务贸易、国际通信服务贸易、国际保险服务贸易、国际银行服务贸易、国际金融服务贸易、国际旅游服务贸易、国际工程承包、国际技术服务贸易、国际信息服务贸易、国际咨询服务贸易、国际专业服务贸易。

二、国际服务贸易政策措施

（一）国际服务贸易壁垒

国际服务贸易的暗礁——国际服务贸易壁垒

入世前，许多行业的外国企业在申请在华经营许可证方面，并不具有绝对的权利。只有当他们先收到来自中国相关管理当局的邀请时，他们才可以申请许可证。入世后，中国承诺改进许可程序，使之更透明、更有预见性。然而在许多服务行业，虽然中国同意逐步取消限制，并将许可程序非政治化，但中国却对企业的新设及建立分支机构实行非常高的资本要求，成为市场准入的一种障碍。许多外国企业反映，中国的规章很含糊，许多时候不能充分体现中国的承诺。另外，中国的有些部门通常不与外国企业就新提议的或修改的规章进行充分的商谈，常常没给出足够的时间进行有意义的评论。

如保险服务，在入世协议中，中国承诺逐步开放寿险和非寿险行业。加入 WTO 后不久，中国保险监督管理委员会（CIRC）颁布了几项新的保险条例，包括有关外国保险公司管理的指导条例等。这些条例实现了许多中国承诺，但也在三个重要领域产生了问题，如谨慎性要求、透明度和设分支机构的问题。

在国际服务贸易迅速发展的同时，许多国家都实施了保护本国服务产业而限制国外服务进口的服务保护政策，服务贸易壁垒不断增强，对国际服务贸易的发展产生了重要影响。中国加入 WTO 以后，加快了国际服务贸易的发展，一方面向国外逐步开放了国内服务贸易市场，另一方面也加快了服务走出国门的步伐。随着中国经济发展及开放型战略的继续加快实施，中国必将加快服务贸易发展，进一步促进、拉动经济的发展。

当今，服务贸易在全球贸易中的地位日益突出。因此，服务贸易的保护也成为各国政府贸易政策的重点。无论从形式上还是内容上，对服务贸易的保护都远比货物贸易复杂、严格。通过分析服务贸易壁垒及其产生的原因、消除的途径，有助于认识到服务贸易自由化的对策，对我国服务业的开放和适度保护将有所启示。

1. 国际服务贸易壁垒的含义

国际服务贸易壁垒是指一国政府制定并采取的阻碍国际服务贸易进行的措施，既包括政策措施，也包括法律措施和商业惯例，是国际服务贸易政策中贸易保护主义措施的体现。

2. 国际服务贸易壁垒的形式

国际服务贸易壁垒以增加外国服务提供者的成本达到限制贸易扩大的目的。这种壁垒包括表8—5所述的几种形式。

表8—5　　国际服务贸易壁垒的形式

形式	内容描述
市场准入限制	一国限定外国服务进入本国服务市场，或者完全禁止，或者规定服务供给的最高限度，当外国服务者提供的服务超过限度时，则阻止进入本国市场。例如：禁止或限制外国企业在某些部门进行投资；要求审批，要求外国提供者采取特定法律形式；规定最小资本，限制地域范围和征收准入税；等等。
部门行业限制	一方面，许多服务业，包括邮政、电信、铁路等，在大多数国家都存在不同程度的国家垄断，使得这些行业的进入壁垒特别高，甚至根本不可能进入；另一方面，进口国虽然允许外国服务进入当地市场，但不提供国民待遇，反而给予种种歧视，致使外国服务在当地市场难成气候。
经营限制	这是通过对外国服务实体在本国的活动权限进行规定，以限制其经营范围、经营方式等，甚至干预其具体的经营决策。值得注意的是，这是一种“可调性”较强的壁垒，各种经营限制的内容及限制的程度、方式等均可依本国社会经济及产业发展的要求和国际服务贸易自由化推进的要求而不断作出相应的变化和调整。
金融限制	主要形式有外汇管制、浮动汇率和投资收益汇出的限制等。例如：某些国家采取控制外汇在本国境内的持有、流通与兑换，以及对外汇的出入境实行管制的政策，限制本国居民及各类组织团体对外国服务产品的消费与支付能力，同时也可限制外国服务业在本国的业务量与获利能力。
信息限制	信息是许多服务产业的战略资源。如果不能及时准确地获取所需的信息资料，往往意味着一个服务经营实体将陷入瘫痪。尽管由于信息障碍所形成的服务贸易壁垒已经受到关注，但出于国家机密安全的考虑，不论是电信服务的对外开放，还是政策规章的透明公开化，都受到了不同程度的限制。
技术和卫生安全标准限制	技术标准看似只存在于货物贸易领域如产品生产标准、试验检验方法标准、卫生安全标准、环境保护标准、包装标签标准等，但实际上服务提供者所提供的服务也是一种产品，只不过它是一种摸不着的无形产品，它同样存在技术和卫生安全标准问题。例如：对于美容店，一国可以规定其对顾客提供的美容服务应具备什么样的条件和设施，这就是它的生产标准；又因为美容是直接关系到人的身体健康的，所以它还应该对人身安全有所保障，这就是它的卫生安全标准。

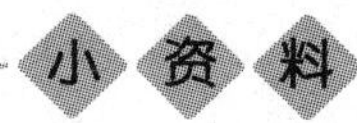

市场准入限制的具体形式

1. 资格限制

资格限制一般是指对外国个人与组织在本国经营某种服务业的权利进行限制。例如：对在非本国取得任职资格的工程师、会计师等不予认可，这就阻碍了外国专业人员在本国的开业和业务经营。

2. 数量限制

(1) 人员数量限制：采用数量配额、垄断和专营服务提供者的方式，或者以要求测定经济需求的方式，来限制服务提供者的数量。

(2) 资金或资本数量限制：采用数量配额或要求测定经济需求的方式，来限制服务交易或资产的总金额。对个人的或累计的外国资本投资额予以限制。

(3) 股权限制：指虽然允许外国服务提供者在本国开业，但本国要求参股，并通常要求占有多数控股权，以此维持本国对该行业的控制。这在国际服务贸易领域是惯用的措施。

国际服务贸易在世界各国都受到政策、法规和财政的干预。但是，并不是一切限制服务进口的法规都是服务贸易壁垒。例如：政府为了保护保险服务的购买者而对保险公司的财务状况进行必要的定期审计，但对在外国注册的保险公司的财务是很难开展有效的审计的，因此政府便规定在外国注册的保险公司，必须在当地银行有一定数额的存款。在这种情况下，政府对外国和本国的企业采取不同的规章，但其目的不在于歧视，而是为了达到国内政治经济目标所必须做的。这种措施尽管限制了服务进入，仍不应视为服务贸易壁垒。相反，在某些情况下，对外国和本国厂商采取相同的法规，但却具有高度的歧视性，这种措施反而应该被视为服务贸易壁垒。

3. 设置国际服务贸易壁垒的原因

(1) 自身利益最大化的选择。从博弈论可知，经济人出于理性会作出有利于自身利益最大化的选择，但由于信息不对称等原因，从个体理性出发达到的均衡未必能达到自身利益的最大化，而是作出次优的选择。

假设 A、B 两国遵循比较优势原则出口本国具有比较优势的服务产品，两国只采用服务贸易壁垒来限制进口且两国采用壁垒的概率一致。为了获取更大的利益，A、B 两国都有两种方案可供选择，一种是不设置服务贸易壁垒，另一种是设置服务贸易壁垒（见表 8—6）。

表 8—6　　A、B 两国博弈模型

		A 国	
		无壁垒	有壁垒
B 国	无壁垒	(0.5，0.5)	(1，－1)
	有壁垒	(－1，1)	(0，0)

从模型中可知，在 A 国设置壁垒的情况下，B 国会选择设壁垒，使收益为 0 大于不设壁垒情况下的－1；在 A 国不设置壁垒的情况下，B 国也会选择设壁垒，使收益为 1 大于不设壁垒情况下的 0.5。同样，在 B 国设置壁垒的情况下，A 国会选择设壁垒，使收益为 0 大于不设壁垒情况下的－1；在 B 国不设置壁垒的情况下，A 国也会选择设壁垒，使收益为 1 大于不设壁垒情况下的 0.5。虽然使两国都得益的“双赢”是都不设置壁垒，收益为（0.5，0.5），但两国出于自身利益最大化的考虑，都会作出设置壁垒的选择，使收益为（0，0），明显小于不设置壁垒时的收益。

此模型告诉我们，设置服务贸易壁垒是各国追求自身利益最大化的结果。在每个国家都能充分自主地选择本国贸易政策的情况下，各国会选择设置壁垒，贸易自由化政策不可能被一国单独实行。这种非合作型博弈不能达到最优的选择，因此当今大多数国家都采用谈判达到双赢的结果。如果这种局面不能解决，则会造成社会福利的恶化。

汽车保险业的逆向选择

随着个人购买家庭轿车数量的逐渐增多，汽车保险业务近年增长很快。可是由于车多路窄，新手又多，汽车交通事故比原来增加了很多。购买了汽车保险的人由于有了保险，开起车来横冲直撞，结果汽车交通事故频发，致使保险公司收取的保险费不够赔付汽车修理公司的汽车修理费。两年下来，中原保险公司已经在汽车保险项目上赔了几百万元。于是公司召开董事会，讨论汽车保险业务问题。通过分析，大家一致认为，汽车保险业务亏损的主要原因是保险费收取得比较低。最后的决议是提高保险费。

中原保险公司这一决策不仅没有收到预期效果，反而使汽车保险的保费收入开始出现下降。他们没有意识到在经济行为中存在逆向选择：凡是那些积极买保险的人都是容易出险的人，因为他们容易出事故，所以常常渴望购买保险，以便出险之后有保险公司为他们付费；而出险概率较低的人则往往犹豫不决，如果保险价格提高了，反而会把他们拒之门外。这就是典型的逆向选择效应。

(2) 幼稚产业保护的需要。纵观服务贸易的发展史，是保护、发展、开放的发展史。每个国家在其服务贸易发展之初都对本国的服务贸易进行了一定的保护，发达国家也不例外。如美国曾经对电信产业进行保护，设有投资限制，有冗长烦琐的审批程序，对外国服务提供者进入本国电信市场设有附加条件。随着美国电信产业的成熟及服务贸易竞争力的提高，美国的电信业已允许外国100%的股权。但发达国家对新兴服务产业如知识技术密集型服务业还是设置了一定的保护，如通过设立各种技术标准来限制外国服务的进入。发展中国家服务产业发展水平较低，因担心服务市场的开放会冲击和影响本国服务业的发展，担心发达国家控制和操纵本国服务业及经济发展，故对服务贸易进行了较多的限制。

(3) 不完全竞争及外部经济的存在。服务业中存在大量的不完全竞争及外部经济的现象。电信、运输、金融、专业服务等领域多处于垄断的不完全竞争状态。服务业中也存在技术的外部效应及资金效应等外部经济现象。如电信、金融等领域属于一国的基础设施产业，这些产业将促进其他产业的发展，这些产业存在技术的外部效应。金融领域还会出现资金效应现象，如果一家银行倒闭，就可能引起挤兑现象，导致其他银行受影响。不完全竞争的存在，增加了一国通过有选择的贸易干预政策获益的可能性。由于市场对外部效应反应的缺乏，政府干预能改进市场运行的结果。

服务贸易中各国进行国家调控和干预已成为普遍现象。政府大规模地向服务基础设施如公路、铁路、电缆、教育等投资，在这些领域也较多地采取了垄断或管制。对国内服务企业的生产性补贴及税收优惠等政策也大量存在于服务贸易中。一国对本国服务行业的干预有可能会构成服务贸易壁垒，影响外国服务生产者和提供者的竞争。如果一国对国内的管制存在歧视外国服务生产者和提供者的情况，服务贸易壁垒就更加严重了。

(4) 服务贸易的特殊性。服务贸易有其特殊性，服务贸易相对于货物贸易来说，涉及面广，影响领域大，服务保护的目标复杂。由于服务贸易和一国国内政策目标有着密切联系，关系到一国的思想、文化，甚至关系到国家安全及主权，因此各国出于对本国政治、经济、文化的考虑，都会对服务贸易进行一定的限制。服务保护的目标及其原因如表 8—7 所示。

表 8—7　　服务保护的目标及其原因

目标	原因
维护社会稳定	服务业涉及社会生活的各个方面，从业人员较多，是一国解决就业问题的良好途径。各国通过各种规章制度限制劳动力尤其是中低层劳动力的自由移动，来保护本国劳动力市场，增加本国就业。自然人移动还会对一国社会的稳定造成影响，如移民带来的民族冲突、社会安全等问题。
维持国际收支平衡	资本移动壁垒的存在是为了维持国际收支平衡。发展中国家由于国际收支不平衡，国内建设缺乏资金，往往会采用投资收益汇出限制、外汇兑换限制等手段来阻止外汇的流出。各国出于国际收支平衡的原因，也会加强对金融业的监管以减少国际游资对本国资本市场的冲击，故金融业存在的服务贸易壁垒也较多。
维护国家主权和安全	电信、交通、金融等关键领域关系到一国的国计民生和经济独立性。如电信业涉及国家安全与机密，涉及人们日常生活及隐私，涉及各国电信领域信息的传递，故各国对电信业尤其是在基础电信领域普遍采取保护的态度，通过国家垄断、外资比例限制、经营限制等方式来保护本国市场。
保护文化及社会利益	教育、新闻、影视、广告、娱乐等服务部门涉及一国的政治、文化、宗教等意识形态领域。各国出于保护本国传统文化和维护社会稳定的目的，均会对意识形态领域进行一定的保护，这种保护也是合理的。如加拿大禁止进口有叛逆性、煽动性的宣传材料，禁止进口宣传仇恨、犯罪和暴力的影视作品。

4. 消除国际服务贸易壁垒的途径

消除国际服务贸易壁垒的途径主要有三种：其一，有关国家通过签订双边协定，削弱双边服务贸易壁垒；其二，达成区域性的协定；其三，达成多边的服务贸易协定。

（二）国际服务贸易自由化

1. 国际服务贸易自由化的含义

通常，贸易自由化是指一国对国际贸易活动采取不干预或少干预的基本立场，取消进出口贸易限制和障碍，取消对本国进出口商的各种特权和优待，关税税率逐步降低，纳税项目减少，使商品自由进出口，在国内外市场上自由竞争。贸易自由化是有保留的自由贸易，并不排除贸易保护政策。《服务贸易总协定》对服务贸易自由化的解释是"逐步自由化"，即进行连续的多轮谈判，以减少或取消对服务贸易各项措施在有效进入市场方面的不利影响。但是这种解释比较粗放，势必造成各国对服务自由化理解的不同。按照《服务贸易总协定》对服务贸易自由化的界定，可以认为：

（1）服务贸易自由化必须是有效、自由和公平的市场进入。

（2）在互利的基础上，服务贸易自由化必须是权利和义务的全面平衡。

（3）服务贸易自由化的实现最终取决于发展中国家的政策目标以及整个和个别服务部门的发展水平。

2. 国际服务贸易自由化的原因

（1）经济服务化促进服务贸易自由化的形成。自20世纪80年代以来，多边贸易谈判已经扩展到非关税壁垒和服务贸易等新领域，不仅发达国家普遍出现经济服务化的趋势，发展中国家的服务业所占的比重也出现持续上升的趋势，这说明服务贸易自由化与经济服务化是密不可分的。

（2）国际贸易格局的变化直接推动服务贸易自由化的发展。国际贸易格局发生的巨大变化主要体现为区域经济集团化和自由化，跨国公司的内部贸易发展迅速。跨国公司的发展壮大及其贸易量的扩大，使商品和服务的跨国流动更加具有多样性和灵活性，必然推动服务贸易自由化前进的步伐。

（3）货物贸易自由化促进服务贸易自由化的形成。对国际货物贸易而言，服务贸易自由化也十分重要，因为许多服务也追加在货物贸易中，还有一些服务（如金融）则属于商品生产中不可缺少的投入，所以服务贸易自由化将提高这些部门的效率，降低其成本，从而促进国际商品贸易的发展。商品自由化的扩大必然带动相关服务贸易的发展；同时，货物贸易自由化的程度是各国处理服务贸易关系的砝码。当A国在服务贸易领域对B国的开放程度很低时，B国可以通过保护性贸易措施限制A国。因此，货物贸易自由化必然要求服务贸易政策实行相应自由化。

服务贸易自由化效应并非免费的蛋糕

理论上而言，从静态角度，服务贸易自由化可以带来福利改进效应；从动态角度，服务贸易自由化可以创造或实现规模经济效应、竞争优势效应、经济刺激效应和学习效应等。

从国家角度来看，发达国家因其国内服务业的竞争力较强，一般主张服务贸易自由化，要求或强迫其他国家开放服务市场，以便其有竞争力的服务业进入其他国家的服务市场，以及限制本国涉及敏感性问题的服务出口，都是建立在自身利益最大化基础之上的，对此发展中国家应有清醒的认识和应对之策。因为服务贸易自由化的经济效应非免费的蛋糕，其不仅取决于贸易国在国际商品贸易和服务贸易市场中的竞争地位，还有国家竞争力因素等。

在多边贸易体制的推动下，服务贸易壁垒逐步降低。一方面，各贸易参加国为顺应这一趋势不断调整国内经济政策，积极推动服务贸易的自由化，率先削减本国服务贸易壁垒；另一方面，国际服务贸易的保护程度实际上也在变相提高，各国从本国发展服务贸易的相对劣势出发，通过国内立法或非关税壁垒的形式，对服务贸易设置障碍，影响了国际服务贸易的发展。

服务贸易自由化领域的选择性

在实践中，服务贸易自由化本应囊括所有的服务贸易形式，但以美国为首的发达国家最为关心的，是国际服务贸易中增长最快的领域——生产者服务贸易的自由化，如银行、电信、计算机软件和数据处理，以及其他专业性服务的贸易自由化。这种关心反映在乌拉圭回合多边服务贸易谈判中。可以这样说，各国专注于服务贸易自由化的领域就是其认为具有较强竞争实力的领域或行业。

总之，服务贸易自由化既与一些敏感性问题，如国家主权和经济安全等密切相关，又对国家经济竞争力的提高产生越来越强烈和越来越广泛的影响。正因为如此，目前还没有一个国家（包括美国）愿意完全开放本国的服务市场，也没有一个国家倾向于执行严格的服务进口替代政策。

单元知识二　服务贸易发展格局

阅读材料

制造业服务转型的启示

中国制造业担负着“产业兴国”的历史重任，有着不可替代的地位。伴随着外向型经济的兴起，以及“世界工厂”地位的形成，中国制造业达到了一个前所未有的高度和规模，不经意间，我们拥有了很多产业的“世界第一”。

然而，随着2008年全球金融危机的来临，出口业务锐减，而国内市场则竞争激烈，大部分行业的利润率日益下降，同时客户的要求却越来越高，这些难题不光存在于制造业，所有的企业都在面对。那么，当降低成本、提高生产效率、薄利多销、品牌塑造等手段都用尽之后，我们的企业还有什么办法呢？

服务，是我们尚未发掘的另一桶金。从宏观的角度来看，随着社会经济的发展、科学技术的进步，制造业价值链各环节已经发生了重大变化，高附加值环节不断向产业链的上下游转移，研发和服务已经成为一种单独的、发展空间广阔的商品。

随着产业价值链的上移，服务在整个社会经济活动中的比重会不断增加。最典型的莫过于西方发达国家的服务发展史，伴随着传统制造业的下滑，西方国家经济产值的60％以上都来自于服务部门，服务的地位日益重要，成为社会进入后工业化时代最重要的推动力。按照管理学家彼得·德鲁克的观点：各国经济增长的冲击已经从商品贸易转向服务贸易。因此，未来我们的企业向服务转型，是应对行业竞争越来越激烈而利润率却走低的必然选择。

任务引领

试问：西方发达国家服务贸易产生和发展的历史是怎样的？经历了哪几个阶段？

一、国际服务贸易的产生与发展

国际服务贸易是随着资本主义生产方式的兴起而出现的，其产生和发展的历程如表8—8所示。

表8—8　　国际服务贸易产生和发展的历程

时间	发展状况
资本主义生产方式的准备时期	新大陆被发现，航运业得到较快发展，众多的黑人被运往美洲充当奴隶，这是最早的带有强烈殖民色彩的国际劳务输出和输入。
资本主义自由竞争时期	有形贸易得到巨大发展，使得铁路、海洋运输、金融、通信业也随之迅速发展起来。但在漫长的历史发展过程中，服务贸易作为货物贸易的辅助项目，没有能够形成一个独立的商业领域。
第二次世界大战后	随着社会经济的发展，特别是科学技术的发展，服务贸易日益崭露头角，在经济生活中发挥重要的作用，它已不再是货物贸易的被动服务者，而是成为与其并重的国际贸易不可或缺的部分。
20世纪60年代	服务业的大发展带动了服务贸易的发展。主要西方工业国家在步入后工业化发展阶段后，国内经济的重点逐步向服务业转移，发展中国家经济实力的增强也为服务业的发展奠定了基础。
20世纪70年代	随着经济的发展和收入水平的提高，人们对服务的需求越来越多。世界服务贸易的增长速度超过了货物贸易的增长速度，劳务输出、技术贸易、旅游、银行、保险等服务贸易活动的表现尤为突出。
20世纪80年代	技术、知识、资本密集型服务业迅速发展，金融、银行、保险、法律、租赁、咨询等服务贸易的范围不断扩大，世界范围内的服务贸易规模和范围进一步得到扩展。
20世纪90年代以来	由于各国政府逐步放宽了对服务贸易的限制，国际服务贸易得到了迅速发展。服务业已经成为国际直接投资的主要方向。发达国家之间的相互投资以服务业为主，发达国家向发展中国家的转移也在不断增加。从全世界范围看，20世纪90年代初，世界第三产业占国内生产总值的比重平均为65%左右，48个中等收入国家为50%。与此同时，国际服务贸易也有了迅猛的发展，国际服务贸易在全球贸易中的比重从1980年的17%提高到21%。

二、国际服务贸易发展的格局

发展服务贸易　提升竞争力

目前，我国服务贸易正在从传统的服务贸易向知识、技术密集型现代服务贸易转变，发展服务贸易不但有利于提升外贸附加值，还有利于提升产业链的竞争力。全球价值链的形成、服务业全球化的发展和信息技术的进步，使服务的可贸易程度大大提升，从而推动服务贸易的结构出现了三个显著的变革：

一是从生产追加型向核心型变革。部分依附在货物中的服务被剥离出来，变成服务贸易。专业的服务供应商不断提高生产技术水平和附加值，使其演变为核心的服务贸易。

二是从劳动密集型的传统服务贸易向知识、技术密集型的现代服务贸易转变。我国2012年服务贸易总额达4 706亿美元，其中，运输、旅游等传统服务贸易的占比逐步下降，而计算机和信息服务、通信、咨询等的占比逐步上升。

三是从以跨境交付为主向以商业存在为主转变。当前我国商业实现的服务贸易已经超过服务贸易总量的一半。许多世界服务业的巨头，从金融到生活服务业，像商业分销的家乐福，快餐业的肯德基、麦当劳等，已经从一线城市扩张到二、三线城市，直接让优质服务贴身本土化。

随着世界服务贸易结构三大变革的发生，我国服务贸易的进出口也呈现出良性循环的局面，表现出从传统的服务贸易向知识、技术密集型现代服务贸易转变的趋势。在近年来的各个领域中，高附加值的服务贸易快速增长，特别是专有权利使用费和特许费增长了40.1%。

大力发展服务贸易有利于提升外贸附加值，有利于提升产业链的竞争力，提升我国的国际地位。

思考：

服务贸易是世界贸易的重要组成部分。现如今，服务业与服务贸易的发展水平已成为衡量一个国家现代化水平的重要标志之一。把握国际服务贸易未来发展的格局，有利于更好地促进我国服务贸易的发展。那么，国际服务贸易发展的格局是怎样的呢？

在过去十余年里，在世界经济增长与调整中，世界服务贸易发展迅速，在贸易结构、贸易方式、贸易竞争力等方面呈现出一些新变化（见表8—9）。未来世界服务贸易仍有巨大的发展空间。

表8—9　　世界服务贸易发展情况

年份	1985	1990	1995	2000	2005	2010	2011	2012	2013	2014
世界服务贸易增速（%）	4.2	19.2	13.2	6.3	11.8	9.9	10.8	2.4	6.1	4.4
服务贸易占世界贸易的比重（%）	16.4	18.5	18.5	18.7	19.2	19.7	18.6	18.7	19.1	21.7

资料来源：根据WTO有关统计资料制作。

（一）服务贸易规模不断扩大，占世界贸易总额的比重保持在20%左右

2000—2010年，世界服务贸易发展随着世界经济整体走势的变化而波动。在经历了新世纪初短暂而轻微的衰退后，2002—2008年，世界经济持续强劲增长。在这一背景下，各国的服务贸易活动频繁，世界服务贸易增长迅猛，进、出口均保持两位数增长，贸易规模持续扩大。统计资料显示，世界服务贸易年出口规模从1万亿美元增加到2万亿美元，大约用了10年时间，而从2万亿美元扩大到3万亿美元，只用了4年时间。2008年下半年，世界经济形势发生了深刻变化。在国际金融危机和世界经济衰退的背景下，2009年世界服务贸易形势出现逆转，服务出口下降12%（而2008年为增长13%），是自1983年以来的首次负增长，服务出口额回落至3.35万亿美元。2010年，随着世界经济的复苏，世界货物贸易强劲反弹，世界服务贸易逐步好转，出口增长率恢复到8%。2010年世界服务出口额约是2000年的2.55倍。

从较长时期考察，在这10年间，世界服务贸易与货物贸易并驾齐驱，基本保持同步增长。2000—2009年，世界服务贸易与货物贸易出口额年均增长率分别为9%和8%。其中，2000—2005年二者年均增长率均为10%；2005—2010年二者年均增长率均为8%。由于世界服务贸易与货物贸易保持同步增长，世界服务出口额占世界贸易总额的比重基本维持在20%的水平（见表8—10）。

表8—10　　2000—2010年世界服务贸易占世界贸易总额的比重

年份	世界服务出口额（10亿美元）	世界货物出口额（10亿美元）	世界服务出口在世界贸易中的占比（%）
2000	1 435	6 186	18.8
2001	1 460	5 984	19.6
2002	1 570	6 272	20.0
2003	1 795	7 294	19.7
2004	2 125	8 907	19.3
2005	2 415	10 159	19.2
2006	2 755	12 083	18.6
2007	3 290	13 950	19.1
2008	3 780	16 070	19.0
2009	3 350	12 490	21.1
2010	3 665	15 238	19.4

（二）服务贸易结构趋向高级化，其他商业服务的发展引人注目

在世界服务贸易的发展中，贸易结构呈现出由传统服务贸易逐渐向现代服务贸易倾斜的趋势。这表现为运输、旅游等传统服务贸易所占的比重下降，而以其他商业服务（主要包括通信、建筑、保险、金融、计算机和信息服务、专有权利使用和特许、咨询、广告宣传、电影音像和其他商业服务）为代表的现代服务贸易发展迅速，增长强劲，所占的比重提升。2000—2010年，服务贸易结构趋向高级化的变化趋势更加明显，其他商业服务已成为世界服务贸易中贸易额最大、增长最快的类别，年贸易额占世界服务出口总额的一半以上。

现代服务贸易

国际服务贸易通常被分成运输、旅游和其他商业服务三大类别。其他商业服务具体包括通信、建筑、保险、金融、计算机和信息服务、专有权利使用和特许、咨询、会计、法律、广告及文体娱乐服务等，其他商业服务属于现代服务贸易范畴，是WTO国际贸易统计中常用的分类。

WTO统计显示，2000—2010年，其他商业服务持续快速增长，年均增长率达到12%，高于同期世界服务贸易整体9%的平均增幅，比年均增长8%的运输服务、年均增长7%的旅游服务分别高出4个和5个百分点。2005—2010年，世界服务出口额年均增长8%，其中运输服务增长7%，旅游服务增长6%，其他商业服务增长9%（见表8—11）。

表 8—11　　2000—2010 年世界服务贸易分类别的增长情况

服务项目	2010 年出口额（10 亿美元）	出口年均增长率（%）					
		2000—2009 年	2005—2010 年	2007 年	2008 年	2009 年	2010 年
世界服务贸易	3 663.8	9	8	20	13	−12	8
运输	782.8	8	7	20	16	−23	14
旅游	935.7	7	6	15	10	−9	8
其他商业服务	1 945.3	12	9	23	13	−8	6

增长速度的差异导致服务贸易结构的变化。2000—2010 年，运输服务在世界服务贸易中所占的比重基本保持稳定，2000 年为 23.4%，2009 年降到 20.9%，2010 年回到 21.4%；旅游服务所占的比重呈下降之势，由 2000 年的 32.1%下降到 2005 年的 27.7%，2010 年为 25.5%；而其他商业服务所占的比重显著提升，2000 年为 44.5%，2006 年占比首次达到 50%，2009 年和 2010 年进一步提高到 53.1%（见表 8—12）。

表 8—12　　2000—2010 年各类服务占世界服务出口总额的比重　　单位：%

服务项目	2000 年	2005 年	2006 年	2007 年	2008 年	2009 年	2010 年
世界服务贸易	100.0	100.0	100.0	100.0	100.0	100.0	100.0
运输	23.4	23.3	22.9	22.9	23.7	20.9	21.4
旅游	32.1	27.7	27.1	25.7	25.1	26.0	25.5
其他商业服务	44.5	49.0	50.0	51.4	51.1	53.1	53.1

（三）服务贸易地区发展的不平衡持续存在，发达国家依然占据主导地位

由于科技、经济及服务业发展的不平衡，世界各国的服务贸易水平及在国际服务市场上的竞争实力相差悬殊，服务贸易发展的地区不平衡性突出，预计这种不平衡性将在较长时间内存在。从地区结构看，世界服务贸易主要集中在欧洲、北美和亚洲三大地区。目前，世界服务贸易的 85%左右集中在发达国家和亚洲新兴经济体，欧洲则占据服务贸易额最大的地位。2010 年，欧洲、北美和亚洲的服务出口占世界服务出口总额的 88.8%，其中欧洲占 47%；同年三大地区服务进口占世界服务进口总额的 83.8%，其中欧洲占 42.9%（见表 8—13）。

表 8—13　　2005—2010 年世界主要国家和地区服务贸易进出口情况　　单位：10 亿美元

地区	2010 年出口额	出口年均增长率（%）				2010 年进口额	进口年均增长率（%）			
		2005—2010 年	2008 年	2009 年	2010 年		2005—2010 年	2008 年	2009 年	2010 年
世界	3 665	8	13	−12	8	3 505	8	14	−11	9
北美洲	599	7	9	−8	9	471	6	9	−9	9
美国	515	8	10	−7	8	358	6	9	−8	7
中南美洲	111	10	15	−8	11	135	14	21	−9	23
巴西	202	11	23	−23	32	191	20	44	−27	43
欧洲	1 724	6	12	−14	2	1 504	6	12	−13	1
欧盟	1 553	6	11	−15	2	1 394	5	12	−13	1

续前表

地区	2010年出口额	出口年均增长率（%）				2010年进口额	进口年均增长率（%）			
		2005—2010年	2008年	2009年	2010年		2005—2010年	2008年	2009年	2010年
独联体	78	14	27	−17	10	105	12	26	−19	14
俄罗斯	400	10	33	−36	32	248	15	31	−34	30
非洲	86	9	14	−9	11	141	14	30	−12	12
中东	103		—	−3	9	185	—	—	−8	9
亚洲	963	12	16	−11	21	961	11	16	−10	20
中国	1 578	16	17	−16	31	1 395	16	18	−11	39
日本	138	6	15	−14	9	155	5	13	−12	6
印度	216	17	30	−15	31	323	18	40	−20	25

总体来看，发展中国家和地区服务贸易的增长快于发达国家和地区，但其服务进口额大于出口额，多处于逆差状态。

单元知识三　《服务贸易总协定》的产生和主要内容

阅读材料

欧共体香蕉进口、销售和批发体制

1989年12月15日，欧共体与非洲、加勒比海和太平洋地区70个发展中国家（简称非加太国家）签订了含有有关香蕉议定书的第四个洛美协定。1993年，欧共体理事会第404/93号规则建立了香蕉共同市场组织，取代各成员的香蕉进口体制。规章包括了三类香蕉进口方案：

(1) 从12个作为传统供应者的非加太国家的进口，规定进口总量，在该数量内进口免税，并且其数量不受欧共体减让表的约束。

(2) 从传统非加太国家超过规定进口总量的进口，或者从非传统非加太国家的进口，规定一定数量的免税，配额外的进口收取关税。

(3) 从非加太地区以外国家的进口，按欧共体减让表的规定限量限税，超过限量的在此基础上加收关税。

1994年10月10日，欧共体与非加太地区的其他国家向GATT全体缔约方申请豁免根据GATT 1947第1条第1款的普遍最惠国待遇的义务，缔约方全体于1994年12月9日给予豁免。1995年2月5日，厄瓜多尔、危地马拉、洪都拉斯、墨西哥和美国（申诉人）联合并分别要求与欧共体（被诉人）就欧共体香蕉体制进行磋商。1996年4月11日，申诉方要求设立专家组，根据GATT 1994、进口许可程序协议、农产品协议、GATS和

TRIMS 进行审查。

申诉方指控欧共体香蕉体制与欧共体根据 GATS 第 2 条最惠国待遇义务和第 17 条国民待遇义务不符，对拉美和非传统非加太国家的香蕉经销商存在歧视；欧共体否认申诉方根据 GATS 提出的申诉，认为申诉方申诉的措施与货物贸易直接相关，不涉及服务贸易，故在 GATS 意义上不能视为“影响服务贸易的措施”。

专家组根据 GATS 条款审查后最后裁定，欧共体预先将其香蕉体制从 GATS 的适用范围中排除出去是没有法律依据的。欧共体的义务和承诺应包括在欧共体区域内批发贸易服务的供应商的待遇。

任务引领

服务业的蓬勃发展是世界经济发展的主要特征之一。随着服务对一国经济发展与增长的重要性的日益加强，许多国家力求通过单边、双边、区域性或多边谈判的方式推进服务贸易的自由化进程。

试问：GATS 是什么？其主要内容有哪些？

1986 年 9 月，在美国和西欧发达国家的积极推动下，“服务贸易”这一新议题被列入乌拉圭回合多边贸易谈判议程，由此拉开了服务贸易多边谈判的序幕。

一、《服务贸易总协定》的产生

（一）什么是《服务贸易总协定》

《服务贸易总协定》(General Agreement on Trade in Services，GATS）是多边国际贸易体制下第一个有关服务贸易的框架性法律文件，而且是迄今为止服务贸易领域内一个较系统的国际法律文件。

小知识

世界贸易组织的管辖范围

1995 年 1 月 1 日，在关贸总协定的基础上，世界贸易组织正式成立，其管辖范围包括五个方面：1）有关货物贸易的多边协议，如关贸总协定、农业协定等；2）《服务贸易总协定》及其附件；3）《与贸易有关的知识产权协议》；4）贸易政革审议机制，即负责审议各成员贸易政策法规是否与世界贸易组织相关协议、条款规定的权利相一致；5）关于贸易争端与解决的有关协议及程序。服务贸易总协定是世界贸易组织体系的一个重要组成部分。

（二）乌拉圭回合服务贸易谈判产生的背景

1. 发达国家是服务贸易自由化的积极倡导者

来自各方面的对服务贸易的限制，构成了对以美国为首的发达国家服务出口，尤其是高技术性服务出口的严重威胁。美国认为服务贸易的自由化将和商品贸易的自由化一样，对所有国家都有好处，从而对全世界都有好处。欧共体起初对美国的提议颇具戒心，但经过对自己 12 国服务业的调查，发现欧共体的服务业出口是美国的 3 倍，进而成为美国的支持者。

2. 发展中国家对服务贸易自由化由坚决抵制到逐步接受

当美国开始提出服务贸易问题时，绝大多数发展中国家都坚决反对进行服务贸易多边谈判。它们坚决主张在本国的“幼稚服务业”没有获得竞争力以前，决不会开放其服务市场。随着发达国家在进行服务贸易谈判问题上的认识逐渐统一，发展中国家不愿意谈判的立场也有了改变。大部分发展中国家，一方面迫于来自发达国家的压力，另一方面也认识到如果不积极参与服务贸易的谈判，将会形成由发达国家制定服务贸易规则的局面，且在谈判可能产生具体规则的前景下不参与谈判，也可能会损害已取得的货物贸易利益。因此，其他发展中国家也先后表示愿意参与服务贸易的谈判。

（三）乌拉圭回合服务贸易谈判过程的简要回顾

乌拉圭回合服务贸易谈判的过程，如表 8—14 所示。

表 8—14　　乌拉圭回合服务贸易谈判的过程

阶段	主要内容描述
第一阶段 1986 年 10 月 27 日正式开始至 1988 年 12 月中期审议前	服务贸易的定义；适用服务贸易的一般原则、规则；服务贸易协定的范围；现行国际规则、协定的规定；服务贸易的发展及壁垒等。各国存在的分歧很大，主要集中在对国际服务贸易如何界定的问题上。
第二阶段 加拿大蒙特利尔中期审议至 1990 年 6 月	谈判重点集中在透明度、逐步自由化、国民待遇、最惠国待遇、市场准入、发展中国家更多参与、保障条款和例外等服务贸易的基本原则。此后的工作主要集中于通信、建筑、交通运输、旅游、金融和专业服务各具体部门的谈判。 在 1990 年 1 月的会议上，服务谈判组提出在 1990 年 7 月之前就以下问题达成协议：总协定的框架、定义、统计、其他国际协议和规定的作用、自由化机制、发展中国家的更多参与、协议制度问题等。接下来的工作便是由各个国家提出可能的多边框架提议。
第三阶段 1990 年 7 月至 1993 年 12 月	1990 年 12 月的布鲁塞尔部长级会议上，由于美国与欧共体在农产品补贴问题上的重大分歧而没有能够最终结束乌拉圭回合。在这次会议上，服务贸易谈判小组主席向大会提交了《服务贸易总协定》的草案，其中包含有关部门的草案附件：海运、内陆水运、公路运输、空运、基础电信、劳动力流动、视听、广播、录音和出版等。在 1993 年 12 月 15 日的乌拉圭回合最终谈判中，经各方努力，最终达成了《服务贸易总协定》。

1994 年 4 月 15 日，各成员方在马拉喀什正式签署了《服务贸易总协定》。GATS 的最后文本包括 6 个部分、29 个条款和 8 个附件，它于 1995 年 1 月 1 日正式生效。至此，长达 8 年的乌拉圭回合谈判终于正式结束，虽然有几个具体服务部门的协定尚待进一步磋商谈判，但 GATS 作为多边贸易体制下规范国际服务贸易的框架性法律文件，它的出现是服务贸易自由化进程中的一个重要的里程碑。

小资料

2004年美墨电信服务案

控制着墨西哥90%长话线路的墨西哥电话公司曾单方面制定高额的国际长途连接费，从而提高了美国与墨西哥间长话线路的通话成本，并依靠其垄断地位使外国电信公司很难与之竞争。美方2000年就此向世贸组织提出申诉。2004年4月2日，世贸组织裁决墨西哥应大幅削减其国际长途连接费，从而使美国打到墨西哥的国际长话费用成本减半。

根据美墨达成的协议，墨西哥将根据WTO的裁决，降低国际长话连接费，并进一步开放其长话市场；美方作为回应将禁止本国公司提供"长话旁路服务"，即租用一条电话线，然后再以更低的价格转卖该线路提供的服务。通常这种服务不用支付国际长途连接费。据墨方估计，2000年美国打到墨西哥的国际长途中有20%采用"长话旁路服务"，墨西哥为此每年损失1.9亿美元。

协议还规定，墨西哥电话公司将不再代表该国所有国际长途服务商就国际长途连接费进行谈判并制定高于国际标准的统一费率。各服务商有权确定自己的连接费率。

本案是WTO建立以来处理的第一个关于服务贸易的争端，形成了第一份关于服务贸易争端的专家组报告。由于无论在GATS还是WTO体制内，服务贸易领域在本案之前没有任何争端解决的先例可循，本案专家组报告的分析思路及其对有关文件的解读具有重大的参考价值，并在一定程度上具有开创性意义。

二、《服务贸易总协定》的主要内容

中美较量出版物市场

美国根据《货物贸易协定》认为，中国只允许政府指定的公司或者国有公司进口电影、家庭娱乐视听产品、录音制品和读物，不合理地限制其他中国公司和所有外国公司的进口权，违背了中国在《入世议定书》中关于给予外资企业进出口经营权的承诺，也违反了关贸总协定关于国民待遇原则和普遍取消数量限制的规定。同时，美国根据GATS，认为中国没有给予外资经销商与本土经销商同样的待遇，违反了中国的服务贸易市场准入承诺和国民待遇义务。具体包括：

(1) 中国禁止外资经销商作为读物和电子出版物的独家代理商；对有读物分销权的外资企业，在注册资本、经营项目、许可程序等方面施加了比本土经销商更多的限制；限制外资企业向中方占多数股份的中外合资企业销售家庭娱乐视听产品；对有家庭娱乐视听产品分销权的中外合资企业，在经营项目、许可程序等方面"歧视性地"提出比本土经销商更多的要求；禁止外资经销商通过互联网和移动电信分销录音制品。

(2) 对于某些进口读物的分销，中国没有给予与本土读物同样的待遇，只有政府批准的国有企业才有资格营销；对通过网络销售的录音制品，中国"歧视性地"设置了比本土产品更严格的内容审查机制；对用于剧院播放的进口电影，中国只允许两家国有企业进口经营，而对于国产电影，任何有经营权的公司都可以经营，这是一种歧视。

2008年3月27日，WTO成立专家组审理此案。欧盟、日本、澳大利亚、韩国等以第三方身份参与诉讼。

美国的指控涉及中国的《电影管理条例》、《音像制品管理条例》、《音像制品进口管理办法》等法规中的诸多内容。中国首先提出了管辖权异议，认为有两个指控事项不属于专家组的管辖范围；其次引用“公共道德例外”，称对这些进口出版物和音像制品的内容审查是为了保护公共道德，这是关贸总协定第20条所允许的。

2009年8月12日，专家组作出一审裁决，基本上支持了美国的指控，同时认为中国没有充分证明这些措施是“保护公共道德所必需”；美国也没有充分证据证明中国禁止外企申请许可证并分销进口电影。中、美双方均不服，提出上诉。WTO上诉机构除了认为专家组在“公共道德例外”方面分析有误之外，维持了专家组的裁决。

据WTO官方网站的消息，中国和美国就如何执行中美出版物市场准入案已经达成一致：中国同意在裁决生效后14个月内，即2011年3月19日以前执行裁决。

思考：

在上述材料中，美国指控中国，并获得专家组基本支持的关键是关贸总协定和GATS的相关规定。关贸总协定的基本内容我们在前面的单元中已经作了详细介绍。GATS的基本内容又是怎样的？WTO成员必须履行的普遍义务与原则有哪些？又有何例外规定？

（一）《服务贸易总协定》的构成

1995年1月1日正式生效的《服务贸易总协定》由以下3部分组成：

（1）框架协议条款本身是管理服务贸易的基本原则和纪律，适用于所有成员的基本义务的协定，即GATS条款。

（2）部门协议，即作为GATS有机组成部分的涉及各服务部门的特定问题和供应方式的附件，以及关于最惠国待遇豁免的附件。

（3）各国市场准入的初步承诺减让表，根据GATS的规定应附在其后，并成为其重要组成部分的具体承诺。

除上述3个主要部分外，还有9项有关决议，包括部长决定和金融服务承诺谅解书，以及4项组织机构决定和1项关于服务贸易与环境的决定。它们都是GATS的组成部分。

GATS的实质性内容包括序言、主体及8个附件。具体内容如表8—15和表8—16所示。

表8—15　GATS的序言和主体内容

内容名称	内容描述
序言	确定了各成员参加及缔结GATS的目标、宗旨及总原则。阐述了GATS的宗旨，确认服务贸易在世界经济和发展中的重要性日益突出，为了在透明和逐步自由化的条件下扩大服务贸易，希望建立一个关于服务贸易原则和规则的多边框架，以此作为促进所有贸易伙伴经济增长和发展中国家发展的手段。

续前表

内容名称		内容描述
主体	第一部分	确定了 GATS 的适用范围及服务贸易的定义。GATS 适用于以商业为基础提供服务的私有部门、企业及政府公司，但在行使政府权限时提供的服务（如驻外使领馆人员提供的服务）除外。为履行协定所列的义务和手续，GATS 要求各成员采取所有可能的措施以确保其境内的地方政府或当局及非政府机构（如行业协会、商会、同业公会等）遵守该协定。
	第二部分	规定了各成员的普遍义务与原则。义务有两种：一是一般性义务，适用于各个部门，不论 GATS 成员是否开放这些部门；二是具体承诺的义务，是指必须经过双边或多边谈判达成协议后才承担的义务（市场准入和国民待遇），这些义务只适用于各成员承诺开放的服务部门。
	第三部分	规定了各成员服务部门开放的具体承诺义务。
	第四部分	规定各成员，尤其是发展中国家服务贸易逐步自由化的原则及权利。WTO 通过每 5 年一轮的谈判，不断减少或取消有关措施对服务贸易的不利影响，以推进服务贸易自由化。
	第五部分	是组织机构条款。
	第六部分	是最后条款。

在 GATS 的各项原则中，市场准入和国民待遇是服务业对外开放的基础和核心，决定着一国服务业是否对外开放和如何开放。最惠国待遇和透明度原则是指一般性原则，也是每个缔约方必须遵守的基本原则。国内规定原则是指在最大限度原则上尊重东道国的主权，允许一国根据本国经济发展的实际需要来决定每个领域的开放程度。发展中国家更多参与的条款，为广大的发展中国家在服务贸易过程中创造与发达国家平等的竞争条件发挥了重要作用。

乌拉圭回合服务贸易谈判在各方对一些敏感部门的自由化问题进行了广泛深入的谈判之后未达成一致性协议，决定在乌拉圭回合结束后的指定期限内继续谈判，并在部长级会议上通过这些工作计划。这些部长级会议决定形成了 GATS 的一部分附件。

表 8—16　　GATS 的附件内容

附件名称	附件简介
关于最惠国待遇豁免的附件	允许成员方在特定条件下维持某些与最惠国待遇原则不一致的管理措施，不受最惠国待遇原则的管辖和约束。最惠国待遇例外和豁免的存在根据，首先是达成 GATS 时服务贸易发展水平的差异和希望使最惠国待遇原则得到普遍接受所需要的妥协，其次是拒绝非互惠的挤入。
关于根据本协定自然人流动提供服务的附件	该附件允许成员方政府可就适用于提供服务人员临时逗留的具体承诺进行协商，但不适用于以移民为目的，寻求在一国长期居留或长期就业的人员。凡是在具体承诺范围内的自然人，应被允许根据具体承诺的条件提供服务。同时，该附件不阻止一成员实施相应措施对自然人进入或临时居留境内进行管理，包括为保护其边境的完整和确保自然人有秩序跨境流动所必需的措施，只要这类措施不致损害或阻碍依据具体承诺的条件给予其他任何成员的利益。
关于航运服务的附件	把航空业务权及直接与其有关的活动排除在 GATS 的范围之外。但是，GATS 将适用于民航航空器修理及保养服务、空运服务销售与营销以及电脑订票服务。

续前表

附件名称	附件简介
关于金融服务的附件一、附件二	第一个附件界定了政府为行使行政职能而提供的金融服务的范围，还确定了各国政府有权采取谨慎措施以保证金融体制的完整性和稳定性，或者为保障投资者、储户和保险单持有者或金融服务提供者对其负有托管责任的人的利益所采取的措施。但是这些措施在与GATS的有关条款不相符合时，不能用以逃避自己的承诺与义务。同时该附件确认，不要求各成员方公开有关个人顾客的事务和账户信息或公共实体拥有的任何秘密和专有信息。该附件要求各缔约方通过谈判或协议对其他成员采取的谨慎措施予以承认。该附件还规范了金融服务的定义。第二个附件允许各参加方在GATS生效4个月起的60天内，列出其最惠国待遇的例外清单，并可改进、修改或撤销其减让表中有关金融服务的全部或部分具体承诺。
关于海运服务谈判的附件	规定最惠国待遇条款将适用于国际航运、辅助服务及使用港口设施，但具体的实施日期取决于海运服务谈判的结果。
关于电信服务的附件	承认电信作为经济活动独立部门和其他经济活动基本传递手段的双重特性，要求成员方政府向外国服务提供者提供公共电信网络时，不应限制其他缔约方的服务提供者的行为，或对提供服务的行为造成障碍。
关于基础电信谈判的附件	电信服务具有特殊性，关系到国家主权、国家机密保护、国防建设等特殊要求。但信息化社会的发展迫切要求国际合作。电信服务包括基础电信和增值电信。在增值电信方面许多国家已作出了初步的承诺。而在电信业的主要市场，也是谈判各方最大利益所在的基础电信方面，谈判未果。
其他有关文件	关于体制安排和某些争端解决程序的部长决定，关于普遍例外、基础电信、金融服务和专业服务的谈判，关于人员流动和海运服务的谈判以及金融服务承诺谅解书。

这些附件是GATS的组成部分之一，目的是对上述部门如何实施GATS的原则或规则作出更为具体的规定。

面对国际服务贸易的竞争，我国政府和有关服务企业应努力熟悉GATS的相关内容，勇敢面对潜在的一些争端，使我国国际服务贸易企业能在激烈的市场竞争中争得一席之地，并获得长足的发展。

（二）WTO成员必须履行的普遍义务与原则

GATS主体第二部分“普遍义务与原则”共14条，规定了各成员必须遵守的基本义务，其中最重要的原则有以下几个。

1. 最惠国待遇

如某一缔约方无法取消与上述规定不符的措施，则应申请最惠国待遇的例外。最惠国待遇的例外有以下四项：

(1) 任何成员方可开列一个具体的不遵守最惠国待遇的清单，但该清单在5年后要进行定期审议，其最长有效期（即过渡期）不超过10年。

(2) 成员方与毗邻国家为方便边境服务交换而彼此提供的优惠。

(3) 经济一体化组织内部成员国彼此给予对方的优惠待遇。

(4) 政府采购，即政府机构为政治目的而非商业转销目的的采购或服务。

2. 服务贸易政策、法规、措施的透明度义务

任何成员应立即并最迟在GATS生效前，公布所有有关或影响GATS执行的相关措施。

GATS 条款规定各成员应立即向 WTO 其他成员公布其采取的所有与服务贸易有关或对 GATS 产生影响的法律、法规或管理条例等措施。GATS 要求各成员建立一个或多个咨询点，以便尽快地回答其他成员的询问。为了帮助发展中国家成员的服务提供者，GATS 呼吁发达国家建立联系点，并特别要求这些联系点为发展中国家成员的服务提供者提供如下信息：服务技术的情况，提供服务的商业技术情况，如何登记、承认和得到专业资格。

3. 服务贸易一体化安排

GATS 允许各成员在 WTO 体系之外，参加推动服务贸易自由化的协议。对发展中国家之间的有关协议采取较为灵活的政策，允许其按发展水平达成某些协议。但是参加协议的各方对该协议外的国家不应采取提高服务壁垒的措施，任何成员决定加入某一协议或对某一协议进行重大修改时，都应迅速通知其他成员，而其他成员应组成工作组对其进行检查。如果某一成员认为某个协议损害了自己的利益，则按 GATS 关于争端解决的协定可以向争端解决机构申诉。

4. 垄断和专营服务提供者

一成员国内的垄断服务提供者在有关服务市场提供垄断服务时，其行为不能损害其他成员的服务提供者按最惠国待遇、市场准入、国民待遇规定所享有的权利。

5. 服务贸易自由化中的紧急保障措施

WTO 成员在由于没有预见到的变化，或由于某一具体承诺而使某一服务进口数量太大，以至于对本国的服务提供者造成严重损害或严重损害威胁时，可以部分地或全部地终止此承诺以减缓或消除损害。

（三）WTO 成员可援引的例外

WTO 成员可援引的例外如表 8—17 所示。

表 8—17　　WTO 成员可援引的例外

例外规定	具体内容描述
确保国际收支平衡的例外措施	GATS 允许 WTO 成员在其国际收支或金融地位严重恶化的情况下，就其作出具体承诺开放市场的服务贸易，采取限制性措施，或对与这种服务贸易有关的支付或货币转移作出限制，尤其对金融地位比较脆弱的发展中国家，为实现其发展目标而维持其外汇储备的要求给予充分的考虑。
政府服务采购暂不受管辖	GATS 规定，政府采购服务不受最惠国待遇、具体承诺及国民待遇的义务约束。
普遍例外	一成员为了维护公共安全、公共卫生、环境、文化、资源等，为了维护国内法律和制止欺诈行为而采取的措施可以与 GATS 的义务不一致。本条款规定 GATS 对其成员采取的有关国家安全、军事、放射性物质、战争期间的行动，为执行联合国宪章而采取的行动，可暂时背离 GATS 的规定。
政府可采取服务补贴促进服务业发展	GATS 第 15 条规定，在某些情况下，补贴会对服务贸易造成扭曲，各成员应进行多边谈判，达成必要的多边规则来避免这种扭曲，并考虑建立类似商品生产和出口方面的补贴及补贴规则。

（四）承诺方式

初步承诺减让表，即初步承诺单，是各国在谈判的基础上提交的开放市场的承诺，是

GATS不可分割的部分，具有法律约束力。初步承诺单的内容是各参加方在双边谈判的基础上承诺的关于国民待遇和市场准入的义务。初步承诺单注明各方对于他方服务和服务提供者实施国民待遇和市场准入的限制条件。乌拉圭回合谈判的各参加方曾进行了长时间的初步承诺的谈判，只有提交初步承诺单，才能成为GATS的成员。

1. 扩大市场准入

在服务贸易的4种交易方式下，各成员应给予其他成员的服务和服务提供者以不低于其在开放服务市场的减让表中已同意提供的待遇。若在一成员的服务贸易减让表上给出了不止一种有关服务提供的准入途径，那么别国的服务提供者可以自由选择其中一种。该规定要求，在承担市场准入义务的部门中，原则上不能采取数量限制的措施阻碍服务贸易的发展。

2. 国民待遇

国民待遇是GATS中最重要的条款之一。发展中国家在谈判中应以更多参与这一原则作为先决条件，并且可以不把互惠局限在发达国家占优势的部门，可以通过谋求部门间的妥协以在自己较愿意开放的部门中达成有利的协议。各国在进行部门开放谈判时，应充分考虑各国发展水平、实际情况、竞争优势的不同，本着“利益互惠”的原则来达成市场准入方面的具体承诺。

对发展中国家进行服务贸易多边谈判的提示

GATS要求各成员实施无条件的最惠国待遇，但认识到服务业与服务贸易的特殊性，在服务贸易中可采取具体承诺的方式进行，并允许各成员方对最惠国待遇作出例外安排。因此，发展中国家在进行服务贸易的多边谈判中，应坚持具体承诺与努力创造条件实施无条件最惠国待遇的例外安排原则。

GATS规定，本着进一步提高服务贸易自由化的目标，各成员应进行多轮谈判，这些谈判的目的是减少和消除对服务贸易产生不良影响的措施，以实现有效的市场准入途径，从而逐步实现服务贸易自由化。

发展中成员和发达成员对服务贸易自由化的态度

在目前的服务贸易谈判中，发展中成员的态度比较谨慎，发达成员也有很多保留。在已经提交的开放服务贸易领域初始清单中（共包含149个服务部门），发达成员的承诺覆盖率达80%，但在健康、教育、娱乐、文体和商务等领域的承诺还很有限；经济转轨成员的承诺覆盖率超过50%，主要限制表现在研究与开发、房地产、租赁等服务部门；发展中成员的承诺覆盖率只达到16%，主要集中在旅游和相关的饭店及餐饮方面。发展中成员对保险业作出承诺的占1/2，对金融服务业作出承诺的占1/3，对计算机和相关服务、建筑业作出承诺的占1/4，对增值电信作出承诺的占1/5。

（五）GATS 的争端解决机制

乌拉圭回合达成的《争端解决规则和程序谅解协议》（简称争端解决谅解协议，即 DSU）所确立的统一的争端解决机制适用于解决服务贸易领域的争端，同时 GATS 第 22 条“磋商”和第 23 条“争端解决和实施”作为专门针对服务贸易争端解决的条款，是上述统一争端解决机制的补充。

GATS 第 22 条规定，当一成员方就影响本协议执行的任何事项的另一成员方提出请求时，该成员方应给予同情的考虑并给予适当的机会进行磋商。DSU 应适用于这类磋商。若按此规定进行的磋商未能取得圆满解决，在一成员方的请求下，服务贸易理事会或争端解决机构应与另一成员方进行磋商。

GATS 第 23 条“争端解决和实施”条款的主要内容是一成员方如果认为另一成员方未能履行其在 GATS 下的责任和特定义务，即可向争端解决机构申诉，争端解决机构则成立一个单一的专家小组来审核投诉。如果争端解决机构认为情况严重到应采取行动时，可批准一个或几个成员方对其他成员方所承担的责任和特定义务暂停实施。如果一成员方采用的某种措施与 GATS 并不抵触，但使另一成员方预期可得的合理利益消失或受到损害，另一成员方也可向争端解决机构申诉，由争端解决机构或服务贸易理事会与该成员方磋商，以作出令双方满意的调整。

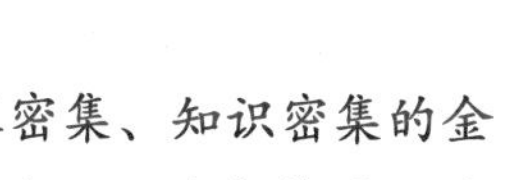

发展中国家服务贸易的发展

在当前的国际服务贸易中，发达国家出口的多是资本密集、技术密集、知识密集的金融、保险、信息、咨询、数据处理等服务；发展中国家出口的则是旅游、劳务等劳动密集、自然资源密集的项目。

1. 发达国家在服务贸易上领先的原因

当今服务业与服务贸易是以高新技术为推动力的，发达国家在技术上处于领先地位，其服务业或第三产业产值占全民经济的比重远高于发展中国家。目前，服务业产值占 GDP 的比重，发达国家一般在 60%～80%，发展中国家一般在 40%～60%。发达国家人均收入远高于发展中国家，消费结构中服务占的比重大大高于发展中国家。国际服务贸易是在国际投资与跨国公司发展的过程中不断发展的，国际投资和跨国公司的发展都是以发达国家为主导的。

2. 发展中国家制定开放服务市场的对策及原则

服务业和服务贸易对发展中国家的经济发展同样具有重大意义。发展中国家服务业的立足点应当放在促进整个国民经济发展上，而不只是单纯为了出口创汇。因此，发展中国家必须下大力气提高劳动力素质，否则在服务贸易自由化的竞争中只能从事劳动密集型服务。

发展中国家应该在开放服务市场的过程中，充分发挥服务贸易作为技术转让渠道的作用。在服务市场开放的过程中，发展中国家的经济安全和国家主权受冲击最大的是通信、金融、计算机服务等高级技术服务领域。而发展中国家又最需要引进这类技术，也最有可能从中得到技术转让的好处。保护国内服务市场的立足点应是提高本国服务业技术层次，培育自己的高技术服务业；开放国内服务市场的立足点应是引进技术。必须认识到，技术转让是发展中国家可能从服务贸易自由化中得到的最大利益。

思考：

（1）为什么发展中国家在国际服务贸易的发展中一直居于从属地位？

（2）服务业和服务贸易对发展中国家的经济发展有何重大意义？

（3）发展中国家应该如何开放自己的服务市场？

单元知识四　中国服务贸易的发展

阅读材料

2012年我国服务进出口总额跻身世界前三

2012年，我国服务进出口延续增长态势，规模再创历史新高。进出口总额首次超过4 700亿美元，跃居世界第三。

1. 服务进出口总额保持较快增长，世界排名提升

2012年，我国服务进出口总额（按国际收支口径统计，不含政府服务，下同）达4 705.8亿美元，比上年增长12.3%；超过世界服务进出口平均增幅10.3个百分点，占世界服务进出口总额的5.6%；占我国对外贸易总额的比重为10.8%，同比提升0.5个百分点。

2012年，我国服务进出口总额居世界第三位，位于美国和德国之后；出口居世界第五位（前四位依次为美国、英国、德国、法国）；进口居世界第三位（前两位为美国和德国）。

2. 高附加值服务进出口增势迅猛

高附加值服务中的咨询、计算机和信息服务、广告宣传、金融服务、专有权利使用费和特许费出口快速增长，分别比上年增长17.8%、18.6%、18.2%、122.5%、40.1%；专有权利使用费和特许费、金融服务、通信服务进口增势显著，增幅分别为20.7%、158.4%、38.6%。

传统服务进出口占比提高。传统服务运输和旅游在服务进出口总额中的占比达58.8%，比上年增加2.2个百分点。旅游进出口总额首次突破1 500亿美元，居各类服务之首，同比增长25.6%。运输服务进出口总额达1 247.7亿美元，位居第二，同比增长7.5%。

3. 对主要贸易伙伴服务进出口呈现平稳增势

2012年，中国香港、欧盟（27国）、美国、东盟和日本为我国前五大服务贸易伙伴。我国与上述国家和地区实现的服务进出口额超过3 100亿美元，占我国服务进出口总额的近2/3。香港继续为我国最大的服务出口目的地、进口来源地和顺差来源地。中美双边服

务进出口保持较快增长，我国对美服务贸易逆差规模进一步扩大。中美服务进出口总额为415.1亿美元，比上年增长9.2%，增幅回落11.8个百分点。其中，我国对美出口122.8亿美元，同比增长8.4%；自美进口292.3亿美元，同比增长9.5%。中美服务贸易逆差规模继续扩大，由上年的153.7亿美元增至169.5亿美元，同比增长10.3%。

4. 京沪粤服务进出口总额领先

2012年，我国服务进出口仍集中于东部省份。其中，京、沪、粤三地服务进出口总额远超其他省份。中西部地区的江西、云南、贵州、宁夏等省（自治区）服务进出口增幅显著，均在40%以上；湖北、陕西、新疆、广西、内蒙古、河南等省（自治区）服务进出口保持较快增长，增速均超过20%。

任务引领

我国政府高度重视服务业和服务贸易在经济发展中的重要作用。国家“十三五”规划明确指出：加快推动服务业优质高效发展。开展加快发展现代服务业行动，扩大服务业对外开放，优化服务业发展环境，推动生产性服务业向专业化和价值链高端延伸、生活性服务业向精细和高品质转变。促进生产性服务业专业化，提高生活性服务业品质，完善服务业发展体制和政策。促进货物贸易和服务贸易融合发展，大力发展生产性服务贸易，服务贸易占对外贸易的比重达16%以上。

试问：我国服务业发展中存在的问题有哪些？又有哪些对策？

自改革开放以来，我国积极发展对外贸易。其中，服务贸易的产业基础——第三产业蓬勃发展，新产业、新部门不断涌现，在国民经济中扮演着越来越重要的角色，为我国国际服务贸易面向世界发展奠定了良好的基础。

一、我国国际服务贸易发展的现状及存在的问题

（一）我国国际服务贸易发展的现状

近年来，伴随着我国在国际贸易中的地位不断上升，我国国际服务贸易也取得了非常大的进展。数据显示，我国服务业增加值占GDP的比重由1980年的21.6%提高到2011年的43.1%，服务业就业占国内就业的比重由13.1%提高到35.7%。服务贸易占全球服务贸易的比重由1985年的0.7%增长到2015年的7.7%（见表8—18）。

表8—18 **中国服务贸易发展情况** 金额单位：亿美元

年份	1985	1990	1995	2000	2005	2010	2011	2012	2013	2014	2015
中国服务贸易增速（%）	4.3	22.9	34.0	15.5	17.5	26.4	15.5	12.3	14.7	12.6	14.6
服务贸易进出口总额	52	98	430	660	1 571	3 624	4 191	4 706	5 396	6 043.4	7 130
服务贸易占全球服务贸易的比重（%）	0.7	0.6	1.8	2.2	3.2	5.0	5.2	5.6	6.0	6.2	7.7

数据来源：中国商务部WTO国际贸易统计数据库。

自2000年以来，世界服务贸易年均增速达9.3%，超过货物贸易8.8%的发展速度，

当前国际服务贸易占世界贸易的比重达20%。而伴随我国在国际贸易中地位的不断上升，我国的国际服务贸易也取得了非常大的进展。统计显示，2000年我国国际服务贸易进出口总额为660亿美元，加入WTO之后，这一数字呈现快速攀升态势，到2015年，我国服务贸易进出口总额已达到7 130亿美元，从2000年开始年均增长17.2%。与此同时，我国服务贸易进出口总额全球占比从2000年的2.2%增长到2015年的7.7%，世界排名上升到第二位。服务出口的世界排名从2006年的第八位升至2014年的第五位；服务进口的世界排名从2006年的第七位升至2014年的第二位。

我国国际服务贸易的发展不仅体现在数量上的增长上，入世以来，我国的国际服务贸易结构也在不断优化。在运输、旅游、建筑等传统服务贸易稳步发展的同时，计算机、金融、咨询等新兴服务贸易也快速起步。2006—2015年，我国新兴服务贸易进出口总额从313.4亿美元上升到2 853.5亿美元，占服务贸易进出口总额的比重从16.3%上升到40.1%；传统服务贸易进出口总额则从1 184.6亿美元上升到3 703.5亿美元，规模年均增长15.3%，但占服务贸易进出口总额的比重则下降到51.9%。

（二）我国国际服务贸易发展存在的问题

随着开放步伐的加快，我国服务贸易形成了由东向西、由南向北的多层次、全方位的开放格局。尽管面临国际金融危机的严峻形势，我国国际服务贸易增长仍高于世界平均水平。然而，无法回避的是，与发达国家比较而言，我国国际服务贸易总体发展水平依然较低。当前我国国际服务贸易也存在一些影响和制约发展的潜在问题，具体表现为：

1. 国际服务贸易在对外贸易中的地位不高

我国国际服务贸易的规模和实力相对来说较低，在对外贸易中的地位远远落后于货物贸易。根据商务部的统计，截至2015年，货物贸易与服务贸易的进出口总额之比约为5.55∶1，同期，世界货物贸易与服务贸易的进出口总额之比为3.6∶1，这说明我国服务贸易与我国货物贸易的匹配程度大大低于世界水平。出口方面，我国服务贸易出口处于劣势地位，服务贸易出口的比较优势不如货物贸易出口；在进口方面，我国为服务贸易净进口国，且服务贸易逆差持续上升。由1985年的顺差7亿美元上升为2014年的逆差1 599.3亿美元，自1995年以来，服务贸易逆差持续扩大，虽然到2015年逆差有缩小趋势，但仍保持着较大的差额。这既有我国加入WTO后扩大开放、进口增加的原因，也反映出我国的服务贸易还较落后，我国与主要发达经济体间存在明显的差距。

2. 服务进出口对象过于集中

我国国际服务贸易的贸易伙伴主要集中于发达国家和地区，对香港地区、美国、欧盟、日本和东盟五大贸易伙伴的服务贸易进出口总额即占我国国际服务贸易进出口总额的近70%。此外，主要行业也集中于发达国家和地区，香港是内地运输业第一大出口市场，约占市场份额的35%，其次为美国，约占20%；旅游出口市场主要集中于中国香港、中国台湾、韩国、日本等亚洲国家和地区，约占市场份额的60%；美国和欧盟是我国计算机和信息服务的最大出口市场，我国对欧美地区的出口额占我国该行业出口总额的50%以上。这种进出口对象过于集中的现象，使得我国服务贸易的发展存在较大风险，一旦这些主要贸易伙伴的经济出现问题，我国国际服务贸易的发展将受到极大的影响。

3. 新兴服务贸易占比较低

国际服务贸易仍主要集中于运输、旅游、建筑等传统服务业上，而在全球贸易量最大的金融、保险、通信服务等技术密集型和知识密集型服务行业，仍比较落后。近年来，尽管我国计算机、保险、金融服务等高附加值服务贸易增速很快，但其占我国服务贸易进出口额的比重（40.1%）仍然低于传统服务贸易（51.9%），传统服务贸易（运输、旅游和建筑）仍然占据我国服务贸易的主导地位。当前，国际服务贸易结构正朝着技术、知识密集型的现代服务业方向发展，与科技有关的服务业和以高科技为手段的服务贸易在国际服务贸易中所占的比重呈上升趋势，我国这种以传统行业为主的服务贸易结构显然已经落后于大趋势。

4. 国内服务贸易立法、管理滞后

服务贸易壁垒除了传统贸易壁垒以外，新型的贸易壁垒如制度性壁垒、知识产权壁垒等成为国际服务贸易的主要壁垒。我国先后颁布了《中华人民共和国对外贸易法》、《中华人民共和国海商法》、《中华人民共和国商业银行法》、《中华人民共和国保险法》、《中华人民共和国广告法》等一系列涉及服务贸易领域的法律法规，但是在实际运用过程中，这些法律法规较抽象，可操作性较差，一些条文与国际规定不太吻合。并且，针对外国对我国的服务贸易设置壁垒、实行歧视性待遇等现象，法律中未有相关保护措施可寻，这无疑会使我国企业的利益受损。我国的立法与发达国家的立法相比，确实存在较大的差距，未形成完整体系，甚至不少领域至今仍是空白。同样，我国现行服务贸易管理制度也存在很多缺陷。

5. 服务业整体开放程度较低

国际服务贸易的开放程度远远落后于制造业，许多服务业的对外开放都是在20世纪90年代才开始试点的，目前仍然存在一定的垄断现象，一些服务部门尚未完全打破政企合一、政府垄断经营的管理体制，市场开放度则更低。银行、保险、电信、民航、铁路、教育卫生、新闻出版、广播电视等，至今仍保持着十分严格的市场准入限制，其他一些行业对外资也没有完全开放。从整体上看，我国的服务业在跨境交付、境外消费和自然人流动方面的开放程度较高，然而许多领域如商业存在等，在外资准入资格、进入形式、股权比例和业务范围等方面还存在较多的限制。由于开放的不足，导致改革的不到位，民营资本和外资均难以进入，不可能形成真正意义上的竞争。

6. 服务贸易人才缺乏

与制造业和货物贸易发展相比，服务业和服务贸易更强调具有创造性和能动性的“人”的核心作用，对土地、原材料、能源资源等物质要素的要求并不太高。随着我国服务贸易的快速发展，对服务贸易领域人才的需求也急剧增加。由于我国服务贸易的发展还比较落后，对服务贸易人才的培养还不是很重视，导致服务贸易方面的人才储备严重不足，尤其是新兴服务业和知识型服务业所需的新型高级人才更是缺乏。当前，我国发展服务贸易不仅需要一批金融、保险、运输、旅游等方面的人才，更需要一批精通国际金融、国际商法、国际物流等相关专业知识和技能的专业人才。人才的缺乏，已成为当前制约我国服务贸易发展的重要因素。

7. 国际政治阻力的制约

相比货物贸易来说，服务贸易的影响远远超过直接经济利益，涉及收入分配、消费习惯、文化认同，甚至国家安全等敏感问题。随着国际金融危机的扩散蔓延，很多国家的民族经济主义明显抬头，对服务贸易带来的白领就业机会流失忧虑重重，不断发生抗议服务业对外投资的游行示威行动，政府干预企业投资行为的政策举措也频频出台，极大地增加了服务业企业的跨国投资经营风险，给我国引进发达国家服务业企业和拓展发达国家服务市场增加了极大的困难。

二、我国国际服务贸易发展的对策

美国“服务先行”出口促进策略

美国服务贸易十几年来获得显著的增长，继续保持在全球领先优势的主要原因，首先应归功于“国家出口战略”的实施。该策略的主要内容是：

1. 加强对外谈判，扩大市场准入

在国际市场上，美国的许多有形产品竞争优势正在逐步减弱，但多数服务产品在全球却拥有竞争优势，只是这种优势因世界上许多国家在服务贸易准入上设置的“壁垒”而未能达到其应有的程度，因此，十多年来，美国在国际多边、双边贸易谈判中不断加强旨在促使外国开放服务市场、为其服务出口提供动力和保障的一系列努力，并且取得了诸多成效和突破。

2. 巩固传统市场，打开新兴市场

对传统市场的策略主要是：一方面，利用其高新技术产业的优势，不断扩大其计算机信息服务、软件程序编制和数据库开发等优势服务业的出口；另一方面，根据GATS的成果，要求相关国家开放新的服务贸易领域，在美国相关服务产业和相关公司的配合下与这些国家展开具体谈判。美国十几年来在服务贸易出口方面对新兴市场作了大量有针对性的调查，根据不同地区的不同情况采取不同的策略，并通过美国贸易代表办公室的谈判为服务出口公司提供更好的市场准入机会。

3. 与企业密切合作，注重务实性、技术性促进措施

美国商务部特别注重与企业间的密切合作，更多地应用深受服务出口企业欢迎的务实性、技术性出口促进措施。在促进方式上，通过大量派出政府与企业联合商务团组，包括利用类似于召开美中商贸联委会等双边贸易协商方式开展游说与促进工作，以及举办各种商务对接、商务会议、展览等商务促进活动，帮助企业寻找商机。针对服务出口不同于商品出口的特点，举办大量务实性、技术性很强的专业培训活动，帮助分析出口目的地国家的市场和投资做法、消费趋势及习惯等，以帮助中小型服务企业提高服务出口技能。

4. 确定重点行业，实施重点支持

美国基本上将促进重点放在其具有强大竞争优势的旅游、商务与专业技术服务（包括环保、能源等工业服务）、交通运输、金融保险、教育服务、影视娱乐、电信服务等领域。对其中的重点行业，由商务部分别与能源部、环境保护署、卫生部、教育部等相关机构以及行业协会的官员与专家组成，采取针对性的促进措施。对金融服务、旅游业和商务服务，商务部国际贸易管理局内部则有专门的办公室专司促进。

5. 改进跨部门合作及与各州的合作，提高服务效率

专门组成服务业出口工作小组，集中进行跨部门合作与协调、数据采集与分析；共同确定为推动促进工作所必需的各服务行业的专业技术与专家人选；研究并建立与民间企业最为有效的联系与沟通办法；共同制订在传统市场和新兴市场的出口促进活动计划与方案。由于服务贸易涉及面很广，有许多州的法律在服务贸易市场准入等方面的规定与双边谈判或多边谈判存在矛盾，因此，国家出口战略还要求联邦政府与各州及地方政府官员建立合作伙伴关系。

思考：

服务贸易是现代经济中附加值高且最具增长潜力的行业。从发达国家经济发展的轨迹分析，服务贸易的整体增长既优化了一国的产业结构，提升了贸易的国际竞争力，扩展了一国的经济规模，也降低了外贸依存度。借鉴美国促进服务贸易出口的策略，我国应该如何促进服务贸易的进一步发展？

充分把握国际服务贸易的发展趋势，进一步加强对服务贸易发展的政策支持，对于我国的国际服务贸易的发展具有重要而深远的意义。

（一）优化服务贸易结构

要想提高我国服务贸易的国际竞争力，就得改变当前以传统服务贸易为主的格局，优化服务贸易结构，大力发展现代服务业，使我国的服务贸易逐渐向知识、技术、资本密集型转变，由资源优势向竞争优势转变。要想优化服务贸易的结构，当前可重点发展四类服务业，通过给予一定的政策支持，使之成为我国服务贸易跨越式发展的支柱。这四类服务业为：与人民生活息息相关的商贸、运输、保险、旅游、房地产业，与科技创新有关的咨询、信息、中介等专业服务业，为农业发展提供服务的农村服务业，对国民经济发展具有支持作用的教育培训、公共服务业等。

（二）打造产业集群

这是服务贸易得以发展的产业基础。要在特定城市、特定区域，实施特定政策，发展特定产业，推进服务业综合改革试点，加速服务业分工细化，优化服务业区域布局，加快形成有利于服务业发展的城市体系和生态集群，提升我国服务业的国际知名度和竞争力。第一，以特大型城市为重点发展综合服务贸易中心，参与全球化服务网络和国际竞争。如在上海发展国际金融中心、贸易中心、航运中心，在北京发展总部经济、技术研发中心、文化中心，等等。第二，以区域性城市为重心发展地方特色服务产业，打造具有专业服务特性的城市服务产业群。如在西安、武汉、南京等具有一定人力资源优势的区域性城市打

造国际服务外包业务交付中心，在云南丽江、海南三亚等具有丰富旅游资源的区域性城市打造国际旅游中心，等等。第三，打造一些具有国际竞争力的服务产业区域。如北京中关村、上海张江的自主创新示范区和大连软件园以及无锡生物医药基地等产业园区，等等。

（三）发挥联动效应

我国经济已经深度融入国际经济体系，要积极实施跟随性发展思路，推进对外经济各个领域的良性互动，实现服务贸易与货物贸易、利用外资及对外投资的相互促进。

1. 服务贸易与货物贸易的相互促进

随着国家产业结构调整的推进和综合国力的提升，我国服务贸易发展已经进入总量快速扩张、结构优化升级的新阶段。要尽快将服务贸易发展上升为国家战略，采取跟随性的发展思路，按照内部提升能力、外部拓展市场的工作原则，明确发展规划，确定开放时序，加大支持力度，构建促进体系，形成产业集群，推动我国服务贸易快速发展物流、航运等与制造业和货物贸易相关的服务贸易。

2. 服务贸易与利用外资的相互促进

大力吸引国际知名服务业企业进入中国，引进先进技术和管理经验，增强国内服务市场竞争。发挥“干中学”的作用，尽快提高国内服务业的整体水平。

3. 服务贸易与对外投资的相互促进

抓住当前我国对外投资快速发展的机遇，加快金融保险、通信服务、咨询服务、物流运输等领域的全球布局，在技术和市场两个维度向发达国家和发展中国家双向拓展，提高服务业整合利用全球资源的能力和水平。

（四）完善服务贸易促进体系

在充分发挥企业作为市场主体的作用的基础上，政府要加强制度建设，健全促进体系，为企业发展国际服务贸易创造良好的条件。

1. 对外商签投资协定

我国服务贸易发展既涉及我国服务业领域对外开放的问题，也涉及我国服务企业开拓境外市场的问题。不管是从保护国内产业，还是从开拓国外市场的角度看，都应该加强与相关国家的投资协定的谈判，促进全球投资便利化，尽可能通过让渡国内“小利益”来换取在国外的“大利益”。

2. 完善国内的法律法规

对现行服务业领域相关法律的矛盾冲突进行梳理，增强法律法规的权威性和可操作性。对互联网、电子商务等新兴服务业领域，根据产业发展的实际情况，尽快出台相关法律法规进行规范，推动产业的良性发展。

3. 加大部门间的沟通协调

加强商务部、发展改革委的宏观协调和沟通平台作用，对内制定发展规划和扶持政策体系，对外签订相关经贸和投资协定。同时发挥“一行三会”、工业和信息化部、交通部、旅游局、新闻出版广电总局等专业部门的作用，促进专业领域的良性发展。

4. 促进行业组织的发展

鼓励企业自发形成行业协会，规范行业竞争秩序，建立行业服务标准，加强行业国际交流，搭建政府与企业的沟通平台。

5. 发挥中国（北京）国际服务贸易交易会的综合平台作用

2012年5月，商务部与北京市政府成功举办第一届京交会，国内对此予以高度关注和肯定。今后要不断提高京交会的国际化、专业化水平，打造中国服务贸易的推介交易平台，尽快形成“南有广交会、北有京交会”的发展格局。

（五）进一步扩大服务业开放

为保证国家的经济安全，防范可能出现的风险，应采取有步骤、分层次、分地区的渐进式服务业开放策略。第一，应根据我国服务业发展的特点及状况，包括优势、劣势、潜力等，结合我国加入WTO的承诺，统筹规划并协调制定各行业的市场准入政策，在既考虑国际规则，又依据本国国情的基础上来确定我国服务业的开放度和保留度；第二，分行业有选择地进行开放，积极推进旅游、水上运输等领域的开放，逐步推进商业、对外贸易、会计、法律资讯的开放试点范围，审慎并适度地实行金融和通信领域的试点开放；第三，分地区有选择地开放，根据我国各地服务业发展水平不均衡的状况，对东南沿海地区，尤其是上海、广东、福建等地区可加快开放步伐，对中西部地区可采取先行先试的方式逐步开放；第四，对港、澳、台地区可实施优于其他外商的开放政策，甚至可以实施对港、澳、台地区在服务业领域的全部开放，即享受内资待遇。

（六）大力发展服务外包

服务外包是我国切入国际服务产业分工的有效途径，也是我国发展知识和技术密集型服务贸易的切入点。早在“十一五”期间，商务部就提出在全国建设10个具有一定国际竞争力的服务外包基地城市，推动100家世界著名跨国公司将其服务外包业务转移到中国，培育1 000家取得国际资质的大中型服务外包企业，实现2010年服务外包出口额在2005年的基础上翻两番。目前，这一目标已基本实现。当前要抓住国际服务业加快转移的机遇，完善现行对服务外包的政策支持体系，提高承接世界服务外包的能力，鼓励更多跨国服务企业向中国外包服务业务，支持国内服务企业到海外设立服务机构和研发机构，开展就地服务和技术研发。同时，创建服务外包信息公共服务平台，完善服务外包知识产权保护体系。

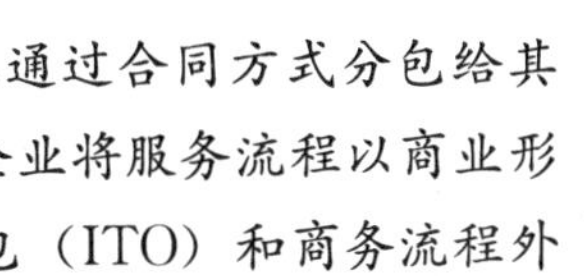

外包的内涵

外包（Outsourcing）是指企业将其非核心业务、配套及流程通过合同方式分包给其他企业承担，而自己则专注于核心业务的发展。服务外包则是指企业将服务流程以商业形式发包给本企业以外的服务提供者的活动，主要包括信息技术外包（ITO）和商务流程外包（BPO）。信息技术外包分为信息技术服务外包、应用管理、应用服务、网络和桌面服务、基础架构支持服务。商务外包分为商务流程外包和流程服务。

20世纪90年代之后，随着经济全球化、专业分工的日益细化，市场竞争程度的提高，越来越多的企业纷纷将非核心服务活动外包给其他企业，以降低成本，优化产业链，提升企业核心竞争力。作为一种新的国际商务模式，全球服务外包进入快速发展时期，已成为国际服务产业转移的重要形式和一些国家扩大服务贸易出口的重要途径。

当前，全球扩张最快的国际服务外包领域是计算机信息、人力资源管理、媒体公关管理、客户服务和市场营销。从行业角度看，软件与信息服务业和金融业是国际外包最集中、表现最突出的行业。综观服务外包发展过程，服务外包还远未进入成熟阶段，目前国际外包业务只占全部业务流程的1%～2%，世界最大的1 000家公司中，约有2/3的企业尚未向其他国家外包任何商务流程，而且，多数服务外包仅处于国际产业重组的初始阶段，还有相当大的发展空间。

“世界办公室”在迁徙

经济全球化不断深化的标志，是国际分工的深入和细化。在以往，这一趋势主要是生产环节“车间”的扩散；从20世纪90年代以来，随着服务外包的兴起，这一变化的主要形态，演变为“办公室”的迁徙。

服务外包始于跨国公司，其核心是利用外部专业服务商的知识劳动力，完成原由内部员工完成的工作。按发包地，服务外包可以分为在岸（境内）外包和离岸（国际）外包。全球离岸外包市场规模为4 650亿美元，发包方主要集中在美国、西欧和日本，中国、印度、菲律宾、爱尔兰、俄罗斯等国家是主要承接地，其中印度承接了全球50%以上的离岸市场份额。

与“车间”的扩散相比，“办公室”的迁徙带来了更大的商机。据国际著名服务外包咨询机构IDC（国际数据公司）的研究，2008年全球信息技术和相关服务行业支出1.6万亿美元，增长5.6%，其中服务外包支出达到6 720亿美元，增长6.5%。印度大约有200万人从业于金融、人力资源及客户服务领域，有200家《财富》500强企业在班加罗尔等城市设立研究中心。

在世界性金融危机影响尚不完全确定的背景下，服务外包成为世界经济的亮点。麦肯锡预言，中国将成为信息技术服务外包的超级大国。截至2015年底，我国服务外包企业突破1万家，从业人员人数超过200万。作为一个新的、巨大的发展空间，服务外包成为国内新一轮区域经济竞争的热点。2015年我国企业签订服务外包合同金额达1 309.3亿美元，执行金额为966.9亿美元，分别同比增长22.1%和18.9%。主要发包市场格局相对稳定。2015年，我国企业承接美国、欧盟、中国香港和日本的服务外包执行额分别为150.6亿美元、98亿美元、95亿美元和54.8亿美元，分别同比增长17.5%、17.6%、28%和下降9.8%，合计占我国离岸服务外包执行额的61.6%。“一带一路”沿线市场的重要性显著提高。2015年，我国承接“一带一路”沿线国家服务外包合同金额达178.3亿美元，执行金额为121.5亿美元，同比分别增长42.6%和23.4%。

（七）扩充服务贸易专业人才

这是服务贸易快速发展的要素基础，当前的关键是通过多种渠道挖掘高端人才，将本土的基础人力资源开发出来，主要方法有：

(1) 增强高等教育的针对性。加大高等教育投资，改进高校专业课程，加大实训力度，提升人力资源层次，大力培养异质性人力资源，储备服务贸易发展能量。

(2) 吸纳全球高端技术和管理人才。仅靠自己培养高端人才，速度慢且效率低。要加大对外籍优秀人才和出国留学人员的吸引力度，改善出入境服务和外籍人士就业管理水平，为优秀服务业人才来中国投资、创业、就业提供良好的条件。

(3) 鼓励人才国际交流，积极推动学历互认，鼓励国内高等院校吸收国外留学生，继续推动国内人员到国外留学。在政府合作协议框架下，推动各国技术人才的交流合作。

(八) 加大政府政策支持力度，稳步推进人民币国际化

加大税收政策、金融政策、财政政策的支持力度，同时稳步推进人民币国际化。人民币国际化本身就可以推动国内金融机构“走出去”拓展海外业务，扩大金融领域贸易，还可以为其他服务贸易领域开展业务提供支持。要顺势而为，鼓励用人民币开展服务贸易结算，逐步放开资本项目，加强对跨境资本流动的监管，扩大汇率的弹性空间，保持人民币汇率的基本稳定，鼓励其他国家或地区将人民币纳入储备货币。

单元小结

国际服务贸易包括跨境交付、境外消费、商业存在和自然人流动。正确界定国际服务贸易和与之相关的概念，是学习与领悟国际服务贸易的关键。常见的几个与服务贸易易混淆的概念有：劳务贸易、货物贸易、无形贸易、服务业和国际服务交流等。与货物贸易相比，服务贸易具有明显不同的特点：1) 标的物具有不可触摸性；2) 生产与消费不可分离、不可储存；3) 服务贸易的差异性；4) 贸易保护方式更具隐蔽性；5) 市场高度垄断性；6) 服务贸易的惯例、约束具有相对的灵活性；7) 营销管理的复杂性。国际服务贸易的内容十分广泛，其内容视研究者的侧重点不同而各异。

国际服务贸易壁垒即一国政府制定并采取的阻碍国际服务贸易进行的措施，以增加国外服务生产者的成本进而达到限制贸易扩大的目的，是国际服务贸易政策中贸易保护主义措施的体现。设置服务贸易壁垒的原因是：自身利益最大化的选择、幼稚产业保护的需要、不完全竞争及外部经济的存在、服务贸易的特殊性。贸易自由化是指国家对国际贸易活动采取不干预或少干预的基本立场。国际服务贸易自由化的原因包括：经济服务化促进服务贸易自由化的形成，国际贸易格局的变化直接推动服务贸易自由化的发展，货物贸易自由化促进服务贸易自由化的形成。

国际服务贸易是随着资本主义生产方式的兴起而出现的，第二次世界大战后，随着社会经济的发展，特别是科学技术的发展，服务贸易日益崭露头角，成为国际贸易不可或缺的部分。第二次世界大战后国际服务贸易迅速发展的动因：科技进步、有形贸易的增长和贸易自由化、跨国公司的扩张、世界产业结构的调整和转移、服务需求的迅速扩大、各国政府的支持和旅游业的发展。国际服务贸易不仅像商品贸易那样能增加国民收入、改善国际收支平衡，还在经济发展中取得主导地位，构成一国的竞争优势，成为维护国家利益的重要手段，是国民经济发展的重要调节器。

在世界经济增长与调整的过程中，国际服务贸易发展迅速，呈现出一些新变化：1）服务贸易规模不断扩大，占世界贸易总额的比重保持在20%左右；2）服务贸易结构趋向高级化，其他商业服务的发展引人注目；3）服务贸易地区发展的不平衡持续存在，发达国家依然占据主导地位。服务贸易壁垒仍繁多复杂，消除贸易壁垒的进展十分缓慢。

《服务贸易总协定》是多边国际贸易体制下第一个有关服务贸易的框架性法律文件。发达国家是服务贸易自由化的积极倡导者，发展中国家对服务贸易自由化由坚决抵制到逐步接受。该协定的实质性内容包括6个部分、29个条款及8个附件。主体第一部分确定了《服务贸易总协定》的适用范围及服务贸易定义；第二部分规定了各成员的普遍义务与原则；第三部分规定了各成员服务部门开放的具体承诺义务；第四部分规定了各成员，尤其是发展中国家服务贸易逐步自由化的原则及权利；第五部分是组织机构条款；第六部分是最后条款。WTO成员必须履行的普遍义务与原则包括最惠国待遇，服务贸易政策、法规、措施的透明度义务，服务贸易一体化安排，垄断和专营服务提供者，服务贸易自由化中的紧急保障措施。WTO成员可援引四种例外。《服务贸易总协定》对世界经济贸易产生了深远的影响。

然而，无法回避的是，与发达国家比较而言，我国国际服务贸易的总体发展水平依然较低。当前我国国际服务贸易也存在一些影响和制约发展的潜在问题，发展国际服务贸易对提升我国的国际竞争力具有重要意义，因此我国服务贸易的发展需要优化服务贸易结构，打造产业集群，发挥联动效应，完善服务贸易促进体系，进一步扩大服务业开放，大力发展服务外包，扩充服务贸易专业人才，加大政府政策支持力度，稳步推进人民币国际化。

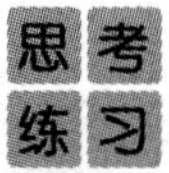

一、单项选择题

1. 发展中国家最传统的服务贸易方式是(　　)。

A. 过境交付　　B. 境外消费　　C. 自然人流动　　D. 商业存在

2. 服务产品的外在感性特征不包括(　　)。

A. 无形性　　B. 非储存性　　C. 强异质性　　D. 可移动性

3. 同一种服务因服务提供者与顾客的不同而产生的质量差异称为服务的(　　)。

A. 无形性　　B. 异质性　　C. 同时性　　D. 易逝性

4. 当今世界最大的服务贸易国是(　　)。

A. 英国　　B. 德国　　C. 美国　　D. 日本

5. 国际服务贸易的大发展时期是从(　　)时期开始。

A. 第一次世界大战到第二次世界大战期间　B. 第二次世界大战前夕
C. 与货物贸易并行发展　D. 20世纪60年代前后

6.《服务贸易总协定》是在(　　)谈判回合中达成的。

A. 多哈　B. 东京　C. 乌拉圭　D. 日内瓦

二、多项选择题

1. 服务贸易按照世界贸易组织的定义，是指(　　)。

A. 跨境提供　B. 境内消费　C. 境外消费　D. 商业性存在
E. 自然人流动

2. 一个美国人来中国无锡旅游，称为（　　）。

A. 跨境提供　B. 商业存在　C. 境外消费　D. 自然人流动

三、简答题

1. 国际服务贸易的含义是什么？包括哪几种方式？有何特征？
2. 简述国际服务贸易壁垒的含义、形式和设置国际服务贸易壁垒的原因。
3. 国际服务贸易发展的格局是怎样的？
4. 简述《服务贸易总协定》的主要内容。

四、论述题

1. 目前，我国国际服务贸易的发展现状如何？存在哪些问题？解决的思路是什么？
2. 如何理解国际服务贸易自由化？为何要主张国际服务贸易自由化？

实训项目

印度服务业吸引外资——经验及对中国的启示

印度在服务业吸引外资方面最为突出的做法是：通过建立出口加工区来吸引各种离岸服务业，或建立针对服务业的科技园区，因为印度的软件业十分发达。在印度，各种针对IT服务业的专业化科技园区是由各省设立的，被用来吸引各种离岸服务业企业。第一批软件科技园是1990年在班加罗尔、浦那和布巴内斯瓦尔三地成立的，1991年又设立了另外四家。在有些情况下，私人部门也可以直接从事科技园区的开发。例如：一家新加坡财团和Tata公司就在班加罗尔设立了一个IT园区；Infosys，ICICI金融服务和Hughes软件公司在卡纳塔克邦设立了软件园；Quark基础设施公司与Punjab国家电子开发与生产公司合作在Punjab设立了一个科技园；等等。

根据印度信息与技术部2004年的统计，2003年有39家这样的园区，注册单位达7 000家。2002—2003年，这些园区的软件出口占印度软件总出口的80%。这些园区除了提供现代化的计算机与通信技术外，还推出了一系列激励措施。例如：实施“一个窗口结关”机制，允许外国股权比例达100%，提供5年的免税期，进口免税，允许将软件开发活动进行分包等。

讨论：

请结合服务产品和服务贸易的基本特征，谈谈印度在服务业吸引外资方面为什么会采取这些措施，这些做法对中国服务业吸引外资有何启示。

调查分析所在城市服务贸易的发展现状

实训目标：在实践中掌握国际服务贸易的相关概念和对相关问题进行分析和处理的能力。

能力目标：运用有关国际贸易知识对我国的国际服务贸易现状进行分析。

调查途径：上网；校内图书馆。

检测方式：课堂交流、讲评。

实训作业：撰写所在城市服务贸易发展现状分析报告。

上海自由贸易区设立对服务贸易的影响

入世以来，上海服务贸易进出口总额从2000年的79.2亿美元增至2015年的近2 000亿美元，15年间扩大了25倍，高于同期全国服务贸易和上海货物贸易的年均增速。特别是上海高附加值服务进出口增速进一步加快，文化和娱乐服务、保险和养老金服务、金融服务进出口同比分别增长了61.3%、54.5%和27.3%，已经成为驱动服务贸易提质增效的重要动力。

2013年9月29日，中国（上海）自由贸易试验区正式成立，面积28.78平方千米，涵盖上海市外高桥保税区、外高桥保税物流园区、洋山保税港区和上海浦东机场综合保税区4个海关特殊监管区域。2014年12月28日，全国人大常务委员会授权国务院扩展中国（上海）自由贸易试验区区域，将面积扩展到120.72平方千米。

与中国政府过去设立的经济特区不同，中国（上海）自贸区的重点放在了服务领域而非出口制造业上，这受到经济学家的欢迎。

上海自贸区总体方案提出，将对金融服务、航运服务、商贸服务、专业服务、文化服务以及社会服务领域扩大开放，暂停或取消在这些领域中对投资者的资质要求、股比限制、经营范围限制等准入限制措施。

有关专家指出，在服务贸易便利化方面，上海自贸区这一年的动作略少。目前，上海自贸区的服务贸易和离岸贸易的便利化还需进一步推进，这也是上海自贸区或其他新批自贸区接下来所要担负的重任。

讨论：

上海作为我国最前沿的对外开放城市具有哪些服务产业优势？上海自贸区的设立将会促进我国哪些服务贸易部分的发展？组织学生进行分组讨论，并对讨论结果进行分析和总结。

第九单元

中国对外经济

学习目标

【知识目标】

- 了解中国外贸体制、外汇体制改革的历程
- 了解中国关税、配额和许可证制度、出口退税机制改革的背景和过程
- 了解中国外贸发展的总体情况
- 了解中国外资政策的变化
- 掌握外商直接投资的规模、地区结构、来源地结构、产业结构及其变化趋势

【能力目标】

- 能运用所学知识分析中国外汇体制进一步改革发展的方向
- 能运用所学知识分析中国对外贸易发展所面临的挑战

重点难点

【重点】

- 中国外贸体制的变化
- 中国进出口商品结构状况

【难点】

- 中国对外贸易的地区分布

案例导入

中国对外经济的改革和发展

自1979年改革开放以来，中国的对外经济发展迅速。经过30多年的发展，中国已经成为世界第一贸易大国。世界贸易组织公布的统计数据表明，2015年中国货物进出口总额达39 586.44亿美元，世界第一位，连续7年成为世界最大出口国和第二大进口国。

同时，中国的外商直接投资也成绩斐然。到2015年底，中国吸引的外商直接投资达到1 262.7亿美元，同比增长6.4%，再创历史新高。中国成为亚太地区以及所有发展中国家中最大的外商直接投资接受国。联合国贸发会议发布的《2015年世界投资报告》显示，中国吸引外商直接投资居全球首位，2014年和2015年，中国实际使用外资超过1 100亿美元。大量的外资进入中国，不仅给其自身带来丰厚的利润，也为中国的经济发展助力不少。此外，从外商直接投资的净流入量来看，中国是世界上最大的净外资吸引国。

资料来源：http://www.takungpao.com/sy/2012-09/10/content_1078770.htm.

【思考】中国对外经济迅猛发展的原因是什么？中国的外贸体制与外贸政策经历了怎样的变化？中国的外汇体制与外资政策又是怎样的？

单元知识一　中国外贸体制与外贸政策

阅读材料

从 13 家到 37 万家外贸企业——从广交会透视中国外贸体制改革 30 年

来到广州参加第 104 届广交会的外国商人，几乎不用担心找不到合适的商品——中国 3 万家外贸企业的数十万代表正在亚洲面积最大的展馆里迎接他们的到来。

然而，在 30 年前，中国的外贸企业是名副其实的“屈指可数”：1978 年 4 月份，在第 43 届广交会开幕前，全中国的外贸企业只有 13 家。其中，粮油、轻工、土产等全国性、行业性进出口总公司占了 8 家，另外 5 家分别是广州、大连、上海、青岛、天津 5 市的进出口公司。从 13 家到 37 万家，30 年间，改革开放令中国外贸有了长足的进步，广交会也发生了翻天覆地的变化。

1978 年，改革开放的号角吹响，中国的外贸体制也开始了 30 年的改革历程，如同其他行业和地区一样，这是一个“放权、松绑、增活力”的过程。

中国商务部部长高虎城说：广交会的改革，将使其成为规模更大、更加开放、更加专业、服务更优、成效更好的国际贸易平台，为来自世界各国和地区的参展客商提供更多的商机。

任务引领

试问：为什么说中国外贸体制的改革是一个“放权、松绑、增活力”的过程？中国外贸体制改革的主要变化有哪些？

自 1978 年中国共产党十一届三中全会以来，伴随着经济体制改革的进程，中国外贸体制和外资体制的改革也陆续展开，从放权、让利、分散，到推行外贸承包制和放开经营，在层次上渐次推进，取得了一个又一个新的突破。2001 年，世界经济放缓，世界货物贸易下降的幅度是 1982 年以来最大的一年，同时全球外商直接投资流量也较上一年的峰值下跌了 51%。而中国的外资和外贸仍然能够一枝独秀，保持快速增长，这与中国的外资和外贸体制改革以及中国加入世界贸易组织的成就是分不开的。

一、中国外贸体制的改革

（一）中国外贸体制改革的历程

新中国成立后，中国政府废除了帝国主义在华的一切特权，建立了新中国的对外贸易体制，从此以后，中国的对外贸易开始逐步走上自主发展的道路。

从1949年开始一直到1978年，中国的外贸体制是整个计划经济体制的一个重要组成部分。在计划经济体制下，中国对外贸易的原则是“互通有无，调节余缺”，并实行对外贸易的国家统制，中央以指令性计划直接管理少数的专业性贸易公司进行进出口，外贸经营权由国家垄断。国家对外贸企业直接进行管理，致使对外贸易金额并不大。对内经营方面实行出口收购制和进口调拨制，进出口商品种类和数量都纳入国家计划之中，由政府统一安排。

出口收购制和进口调拨制

出口收购制是指由外贸企业向出口商品的生产者用买断的方式洽购出口商品，然后再由外贸企业转售国外客户的出口贸易方式。

进口调拨制是指由外贸部门进口商品，由政府统一调拨，大部分商品的调拨价不仅低于进口价格，有的还低于国内议价，盈亏由国家统负。在外贸管理制方面实行严格的指令性计划，外贸计划是管理对外贸易的唯一手段，而不是通过汇率、关税、进出口配额和许可证等措施来调节进出口。

这种外贸体制一方面使对外贸易在总体上达到平衡，保证了国际收支的平衡，维持了较低的国内价格水平；但另一方面则使中国与世界市场的有机联系被割断，束缚了中国外贸和整个国民经济的发展壮大。

这种高度集权的外贸体制使中国进出口在总体上得到了平衡，维持了较低的价格水平，并在保证国家的国际收支和财政平衡方面发挥了重要作用。但同时这种体制也暴露出明显的历史局限性和对外贸发展的制约性。一是割断了国内市场与国际市场的有机联系，导致出口布局不合理、国际市场信息不畅通等弊端；二是独家经营不利于调动多方面经营外贸的积极性；三是统得过死不利于外贸企业发挥自主经营的活力；四是长期以来外贸企业“吃大锅饭”，企业不讲求经济效益。

1978年中国共产党十一届三中全会以后，中国开始实行改革开放的国家战略，进行经济体制改革，其中包括外贸体制的改革。这一阶段的主要内容是放开部分贸易的经营权，以及贸易公司自主化改革。从主要目标和改革性质上大体可以分为以下四个阶段：

1. 1979—1987年：以调动外贸部门的经营积极性为目标的改革

此阶段改革的主要内容、成效及不足如表9—1所示。

表9—1　　以调动外贸部门的经营积极性为目标的改革的主要内容、成效及不足

主要内容	成效	不足
增加对外贸易口岸，下放外贸经营权，广开贸易渠道，改革高度集中的贸易体制，经营主体出现多元化	这一系列改革，对调动各方面的积极性，推动外贸发展，取得了一定的成效。这期间，1984年9月国务院批转了经贸部《外贸体制改革意见的报告》，提出了“政企分	对于大多数生产企业来说，外贸公司仍然是它们通向国际市场的唯一选择。中国生产企业与国际市场之间的隔层导致4个问题的出现：一是出口效益低、不同出口商品的换汇成本差异极大；二是出口格局不

续前表

主要内容	成效	不足
改革单一指令性计划，实行指令性计划、指导性计划和市场调节相结合。	开”和“工贸结合、技贸结合、进出结合”等措施。据统计，自 1979 年下半年至 1987 年，我国共批准设立各类外贸公司 2 200 多家，比 1979 年增加了 11 倍多。	合理，国际价格信息没有通过正常途径及时传递给生产者，盈利的出口商品得不到鼓励，而不盈利或亏损的出口产品又不能及时得到纠正；三是缺乏国际市场行情信息，企业不能面对国际市场寻找机会或根据要求进行产品改良；四是缺乏来自进口产品的竞争，进口管理和高关税使进口竞争不能起到促使国内生产企业提高效率、降低成本而提高竞争力的作用。国际经验表明，取消这一隔层，可以大大提高我国企业的外贸操作效率。高效率的贸易体制需要消除竞争过程和经营机会中的贸易障碍，其中，最大的贸易障碍就是各种形式的垄断，这不仅包括行业产品垄断，而且包括地理疆界垄断。
建立和完善外贸宏观管理。		
探索促进工贸结合的途径。		
采取鼓励出口的政策措施。		

2. 1988—1993 年：对外贸易体制改革的整体推进阶段

这一阶段前半期（1988—1990 年）改革的主要任务是全面实行对外贸易承包经营责任制，后半期（1991—1993 年）则以建立自负盈亏的外贸经营体制为改革重点。

1988 年 2 月，国务院发出了《关于加快和深化对外贸易体制改革若干改革问题的规定》，开始全面推行承包经营责任制（见表 9—2）。

表 9—2　　承包经营责任制的主要内容、成效和问题

主要内容	成效	问题
一是由各地方政府以及全国性外贸总公司向国家承包出口收汇，上缴中央外汇补贴额度，承包基数三年不变。	承包制的推行取得了明显的效果。首先，它打破了长期以来外贸企业吃国家“大锅饭”的局面，为解决责、权、利不统一的状况迈出了一大步，从而大大调动了各方面特别是地方政府的积极性，有力地促进了外贸发展；其次，它有利于解决我国经营体制上长期存在的政企不分的问题，让企业逐步走上自主经营的道路，促进了工贸结合，有利于增强外贸企业的国际竞争力。	第一，尚未建立外贸的自负盈亏机制。承包制仍然保留了中央财政对出口的补贴，财政补贴是一种非规范化的行政性分配，带有主观随意性，也不符合国际贸易的通常做法。
二是取消原有使用外汇控制指标，凡地方、部门和企业按规定所取得的外汇留成，允许自由使用，并开放外汇调剂市场。		第二，助长了局部利益的膨胀和不平等竞争的加剧。对不同地区的承包企业规定不同的出口补贴标准和不同的外汇留成比例，从而造成了地区间的不平等竞争，诱发了对内的各种抢购大战和对外的竞相削价销售，造成外贸经营秩序的混乱。
三是进一步改革外贸计划体制，除统一经营、联合经营的 21 种出口商品保留双轨制外，其他出口商品改为单轨制，即由各地直接向中央承担计划，大部分商品均由有进出口经营权的企业按国家有关规定自行进出口。		第三，企业行为短期化。企业在追求利润的刺激下，缺乏中长期投资的眼光和积极性，只重视承包期内任务的完成和超额完成，往往忽略了外贸长期发展的战略目标和战略措施。
四是在轻工、工艺、服装三个行业进行外贸企业自负盈亏的改革试点。		

在自负盈亏试点的基础上，外贸体制改革进一步推进。1991—1993 年的改革从建立自负盈亏机制入手，其内容、特点、成效和不足如表 9—3 所示。

表 9—3　　自负盈亏机制的内容、特点、成效和不足

主要内容	特点	成效	不足
取消对外贸出口的财政补贴，使外贸逐步走上统一政策、平等竞争、自主经营、自负盈亏、工贸结合、推行代理制的经营轨道。	取消国家财政对出口的补贴，按照国际通行的做法由外贸企业自负盈亏；实行以大类商品区分的全国统一的外汇留成比例办法，增加企业支配使用的外汇，为企业平等竞争创造条件；重视发挥市场调节的作用，行政管理部门不得用行政手段干预外汇资金的横向流通；为了配合外贸企业改革，国家采取了放宽外汇管制、实行出口退税政策、外经贸部下放部分权力等一系列配套改革的措施，增强了运用经济杠杆调节宏观经济的能力，并为外贸企业利用市场机制、自主经营创造了外部环境。	通过对外贸企业的改革，中国的对外贸易体制开始初步摆脱了过去的不合理状况，朝着适应对外开放和建立有计划的商品经济的方向发展。	外贸承包经营责任制虽然已带有市场经济的一些特征，但作为一种过渡体制，它仍然较多地保留了原有体制的本质特点，与按国际市场经济规律和国际贸易规范发展对外贸易尚有距离。

3. 1994—2001 年：符合国际规范的外贸体制改革

1994—2001 年，中国外贸体制改革的主要目标是与国际市场接轨。

从 1986 年中国要求“复关”开始，中国的贸易政策改革已经开始以符合国际规则为导向，涉及国内管理的各个方面。为了建立“适应社会主义市场经济发展的、符合国际贸易规范的新型外贸体制”，中国按照关贸总协定的要求，出台了一系列的改革措施，主要措施及成效如表 9—4 所示。

表 9—4　　符合国际规范的外贸体制改革措施及其成效

措施	成效
改革外汇管理体制，从 1994 年 1 月 1 日起，实施人民币汇率并轨，建立以市场供求为基础的、单一的、有管理的浮动汇率制。	通过这一轮改革，加强了市场经济机制的调节作用，以国民待遇原则和非歧视原则进一步下放了外贸经营权（加快授予具备条件的国有生产企业、科研院所、商业物资企业外贸经营权。加入 WTO 之前，中国国内已经有 30 多万家企业获得了贸易经营权）。并且加快转换外贸企业经营机制，在外贸领域推行现代企业制度，使我国的对外贸易体制向着符合市场经济运行规律和符合国际规范的要求迈进了一大步。
从 1996 年 12 月 1 日起实行人民币经常项目下的可自由兑换，取消外汇留成和上缴，同时实行银行结售汇制。	
取消进出口指令性计划。	
进一步完善与调整出口退税制度和有利于出口发展的信贷政策，建立进出口银行，设立出口商品发展基金和风险基金。	
进一步降低进口关税，同时取消部分进口商品的减免税。	
减少进出口数量限制，减少受进出口许可证和配额限制的商品。	
取消国有外贸企业实行的承包制，取消外贸企业上缴外汇的任务，与其他企业一样实行统一的所得税制度。	
强化外经贸企业自负盈亏机制，按照现代企业制度改造国有外经贸企业，积极推行股份制试点，推动企业走实业化、集团化、国际化、多元化道路。	
加快赋予有条件的生产企业、商业物资企业和科研院所外贸经营权，赋予符合规定的私营生产企业和科研院所外贸经营权。	
加强外贸政策的法制建设，1994 年 7 月 1 日，我国正式实施了《中华人民共和国对外贸易法》。随后又颁布了与之相配套的《中华人民共和国进出口管理条例》、《中华人民共和国反倾销条例》、《中华人民共和国反补贴条例》和《中华人民共和国保障措施条例》等 5 个配套法规，形成了由一级法、二级法和部门规章为三级法的法律法规体系，系统地完善了外经贸领域的法律法规，同时政府的政策透明度也不断加强。	

对外贸易体制改革的第二阶段和第三阶段，可以概括为对外开放方针下以出口导向为主的贸易战略，这一战略是同我国工业化进程和国民经济发展的总目标相适应的。

我国外贸企业普遍经营规模小，抵御风险能力差，政府鼓励企业在自愿、互利的基础上跨行业、跨地区联合或兼并，向实业化、集团化、国际化和多元化方向发展，逐步形成一批以外贸公司为龙头的贸、工、技、商结合的综合商社和以生产企业为核心、具有多种功能的产业跨国公司。对一些小的外贸企业则根据因地制宜、发挥优势的原则，采取股份合作制等形式进行改组，实行贸、工、农一体化经营。通过组建企业集团或综合商社，将分散的外贸经营权重新统一起来，成为我国对外贸易体制发展的新趋势。

4. 2001 年以后：以 WTO 规则为基础的对外经济贸易体制的全面改革

自 2001 年 12 月中国加入 WTO 至今，中国外贸体制进入了一个以 WTO 规则为基础进行全面改革的新阶段。这一时期中国的贸易战略和政策可以概括为进出口平衡原则下的有管理的贸易自由化政策。具体表现为行政性出口刺激和进口干预逐步减少，贸易政策越来越多地转向以市场机制为基础，“入世”承诺全面落实，对外贸易体制及政策体系与国际贸易体制全面接轨。改革的主要内容和成效如表 9—5 所示。

表 9—5　　对外经济贸易体制全面改革的主要内容和成效

主要内容	成效
加快对外经济贸易法制化建设。加入 WTO 后，中国在非歧视原则、自由贸易原则和公平竞争原则下调整和修改不符合 WTO 规定的政策法规，从中央级的法律到 30 个政府部门的 3 000 多个法规规章、19 万个地方的规章制度得到了清理和调整。	新修订的法律法规减少和规范了行政许可程序，建立健全了贸易促进、贸易救济法律体系。根据 WTO《与贸易有关的知识产权协议》，中国对与知识产权相关的法律法规和司法解释进行了修订，基本形成了体系完整、符合中国国情、与国际惯例接轨的保护知识产权的法律法规体系。
进一步降低关税，削减非关税措施。在加入 WTO 过渡期，中国进口商品关税总水平从 2001 年的 15.3%逐步降低到 2005 年的 9.9%。到 2005 年 1 月，中国绝大多数关税削减承诺执行完毕。根据承诺，中国自 2005 年 1 月起全部取消对 424 个税号产品的进口配额、进口许可证和特定招标等非关税措施，仅仅保留了依据国际公约以及在 WTO 规则下为保证生命安全、保护环境实施进口管制产品的许可证管理。	2015 年，中国关税总水平已经降至 9.8%，其中农产品平均税率降至 15.1%，工业品平均税率降至 8.9%。关税约束率自 2005 年起一直维持在 100%。
全面放开外贸经营权。根据 2004 年新修订的《中华人民共和国对外贸易法》，自 2004 年 7 月起，中国政府对企业的外贸经营权由行政审批制改为备案登记制，所有对外贸易经营者均可以依法从事对外贸易。	取消外贸经营权审批制促进了国有企业、外商投资企业和民营企业多元化外贸经营格局的形成。在国有企业和外商投资企业进出口持续增长的同时，民营企业对外贸易发展迅速，进出口市场份额持续扩大，成为对外贸易的重要经营主体。2010 年，国有企业、外商投资企业和民营企业进出口分别占中国进出口总额的 20.9%、53.8%和 25.3%。

续前表

主要内容	成效
进一步扩大服务市场开放。中国认真履行加入WTO的承诺，为境外服务商提供了包括金融、电信、建筑、分销、物流、旅游、教育等在内的广泛的市场准入机会。在WTO服务贸易分类的160个分部门中，中国开放了100个，开放范围已经接近发达国家的平均水平。	2015年，中国服务业实际使用外资4 770.5亿元（771.8亿美元），同比增长17.3%，在全国总量中的比重为61.1%。
营造更为公平的市场竞争环境。中国通过建立、完善公平贸易的法律制度和执法、监督机制，遏制与打击对外贸易经营中的侵权、倾销、走私、扰乱市场秩序等不公平的贸易行为，努力为境内外企业提供一个宽松、公平、稳定的市场环境。	中国政府依据国内法律和国际贸易规则，加强预警监测，同时利用贸易救济和反垄断调查等措施，对贸易伙伴的不公平贸易行为予以纠正，维护国内产业和企业的合法权益。在应对国际金融危机的过程中，中国与国际社会一起坚决反对任何形式的贸易保护主义，严格遵守WTO的相关规定，在实施经济刺激计划时平等地对待境内外产品，促进了境内外企业的公平竞争。

截至2010年，中国加入WTO的所有承诺全部履行完毕。中国认真履行承诺的实际行动得到大多数WTO成员的肯定。

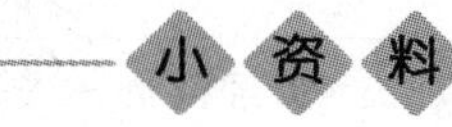

外贸经营权的下放

1996年9月，外经贸部颁布了《关于设立中外合资对外贸易公司试点暂行办法》，规定外国公司、企业可以与中国的公司、企业在上海浦东新区和深圳经济特区试办中外合资外贸公司。外商不仅可以在生产领域，而且可以在流通领域进行合资合作经营。此外，1996年，我国还在5个经济特区进行生产企业外贸经营登记制试点。2001年7月10日，外经贸部颁布了《关于进出口经营资格管理的有关规定》，把外贸经营权的赋予由行政审批制改为备案登记制。

（二）中国外贸体制的变化

经过以上外贸体制的改革，与国际贸易规则接轨、以国际市场为导向的我国外贸新体制最终建立。外贸体制的变化可以归纳为以下五个方面。

1. 贸易战略由基本封闭转向全面开放

随着我国经济体制改革由计划经济向有计划的商品经济再到市场经济的不断深入，我国对外经济贸易战略也经历了由内向型闭关锁国向进口替代为主导再到出口替代为主导的开放型战略的演进过程。加入WTO后，我国的对外经济贸易转向了全面开放的贸易自由化战略。贸易政策由贸易保护转变为有管理的自由贸易。

经济体制的改革和经济发展战略的更新

经济体制的改革和经济发展战略的更新，两者互为因果。一般而言，经济体制是手段，经济发展是目标，前者服务和服从于后者，为后者所决定。也就是说，选择什么样的经济发展战略，就需要有什么样的经济体制，两者必须统一，否则，经济体制会影响经济发展，使战略目标难以实现。但是，经济体制对经济发展战略有反作用，可以制约经济发展，在经济发展战略未作变更的情况下，经济体制可以作适当的变动。

新中国成立后，我国重工业优先发展战略决定了只能采取计划经济体制。作为经济发展战略的一部分——对外贸易发展战略（进口替代为主）——只能是高度集中的统制型体制。这种进口替代战略，在利用比较优势发展国民经济、克服过多的贸易壁垒发展生产力等方面，不利于我国经济的高速发展。在改革开放后，随着我国有重点的协调发展的经济发展战略的确立，计划经济体制向社会主义市场经济体制的转变，传统的进口替代战略必须作出适当的调整。

2. 对外贸易经营体制由国家垄断转变为放开经营

经过改革，我国对外贸易经营体制发生了根本性变化，国家统制对外贸易经营权的局面被彻底打破，对外贸易经营权全面放开，由行政审批制变为备案登记制，国有、民营、外资、科研院所、内贸流通企业等各种所有制的企业，凡是符合条件的无须再经政府主管部门审批，而只需到工商部门登记即可经营对外贸易。

随着外贸经营权的逐步放开，国有外贸公司在对外贸易中所占的比重逐步缩小，其他所有制企业的比重不断上升，且出口的增长速度也快于国有企业。目前，我国已经形成了经营主体多元化的格局，贸易主体市场化的特征凸显。

在外贸经营体制改革深化的同时，外贸企业自身也进行了大胆的探索。一些国有外贸企业通过资产重组、股份制改革、联合、兼并、在国内及海外上市等方式，实现了机制创新，形成了一大批有规模、有实力的企业集团，其中一些企业已经“走出去”，在国际市场直接投资，并发展成为国际知名的跨国经营企业。

此外，在政府宏观管理和企业微观经营制度改革的同时，我国也大胆尝试了中观层面的改革，根据市场经济发展和与国际多边贸易规则接轨的需要，我国逐步建立起外贸中介服务协调机构。从1988年起，我国相继建立了多种商品的进出口商会、进出口协会和外商投资企业协会，尝试在对外贸易管理与经营方面充分发挥中介机构的服务和协调作用，为企业按照国际规范进行正常经营和公平竞争创造了条件。

3. 对外贸易管理由统一计划转变为市场调节

行政性直接干预大大弱化，外贸宏观管理逐步走上以经济、法律手段调控为主的轨道，从而强化了外贸企业自负盈亏机制，使国有外贸企业从计划经济体制下国家计划的执行者转变为社会主义市场经济条件下自主经营、自负盈亏、自我约束、自我发展的独立经营者。

4. 对外贸经营管理由行政性和随意性转变为依法、透明的公正性和规范性

在法律法规逐步健全的同时，遵循“不公布的不能实施，实施的必须提前公布”的“入世”承诺，外贸法规与政策的透明度进一步增强。这些都标志着我国摒弃了对外贸易经营管理的行政性和随意性特征，开始走上了法制化和规范化的轨道。

5. 政府的职能由行政型转变为服务型

为了给各类外贸企业创造良好的经营环境，同时兑现“入世”承诺，在外贸改革不断深化的进程中，随着政企分开和企业自主经营机制的确立，各级政府的职能也在发生变化。政府不仅从对企业微观事务的干预中逐步解脱出来，积极推进依法行政，建立监督机制，用经济和法律手段间接调控和监督企业，而且更多地转向服务职能。各级政府都在努力完善贸易基础设施，简化贸易程序，实施电子政府和“大通关”等贸易便利化措施，提高行政效率，增强服务功能。

中国外贸管理体制改革的方向

通过对30多年来的外贸体制改革进行分析可以看出，我国外贸的巨大进步可以从外贸体制的市场化程度以及与国际规则的接轨两方面进行管窥。体现为：一是对外贸易经营主体形成了多层次、多元化的市场经济经营格局；二是外商投资企业从无到有，进入20世纪90年代后，随着外商来华投资迅速增加，大批外商投资企业进入了经营期，外商投资成为外贸增长的主力，特别是进入21世纪以后，外商直接投资迅速增加；三是计划经济下的关税制度逐渐被打破，新的与国际贸易惯例相适应的关税制度逐步建立，税目设置和税率水平与世界的国际贸易规范更加接近，与国际市场对接的步伐加快；四是外汇管理制度由计划管理转向以市场供求为基础的、单一的、有管理的浮动汇率制，尤其是1994年的汇率并轨及实现人民币经常项目下的有条件可兑换，取消外汇留成制和上交外汇任务，建立外汇指定银行间的外汇交易市场等改革措施，促进了对外贸易改革的进程。从我国已进行的改革来看，一个由市场调节的、与国际接轨的、自由贸易的外贸体制必将最终形成。

毫无疑问，中国外贸管理体制改革的方向仍然与整个经济体制改革的方向一致，即建立健全社会主义市场经济体制。实践证明，社会主义市场经济体制不失为一种在经济发展上最有效的经济体制。今后的中国外贸管理体制改革应该沿着社会主义市场经济的方向发展，这个总趋势是历史的必然。

二、中国外贸政策的调整

各国政府制定对外贸易政策的实质是代表本国政治利益及为本国的经济发展服务，其出发点主要是扩大本国产品的出口，保护本国市场免受外国商品的竞争，有利于本国产业结构的调整及资金的积累，并维护本国对外的政治关系。

（一）中国关税改革的过程

1979年以前相当长的一段时间内，由于政府对外贸的直接控制，我国曾一度取消关税的实际征收。1980年1月1日，国家恢复征收关税，并于1982年对进出口税则的税率作了较大的调整。1984年，我国修订后的关税政策为：贯彻国家的对外开放政策，鼓励出口和扩大必需品的进口，保护和促进国民经济的发展，保护国家的关税收入。同时，对关税法进行了全面的修订。

加入 WTO 后，我国全面履行“入世”承诺，逐步扩大农业、制造业、服务业市场准入，放开外贸经营权，并且进一步简化进口管理，进一步完善进口促进体系，大幅降低关税，关税总水平再次由 2001 年的 15.3%降至 2010 年的 9.8%，农产品平均税率由 18.8%调整至目前的 15.6%，工业品平均税率由 14.7%调整至目前的 8.7%。2010 年，在降低了鲜草莓等 6 个税目商品的进口关税后，我国“入世”承诺的关税减让义务全部履行完毕。历年的关税调整情况如表 9—6 所示。

表 9—6　　历年的关税调整情况

时间	下调后的算术平均税率	新涉及的税号数
1992.12	39.9%	3 371
1993.12	36.4%	2 898
1994.01	35.9%	小汽车等
1995.12	35.3%	烟酒、中型客车、录音录像带
1996.04	23.0%	5 000 余
1997.10	17.05%	4 874
1999.01	16.78%	1 014
2001.01	15.3%	3 462
2002.01	12.0%	5 300
2003.01	11.0%	3 000 余
2010.01	9.8%	7 923
2013.01	9.8%	8 238

资料来源：根据中国外经贸部有关文件汇总。

另外，在关税方面也有一些特殊的优惠政策。例如：1990 年 9 月在上海外高桥建立了第一个保税区，接着又先后建立了 12 个保税区与保税仓库，投资者在保税区生产的商品销往境外，可免除进出口关税。在逐步降低税率和取消非关税进口控制措施的同时，我国也在关税政策的规范化方面进行了改革。自 1993 年起，我国对各个进口环节的各种减免税政策进行了全面清理和调整，改变以往只按地区、部门甚至单个企业、项目进行减免的不规范做法。1996 年除保留了国际上通行的减免税做法外，全面取消了减免关税的优惠政策，只是对特定地区进口自用物资和技术改造项目进口设备以及三资企业引进的设备的减免税政策实行 2～5 年的过渡政策。

（二）配额和许可证制度的改革

我国的配额、许可证制度经历了多年的改革。1984 年发布了《中华人民共和国进口货物许可制度暂行条例》，从 1987 年 11 月 1 日起对 42 种商品实行进口许可证管理，实行许可证管理的商品的进口总额约占全部进口总额的 1/3。2003 年，进口许可证管理的商品已减少至 8 种，出口许可证管理的大宗及敏感商品减至 52 种。到 2011 年年底，我国政府取消了 424 个税号产品的进口配额、进口许可证和特定招标，分批取消了对 800 多个税务商品的管理。

在进口配额许可证制度方面，我国将进口货物分三类管理，即一般进口类、凭许可证进口类和禁止进口类。为适应对外开放和参与国际多边贸易体系的需要，我国已大幅度减少了对进口的行政限制措施，也缩小了进口配额、许可证管理商品的范围，对绝大多数商品已放开经营。

在出口配额许可证制度方面，我国实施出口配额许可证管理的商品主要包括：关系国计民生的大宗资源性出口商品及在我国总出口中占有重要地位的大宗传统出口商品；我国在国际市场或某一市场占主导地位的重要商品，国外对我国有配额或要求我国主动限制出口数量的商品；出口额大且易于引起经营秩序混乱的商品，重要的名、特、优出口商品，或有特殊要求的出口商品。我国对部分实行出口配额许可证的商品，实行行政分配配额招标和配额有偿使用的制度。

（三）出口退税机制的改革

我国自1985年开始实行出口退税。1985年3月，国务院〔1985〕43号文正式批准了财政部《关于对进出口产品征、退产品税或增值税的规定》。这个文件的出台，标志着我国现行出口退税制度的建立。1988年，我国确立了“征多少、退多少，未征不退和彻底退税”的原则；1994年税制改革后，建立了与国际惯例接轨的新的增值税制，正式引进了出口零税率，在《增值税暂行条例》中作了明确规定，国家税务总局公布《出口货物退（免）税管理办法》。由于实行新增值税制后税收征管手段没有及时跟上，造成征税不足，而退税增长大大超过了征税和出口额的增长；出口退税基本采用税款退库的操作方式，巨大的利益驱动使骗退税的行为一度比较严重；出口退税全部由中央财政负担，退税额的快速增长超出了中央财政的承受能力，因此，国家先后于1995年7月1日和1996年1月1日降低出口退税率，按不同产品种类分别调为3％、10％、14％和3％、6％、9％。

1997年为了鼓励使用国产原料，国务院相继决定对“以出顶进”新疆棉和“以出顶进”钢材按征17％退17％执行，从而实现了这两种商品有限范围内的零税率。同年，开始对产品自营或委托出口的生产企业先后实行了“先征后退”和“免、抵、退”的不同办法。1997年东南亚金融危机爆发后，我国出口遇到了很大的困难。1998年1月1日起，为照顾纺织业的困难，我国政府提高了纺织品等商品的出口退税率，达到11％；同年6月1日，我国政府又分别把煤炭、钢铁、水泥和船舶等的出口退税率调整为9％、11％、12％和14％。随着出口退税政策在外贸政策中的作用越来越显著，我国在1999年1月和7月又两次较大幅度地提高了出口退税率。“入世”之初，我国延续了1998年以来的提高出口退税率政策，累积了中央财政的较大负担，2002年年底形成了财政对出口企业2 477亿元的欠税。2003年部分商品的出口退税率开始下调，2004年1月1日实行新的出口退税政策，依照“新账不欠、老账要还，完善机制、共同负担，推动改革、促进发展”的原则，改革出口退税机制。同时，为平衡贸易顺差，抑制“两高一资”产品出口过快增长的势头，其后又进一步下调或取消部分产品的出口退税率。2006—2008年，结合我国出口政策的实施，部分商品的出口退税率又有所上调。随着美国次贷危机升级为国际金融危机，从2008年8月至2009年7月，我国连续7次大规模上调纺织服装、机电、钢材、化工等产品的出口退税率。随着出口恢复增长、经济复苏，从2010年7月15日起，取消部分钢材、有色金属加工材、农药、医药、化工产品、塑料及其制品、橡胶及其制品、玻璃及其制品的出口退税，涉及商品品种达406个，共六大类商品。无论从出口恢复，还是从税率及减轻财政压力的角度看，未来下调出口退税率都有较大空间。

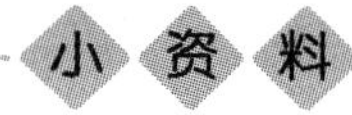

加入WTO以后，中国的国际贸易政策选择

中国国际贸易在坎坷中经历了30多年的改革，逐渐融入世界经济体系中，使得中国国际贸易政策不断趋于成熟，并促进了中国经济的增长及国民福利的提升。在中国参与APEC运作及加入WTO以后，中国的国际贸易政策也越来越趋于理性，向自由化的贸易不断迈进，贸易政策措施的选择也越来越具有针对性、规范性。

1. 在WTO体制下推进国际贸易自由化

中国已是WTO成员，中国贸易政策的制定必须依据WTO开放型的自由贸易体制，必须在WTO所确定的原则、规则下推进国际贸易的自由化。在实际贸易交往中，一些交易和部分贸易政策与WTO原则相冲突、相违背的情况发生也是可以包容的。这些政策主要是：国际收支平衡、进口损害防御措施、区域经济一体化、幼稚工业保护以及发展中国家的一些政策等。在WTO贸易政策的规则下，中国的贸易政策选择主要体现在推进国际贸易自由化趋势以及利用WTO的相关保护措施对国内市场、产业、企业进行适当的、必要的保护。

2. 立足于本国的发展现状，制定符合本国利益的贸易法律体系

每个国家在制定国际贸易政策时，必须结合本国的经济发展水平以及本国的具体法律制度，而不能盲目地采用其他国家的政策策略。在本国行业遭遇外国贸易保护主义冲击时，如反倾销、反补贴、绿色壁垒、技术壁垒，中国应适时地制定相关应对措施，加强贸易保护政策。例如：利用争端解决机构保障自身的权益、建立反倾销应对机制等。

3. 构筑中国非关税壁垒保护体系

WTO在倡导贸易自由化的过程中，对非关税壁垒的使用作了诸多禁止性规定。它的思维模式是用规则、规范来消除贸易中存在的障碍，但同时它的规则、规范还允许在贸易中进行合理的保护。这些保护的手段主要就是非关税性壁垒的措施。如反倾销、检疫措施、技术标准、环境标准等。许多国家特别是西方发达国家非常注重这些非关税措施的应用。因此，中国也应该在WTO框架范围内，巧妙地利用这些国际贸易中的保护措施，构筑起除关税外的非关税壁垒保护体系。

(1) 加强对非关税壁垒保护措施的研究。要根据国际惯例和中国经济贸易发展的需要，对非关税壁垒保护体系的内容、结构、特征、出台时机、相互配合以及透明性等，进行全面、深入的研究。当前特别要加强环境保护措施、技术标准、安全标准的建立和实施，严防外国不合格产品、污染产品以任何形式进入中国。

(2) 加强非关税壁垒与关税壁垒措施的协调和配合。随着关税税率的下降，非关税壁垒的作用越来越大。中国外贸体制中关税和非关税的协调手段比较少，而且中国传统的非关税措施已不能适应目前的保护要求。必须抓紧时机制定既为WTO所允许，又起到对本

国特定商品进行保护作用的新非关税保护措施。在这方面，政府采购、反倾销法等是切实可行而又极为必要的。

随着中国改革开放步伐的加快，世界各国的贸易政策对中国的发展有相当大的影响，为应对世界各国贸易保护政策的攻势，中国必须结合国际竞争环境和本国实际的国情，把握中国对外贸易的实质和方向，制定一套正确的、有效的国际贸易政策，从而促进中国国际贸易进一步发展，推动中国经济的发展。

单元知识二　中国外汇体制与外资政策

阅读材料

中国应加快外汇管理体制改革

国际收支持续较大顺差与逆差一样，也是一国经济对外失衡的表现，影响经济的全面、均衡、协调和可持续发展。因为国际收支顺差意味着国内外汇供大于求，顺差国收购外汇进入国家外汇储备，增加外汇占款渠道的基础货币投放，扩张货币供应。虽然货币当局可以通过对冲操作来平抑这种扩张效用，但受制于对冲工具的有效性及日益增加的对冲成本，对冲操作并非没有限度。特别是在经济开放度较高、资金跨境流动较为自由的情况下，这种对冲操作引起的本地利率上升或者上升的预期，会刺激更多的资金流入，从而削弱对冲的效果，最终导致货币超经济发行，带来通货、信贷、投资膨胀，以及资产泡沫的压力。

由于货币主要通过外汇占款渠道投放，导致资金分布存在结构性失衡：创汇较多、顺差较大的企业、行业或地区获得的本币资金相对多些；反之，亦然。发展中国家大都以间接融资为主。因此，当货币当局为抑制信贷膨胀而采取紧缩政策时，货币政策的总量政策属性会加剧信贷资金的结构性不平衡。

与很多发展中国家面对的挑战不同，现在的中国不是为外汇太少而是为外汇过多发愁。在经济增长、物价稳定、充分就业和国际收支平衡四大宏观调控目标中，当前我国国际收支不平衡的问题相对突出。我国经济运行中存在的总量和结构问题，造成国际收支的不平衡。反过来，国际收支的不平衡又加剧了国内经济的总量和结构问题。如果不解决好对外经济的平衡问题，就会影响加强和改进宏观调控这一目标。

随着对外开放不断深入和经济市场化程度日益提高，外汇管制的有效性越来越弱，成本和代价却越来越高。在年国际收支规模达到上万亿美元的情况下，境内机构和个人自然会根据金融市场的价格信号调整本外币资产负债结构，价格方面一个百分点的变化就可能引起上百亿美元跨境资金流向的转变。宏观经济管理部门要想在不影响正常对外经贸和人员往来的前提下，运用行政手段对这类资金流向实行有效的调节，几乎是难以奏效的。因此，调节国际收支应当更多地运用市场的、法律的手段，尤其是发挥利率、汇率等价格杠杆的作用，行政干预只能逐渐转为辅助性手段。

建立调节国际收支的市场机制和管理体制，要从体制上消除影响国际收支平衡的隐患。长期以来，外汇管理上形成了鼓励流入、限制流出，对内外资企业、法人、自然人实行差别待遇的政策格局。随着我国外汇资源逐渐从十分稀缺转为相对过剩，这些政策框架已难以适应经济发展和对外开放新形势的需要。"宽进严出"弱化了对外汇流入的监控，加剧了金融体系的脆弱性和资金大进大出的风险。

总之，必须坚定不移地进行外汇体制改革，同时又要慎之又慎。要有计划、分步骤地推进改革，并与其他各项改革相配套。在此过程中，要根据国内外经济金融形势的变化，灵活调整改革步伐。

任务引领

新中国成立以来，我国经济和金融形势发生了翻天覆地的变化。与此相适应，我国的外汇体制从计划经济体制下的统收统支逐步走向市场经济体制下的市场调节占主导的历史新阶段。在此过程中，我国的外汇市场从无到有、从小到大，2008 年全年交易额已超过 3 万亿美元，外汇储备则从新中国成立之初的 1.57 亿美元猛增到 2015 年底的 33 304 亿美元，增长了 21 212 倍。随着我国与世界经济接轨，社会发展与经济体制改革的内在要求不断提升，要求外汇管理体制进一步加快改革，以适应社会与经济发展的需要。

试问：我国将如何立足外汇管理体制改革的现状，并进一步深化外汇管理体制改革呢?

一、中国外汇体制的改革

（一）中国外汇体制的改革历程

总的来说，中国外汇体制的改革历程可分为四个阶段：

1. 计划经济体制下统收统支、高度集中的外汇管理阶段

从新中国成立到改革开放之前，为保证有限外汇资金的重点使用，我国实行高度集中的计划经济外汇管理体制，对外汇的收支进行集中管理、统一经营。企业所有的外汇收入，都必须卖给国家，需要使用外汇时，再由国家统一分配。同时，限制对外借款和外商来华直接投资。国家每年以指令性计划和行政手段维护外汇收支平衡，并且实行固定汇率制，严格盯住汇率安排。

2. 改革开放后经济转型时期的外汇管理阶段

从 1978 年改革开放到 1993 年，我国逐步在外汇分配领域引入市场机制，实行计划分配与市场调节并存的双轨制。1979 年，国务院恢复实行外汇留成制度，允许从事对外贸易的中央部委、地方部门和外贸企业有外汇额度留成以调动外贸积极性和灵活性。1980 年，我国采用了《国际货币基金协定》第 14 条款的过渡性安排，即"维持并根据情况的变化修改在其成为成员国时已实行的各种限制经常性国际交易支付和资金转移的办法"。

同年 12 月，我国采用有一定弹性的外汇管理制度。1986 年，国家外汇管理局颁布了《办理留成外汇的几项规定》，允许企业之间通过中国银行进行外汇调剂。1988 年又通过《关于外汇调剂的规定》，正式在各地建立外汇调剂市场，进一步放松了对外汇的管制，并按市场供求情况确定外汇调剂市场的汇率，实行双重汇率体制。

经济转型时期国家制定的外汇管理整体策略

总体而言，为克服长期存在的外汇短缺问题，经济转型时期国家制定的整体策略包括四个方面：

第一，在进出口方面实行“奖出限入”政策，制定一系列奖励出口的政策，如企业出口创汇 1 美元，政府给予奖励 1 分钱人民币的政策。另外，对出口采取补贴、外汇留成和退税政策等；同时对进口用汇实行一定的限制，确保外汇用于国家重点扶持的行业和项目。

第二，在资本项下实行“宽进严出”政策。积极利用外资，通过举借外债、引进外商直接投资来弥补境内外汇不足的缺口，对外直接投资则限制较严。

第三，在外汇收支方面实行“增收节支”政策。

第四，在产业政策方面实行“填平补齐”政策，鼓励国内企业通过消化吸收国外先进技术，生产相应的机器设备以替代进口，从而减少外汇支出。

3. 社会主义市场经济体制初步建立时期的外汇管理阶段

1994 年，在条件基本成熟的情况下，我国确立了外汇体制改革的目标。近期目标是实现人民币经常项目下的自由兑换，长远目标是实现人民币的全面自由兑换。同年，实现了人民币官方汇率和外汇调剂市场汇率的并轨，实行以市场供求为基础的、单一的、有管理的浮动汇率制度，取消了外汇留成和上缴，实现了人民币经常项目下的有条件可兑换。从 1996 年 7 月 1 日起，外商投资企业在保留外汇账户的同时，也参加了外汇指定银行的结汇制与售汇制。

4. 社会主义市场经济调节机制进一步完善时期的外汇管理阶段

这一阶段外汇管理的方法主要是数量控制和分类管理。对部分非贸易项目和资本项目仍实行数量控制的方法，分类管理则体现为对不同的项目按不同的宽严程度或形式进行管理。

我国的外汇管理改革促进了我国对外贸易的发展，我国外汇储备也逐年增长。从 2004 年底到 2015 年底，我国外汇储备平均年增长率为 16.7%。即使是在全球经济饱受金融风暴侵袭的 2009 年，我国外汇储备仍然达到 23 992 亿美元，增加值为 4 532 亿美元。

高外汇储备的潜在风险

外汇储备多，是国家实力强的象征。但是，外汇储备规模绝非越高越好，外汇储备持续攀高反映了国内经济的失衡发展，蕴藏着各种经济风险。

1. 外汇储备投资收益率低

根据国内相关学者的研究结果，自2004年以来，我国的外汇储备结构表现为：8%是日元资产、22%是欧元资产、70%是美元资产。同时，我国外汇储备在各国的投资渠道以该国币种的国债和银行储蓄为主，其投资回报率很低，在过去几年间一直处于1%～6%，尤其是2004年以后，整体外汇储备的投资回报率均不超过5%。

2. 外汇储备面临缩水风险

在我国外汇储备中，美元计价资产近70%，即1.3万亿～1.5万亿美元，其中大部分是美国国债。据美国财政部公布的数据，截至2015年底，我国共持有1.246万亿美元的美国国债。后金融危机时代，主权债务危机正在西方国家中蔓延，故财政赤字庞大和债台高筑的美国也很难避险。我国拥有巨额外汇储备和美元债务资产，这些财富的安全已经引起高度关注。2008年金融危机爆发以来，美政府为救市又一次采取扩张性财政和货币政策，且力度远甚以往。货币政策方面，美联储把联邦基金利率下调到接近于零的历史低点，还创造了“量化宽松”的政策工具，差不多等于直接印发钞票。美国财政年年赤字，势必会导致美元增发、美元贬值。

3. 诱发通货膨胀

随着外汇储备的增长，通过外汇占款投放的基础货币也被迫增加。外汇占款过多，基础货币投放量过大，会诱发国内的通货膨胀。虽然央行通过不断地增发票据来对冲外汇占款，但基础货币回笼的力度仍然远远未能“覆盖”外汇占款的迅猛增长，对冲的力度有限。粗略地计算，央行对于外汇占款的对冲率约达到70%，而余下约30%的外汇占款投放将直接增加我国广义货币供应量（M2），造成国内流动性过剩，引发通货膨胀。

4. 人民币升值压力增大

我国外汇储备规模十分巨大，使得外汇市场上的外汇供应量非常充足，导致人民币面临进一步升值的压力。人民币升值会削弱我国出口产品在国际市场上的竞争力，导致出口下降，进而打击我国的经济发展。为了缓解这种压力，稳定人民币币值，央行被迫在外汇市场上购入多余的外汇，却进一步加剧我国外汇储备规模的扩张。外汇储备规模的不断扩大，必然导致更大的人民币升值压力，这样便形成了一个恶性循环。

（二）中国外汇体制进一步改革发展的方向

总体而言，我国现行的外汇管理体制是适合我国经济发展水平的，为社会与经济发展提供了有效的支持。但随着我国与世界经济的接轨以及我国经济体制改革发展的内在需要，外汇管理体制应进一步主动加强改革，以适应社会与经济发展的需要。

1. 继续促进对外贸易投资便利化

在经常项下，要进一步简化程序、便利操作；在投资项下，要研究在新的历史阶段如何提高利用外商的质量，继续运用外资促进中国经济的发展，同时为中国的企业、居民到海外投资创造良好的环境。目前，中国企业走出去的途径主要有两个，即直接投资和证券投资，现行的外汇政策对这些业务还有一些限制。因此，下一步应根据形势变化，有计划、有步骤地放松限制，为有实力的金融机构、企业走出去创造条件，同时企业和金融机构也要练好内功，接受海外投资经营的考验，不但能走出去，还要立得稳。

2. 有序推进资本项目可兑换

既不能停滞不前，也不能急于求成，只有当经济环境、监管水平、机构自律能力成熟时，资本项目可兑换才会水到渠成。

3. 加强跨境资金流动监测，维护经济金融安全

必须加强对跨境资本流动的监测，做到对跨境资金流动的规模和方向心中有底。如果情况不明，就难以制定科学合理的应对政策。尤其是在危机时期，如果对跨境资本流动的监测不到位，往往容易招致投机和攻击。同时，国际资本流动自由化是大势所趋，关键需要依靠科学管理改进对跨境资本流动的监测方法和手段，在坚持有效监管的同时不断扩大开放。

4. 进一步发展外汇市场

按照中央确定的“主动性”、“可控性”、“渐进性”的原则不断完善人民币汇率的形成机制，逐步扩大人民币汇率的弹性，使汇率更加贴切地反映市场需求，让价格的形成更具合理性。目前，我国外汇市场虽然有较大进步，但相对于成熟市场，各方面的差距还比较大，需要不懈地努力，做到加强监管与鼓励金融创新并重，不断扩大交易品种、参与主体，进一步满足企业的各类避险需要。

5. 提高外汇储备经营管理水平

外汇储备经营应坚持遵循安全性、流动性和收益性的管理原则，但今后在确保安全性和流动性的同时，要比过去更加重视收益性，要通过完善内部管理、改善管理方法等来提高效率。在管理方式上，除了依靠一些专业经营机构以外，还要让外汇储备藏富于民，国家只是根据需要进行一定的外汇储备，外汇储备的分布和使用应逐步走向多元化。

中国现阶段外汇管理体制的特征

近年来，我国加大了资本和金融账户的开放力度，尤其是证券项目的开放力度较大。过去，我国居民是不可以到境外证券市场进行投资的，境外的资金也不可以在我国证券市场进行投资。2002年以来，QDII（合格的境内投资者）和QFII（合格的境外投资者）制度的实施，为国外证券资本走进来、国内证券资本走出去建立了渠道。同时，在对外直接投资方面，步伐也明显加快，一些国内企业已成为国际市场的重要参与力量。中石油、中铝、中国投资公司等企业在海外的投资不断扩大。这种局面都与近年来国家逐步放开资本和金融项目外汇管制政策有关。

一是人民币经常项目实现可兑换，资本和金融项目部分实现可兑换。企业可以将经常项下交易所取得的外汇卖给银行，也可以开立外汇账户，自主支配。同时，我国在服务用汇、个人用汇方面的限制也基本放开了。考虑到现阶段的国情和金融安全的需要，目前在资本和金融项下还实行一定的限制，我国对外投资尚处于逐步扩大的阶段，特别是金融投资方面，迄今为止的投资规模还是很有限的，这也正是我国在最近一次全球金融危机中受冲击较小的原因之一。

二是人民币汇率实行以市场供求为基础、参考一揽子货币、有管理的浮动汇率制度。我国在人民币汇率的安排上，始终坚持“主动性”、“可控性”、“渐进性”的原则，力求保持国家经济、金融的平稳发展。作为一个负责任的大国，我国在汇率问题上是非常谨慎和务实的。我国汇率改革的目的是让人民币汇率形成的基础越来越坚实，逐步提高汇率弹性，让更多的市场主体参与汇率形成，使汇率不断贴近市场合理均衡水平。

三是实行统一规范的全国银行间外汇市场。目前，我国外汇市场的网络交易平台日趋发达，产品工具日益增多，交易机制和交易方式不断创新，市场参与主体大幅度增加并更加多元化。从2006年开始，我国引入了询价交易方式等制度，并逐步增加了交易的品种，开展远期、掉期产品的交易，使市场价格发现的功能增强。与此同时，我们培养、锻炼了一批具备自主定价能力的中资做市商银行以及熟悉国际、国内规则的优秀本外币交易员。

四是实行与国际接轨的收支统计申报制度。我国的国际收支相关数据报表从无到有、从少到多，报表质量不断提高，公布频率加大。目前，我国的国际收支相关数据报表已基本与国际接轨，其中国际收支平衡表每半年公布一次，从2006年开始每年公布一次国际投资头寸表，外债数据则是每季度公布一次。

五是实行金融机构外汇业务监管。对于外汇业务，我国仍然采取市场准入的监管制度。国家外汇管理局与相关金融监管机构对所有金融机构的外汇业务实行监管。其中，银监会对其所管辖的银行业金融机构以及信托公司等非金融机构实行本外币统一监管，但证券经营机构和保险经营机构的外汇业务市场准入仍然由外汇局按照中国人民银行的授权来实施监管。此外，国家外汇管理局通过各种制度和电子技术手段，对金融机构及企事业单位的跨境收付行为实行监测。

六是外汇管理法规体系不断完善。近年来，我国修订完善并发布了《中华人民共和国外汇管理条例》、《境外直接投资外汇管理规定》、《银行执行外汇管理规定情况考核办法》等一系列法律、法规，外汇管理框架和法规进一步健全。

二、中国外资政策的变化

中国外贸政策的调整

改革开放以来，中国吸收了大量的外资，截至2015年，中国累计吸收外资1.5万亿美元，约占国际资本总流入量的6%。现在，在华运营的外资企业约有20万家，规模以上企业7万家。

中国吸收的外资，呈现出三个不均衡特征：

(1) 来源国不均衡。前5位国家和地区占外资流入总量的75%，前10位占87%。世界上重要的投资大国，如英国、法国、德国等欧洲国家，对华投资却是小国；日本、韩国以及与中国临近的国家和地区，是外资的重要来源地，韩国是对外投资的小国，但其大部分外资流入了中国。

（2）行业不均衡。外资的约2/3流入了制造业，约1/3进入了服务业。服务业中，房地产占60%，商务服务和零售批发占30%。制造业中，通信设备、计算机及其他电子设备制造业高居第一位，占制造业外资的近20%，其次是电气机械及器材业、化学原料及化学制品业和交通运输设备业。

（3）区位分布不均衡。外资的流入一直保持东部占86%、中部占9%、西部占5%的格局。大量外资都集中在广东、江苏、浙江、上海、山东、福建和天津少数几个省市。

源源不断的外资流入，对中国的经济发展产生了重要影响。目前，国内的资产和市场约1/3被外资控制，行业之间差异较大。这个控制水平，与大国如美国相比高了，与新加坡等小国相比则低了。现在，高低没有统一的标准，也没有最优的规模。不过，大国经济不能过度地依赖外资。

外资提高了中国经济的开放度，但也同时确立了中国参与国际分工的地位和角色。目前的格局是：以跨国公司为主导；采取加工贸易的方式；从日、韩等地进口零部件，在广东、江苏加工生产；出口到美国，积蓄大量美元；生产的主要产品是通信设备、计算机及其他电子设备制造业产品（占中国进出口总额的35%），这些产品在华研发强度低（约为跨国公司平均研发强度的1/15），综合生产效率低，主要依靠低工资的劳动投入完成生产环节和增值活动，属于劳动密集型产品。这种由外资绑架的国际分工格局和地位，如果不加以改善，将不利于产业结构调整和可持续发展。

近年来，中国出台了一系列外资政策，其中比较重要的包括：修订《外商投资产业指导目录》，颁布《中华人民共和国反垄断法》，实施两税合一，推行新的《中华人民共和国劳动合同法》，修订《关于外国投资者并购境内企业的规定》，发布《国务院关于进一步做好利用外资工作的若干意见》。

以上政策调整的根本宗旨不是限制外资，而是优化外资，解决突出的不平衡性问题，更加重视外资的质量，改变不利的国际分工格局，强调投资后收益，注重人的全面发展，是中国利用外资政策由初级向高级、由规模向务实阶段发展的重要标志。

思考：

改革开放以来，我国利用外资政策是十分成功的。这一政策对于促进我国的改革开放和经济建设发挥了巨大作用，取得了巨大成效。外资的进入以及外资企业的落户使我们学到了一些国际上最为先进的企业管理经验，这对于提高国内企业的管理水平起到了很大的作用，也加速了我国融入国际经济大循环的步伐，使我国对融入国际经济大循环的适应期缩短。那么，自改革开放以来，中国的外资政策发生了怎样的变化呢？

从1949年到1978年改革开放前的近30年间，中国基本上没有吸引外商直接投资，20世纪50年代仅有的几个中苏合营公司是两国政府间的合作。可以说，中华人民共和国吸引外资的历史是从1978年改革开放以后开始的。在此后30多年的时间里，中国的外资政策和形势可以大致分为四个阶段。

1. 1979—1982年：允许外商投资

在1978年实行改革开放政策之后，中国开始吸引外商投资。1979年，第五届全国人民代表大会第二次会议正式通过《中华人民共和国中外合资经营企业法》，宣告中国对外国直接投资的开放。但是，由于几十年的封闭和对外资的不信任感，政府和民间在思想观念上对吸引外资仍然存在许多疑虑，加上缺乏经验，有关法律法规不健全，对外商投资的政策变动不大，审批较严，优惠较少。最初两年所有项目都要上报国家外国投资管理委员会批准，后两年一部分项目可由省市政府批准，但 300 万美元以上的项目还要到中央审批。地方政府的审批权限十分有限。当时的税收优惠也很有限，合营企业所得税税率是 33%，第一年免征所得税，第二年减半，但工商统一税无减免，投资者须为投资进口的机器设备缴纳关税。因此，这一阶段的外商投资政策只是试验性的开放，外商来华投资也多是试探性的。因此，这一期间外商投资总体增长缓慢，四年内一共批准外商投资项目 920 个，协议外资金额 49.57 亿美元，实际使用外资 17.67 亿美元，平均每年只有 4 亿多美元。

2. 1983—1991 年：*以优惠政策吸引外商投资*

这个阶段吸引外资的政策有较大变化，政府开始把吸引外商投资作为发展经济的重要途径，整个政策从被动的“允许”向主动的“吸引”转变。法律法规逐渐健全，政策日益宽松，吸引外商直接投资成为国家对外开放的最主要内容之一。

1986 年 10 月，国务院颁布《关于鼓励外商投资的规定》，随即外经贸部、财政部、国家工商总局等相继出台相关优惠政策，狠抓投资环境，尤其是简化审批手续，开办外汇调剂市场，进行清理乱收费等软环境的建设。在 1983 年、1985 年、1988 年这三年中，国务院多次发布文件扩大地方政府自行审批外商投资的自主权，并在税收方面给予了许多优惠和减免政策。尽管在 1989—1991 年中国经济处于调整阶段，国际政治与经济关系处于一个变革时期，西方各国对中国的经济改革处于观望状态，外商对中国直接投资协议金额仍然达到了 476.3 亿美元，每年平均为 52.9 亿美元，实际投入金额为 232.9 亿美元，每年平均为 25.9 亿美元。

3. 1992—2001 年：*以市场与产业吸引外商投资*

1992 年以后，中国的改革加快，开放扩大，外商对中国的投资出现了高潮。1992 年初，邓小平南方谈话，奠定了进一步改革开放的基调。同年 10 月，中国共产党第十四次全国代表大会在北京召开，确立了社会主义市场经济的改革目标。十四大第一次将“市场经济”的概念引入中国经济体制改革，意义极其深远。接着，中国政府出台了一系列以发展市场经济为基础的外商投资政策。具体表现在：

从 1992 年起，中国的经济特区外商投资优惠政策开始向其他地区延伸。采取了沿边开放和进一步扩大内陆省市开放两个步骤，在 4 个边境城市和 11 个内陆地区省会城市实行与特区相似的开放政策。至此，中国对外开放已形成了一个从经济特区，到沿海经济开放区，再到内地的包括不同开放层次、具有不同开放功能的梯度推进格局。

从 1994 年开始，中国的外资政策作了进一步调整，吸引外商直接投资由区域性优惠政策导向变为市场导向。1995 年中国公布了《指导外商投资方向暂行规定》和《外商投资产业指导目录》，引导外资投向基础设施、基础产业、高新技术产业、国有企业技术改造项目和中低档住宅项目。新政策强调以市场换技术，对高新技术项目开放国内市场，允许一些项目以内销为主，甚至100%内销。在这些政策的鼓励下，外商对中国的直接投资迅速增长，1995年为28 500万美元，2014年实际利用外资1 195.6亿美元（折合人民币7 363.7亿元），年均增长35.3%。2014年1—12月，全国设立外商投资企业23 778家，同比增长4.4%。主要国家/地区对华投资总体保持稳定。前十位国家/地区（以实际投入外资金额计）实际投入外资总额达1 125.9亿美元，占全国实际使用外资金额的94.2%，同比增长2.7%。对华投资前十位国家/地区依次为：中国香港（857.4亿美元）、新加坡（59.3亿美元）、中国台湾（51.8亿美元）、日本（43.3亿美元）、韩国（39.7亿美元）、美国（26.7亿美元）、德国（20.7亿美元）、英国（13.5亿美元）、法国（7.1亿美元）和荷兰（6.4亿美元）。其中，韩国和英国同比增幅较高，分别为29.8%和28%；荷兰和日本则分别下降50.1%和38.8%。

如何看待外资给中国带来的变化

目前，外资企业无论在技术和管理上都与中资企业成了竞争对手，这种局面是由改革开放以来我国企业的不断发展和强大所造成的。今后，这种竞争将会愈演愈烈，我们必须抱着敢于竞争、勇于竞争的心态和勇气来面对。

过去通过引进外资的技术和管理来促进发展，现在就要通过与外资企业的竞争，通过与强大对手的竞争压力来促进发展。

当然，对大量外商直接投资带来的负面效应，应当从注重数量转向注重使用的质量，并合理制定优惠政策引导外商投资在地区结构、行业结构和单位面积投资密度方面进行优化。应当要求外资企业在中国承担起社会公民的角色，承担起社会可持续发展的责任并积极为中国服务。

4. “入世”以后的外商投资政策：以WTO的规则为基础开放外商投资

加入WTO后，中国在外商投资政策方面的总趋势是更加开放、更加透明、更加稳定。根据“入世”承诺，中国不仅扩大了生产领域外商投资的范围，也开放了许多过去不允许外商投资的服务领域（如金融、通信、零售等）。对于在中国投资的外国企业，政府要实行国民待遇，取消对外商制定的不符合WTO的政策（如国产化要求、出口比例要求、技术转让要求等）。与此同时，中国承诺加强对外商投资知识产权保护，与发达国家广泛开展了在知识产权保护方面的双边交流合作。

如果说，在加入WTO前中国的外资政策主要围绕中国本身经济发展的需要而制定，那么，“入世”后中国的外资政策则逐渐以WTO的规则为基础而进行调整。

2011年以来中国外资政策的三大变化

2011年12月16日在宁波市举行的“2011年民营企业对话世界500强”活动中，商务部外资司副司长苏晶向海内外来宾及跨国公司代表介绍了2011年以来中国外资政策的三大变化。

一是建立外资并购安全审查制度。近年来，为推动外资并购健康发展，在借鉴国际成熟经验和充分研究论证的基础上，国务院办公厅于 2011 年 2 月颁布了《关于建立外国投资者并购境内企业安全审查制度的通知》，正式建立了统一、规范的外资并购安全审查制度。与此同时，商务部也出台了具体的实施规定，细化了外资并购安全审查有关程序性问题。根据规定，外国投资者并购境内军工及军工配套企业，重点、敏感军事设施周边企业，以及关系国防安全的其他单位；并购境内关系国家安全的重要农产品、重要能源和资源、重要基础设施、重要运输服务、关键技术、重大装备制造等企业，且实际控制权可能被外国投资者取得等情况下，需要进行安全审查。

二是全面推进跨境人民币直接投资。为适应外国投资者发展的需要，提高投资便利化程度，商务部和中国人民银行于 2011 年 10 月分别出台了《关于跨境人民币直接投资有关问题的通知》和《外商直接投资人民币结算业务管理办法》。根据上述规定，境外投资者（含港澳台投资者）可以使用合法取得的境外人民币进行直接投资，主要包括以下几类：通过跨境贸易人民币结算取得的人民币，汇出境外的人民币利润以及转股、减资、清算、先行回收投资所得的人民币，在境外通过发行人民币债券、人民币股票以及其他合法渠道取得的人民币。

三是延长外商投资研发中心进口设备免税期。为加大对外商投资研发中心的支持力度，鼓励引进先进技术和人才，2009 年商务部会同财政部、海关总署、国家税务总局共同出台政策，对于符合条件的外商投资研发中心进口科技开发用品、设备，可以免征关税和进口环节增值税、消费税，采购国产设备全额退还增值税。当时规定该项政策仅执行到 2010 年年底。2011 年 10 月，四部门联合发布通知，将上述政策延长至 2015 年 12 月 31 日，并适当扩大了享受政策的设备范围。

除了上述几项政策外，我国还在修订外商投资性公司的有关规定。《关于外商投资举办投资性公司的规定》自 2004 年发布以来，根据国民经济发展状况和鼓励外商设立投资性公司、地区总部的原则，适时进行了多次修订。2011 年，又着手启动了修订工作。

单元知识三　中国外贸发展与演变

阅读材料

中国外贸的发展

改革开放 30 多年来，中国利用世界经济较长时期的繁荣、经济全球化深入发展的机遇，吸引利用外商投资，引进先进技术，改造提升国内产业，在全面参与国际分工和竞争中，实现了对外贸易的跨越式发展。

对外贸易发展有力推动了中国的现代化建设，中国成长为一个开放的经济体。参与国际分工与竞争，引进先进技术、设备和管理，利用外商直接投资，极大地促进了中国的技术进步和产业升级，提高了企业管理水平和市场竞争力。加工贸易迅速发展壮大，使中国劳动力充裕的比较优势得以发挥，加快了中国的工业化和城镇化进程。对外贸易直接带动就业人口超过 8 000 万，其中 60%以上来自农村，就业者的收入和生活得到显著改善。对外贸易与国内投资、消费一起，成为中国经济增长的三大引擎。

中国对外贸易的历史性进步是与国际、国内形势的发展变化紧密联系在一起的。20 世纪 80 年代前后，和平与发展成为时代主题。随着经济全球化的不断推进，资金、技术、产品、市场、资源、劳动力等要素在世界范围内的流动和配置更加活跃。以信息、通信为主导的科学技术进步使生产效率得到极大的提高，国际产业转移不断深化和发展。经济全球化、科学技术进步、国际产业转移和各国之间加强合作等为中国融入世界经济提供了历史性机遇。中国政府顺应时代潮流，以经济建设为中心，实行改革开放，发展与世界各国的经济技术合作，积极、合理、有效地利用外资，充分发挥比较优势，促进了国际产业链分工的深化，为对外贸易发展创造了有利条件。在这个进程中，外国企业尤其是发达国家的跨国公司在中国获得大量的投资机会，其拥有的资本、技术、管理经验和销售渠道等要素实现增值，分享了中国经济高速增长的成果。

中国对外贸易的发展得益于改革开放，得益于经济全球化，得益于坚持走互利、合作、共赢的道路。中国的发展离不开世界，世界的繁荣稳定也离不开中国。

任务引领

中国仍然是一个发展中国家。与世界贸易强国相比，中国出口产业仍处于全球产业链的低端，资源、能源等要素的投入和环境成本还比较高，企业国际竞争力、一些行业的抗风险能力相对较弱。实现由贸易大国向贸易强国的转变，将是一个较为长期的进程，还需要付出艰苦的努力。

试问：当今，我国外贸发展的总体状况是怎样的？

一、中国外贸发展的总体情况

随着对外贸易体制改革的逐步深化和贸易战略与政策的不断调整，改革开放的一系列成果逐渐显现，我国对外经济贸易迅猛发展，并取得了举世瞩目的成就。主要表现在以下几个方面：

（一）形成了全面对外开放的格局

1. 开放地域不断扩大

在对外开放基本国策的指引下，30 多年来，我国对外开放的地域不断扩大，20 世纪 80 年代以珠三角为龙头，兴办经济特区，开放沿海地区；90 年代以长三角为龙头，以上海浦东开发为先导，相继开放了大批城市；在 21 世纪又提出开发和开放天津滨海新区，形成全方位对外开放格局。目前，长三角和珠三角地区的外贸占全国外贸的比重都高达

30%以上，环渤海地区的外贸占到25%。

2. 开放领域不断拓宽

在区域开放不断扩大的同时，我国还经历了从一般加工工业向基础产业、基础设施和高新技术产业，从商品市场到服务市场的对外开放领域逐渐扩展的过程。我国多次自主降税，平均关税水平从开放之初的50%下降到现在的10%以下，非关税措施全部取消。按照“入世”承诺，我国服务市场开放的区域和领域都不断升级，开放水平高于发展中国家的平均水平，已经接近发达国家的平均水平。

3. 开放模式不断创新

在改革开放的探索中，我国先后办起了经济技术开发区、高新技术产业园区、保税区、出口加工区等多种开放形式。目前，我国有49个国家级经济技术开发区、13个保税区、39个出口加工区。全方位对外开放格局的形成，为我国国民经济的持续发展打下了坚实的基础。

（二）对外贸易规模持续扩大

在过去的30多年中，中国对外贸易持续增长，贸易规模不断扩大，已经成为在国际贸易中举足轻重的世界贸易大国。1978年，中国的进出口总额仅为206亿美元，而到了2001年增加到5 098亿美元，24年间进出口总额增加了24.7倍，年均增长速度高达15.0%。其中，出口总额增加了27.3倍，年均增长15.5%，进口总额增加了22.3倍，年均增长14.5%，都超过同期GDP的增长速度。2015年，中国进出口总额达到39 586亿美元，顺差为5 946亿美元，较1978年进出口总额增加了190.8倍。其中，出口总额从1978年的97.5亿美元增加到2015年的22 766亿美元，增加了232.5倍；进口总额从1978年的108.9亿美元增加到2015年的16 820亿美元，增加了153.5倍。

（三）外贸依存度明显上升

1978年，中国的出口占国民生产总值的比重（外贸依存度）仅为5.6%，而到了2001年中国的外贸依存度已经超过40%，2008年中国的外贸依存度已经将近70%。2009年开始，受金融危机的影响，中国的外贸依存度回落，2011年回落至50.1%，2015年进一步回落至36.3%。

中国转变经济发展方式有较大的潜力空间

目前，美国、日本、印度和巴西四国的外贸依存度在30%左右，法国、英国、意大利和俄罗斯四国低于50%，而中国与加拿大、德国三国则在50%以上，处于较高水平。这与我国在全球产业链中“世界工厂”的地位和我国外贸大进大出的格局一致，也表明我国转变经济发展方式依然有较大的潜力空间。

（四）中国对外贸易额占世界贸易额的比重和世界排名有较大的提高

对外贸易改革的累累硕果，使中国在世界贸易中占据越来越重要的地位，世界排名不断提升。1978年，中国对外贸易额占世界贸易额的比重仅为0.78%，排名第34位；2001

年，中国对外贸易额占世界贸易额的比重为4.5%，排名上升到第6位；2015年，排名上升至第2位。中国已经成为世界贸易中具有举足轻重地位的大国。

中国对外贸易在经济持续增长中的作用越来越重要。1990年中国的对外贸易总额占GDP的比重为30%，到1995年，已经超过了40%。按照1997年的水平计算，中国的国内生产中大约有20%用于出口，每创造一个单位的GDP，需要进口0.16个单位的外国商品。因此，对外贸易已是中国经济的一个重要组成部分并已直接影响到中国经济的增长速度。

二、中国对外贸易的地区分布与产业结构

研究对外贸易地区分布与产业结构的意义

把对外贸易地区分布与产业结构结合起来，可以反映一国进出口的不同类别的货物与服务的来源和去向，对研究本国经济与世界其他国家经济相互联系的具体特点与方式有重要的意义。

2008年，由美国次贷危机引发的全球经济危机对世界贸易造成了沉重的打击。2009年，世界货物贸易总额下降了22%，中国进出口总额下降了13.9%，其中出口下降了16.0%，进口下降了11.2%。2010年，全球经济复苏不平衡加剧，发达经济体中美国和日本经济复苏缓慢曲折，欧盟内部德国和法国等核心大国与外围国家的分化日益严重。2011年世界经济延续2010年的复苏势头，美国、日本和欧盟等的国债和财政赤字规模都达到了历史高点，欧盟更是成为主权债务危机的重灾区。欧美经济恢复缓慢、失业率居高不下，贸易保护问题更加突出。

而美国和日本是中国最主要的贸易伙伴，在此背景下，研究我国对外贸易地区分布与产业结构情况，通过有意识地改善进出口商品结构、寻求合理的对外贸易地理流向，有助于我国对外贸易在规模与质量上获得双重进步。

思考：

我国对外贸易地区分布与产业结构是怎样的呢？

（一）中国对外贸易的地区分布

尽管中国一直在不断拓展与发达国家、发展中国家的经贸关系，但是中国最主要的贸易伙伴仍然主要有三个，即日本、美国和中国香港。特别是美国，已经成为中国最主要的出口目的地。随着中国改革开放程度的加深，香港的转口贸易在中国进出口中的作用逐渐降低。除了上述三个国家和地区外，中国台湾、韩国、德国、新加坡、俄罗斯、意大利和英国等国家和地区也是中国重要的贸易伙伴。2008—2011年，我国出口前十位的国家和地区一直是欧盟、美国、中国香港、东盟、日本、韩国、德国、荷兰、英国、新加坡；进口前十位的来源地分布是日本、欧盟、东盟、韩国、中国台湾、美国、德国、澳大利亚、俄罗斯、新加坡。对外贸易流向集中于亚洲、欧洲及北美地区。在亚洲，主要是对中国香

港、日本和韩国和新加坡的出口；进口主要来自于日本、韩国和中国台湾。对北美地区的进出口主要集中在美国。而对欧洲的贸易则相对分散一些。由于对原材料的出口，近几年澳大利亚稳居我国前十位进口国地位。

2015年，欧盟、美国、东盟是中国前三大贸易伙伴，双边贸易值分别为3.51万亿元、3.47万亿元和2.93万亿元。同期，中国对东盟、印度等新兴市场的贸易相对表现较好，其中对东盟的双边贸易值略降0.6%，对印度的贸易值增长了2.5%，表现均好于进出口总体情况（见表9—7）。

表9—7　　2015年对主要国家和地区货物进出口额及其增长速度

国家和地区	出口额（亿元）	比上年增长（%）	进口额（亿元）	比上年增长（%）
欧盟	22 096	−3.0	12 985	−13.6
美国	25 425	4.5	9 238	−5.4
东盟	17 221	3.1	12 097	−5.4
中国香港	20 589	−7.7	797	2.8
日本	8 424	−8.3	8 881	−11.4
韩国	6 291	2.1	10 847	−7.1
中国台湾	2 785	−2.0	8 904	−4.6
印度	3 612	8.5	831	−17.2
俄罗斯	2 161	−34.5	2 066	−19.1

2015年货物进出口总额及其增长速度如表9—8所示。

表9—8　　2015年货物进出口总额及其增长速度

指标	金额（亿元）	比上年增长
货物进出口总额	245 741	−7.0
货物出口额	141 255	−1.8
其中：一般贸易	75 456	2.1
加工贸易	49 553	−8.8
其中：机电产品	81 421	1.1
高新技术产品	40 737	0.4
货物进口额	104 485	−13.2
其中：一般贸易	57 323	−15.9
加工贸易	27 772	−13.7
其中：机电产品	50 111	−4.5
高新技术产品	34 073	0.6

由以上分析可以看出，中国的对外贸易流向呈集中化分布，这势必使中国面临由于贸易流向过于集中化所带来的弊端，会受到美国、日本、中国香港和欧盟四大贸易伙伴的经济周期波动的影响。贸易流向的过分集中，还可能导致比较严重的贸易摩擦，从而引发贸易战。

（二）中国对外贸易的产业结构

对外贸易体制改革不仅带来了贸易规模的扩大，而且通过对外贸易的传导机制，带动了对外贸易商品结构的升级与优化。

1. 出口商品结构

随着外贸体制改革市场化程度的加深，我国的出口结构不断升级，且朝着符合充分发挥要素禀赋优势的方向发展。同时，随着对外贸易传导机制作用的逐步发挥，我国在资本和技术方面的积累越来越多，促使要素禀赋随之发生变化，并由此带动了外贸出口结构的进一步升级。我国出口商品结构的变化主要表现在以下三个方面。

（1）工业制成品在出口总额中所占的比重不断上升。从20世纪50年代初到改革开放前，我国的出口商品结构是一种以初级产品为主的结构，也是一种以（自然）资源密集型产品为主的结构。1978年，我国出口的商品中，初级产品占当年出口总额的53.5%，工业制成品占46.5%。之后，初级产品在出口贸易中所占的比重逐年下降，工业制成品所占的比重不断上升，1981年首次超过初级产品。2015年，我国工业制成品出口占出口总值的95.2%，初级产品出口仅占出口总值的5%。从总体上看，目前我国初级产品与工业制成品的出口比（简称出口商品结构比）不仅高于其他发展中国家，也高于世界平均水平，甚至超过发达国家的平均水平。可以说，我国出口商品的总体结构已经实现了以出口初级产品为主向以出口制成品为主的转变。这一历史性的变化，反映了我国对外贸易已开始由垂直型分工向水平型分工转变，实现了出口商品结构由以初级产品为主向以制成品为主的转变。

（2）资本和技术密集型产品在工业制成品出口中所占的比重不断上升。伴随着以初级产品出口为主向以制成品出口为主的转变，凝聚在商品中的要素禀赋结构也在发生变化，由以初级产品为主的（自然）资源密集型产品出口为主向以资本和技术密集型产品出口为主转变。1980年，我国资本和技术密集型产品出口在工业制成品出口中所占的比重为21.8%，之后逐步提高。1986年，纺织品和服装取代石油成为我国第一大类出口产品，标志着我国摆脱了以自然资源为主的出口结构，进入了以劳动密集型制成品为主导的时期；1995年，机电产品取代纺织品和服装成为第一大类出口产品，标志着我国出口商品从以单纯劳动密集型为主开始向劳动和资本和技术密集型产品兼备的二元结构转变。自20世纪90年代中后期，我国工业制成品出口进一步向深加工、精加工发展，出现了知识和技术密集型的机电产品和高技产品出口迅猛增长的显著特征。在高新技术领域，我国的卫星运载火箭技术服务、现代通信设备等在国际市场已具有一定的竞争能力。2000年，资本和技术密集型产品出口在工业制成品出口中所占的比重上升到42.32%，到2010年一季度进一步上升至58.89%。此外，我国高新技术产品占出口的比重由1978年的不到1%上升至2015年的28.8%。

（3）高技术含量、高附加值产品在机电产品出口中所占的比重不断上升。1978年，机电产品在我国出口产品总额中仅占3%，1995年上升至29.5%，首次取代纺织品和服装成为我国第一大类出口产品，之后一直占据我国出口商品之首的地位，且一直保持年均30%以上的增长速度，成为拉动我国外贸出口稳定增长的火车头。机电产品不仅在我国出口产品中保持主导地位，更重要的是其内涵也在发生变化，其内部结构不断优化，由手工工具、铸铁管件、金属制品等初级机电产品向机床、内燃机、成套设备、电子信息及计算机等高附加值、高技术含量的资本和技术密集型制成品转变。2015 年，全国机电产品出口额达 81 421 亿元，占外贸出口额的 33.1%，已连续 21 年保持第一大类出口商品地位。机械设备之外的其他工业制成品，特别是家用电器产品也呈现出很强的比较优势，从而在外贸商品结构中占据重要地位。

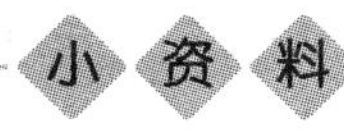

提高要素质量，提升中国在国际分工体系中的地位

世界经济的发展趋势表明，制造业是一个国家经济发展的基石，是解决就业矛盾的重要领域，是高新技术的载体，也是高新技术发展的动力。对于仍处在工业化中期的中国而言，经济增长主要还得依靠工业，而制造业特别是装备制造业将是中国实现工业化的原动力，因此，制造业的发展更是至关重要的。当代国际分工的新特点为我国利用劳动力优势参与国际分工提供了良好的机遇，我们的优势不仅体现在劳动密集型产品的制造上，而且更多地体现在劳动密集型环节的生产上，尽管从整体看产品可能是高技术产品。目前，技术含量高的中国制造产品在全球市场上还远未形成主流，但在劳动密集型生产环节方面，中国仍是世界上最具有竞争力的国家之一，这不仅表现在高速、优质、廉价的劳动力资源上，更多地体现在中国这些年发展所积累的大规模加工组装业优势和产业发展必不可少的巨大的市场规模，这些比较优势就是中国制造业未来发展的保证。未来20～50 年内，中国最大的优势是低成本的制造。物美价廉是中国工业化过程中的必然现象，外资主要看中的也是这一要素优势。2004 年，世界著名的管理顾问公司科尔尼公司在美国和中国同步公布了其最新的“外国直接投资信心指数”，中国首次取代美国成为最有吸引力的外国直接投资目的国。而目前正在进行的国际产业结构的重构也为我们利用要素禀赋优势发展制造业提供了难得的机遇。

但是，以我国现实的优势——丰裕的劳动力——为基础参与国际分工，并不意味着我国要永远以廉价劳动力作为参与国际分工的基础。相反，我们应该不断提高要素质量，以不断提升中国在国际分工体系中的地位。美国经济学家波特将生产要素分为基本要素和获得性要素。基本要素包括自然资源、地理位置、气候条件等一国先天拥有或不需要太大代价便能得到的要素，获得性要素包括高精尖技术和高科技人才等需要通过长期投资和后天开发而创造的因素，对于国家竞争优势的形成而言，后者更为重要。我国应大力促使自身在获得性要素上更具有竞争力，从而创造出动态的竞争优势，不断提高我国在国际分工体系中的地位。制造业的发展离不开人力资源，在工业化早期的劳动密集型产业中，劳动成本是主要成本。在后期的技术密集型产业中，人力资源同样是关键因素，只不过要素质量的要求明显地提高。因此，在中国成为世界制造业的重要基地的今天，政府应采取相应的政策措施来促进我国获得性生产要素的形成。

2. 进口商品结构

我国进口商品结构一直以工业制成品为主、初级产品为辅，其主要目的是弥补国内资源总量的不足，缓解经济结构不平衡的瓶颈制约。进口结构的变化主要表现为资本和技术密集型产品一直占据进口产品的主导地位，且保持持续增长；初级产品的进口比重变化不大，以石油和矿砂为主的资源密集型产品的比重稳步上升。我国进口商品结构的变化如表9—9所示。

1979年，我国初级产品进口的比重为28.2%，工业制成品进口的比重为71.8%。随着工业化进程的加快和市场开放程度的提高，进口结构向多元化发展，但仍以国内短缺的原材料和机械设备的进口为主。2006年，我国初级产品进口占进口总值的23.6%，工业制成品进口占进口总值的76.4%。到2010年一季度，我国初级产品进口占进口总值的31.2%，工业制成品进口占进口总值的68.8%。2011年我国机电产品、高新技术产品的进口已经占到进口总值的26.6%、43.2%。进口的高新技术和关键设备对推进我国的工业化进程和技术进步发挥了积极作用。

表9—9　　中国进口商品结构的变化　　单位：%

商品＼年份	1979	1998	2001	2006	2011	2014
初级产品	28.2	16.4	18.8	23.6	35	33.0
食品及活动物	14.4	2.7	2.0	1.3	2	2.4
饮料及烟类	0.2	0.1	0.2	0.1	1	26.7
非食用原料	11.8	7.6	9.1	10.5	16	13.8
矿物燃料、润滑油及有关原料	0.6	4.8	7.2	11.2	16	16.2
动、植物油脂及蜡	1.2	1.1	0.3	0.5	1	0.43
工业制成品	71.8	83.6	81.2	76.4	65	67.0
化学品及有关产品	10.4	14.4	13.2	11.0	19	9.86
按原料分类的制成品	31.0	22.2	17.2	11.0	9	8.8
机械及运输设备	25.9	40.5	43.9	45.1	36	37.0
杂项制品	4.5	6.5	6.2	9.0	7	7.13
未分类的其他商品	—	0.5	0.7	0.3	3	4.22

资料来源：根据《中国商务年鉴》计算。

从表9—9可以看出，我国进口商品结构中，食品类消费品进口的比重大幅度下降，而工业建设所需的原料制品和包含先进的机器设备等资本品在内的机械及运输设备类产品的进口上升幅度较大，这同我国一贯采取的鼓励中间投入品和资本品进口、限制最终消费品进口的政策有关。总体来看，与出口商品结构相比，我国进口商品结构的变化要小得多。

三、中国对外贸易发展展望

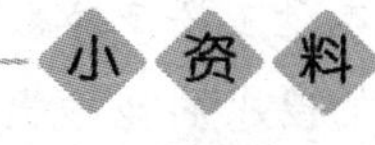

中国对外贸易未来发展的五大趋势

如何把握对外贸易的战略发展方向关乎我国今后几十年经济建设的大局。

从世界经济的发展历史和未来的发展趋势来看，对外贸易始终应作为一国经济发展不可动摇的支柱。从我国的国情来看，人口众多固然可以形成巨大的消费市场，在一定程度上能解决生产产品的出路问题，但人口众多也意味着新增劳动力就业形势的日趋严峻。尽管减少甚至消除贫困现象是我国政府一直为之奋斗的目标，但严重缺乏消费能力的大量贫困人口占我国总人口的较大比重这一现象不会在短期内消失，这就意味着，我国企业的生产经营必须而且也只能面向国际市场，寻找更广泛的消费市场和发展空间。因此，坚定不移地大力发展对外贸易应当继续作为我国的基本国策。

结合当前我国对外贸易的现状以及发展态势，综合考虑当前国际经济形势以及发展、变化的基本走向，我国未来的对外贸易发展将呈现以下五大趋势：

1. 出口总量世界第一的地位将得以长期保持

不仅如此，多年来我国政府和企业采取了多元化出口战略，为我国产品出口增添了新的活力和动力。

2. 我国进出口商品结构将发生重大改变，能源资源贸易将在我国对外贸易中占有重要地位

长期以来，劳动密集型产品始终是我国对外出口贸易的主流，但随着我国科学技术的进步、自主研发高科技含量产品的增加，这一局面将得以改变。在进口贸易方面，我国一直青睐于国外高科技产品，这些高科技产品对于我国的经济建设、科学技术进步起到了巨大的推动作用，但随着我国经济实力的增长、自身科技水平的提高，这一情况也会发生变化，在未来几年，能源资源产品进口将成为我国对外贸易的重点。

3. 各类环境立法和政策将对我国对外贸易产生重要影响

对外贸易的产品，无论是其生产过程中的能源资源消耗，还是其使用过程的环境影响均涉及环境保护问题。国际环境立法、WTO 多边贸易体制环境政策以及各国国内的环境立法和政策对国际贸易的影响日渐加大。当前，低碳经济、气候变化、温室效应等环境议题已成为国际贸易场合的热门话题，通过税收手段、技术法规、卫生标准等措施限制与环境相关产品的进出口将是国际贸易的大势所趋。具体对我国而言则意味着：一方面，能源资源产品进口的成本加大；另一方面，我国的出口产品将面临更多以环境立法和政策形式出现的“绿色壁垒”，对此，我们应当予以高度重视。

4. 人民币将成为我国对外贸易结算的主要货币工具

在我国的对外贸易历史进程中，美元一直是占据统治地位的贸易结算工具，但随着美元国际地位的日渐衰落，这一局面已被打破。当前，人民币虽然尚未取得国际货币地位，但其成为国际可流通货币并成为国际贸易领域主要货币指日可待。我国经济发展的速度在当今世界独树一帜，整体经济实力日增，国家外汇储备基础雄厚，所有这些都预示着人民币将成为备受各国政府和企业欢迎的支付和储备货币，在外贸交往中，人民币将逐步成为对外贸易结算的主要货币工具。

5. 针对我国的贸易保护主义将长期存在，我国与主要贸易伙伴之间的贸易摩擦将持续增多

自 2008 年金融危机爆发以来，国际上专门针对中国的贸易保护主义愈演愈烈，欧美等主要贸易伙伴纷纷采取反倾销、反补贴或者“双反”措施限制我国产品的出口，一些发展中国家也不断采取各种手段对我国产品横加限制，随之而来的是，我国与主要贸易伙伴

之间的贸易摩擦不断增多。我国作为世界第一出口大国的地位以及对外贸易持续增长的态势都决定了针对我国的贸易保护主义将长期存在，与主要贸易伙伴之间的贸易摩擦亦将持续增多。这说明我国政府和企业抗击保护主义的任务会愈发艰巨而繁重，对此，我们应当保持清醒认识并做好各方面的应对准备。

地区差距扩大、污染严重、贸易摩擦加剧、国际收支顺差过大、人民币升值、货币供应量被动增长、投机性资本涌动及与之相关的国内资产价格及国际能源价格大幅波动等重大外部冲击，都在不断挑战中国长期以来以招商引资、加工出口导向为主要特征的开放型发展方式。从产业发展环境来看，伴随着“一带一路”的深入、中国制造2025计划的推行和互联网＋的应用，中国对外贸易将面临新的形势和挑战，也将面临新一轮的贸易拓展期。

（一）促进进口贸易更快增长，是未来中国对外贸易发展的重要政策目标

目前，中国的进口结构基本上还是生产型的，消费品在进口中的比重一直不高，表现为为生产服务的进口商品的比重始终占压倒性地位。资源性产品、中间产品和资本品这三大类商品一直是中国进口商品的主要品种，但是其内部结构变化趋势是：中国的生产型进口结构正在经历着从以制成品为主向资源品和制成品并重的方向转变。随着中国工业经济的发展，中国的进口结构中，资源品和机器设备将始终成为重要的进口品种。未来10年，中国的消费品进口仍然将保持持续增长的态势，即便其比重仍然只能达到10%左右，但其绝对值规模也将达到2 000亿美元以上。

（二）促进国际收支平衡的努力方向将从贸易转向资本领域

近年来，由于中国外贸顺差不断扩大，外汇储备不断累积，对人民币升值的压力不断加大。未来10年，中国在货物贸易领域仍将保持顺差状态，但顺差的规模不可能再有大幅度上升的趋势，特别是从2010年以来，中国国际收支的顺差已经预示从贸易型向资本型转变。这说明，未来中国的国际收支平衡，包括经常项目的收支平衡，已经很大程度上不取决于货物贸易的收支平衡，而取决于资本项目和非货物贸易的收支平衡。这预示着未来中国促进国际收支平衡的努力方向将从贸易领域转向资本领域，即一方面要通过政策扶持和外汇管理体制改革的措施继续推动企业“走出去”，另一方面要通过资本项目管理的改革，在继续推动资本项目开放的同时防范国际资本违规流入。

（三）通过产业技术升级，提升国际分工地位以提高贸易收益

产品大进大出、出口导向的经济发展模式，主要特点就是从国际上获取我国紧缺的资源，利用我国丰富的劳动力资源，加工形成产品后再出口到国外。这种传统的经济发展方式在很大程度上依赖于我国的廉价资源和廉价劳动力。

我国经济、贸易发展的诸多不平衡问题归根结底是因为制造能力与创造、服务能力的不平衡。在国际贸易领域，我国服务贸易相对于货物贸易仍较落后，进出口额仅为货物贸易的13%，远低于全球平均水平（29%）。在制造业与货物贸易已为服务经济发展奠定一定基础的情况下，延伸产业链，加快发展服务业和服务贸易发展，是中国提升产品和贸易的附加值、在全球产业链上占据有利位置的必然途径。在国内服务业发展仍较缓慢的情况下，通过财税等政策的结构性倾斜，通过优先培育服务贸易的出口国际竞争力，同时兼顾进口以促进国内经济转型升级，或许可以取得以服务贸易开放促进服务业的发展、实现产业结构升级的效果。

（四）应对国际贸易保护主义，宜通过对 WTO 规则的合理运用和市场转移来消减不利影响

WTO 的相关数据显示，截至 2014 年底，中国已连续 19 年成为遭受反倾销和反补贴调查最多的 WTO 成员国，全球约 35%的反倾销、71%的反补贴涉及中国。因此，中国从政府到企业，都应当加快学习和熟悉国际游戏规则，学会合理运用国际规则保护自己的权益；同时要加强质量管理，强化环保意识和知识产权保护意识。实施市场多元化战略，在巩固传统市场的同时，大力开拓新兴市场，以及开辟国内市场，逐步摆脱劳动密集型产品对发达国家市场的严重依赖。通过转移生产或和国外企业进行合作的方式，改变原产地、绕开配额限制来参与国际竞争。

目前，我国在对外贸易中，已经成功地迈入了世界贸易大国的行列。但是，与发达贸易强国相比还有很大差距。我国出口仍以劳动和资源密集型产品为主，虽近年来高科技含量、高附加值商品出口所占的比重有所提高，但远未成为出口的主导产品，高新技术产品的出口还处于起步阶段。加入 WTO 后，面对发达国家高科技产业的巨大优势以及国家、地区提高出口竞争力的种种措施，我国能否顺利融入国际贸易体系，分享参与国际分工所带来的利益，从根本上取决于我国能否尽快地提高对外贸易的技术含量和附加值，实现出口商品结构的升级。

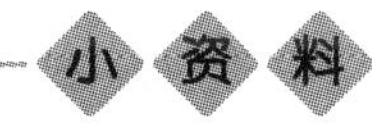

转变贸易增长方式的必要性

从 2008 年下半年开始，世界金融危机使中国的进出口不可避免地受到严重冲击。金融危机造成外需疲弱、订单萎缩，引发贸易保护主义抬头，以及促使贸易风险进一步增大，给我国的对外贸易造成了巨大困难。

面对金融危机，中国政府积极应对，及时采取有力对策，保持了经济平稳发展，创造了抑制外贸持续大幅下滑的环境条件；出口企业纷纷采取措施，通过加快结构调整、强化内部管理，有效缓解了严峻环境的影响。中国领先全球经济复苏，在全球贸易下降 22%的情况下，中国的进口额和出口额只比 2007 年下降了 11.2%和 16%，取代德国成为世界第二大进口国和第一大出口国，对遏制全球贸易急剧下滑起到了举足轻重的作用，极大地提升了稳定与恢复全球经济的信心。

中国虽然已成为贸易大国，但要实现向贸易强国的转变仍然任重而道远。中国依靠数量增长的粗放型贸易增长方式还没有根本扭转，这种方式造成国内资源的巨大浪费与低效利用，成为经济可持续发展与环境保护的重大障碍。此外，这种方式的外贸增长，也很容易引起贸易摩擦。大量贸易顺差，人民币升值也使中国外贸增长面临越来越大的压力。这次世界金融危机，让我们更清楚地认识到转变贸易增长方式的必要性。

单元知识四　中国外资发展与演变

阅读材料

促进外贸外资良性发展的政策建议

2012年，应继续大力推进出口结构和利用外资结构调整，促进贸易平衡，为“十二五”转变经济发展方式奠定坚实的基础。

1. 全面调整“两高一资”出口刺激政策，推进出口结构的转变

在保证外贸出口稳定的前提下，以进一步促进国内产业结构调整为出发点，推进出口结构的转变。一是尽快调低或取消“两高一资”产品的出口退税率，调整出口关税，坚决抑制相关行业产能过快扩张的势头；二是加大对战略性新兴产业的出口信贷、出口信用保险支持，并结合出口退税、出口关税政策的调整，推动相关产品的出口；三是针对高耗能、高排放、“两头在外、大进大出”的国际大循环加工贸易项目，国家应严格审批制度，严格控制此类项目或园区规划，清理规范加工贸易优惠政策，并不再增加专门针对加工贸易的优惠政策。

2. 继续贯彻进口促进战略，推动贸易结构平衡

要转变“奖出限入”的传统思维，加大进口扶持力度，促进贸易平衡增长。一是通过调整进口关税、促进贸易便利化等政策手段，重点推动能源、资源、农产品等大宗商品进口，以满足国内生产和消费需求，缓解国内所面临的资源约束瓶颈；二是制定引导技术改造的优惠政策，扩大战略性新兴产业、传统产业技术改造、节能减排和低碳技术、高新技术和高附加值产业急需的先进技术、关键设备和稀缺资源性产品的进口；三是加大对国外政府和企业前来开展贸易促进活动的支持力度，为国外的消费品在中国市场的经营提供良好的环境，并适当通过关税、消费税政策的调整，扩大消费品的进口。

3. 深化利用外资结构调整，带动产业结构升级

要以转变经济发展方式为指导，对照新修订的《外商投资产业指导目录》，进一步优化利用外资结构。一是鼓励外资投向高端制造业、高新技术产业、现代服务业、新能源和节能环保等产业，同时严格限制“两高一低”（高投资、高消耗、低效率）项目；二是通过综合实施财政、税收、信贷、土地等政策，鼓励外资在华设立地区总部、研发中心、采购中心、财务中心等功能性、总部性的机构，增强技术、管理的辐射效应，增强自主创新能力；三是继续支持东部地区自主利用外资结构升级，通过税收减免、产业倾斜、开发区规划等政策支持，积极引导外资向中西部地区流动，促进地区利用外资均衡发展。

任务引领

经历了30多年的发展，外资已成为我国经济建设的一支重要力量，对推动我国经济与社会的可持续发展发挥着不可或缺的作用。只有立足当前我国外资发展的现状，才能更好地促进其良性发展。

试问：改革开放以来，我国外资发展的状况是怎样的？

30多年来，中国利用外资的骄人成果和卓越业绩，引起了世人的广泛关注，也托起了中国人的自豪和骄傲。但同时，我们也必须看到中国在利用外资过程中暴露出来的一些问题，有些问题已经严重威胁到中国经济的健康增长，并对其未来发展形成了潜在的阻碍。

一、外商直接投资的规模

改革开放以前，中国基本上没有外商直接投资。随着外资政策的调整和引资环境的完善，我国利用外资的规模不断扩大，利用外资的质量逐步提高。1979—2014年外商对中国直接投资汇总情况如表9—10所示。

表9—10　　1979—2014年外商对中国直接投资汇总表　　单位：亿美元

年份	实际金额	年份	实际金额
1979—1982	17.67	2001	468.46
1983—1991	232.90	2002	527.16
1992	110.07	2003	535.05
1993	275.15	2004	606.30
1994	337.67	2005	531.70
1995	375.21	2006	694.68
1996	417.26	2007	826.58
1997	452.57	2008	923.95
1998	454.63	2009	900.30
1999	403.19	2010	1 057.40
2000	407.72	2011	1 160.11
—	—	2012	1 117.00
—	—	2013	1 175.86
—	—	2014	1 195.60

目前，外商对华直接投资的迅速发展已经受到全世界范围的广泛关注。利用外资为中国创造了大量的就业机会，减缓了资金不足的矛盾，增加了政府税收，明显加快了中国现代工业的发展速度，推动了中国产业结构的优化升级，外资企业进出口成为中国外贸增长的重要带动因素。

小知识

外商直接投资的主要形式

1. 中外合资经营企业

中外合资经营企业亦称股权式合营企业。它是外国公司、企业和其他经济组织或个人同中国的公司、企业或其他经济组织在中国境内共同投资举办的企业。其特点是合营各方共同投资、共同经营，按各自的出资比例共担风险、共负盈亏。各方出资折算成一定的出资比例，外国合营者的出资比例一般不低于25%。

中外合资经营企业是中国利用外商直接投资各种方式最早兴办和数量最多的一种，目前在吸收外资中仍占有相当的比重。

2. 中外合作经营企业

中外合作经营企业亦称契约式合营企业。它是由外国公司、企业和其他经济组织或个人同中国的公司、企业或其他经济组织在中国境内共同投资或提供合作条件举办的企业。各方的权利和义务，在各方签订的合同中确定。举办中外合作经营企业一般由外国合作者提供全部或大部分资金，中方提供土地、厂房、可利用的设备和设施，有的也提供一定量的资金。

3. 外商独资经营企业

外商独资经营企业是指外国的公司、企业、其他经济组织或个人，依照中国法律在中国境内设立的全部资本由外国投资者投资的企业。根据《中华人民共和国外资企业法》的规定，设立外资企业必须有利于我国国民经济的发展，并应至少符合下列一项条件：采用国际先进技术和设备的，产品全部或者大部分出口的。外资企业的组织形式一般为有限责任公司。

4. 合作开发

合作开发是海上和陆上石油合作勘探开发的简称。它是目前国际上在自然资源领域广泛使用的一种经济合作方式，其最大的特点是高风险、高投入、高收益。合作开发一般分为三个阶段，即勘探、开发和生产阶段。合作开发较以上三种方式而言，所占的比重很小。

二、外商直接投资的结构

中国超过美国成为全球最大外商投资目的地

联合国贸易和发展会议（以下简称“贸发会议”）发布的2012上半年全球投资监测报告披露：2012年上半年，流入发展中经济体的外商投资首次超过流入发达经济体的外商投资；中国吸收的外资超过美国，成为全球最大的外商投资目的地。

报告披露的数据显示，自2008年发达经济体受到金融危机的冲击以来，外商投资流向发生了重大转变，快速成长中的发展中经济体对外资更具有吸引力，中国外资流入量降幅仅为3%。

中国吸收外资持续下降的情况，其中既有世界经济形势恶化等外部环境方面的中短期因素，又有一些与中国经济自身特点相关的结构性、长期性因素。就后者而言，主要还是成本问题。持续的要素特别是劳动力价格上升以及供给限制导致生产成本上升，使中国对制造业领域特别是劳动密集型产业外资的吸引力下降。与此同时，东南亚各国相对竞争力显著提升，对外资的分流作用比较明显。

目前，我国利用外资正处于调整期。利用外资的总体规模虽略有下降，但并未出现明显下降。与此同时，利用外资的结构、质量和水平均出现了可喜变化，如中部地区吸收的外资快速增长，服务业（扣除房地产）吸收的外资也在增长。

思考：

当今中国吸收的外国直接投资下降，主要原因是什么？中国在未来一段时期内利用外资的基本格局会是怎样的？

（一）外商直接投资的地区结构

从外商直接投资的地区结构来看，中国各地区吸收的外商直接投资一直呈现出非常明显的非均衡性。外商直接投资绝大部分集中在东部地区，中部和西部地区所占份额很少。从1979年到1985年，东部沿海地区吸收的外商直接投资占全国的比重为64.1%，内陆地区为35.9%。由于吸收的外资主要来自港澳地区，地理优势使广东省吸收的外商直接投资在全国具有绝对优势，占全国的比重为50.6%。从1985年到1990年，东部沿海地区吸收的外商直接投资占全国的比重为73.8%，内陆地区为26.2%。在此期间，随着台湾地区的投资增加，福建省吸收的外商直接投资的比重不断上升，90年代达到10%以上，广东省吸收的外商直接投资占全国的比重下降到33.5%。进入90年代以后，东西部之间的差距进一步拉大，东部沿海地区吸收的外商直接投资占全国的比重每年均在84.6%以上。

东部沿海地区适合搞两头（原材料和最终产品市场）在外的劳动密集型产品加工项目，而且东部沿海地区的地理位置优越，经济基础较好，劳动力素质也较高，吸收外商投资较早，积累了许多经验，投资的硬环境、软环境都好于内陆地区。东部沿海地区的这些优势是内陆地区所不具备的，这是造成中国外商直接投资的地区分布不均衡的主要原因。

随着中西部地区投资环境的持续改善，中西部吸收外商投资的增速加快，特别是2015年新修订的《外商投资产业指导目录》提出发挥中西部地区土地、能源资源、劳动力等优势，鼓励外商在中西部地区发展符合环保要求的劳动密集型产业，预计未来中西部地区对外商直接投资的吸引力将进一步增强，中西部经济中心区的外商直接投资将显著增加，外商直接投资的地区结构将进一步优化升级。

（二）外商直接投资的来源地结构

20世纪80年代初，中国实际吸收外商直接投资的国家和地区仅为30多个，到90年代末已有170多个国家和地区的外商来华投资，投资来源多元化的格局已形成。但是，中国的外商直接投资的来源地构成仍不均衡：港澳台地区的资金比重最大；美国和日本的投资仍不够多；西欧是世界资本输出的重要地区，但投资于中国的比重仅占不足7%。而且，外商投资以中小资本为主，跨国公司在中国的投资仍处于开始阶段。

形成这种局面的原因，一方面是港澳台地区以及东南亚国家跟中国内地有着文化、地理、血缘亲和力，许多投资本身就是海外华人的资本；另一方面是中国劳动力过剩和外汇紧缺等因素鼓励了那些解决劳动力就业问题、能出口创汇的劳动密集型加工业，而港澳台地区以及东南亚国家投资的行业多为劳动密集型产品行业。此外，中国对许多资本密集型产品行业和服务业一直没有开放外商投资，而欧美跨国公司则主要在这些领域占有优势。

随着中国外汇储备的增加、劳动力工资及劳动技能的提高以及投资领域的不断开放，中国接收较为先进的技术和管理经验、引进尖端技术、吸引欧美发达国家资本的时期逐渐到来。近几年西方资本纷纷进入中国，如美国杜邦、通用电气、阿莫科石油、施乐，日本的日立、松下、NEC，荷兰的飞利浦，法国的雪铁龙，德国的大众汽车、西门子等国际上有名的大公司都已在中国投资办厂。港澳台地区的投资比重已由1993年的77%下降到1998年的48%。中国加入WTO后，投资环境更加改善，国内市场更加开放，这种趋势更加明显。

（三）外商直接投资的产业结构

从外商直接投资的产业结构来看，外商投资于第二产业（制造业）的比重最大，第三产业（服务业）次之，投资于第一产业（主要是农业）的比重非常小。根据中国官方的统计，从1991年到1998年，外商投资在第一、第二、第三产业所占的比重分别为1.4%、62.7%、35.9%。

20世纪70年代末期到80年代初期，外商在华投资主要在旅游宾馆和中低档加工贸易型制造业。80年代中期，多投资于房地产、商业、饮食等服务业。制造业内投资则以劳动密集型产品为主。80年代后期，工业领域的投资项目不断增加，在外商实际投资额中占主要份额。到了90年代前半期，房地产业外资比重又有上升。90年代后期，制造业内资本密集型和技术密集型行业中的外资比重开始上升。在集成电路、计算机、通信产品等高技术方面的投资明显增加，跨国公司在华设立的研发中心增多。近年来，许多国际大型跨国公司从全球产业结构调整的需要出发，将它们的生产制造基地移至中国，利用中国的廉价劳动力优势和充裕的加工制造能力，在第二产业建立起配套产业群，这种情况在我国的华东地区尤为明显。

中国加入WTO以后，第三产业开始迅速成为外资投入的重点领域。旅游、国内贸易、生活服务等一般性行业的开放和金融、保险、电信等重点行业的开放都将吸引包括国内企业和跨国公司在内的大量投资。2015年4月10日开始实施新的《外商投资产业指导目录》。该目录引导外资更多地投向现代农业、高新技术产业、先进制造业、新能源产业、现代服务业等领域，发展现代产业体系。促进外商投资企业与内资企业开展研发合作，促进利用外资与增强我国自主创新能力相结合。同时，着力推进节能减排，严格限制或禁止“两高一资”类外商投资项目。

在国家产业政策的指导下，未来农、林、牧、渔业利用外资将有所提高，但所占份额仍然较低；受自身发展水平所限以及欧美“再工业化”政策的影响，制造业利用外资的增速将放缓，所占份额将有所下降；随着中国金融、物流、旅游、医疗卫生、文化产业等服务业的开放提速，服务业利用外资的金额将进一步扩大，并继续拉大与制造业利用外资的差距，占据外商直接投资的主体地位。

三、对外直接投资初具规模

从 1979 年 11 月北京市友谊商业服务总公司与日本东京丸一商事株式会社在东京开办合资经营企业开始，我国拉开了对外直接投资的序幕。30 多年来，对外投资的规模、领域、市场不断扩大，且在国民经济中发挥着越来越大的作用。特别是自 2000 年实施“走出去”战略以来，我国企业的跨国经营取得了快速发展。

1979—1983 年，我国累计境外投资企业 61 家，分布在 23 个国家和地区，中方总投资额为 0.46 亿美元，年均 0.09 亿美元。之后，我国对外直接投资快速发展，不仅投资领域不断拓宽，从贸易、航运和餐饮等传统领域逐步拓展到生产加工、资源开发、农业合作、研究开发和咨询服务等众多领域，而且对外投资方式也由早期的许可证、技术专利等契约方式和独资经营、合资经营等传统的股权式进入方式向跨国并购、股权置换、收购销售网络、战略联盟、建立研发中心和工业园区等多元化方向发展。

入世后，随着中国企业“走出去”步伐日益加快，对外投资额持续增长。商务部部长高虎城表示，我国对外直接投资将逐步逼近甚至超过外商投资规模。2014 年，中国企业积极将触角伸至海外，覆盖了中国香港、东盟、欧盟、澳大利亚、美国、俄罗斯、日本七个主要经济体，并呈现出两大新趋势。

一是量质齐升，布局不断优化，经营水平进一步提高。2014 年前 11 个月，我国对外直接投资累计实现 5 518.2 亿人民币，约合 898 亿美元，同比增长 11.9%。截至 2014 年 11 月底，我国累计非金融类对外直接投资达 3.89 万亿人民币，约合 6 332 亿美元。在对外投资中，对七大主要经济体的投资达 671.6 亿美元，相对集中，占到我国同期对外直接投资总额的 74.8%。

对外投资合作产业布局进一步优化。一批符合外部市场需求、具有较强比较优势的加工制造业企业进一步加大了开拓国际市场的力度。中国企业对外直接投资热点正从能源资源传统驱动方式向多种方式转变，能源资源驱动、市场驱动、技术驱动等开始并驾齐驱。

二是民营资本正成为海外投资的重要力量。据商务部统计，2014 年前三季度我国企业对欧洲的投资与 2013 年相比增长了 218%，对美国增长了 30%。民企的境外投资占比达 40%。

为推进境外投资管理体制改革，国家发改委 2014 年将境外投资项目由审批制改为核准制，简化程序，显著提升了境外投资项目核准和备案的便利化。根据国家发改委发布的《政府核准的投资项目目录（2014 年本）》，除少数有特殊规定的项目之外，境外投资项目一律取消核准。据测算，将 2013 年数据对比新版规定，约 99%的项目取消了核准，改为备案，大大提高了企业对外投资的便利性。2014 年 12 月 24 日召开的国务院常务会议确定，将境外投资外汇管理由事前到有关部门登记，改为汇兑资金时在银行直接办理。这项决议也大大简化了企业对外直接投资资金汇出手续，行政软实力改革将为企业“走出去”

不断助力。

单元小结

1978年党的十一届三中全会以来，伴随着经济体制改革的进程，我国外贸体制和外资体制的改革也陆续展开。中国外贸体制的变化可以归纳为五个方面：1）贸易战略由基本封闭转向全面开放；2）对外贸易经营体制由国家垄断转变为放开经营；3）对外贸易管理由统一计划转变为市场调节；4）对外贸经营管理由行政性和随意性转变为依法、透明的公正性和规范性；5）政府的职能由行政型转变为服务型。

新中国成立以来，中国外汇体制从计划经济体制下的统收统支逐步走向市场经济体制下的以市场调节占主导的历史新阶段。中国外汇体制改革过程可分为四个阶段：1）计划经济体制下统收统支、高度集中的外汇管理阶段；2）改革开放后经济转型时期的外汇管理阶段；3）社会主义市场经济体制初步建立时期的外汇管理阶段；4）社会主义市场经济调节机制进一步完善时期的外汇管理阶段。中国外汇体制进一步改革发展的方向：一是继续促进对外贸易投资便利化；二是有序推进资本项目可兑换；三是加强跨境资金流动监测，维护经济金融安全；四是进一步发展外汇市场；五是提高外汇储备经营管理水平。

中国外资政策的变化可以大致分为四个阶段：1979—1982年，允许外商投资；1983—1991年，以优惠政策吸引外商投资；1992—2001年，以市场与产业吸引外商投资；“入世”以后，以WTO的规则为基础开放外商投资。

中国外贸的发展在总体上形成了全面对外开放的格局，对外贸易规模持续扩大；外贸依存度明显上升；中国对外贸易额占世界贸易额的比重和世界排名有较大提高。不断拓展与发达国家、发展中国家的经贸关系，但是中国最主要的贸易伙伴仍然主要有三个，即日本、美国和中国香港。

对外贸易体制改革不仅带来了贸易规模的扩大，而且通过对外贸易的传导机制，带动了对外贸易商品结构的升级与优化。中国加入WTO以来，开放型经济实现了跨越式发展：全球货物贸易大国的兴起，服务贸易稳步提升，贸易顺差从激增转向回落和平稳，吸收外资稳居发展中国家之首，“走出去”迈出新步伐。中国对外贸易的发展不仅推动了中国经济的现代化和综合国力的提升，也有利于世界各国和地区共同繁荣发展。

外商直接投资企业在中国的增长速度越来越快。目前，外商直接投资来源多元化的格局已形成，但是外商直接投资的来源地构成仍不均衡。从外商投资的产业结构来看，外商投资于第二产业的比重最大，第三产业次之，第一产业的比重非常小。在国家产业政策的指导下，未来农、林、牧、渔业利用外资将有所提高，制造业利用外资的增速将放缓，服务业利用外资的金额将进一步扩大。与此同时，中国对外直接投资的迅速发展已经受到全世界范围内的广泛关注。

思考练习

一、单项选择题

1. 目前我国最大类的出口商品是(　　)。

A. 轻纺产品　　B. 机电产品　　C. 石油　　D. 农副产品

2. 目前，我国最大的出口产品市场是(　　)。

A. 香港地区　　B. 日本　　C. 美国　　D. 欧盟

3. 中国加入世界贸易组织的时间是(　　)。

A. 1948年4月21日　　B. 1948年5月21日

C. 1986年7月10日　　D. 2001年11月10日

4. 在我国，对外贸易的国家行政主管部门是(　　)。

A. 人民银行　　B. 财政部　　C. 外经贸部　　D. 商务部

5. 我国对外贸易的根本大法是(　　)。

A.《中华人民共和国对外贸易法》

B.《中华人民共和国对外贸易法实施条例》

C.《中华人民共和国进出口关税条例》

D.《中华人民共和国海关法》

6. 我国的对外贸易必须遵循的基本国策是(　　)。

A. 独立自主　　B. 自力更生

C. 平等互利、外贸外交互相配合　　D. 对外开放

7. 欧盟对华贸易摩擦多数起因于(　　)。

A. 技术性贸易摩擦　　B. 制度性贸易摩擦

C. 遏制性贸易摩擦　　D. 连锁反应性贸易摩擦

8. 在我国与之发生贸易的各个国家或地区中，对进口商品限制较少的是(　　)。

A. 日本　　B. 欧盟　　C. 东盟　　D. 北美

二、简答题

1. 中国外贸体制改革的主要目标是什么？中国当今的外贸体制发生了哪些变化？
2. 中国外汇体制进一步改革与发展的方向是怎样的？
3. 中国外资政策发生了怎样的变化？
4. 简述中国外贸发展的总体情况、取得的成就及目前面临的挑战。
5. 简述中国进出口商品结构状况。

三、论述题

如何看待中国成为世界第一出口大国？

实训
项目

我国外贸管理体制在“入世”10年间发生的深刻变化

在我国加入WTO 10周年之际，国务院新闻办公室2011年12月7日发表《中国的对外贸易》白皮书，指出我国外贸管理体制在“入世”10年间发生的深刻变化，全面放开外贸经营权，集中清理了2 300多部法律法规和部门规章，国有企业、外商投资企业和民营企业进出口分别占中国进出口总额的20.9%、53.8%和25.3%，开放范围已经接近发达国家的平均水平。

据白皮书披露，“入世”10年我国加快对外经济贸易法制化建设。加入WTO后，中国集中清理了2 300多部法律法规和部门规章。对其中不符合WTO规则和中国“入世”承诺的，分别予以废止或修订。新修订的法律法规减少和规范了行政许可程序，建立和健全了贸易促进、贸易救济法律体系。根据WTO《与贸易有关的知识产权协议》，中国对与知识产权相关的法律法规和司法解释进行了修改，基本形成了体系完整、符合中国国情、与国际惯例接轨的保护知识产权的法律法规体系。

同时，进一步降低关税，削减非关税措施。在加入WTO的过渡期，中国进口商品关税总水平从2001年的15.3%逐步降低到2005年的9.9%。到2005年1月，中国绝大多数关税削减承诺执行完毕。2010年，中国的关税总水平已经降至9.8%，其中，农产品平均税率降至15.2%，工业品平均税率降至8.9%。关税约束率自2005年起一直维持在100%。

自2004年7月起，中国政府对企业的外贸经营权由行政审批制改为备案登记制，所有对外贸易经营者均可以依法从事对外贸易。取消外贸经营权审批促进了国有企业、外商投资企业和民营企业多元化外贸经营格局的形成。在国有企业和外商投资企业进出口持续增长的同时，民营企业对外贸易发展迅速，进出口市场份额持续扩大，成为对外贸易的重要经营主体。

白皮书还指出，中国通过建立、完善公平贸易的法律制度和执法、监督机制，遏制和打击对外贸易经营中的侵权、倾销、走私、扰乱市场秩序等不公平贸易行为，努力为境内外企业提供一个宽松、公平、稳定的市场环境。中国政府依据国内法律和国际贸易规则，加强预警监测，同时利用贸易救济和反垄断调查等措施，对贸易伙伴的不公平贸易行为予以纠正，维护国内产业和企业的合法权益。在应对国际金融危机的过程中，中国与国际社会一起坚决反对任何形式的贸易保护主义，严格遵守WTO的相关规定，在实施经济刺激计划时平等地对待境内外产品，促进了境内外企业的公平竞争。

截至2010年，中国加入WTO的所有承诺全部履行完毕。中国认真履行承诺的实际行动得到WTO大多数成员的肯定。WTO所倡导的非歧视、透明度、公平竞争等基本原则已经融入中国的法律法规和有关制度。市场意识、开放意识、公平竞争意识、法治精神和知识产权观念等在中国更加深入人心，推动了中国经济进一步开放和市场经济体制进一步完善。

讨论：

“入世”10年间，我国的外贸管理体制发生了哪些深刻变化？

我国农药出口维持高速增长态势

2013年我国农药出口再次呈现量增价升的良好势头。据海关总署统计，2013年1—7月，我国共出口农药69.48万吨，同比增长27.4%，出口金额达到22.74亿美元，增幅为33.7%。未来我国农药出口仍具有很大的空间。出口增长的主要原因是国际市场需求日益旺盛的拉动。由于近年来全球的农产品需求进入了一个新的上升周期，国际粮价也随之上涨，刺激了产粮国种粮的积极性，特别是我国的周边国家多为农业国，对农药的需求量增大。我国出口的农药主要是除草剂和杀虫剂，占出口额的95%以上。

讨论：

我国的农药产品在国际市场上有何竞争优势？试结合我国对外贸易商品结构现状和趋势对此现象进行分析。

参考文献

1. 薛荣久，张汉林．国际服务贸易．北京：中国大百科全书出版社，1995.

2. 陈宪，程大中．国际服务贸易．北京：高等教育出版社，2003.

3. 汪尧田，李力．国际服务贸易总论．上海：上海交通大学出版社，1997.

4. 张向先．国际贸易概论．3 版．北京：高等教育出版社，2008.

5. 严国辉．国际贸易理论与实务．北京：对外经济贸易大学出版社，2007.

6. 陈宪，张鸿．国际贸易——理论・政策・案例．上海：上海财经大学出版社，2012.

7. 钟正岩．当代国际贸易的十大趋势研究．国际贸易论坛，2003.

8. 孙健．中国经济通史．北京：中国人民大学出版社，2000.

9. 杨荣珍．WTO 争端解决——案例与评析．北京：对外经济贸易大学出版社，2002.

10. 丁苹，王媛媛．国际贸易理论与实务实训．北京：北京交通大学出版社，2010.

11. 薛荣久．国际贸易．北京：对外经济贸易大学出版社，2006.

12. 佟家栋．贸易自由化、贸易保护与经济利益．北京：经济科学出版社，2002.

13. 世界贸易组织秘书处．乌拉圭回合协议导读．索必成，胡盈之译．北京：法律出版社，2000.

14. 徐海宁等．中国对外贸易．北京：世界图书出版公司，2001.

15. 江小涓等．中国对外贸易理论前沿．北京：社会科学文献出版社，2001.

16. 杜奇华．对外经济管理概论．武汉：武汉大学出版社，2005.

17. 冯天瑜等．中华开放史．武汉：湖北人民出版社，1996.

18. 钟昌标，杨丽华，叶劲松．国际贸易教程．北京：中国科学技术出版社，2006.

19. 刘铁霖，白楠楠．国际贸易理论与实务．北京：中国石化出版社，2011.

20. 申艳玲，解青芳．国际贸易理论与实务．北京：清华大学出版社，2012.

21. 张鸿．国际贸易案例与习题集．上海：上海交通大学出版社，2007.

22. 范爱军，陈晓文．国际贸易理论与政策．济南：山东人民出版社，2009.

23. 易露霞，方玲玲，尤彧聪．国际贸易实务案例教程．北京：清华大学出版社，2010.

24. 韩玉军．国际贸易学．北京：中国人民大学出版社，2010.

25. 金泽虎．国际贸易学．北京：中国人民大学出版社，2011.

26. 冯悦，夏辉．国际贸易理论、政策与案例分析．北京：北京大学出版社，2012.

27. 周敏倩，竺杏月．国际贸易理论、政策与案例．南京：东南大学出版社，2013.

28. 董瑾．国际贸易学．北京：机械工业出版社，2006.

29. 李小北，张守凤，徐宏玲．国际贸易学．3 版．北京：高等教育出版社，2010.

30. 孙丽云，王立群．国际贸易．4 版．上海：上海财经大学出版社，2007.

31. 张锡嘏．国际贸易．北京：中国人民大学出版社，2011.

图书在版编目（CIP）数据

国际贸易概论/李富主编．—2 版．—北京：中国人民大学出版社，2016.7
21 世纪高职高专规划教材．国际经济与贸易系列
ISBN 978-7-300-23120-4

Ⅰ.①国…　Ⅱ.①李…　Ⅲ.①国际贸易-高等职业教育-教材　Ⅳ.①F74

中国版本图书馆 CIP 数据核字（2016）第 163775 号

21 世纪高职高专规划教材·国际经济与贸易系列
国际贸易概论（第 2 版）
主　编　李　富
副主编　陶　莉
参　编　华　阳　杨　慧　盖琦琪　钟小强　魏金华
主　审　章安平
Guoji Maoyi Gailun

出版发行	中国人民大学出版社		
社　　址	北京中关村大街 31 号	**邮政编码**	100080
电　　话	010－62511242（总编室）		010－62511770（质管部）
	010－82501766（邮购部）		010－62514148（门市部）
	010－62515195（发行公司）		010－62515275（盗版举报）
网　　址	http://www.crup.com.cn		
	http://www.ttrnet.com(人大教研网)		
经　　销	新华书店		
印　　刷	北京昌联印刷有限公司	**版　　次**	2014 年 4 月第 1 版
规　　格	185 mm×260 mm　16 开本		2016 年 7 月第 2 版
印　　张	20.75 插页 1	**印　　次**	2016 年 7 月第 1 次印刷
字　　数	455 000	**定　　价**	39.80 元

信息反馈表

尊敬的老师:

您好！为了更好地为您的教学、科研服务，我们希望通过这张反馈表来获取您更多的建议和意见，以进一步完善我们的工作。

请您填好下表后以电子邮件、信件或传真的形式反馈给我们，十分感谢！

一、您使用的我社教材情况

您使用的我社教材名称			
您所讲授的课程		学生人数	
您希望获得哪些相关教学资源			
您对本书有哪些建议			

二、您目前使用的教材及计划编写的教材

您目前使用的教材	书名	作者	出版社
您计划编写的教材	书名	预计交稿时间	本校开课学生数量

三、请留下您的联系方式，以便我们为您赠送样书（限1本）

您的通信地址			
您的姓名		联系电话	
电子邮件（必填）			

我们的联系方式:

地　址：苏州工业园区仁爱路158号中国人民大学苏州校区修远楼

电　话：0512-68839319　　　　传　真：0512-68839316

E-mail：huadong@crup.com.cn　　　　邮　编：215123

网　址：www.crup.com.cn/hdfs

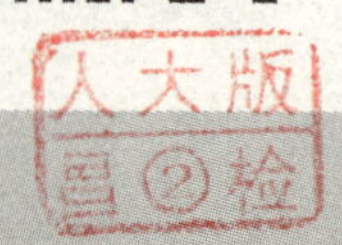